国際裁判の証拠法論

中島 啓

国際裁判の証拠法論

信山社

はしがき

　本書は，筆者が2012年9月に東京大学大学院法学政治学研究科に提出した博士論文「国際裁判における証拠法論の生成と展開」に加筆・修正を加えたものである。

＊　　　　＊　　　　＊

　従来，国際裁判における事実認定は裁判外に存在するはずの客観的真実と合致するからこそ正しく，したがって証拠法規則はその発見を目指して解釈運用されるべきとする見解が支配的であり，今日でも少なからぬ論者によって維持されている（客観的真実発見説）。一見する限りは素朴な裁判観念の吐露にとどまるかに見えるこうした見解は，それ自体として法理論的な難点を抱えているに加え，不自然なまでに職権主義的な証拠調べの在り方を帰結せしめようとする点で，実務的にも維持し難い。そこで本書は，こうした従来の見解に代わるパラダイムとして，個々の国際裁判制度の目的と証拠法の具体的運用との整合性に事実認定の正しさの根拠を求める考え方を提示する（裁判目的実現手段説）。これによると，国際裁判の制度目的論と証拠法論とが連結する結果，国際裁判の基本的な機能として措定される二辺的紛争処理のみならず，紛争処理に還元しきれない何らかの公益実現という制度目的の拡張的展開もが，証拠法の解釈運用を規定する原理として位置付けられる。したがって，国際裁判の証拠法論の展開は，「紛争処理モデルの証拠法論」と「公法訴訟モデルの証拠法論」という2つの理念型によって把握することができる。以上が，本書が展開する議論の基本的なモチーフである。そこで，第1部ではまず，従来の客観的真実発見説をそれが提示された戦間期という時代背景との関係で位置付け直すことにより，その歴史的意義と理論的な綻びを明らかにする。そして，第2部において裁判目的実現手段説の理論枠組みを構築し，その理念型の1つである「紛争処理モデルの証拠法論」に即して証拠法論を再構成する。その上で，第3部において，国際裁判目的論の今日的展開が証拠法論の解釈運用に及ぼす影響を「公法訴訟モデルの証拠法論」というもう1つの理念型を通じて把握する。

はしがき

＊　　　＊　　　＊

　国際法の体系書や教科書において国際裁判の事実認定や証拠法論という主題が扱われることは決して多くはないことが示すように，本書が扱う主題はこれまであまり注目されてこなかった分野であることは否めない。その一方で，とりわけ2000年代以降，複雑かつ難解な事実認定を要する紛争が数多く国際裁判所に係属する傾向にあることは広く認識されている。そうした状況を反映して，国際裁判所の証拠調べのあり方を論じる欧文の論考が近年急速に蓄積しつつある。もっとも，実務的な需要に対する学術的な呼応に端を発するがために，確たる問題意識を備えるというよりはむしろ実務上の参照に耐えうるために包括的網羅的な記述を志向し，あるいは新判例のフォローアップに終始する傾向が一部にあることも否めない。

　こうした議論動向を踏まえるならば，事実認定の正しさという観念的な問いにまで立ち返り，そこから新たな理論枠組みを構築しようとする本書の議論は，国際裁判における事実認定の性格理解に資するという点で本質的であるのみならず，迂遠なかたちではありながら，証拠調べの具体的な在り方に対する指針や証拠規則の解釈運用を規定する原理を提供する点で実務的な示唆を与えようとするものでもあると位置付けられる。

　国際法における「裁判化」の動向（序論参照）と軌を一にして，日本が国際裁判の当事国となる事例も徐々に増加する傾向にある。そして，南極海捕鯨事件判決のように，裁判手続における証拠の取り扱いや証拠法に関する当事国の立論構成が裁判の帰趨に決定的な影響を与えることも少なくない。それ故，本書が国際裁判実務の動向の一端を理解するためのささやかな補助となれば幸いである。もちろん，本書の論証の評価については読者のご批判を乞う次第である。

　　　2015年11月

筆　　者

〈目　次〉

はしがき（v）

略語一覧（ix）

◆　序　論　◆

第 1 節　問題の所在：事実認定の「正しさ」とは何か（3）

第 2 節　事実認定の動態的把握（16）

第 3 節　用語法と本書の構成（21）

◆　第 1 部　◆

証拠法論の職権主義的構想と挫折

◆ 第 1 章　証拠法論と「司法による平和」構想 ── 29

第 1 節　客観的真実発見説の論理構造とその帰結（30）

第 2 節　証拠調べの職権主義的構想（44）

◆ 第 2 章　国際裁判実践の進歩主義的背景：パーカー定式 ── 60

第 1 節　真実探求義務の外観と内実（60）

第 2 節　証明協力義務の誕生：パーカー事件判断（76）

第 3 節　小　括（105）

◆　第 2 部　◆

証拠法論の再構成 ── 紛争処理モデルと当事者主義的運用

◆ 第 3 章　再構成のための理論枠組みの設定 ── 109

第 1 節　議論の不在（109）

第 2 節　紛争処理モデルと公法訴訟モデル：事実認定の裁判目的依存性（119）

vii

目　次

◆ 第4章　紛争処理モデルに基づく証拠法論の再構成 —————— 130

第1節　証明対象論 (131)

第2節　証明責任論 (158)

第3節　推定構造論 (182)

第4節　証明過程論 (195)

————————————— ◆ 第3部 ◆ —————————————

証拠法論の展開 —— 公法訴訟モデルによる再びの職権主義的構想

◆ 第5章　国際裁判の公法訴訟モデル —————————— 217

第1節　協定遵守状態を確保する制度：WTO 紛争処理手続 (219)

第2節　グローバル行政空間における司法審査：国際投資仲裁 (224)

第3節　準公共財としての国際司法裁判所 (233)

◆ 第6章　公法訴訟モデルに基づく証拠法論の展開 —————— 239

第1節　証明対象論 (239)

第2節　証明責任論 (248)

第3節　推定構造論 (290)

第4節　証明過程論 (302)

————————————— ◆ 結　論 ◆ —————————————

第1節　検討結果 (329)

第2節　今後の検討課題 (333)

主要参考文献一覧 (339) ／あ と が き (379)

判例索引 (巻末) ／事項・人名索引 (巻末)

略 語 一 覧

A.I.D.I.	Annuaire de l'Institut de droit international
A.J.I.L.	American Journal of International Law
ASIL Proceedings	American Society of International Law, Proceedings of the Annual Meeting
B.Y.I.L.	British Year Book of International Law
DSB	Dispute Settlement Body
DSU	Dispute Settlement Understanding
Faulkner Docket	Walter H. Faulkner Docket (National Archives at College Park)
GATT	General Agreement on Tariff and Trade
ICJ	International Court of Justice
I.C.J. Commentary 2006	Andreas ZIMMERMANN, Christian TOMUSCHAT and Karin OELLERS-FRAHM (eds.), The Statute of the International Court of Justice: A Commentary (Oxford University Press, 2006).
I.C.J. Commentary 2012	Andreas ZIMMERMANN, Christian TOMUSCHAT, Karin OELLERS-FRAHM and Christian J. TAMS (eds.), The Statute of the International Court of Justice: A Commentary (2nd ed., Oxford University Press, 2012).
I.C.J. Reports/C.I.J. Recueil	Reports of Judgments, Adivisory Opinions and Orders/Recueil des arrêts, avis consultatifs et ordonnances
I.C.L.Q.	International and Comparative Law Quarterly
ICSID	International Centre for Settlement of Investment Disputes
ICSID Review – F.I.L.J.	ICSID Review - Foreign Investment Law Journal
ICTY	International Criminal Tribunal for the former

ix

略 語 一 覧

	Yugoslavia
ILC	International Law Commission
I.L.M.	International Legal Materials
I.L.R.	International Law Reports
J.I.E.L.	Journal of International Economic Law
Kling Docket	Lillie S. Kling Docket (National Archives at College Park)
L.P.I.C.T.	Law and Practice of International Courts and Tribunals
Moore	John Basset MOORE, History and Digest of the International Arbitrations to Which the United States Has Been a Party (Washington: Government Printing Office, 1898)
Moore Papers	John Bassett Moore Papers (Library of Congress)
NAFTA	North American Free Trade Agreement
Nielsen Papers	Fred Kenelm Nielsen Papers (Library of Congress)
Parker Docket	William A. Parker Docket (National Archives at College Park)
Pasicrisie	Henri LA FONTAINE, Pasicrisie internationale 1794-1900 : Histoire documentaire des arbitrages internationaux (Martinus Nijhoff Publishers, 1902)
PCA	Permanent Court of Arbitration
PCIJ	Permanent Court of International Justice
R.A.I.	A. DE LA PRADELLE et N. POLITIS (sous la direction de), Recueil des arbitrages internationaux, deuxième édition (Paris: Les editions internationales, 1957)
R.C.A.D.I.	Recueil des cours de l'Académie de droit international de La Haye
R.D.I.L.C.	Revue de droit international et législation comparée

x

略 語 一 覧

R.D.T.A.M.	M. ALPHAND et Gilbert GIDEL（sous la direction de）, Recueil des décisions des tribunaux arbitraux mixtes institués par les traités de paix（Librairie de la société du recueil sirey, 1922-1930）
R.G.D.I.P.	Revue générale de droit international public
R.I.A.A./R.S.A.	Reports of International Arbitral Awards/Recueil des sentences arbitrales
SPS	Sanitary and phytosanitary
TRIPS	Trade-Related Aspects of Intellectual Property Rights
UNCITRAL	United Nations Commission on International Trade Law
UNCTAD	United Nations Conference on Trade and Development
WTO	World Trade Organization

国際裁判の証拠法論

序　論

序　論

　本書は，国際裁判における事実認定の「正しさ」を問い直すことを通じて，事実認定を司る証拠法論の再構成を試みるものである。そこで序論ではまず，問題の所在を明らかにし（第1節），本探究の意義を了解する（第2節）。そして，用語法を整理し，考察の射程を明らかにした上で（第3節），検討を始めることとする。

序　論

◆ 第1節 ◆ 問題の所在：事実認定の「正しさ」とは何か

◇ 第1項　事実認定の「正しさ」

事実認定の重要性

　裁判における事実認定は法的三段論法の小前提を構成し[1]，判決の帰趨を決定的に左右する[2]。そのため，事実認定は国際裁判実務においても極めて重要な局面である[3]。従来はそこまで多くの注目を集めてきた分野であるとは言い難いものの[4]，2000年代以降，本主題を扱う書籍が相次いで公刊され[5]，またシンポジウムや研究プロジェクトが数多く実施されてきている[6]。その背景としては，少なくとも次の3点を指摘しうる。第1に，国際法の「裁判化」である[7]。すなわち端的に，裁判を通じた紛争処理事例の増加に比例して証拠法上の問題を扱う場面が増えた実務的需要に対する，学術的な呼応である[8]。第2に，実定国際法規範の拡充に伴う，国際裁判に係属する事案の難解化である。すなわち，WTO協定における規律対象の拡充（特にSPS協定）が紛争処理手続における科学的証拠の扱いという新たな問題を惹起せしめた例が示すように[9]，国際

---

(1)　Jean SALMON, « Le fait dans l'application du droit international », *R.C.A.D.I.*, tome 175 (1982-II), p. 288.

(2)　Olivier CORTEN, *La méthodologie du droit international public* (Éditions de l'université de Bruxelles, 2009), p. 251.

(3)　Michel VIRALLY, *Le droit international en devenir : essais écrits au fils des ans* (PUF, 1990), p. 56 (note 38).

(4)　Richard B. MOSK, "The Role of Facts in International Dispute Resolution", *R.C.A.D.I.*, tome 304 (2003), p. 176; 中谷和弘「国際裁判における事実認定と証拠法理」松田幹夫編『流動する国際関係の法：寺澤一先生古稀記念』（国際書院，1997年）221頁。

(5)　Gérard NIYUNGEKO, *La preuve devant les juridictions internationales* (Bruylant, 2005); Joseph NGAMBI, *La preuve dans le règlement des différends de l'Organisation Mondiale du Commerce* (Bruylant, 2010); Michelle T. GRANDO, *Evidence, Proof, and Fact-Finding in WTO Dispute Settlement* (Oxford University Press, 2009); Markus BENZING, *Das Beweisrecht vor internationalen Gerichten und Schiedsgerichten in zwischenstaatlichen Streitigkeiten* (Springer, 2010); Saïda EL BOUDOUHI, *L'élément factuel dans le contentieux international* (Bruylant, 2013).

3

序　論

法の規律が現実世界に深く浸透してきた結果，従前に比べて複雑難解な事実認定
を要する事案が国際裁判に係属するに至っている(10)。第3に，国際司法裁判所
に係属する事件の難解化である。まず，2000年代中頃に相次いで判断が下された
武力紛争関連事案——事実集約型（"fact-intensive"）事案と表現される(11)——にお
いて，事実認定の扱いを巡って裁判官の間に鋭い見解対立が生じた(12)。そして
2010年代に入ると，WTO紛争処理手続と同様に，ICJにも科学が関わる紛争が
相次いで係属し(13)，裁判所によるその取扱いの在り方をめぐって大きな論争が
生じた。国際裁判所の代表格と言いうるICJにおけるこうしたやや偶発的な経緯

---

(6)　Chittharanjan AMERASINGHE (Rapporteur), « Principes en matière de preuve
dans le procès international », *A.I.D.I.*, tome 70 (2002-2003), pp. 139-398; "The
Laws of Force and the Turn to Evidence", *ASIL Proceedings*, vol. 100 (2006), pp. 39
-54; Hélène RUIZ FABRI et Jean-Marc SOREL (sous la direction de), *La preuve
devant les juridictions internationales* (Éditions A. Pedone, 2007) [La Journée
d'études sur le contentieux des juridictions internationales de 2006 sous l'égide du
CERDIN et de l'UMR de droit comparé de l'Université Paris 1 Panthéon-Sorbonne];
Anna RIDDELL and Brendan PLANT, *Evidence before the International Court of
Justice* (British Institute of International and Comparative Law, 2009); "Fact-finding
in Interstate Disputes", *ASIL Proceedings*, vol. 106 (2012), pp. 229-242.

(7)　Société française pour le droit international (sous la direction de), *La juridiction-
nalisation du droit international : Colloque de Lille* (Éditions A. Pedone, 2003).

(8)　Joe VERHOEVEN, "Foreword", in Mojtaba KAZAZI, *Burden of Proof and Relat-
ed Issues: A Study on Evidence before International Tribunals* (Kluwer Law
International, 1996), p. vii; Mojtaba KAZAZI and Bette E. SHIFMAN, "Evidence
before International Tribunals: Introduction", *International Law FORUM du droit in-
ternational*, vol. 1 (1999), pp. 193-194.

(9)　William J. DAVEY, "Foreword", in Michelle T. GRANDO, *supra* note (5), pp. v-vi.

(10)　Jean D'ASPREMONT and Makane Moïse MBENGUE, "Strategies of Engagement
with Scientific Fact-Finding in International Adjudication", *Journal of International
Dispute Settlement*, vol. 5, no. 2 (2014), p. 248.

(11)　Rosalyn HIGGINS, "Judicial Determination of Relevant Facts, Speech to the
Sixth Committee of the General Assembly, 2 November 2007", Rosalyn HIGGINS,
*Themes and Theories: Selected Essays, Speeches, and Writings in International
Law*, vol. 2 (Oxford University Press, 2009), p. 1369; Ruth TEITELBAUM, "Recent
Fact-Finding Developments at the Internaitonal Court of Justice", *L.P.I.C.T.*, vol. 6
(2007), p. 120; Anna RIDDELL and Brendan PLANT, *supra* note (6), p. 5; Declaration
by Judge YUSUF, *Usines de pâte à papier sur le fleuve Uruguay* (*Argentine c. Uru-
guay*), arrêt du 20 avril 2010, *C.I.J. Recueil 2010*, p. 220, para. 14.

序　論

もまた，証拠法論が一躍関心を集めるに至った背景として指摘することができる。

　以上のような裁判実践の変化に呼応するものであるが故に，多くの論考の主眼は実際上の問題解決に向けられ，現状における実務的な問題や限界を特定した上で，採りうる改善策を提言している(14)。モノグラフの場合には，実務上の参照に耐えうる極めて網羅的かつ詳細な内容を備えるものが多い(15)。いずれにせよ，研究が急速に蓄積しつつある状況にある(16)。

　本書は，こうした同時代的な動向に触発されつつも，やや異なる次元に問題関心を設定するものである。すなわち本書は，国際裁判実践における証拠調べを背後から規定している事実認定の性格理解そのものの再考という理論分析に踏み込む。換言すれば，本書の目的は，国際裁判における事実認定の「正しさ」を問い直すことを通じて，事実認定を司る証拠法論の再構成を試みることにある。こうした再構成が必要であるのは，事実認定の「正しさ」をめぐる理解の不一致が，証拠法解釈運用上の混乱の一因となっているという現状認識に基づくものである

---

(12)　Separate Opinion of Judge HIGGINS, *Oil Platforms* (*Islamic Republic of Iran v. U.S.A.*), Judgment of 6 November 2003, *I.C.J. Reports 2003*, pp. 233-235; Dissenting Opinion of Judge KATEKA, *Armed Activities on the Territory of the Congo* (*Democratic Republic of the Congo v. Uganda*), Judgment of 19 December 2005, *I.C.J. Reports 2005*, pp. 375, 377, paras. 47, 52; Separate Opinion of Judge KOOIJMANS, *I.C.J. Reports 2005*, p. 325, paras. 82, 83; Dissenting Opinion of Vice-President AL-KHASAWNEH, *Application of the Convention on the Prevention and Punishment of the Crime of Genocide* (*Bosnia and Herzegovina v. Serbia and Montenegro*), Judgment of 26 February 2007, *I.C.J. Reports 2007*, pp. 254-255, para. 35; Opinion dissidente de M. le juge MAHIOU, *I.C.J. Reports 2007*, pp. 412-421, paras. 50-63.

(13)　*Usines de pâte à papier sur le fleuve Uruguay* (*Argentine c. Uruguay*), arrêt du 20 avril 2010, *C.I.J. Recueil 2010*; *Whaling in Antarctic* (*Australia v. Japan: New Zealand intevening*), Judgment of 31 March 2014, *I.C.J. Reports 2014*.

(14)　*E.g.*, Ruth TEITELBAUM, *supra* note (11), pp. 119-158; Anna RIDDELL and Brendan PLANT, *supra* note (6); Cymie PAYNE, "Mastering the Evidence: Improving Fact Finding by International Courts", *Environmental Law*, vol. 41 (2011), pp. 1191-1220; Daniel PEAT, "The Use of Court-Appointed Experts by the International Court of Justice", *B.Y.I.L.*, vol. 84 (2014), p. 276.

(15)　*Voir*, Robert KOLB, « Comptes rendus d'ouvrages », *Journal du droit international* (*Clunet*) (2-2006), p. 753; 中島啓「学界展望」国家学会雑誌122巻5・6号（2009年）840-847頁。

(16)　Rosalyn HIGGINS, "Judicial Determination…", *supra* note (11), p. 1369.

5

序　　論

（第 2 節参照）。そこで以下では，国際裁判における事実認定が従来どのようなものとして理解されてきたかを明らかにした上で，これに代わって本書が提示する命題の概要をあらかじめ示すこととする。

事実認定の「正しさ」：客観的真実発見

　従来，国際裁判における事実認定とは，「客観的真実」の「発見」を目指すものであると理解されてきた（客観的真実発見説）。このことは，国際裁判における証拠法研究の先駆の一人であるサンディファー（Durward V. Sandifer）の体系書の冒頭の一節に，端的に表れている。

　　「〔…国際裁判における証拠〕の機能は〔…〕当事者間で対立する請求に関して，裁判所をして真実を発見せしめること（to discover the truth）である[17]」（傍点中島）。

　ここで念頭に置かれている「真実」とは，裁判外に存在する所与としての客観的実体的な現実を意味し，その「発見」とは右のような所与としての実在の認識である[18]。確かに，裁判では客観的真実が発見されることが理想と説かれ[19]，裁判の場で「真実を明らかにする」等と語られるように，こうした理解は素朴な裁判観に即したものと言いうるかもしれない。事実，国際裁判実行においてもこれに近い観念が示されることがある。例えば，コルフ海峡事件（国際司法裁判所 1949 年本案判決）において，国際責任を追及される立場となったアルバニアは次のように述べている。「証明は，十分完全に裁判官を説得するものでなければならない。つまり，真実を現しめる（faire jaillir la vérité）ものでなければならない。証明すべきは真実（la vérité）であり，近似や蓋然性ではない。証明は，真実を目指さなければならない[20]」。

　このような，「客観的真実」への到達こそが「正しい」事実認定であるとの理解を前提とすると，証拠法の解釈運用は次のように方向づけられる（詳細は第 1 部にて論じる）。第 1 に，真実に到達できるよう証拠法は可能な限り柔軟に解釈す

---

(17)　Durward V. SANDIFER, *Evidence before International Tribunals* (Revised ed., University Press of Virginia, 1975), p. 1.

(18)　*Ibid.*, p. 3; *voir aussi*, Saïda EL BOUDOUHI, *supra* note (5), pp. 20-22.

(19)　広中俊雄『法と裁判』（東京大学出版会，1971 年）25 頁。

(20)　*C.I.J. Mémoires, Détroit de Corfou*, vol. III, p. 352 [M. Pierre COT].

6

序　論

べきであり，特に，形式的技術的な理由によって特定の証拠資料を排除すべきで
はない，という解釈論である（証拠法解釈の柔軟性）。第2に，真実に到達できる
よう，証拠調べは国際裁判官の職権的な指揮の下で運用されるべきであり，特に，
証拠収集に関しては当事者のみならず国際裁判官にも積極的な役割が期待される，
という運用である（証拠調べの職権主義的構想）。このように，客観的真実発見説の
命題は，単なる素朴な裁判観念の吐露にとどまらず，国際裁判の証拠法解釈，お
よび証拠調べの運用を具体的に規定する原理として位置付けられる。

客観的真実発見説の難点

しかし同時に，客観的真実発見説の命題には重大な留保が付されてきている。
第1に，およそ現象は個々人の思考を通じてしか認識し得ないという認知哲学論
を前提とすれば，そもそも客観的真実の発見ということ自体，観念不可能であ
る[21]。なぜなら，対象の認識（le savoir）とは各人の意識（la conscience）を経由
する間接的なものであり，そうした認識プロセスは各人が操る言語による制約を
常に伴うためである[22]。つまり客観的真実発見説は，そもそも理論上維持し難
い認識論を前提とせざるを得ないという疑問である（理論的困難性[23]）。第2に，
仮に客観的真実の認識（社会実践レベルにおける間主観的真実の成立）が可能である
との前提に立つとしても[24]，これに実際に到達するための証拠が常に入手でき
るとは限らないという問題が立ちはだかる（現実的困難性[25]）。物証は時の経過
とともに滅失毀損し，証人の記憶は失われることから，真実を認識するための証
拠が逐一対応的に現実世界に存在し続けるとは限らないためである[26]。第3に，

---

(21)　Raphaële RIVIER, « La preuve devant les juridictions interétatiques : à vocation universelle », Hélène RUIZ FABRI et Jean-Marc SOREL (sous la direction de), *La preuve devant les juridictions internationales* (Éditions A. Pedone, 2007), p. 9.

(22)　Jean SALMON, « Le fait… », *supra* note (1), pp. 286–287.

(23)　Phillip LANDOLT, "Arbitrators' Initiatives to Obtain Factual and Legal Evidence", *Arbitration International*, vol. 28, no. 2 (2012), p. 201.

(24)　アビ゠サーブ（Georges Abi-Saab）は，認知哲学の次元における客観的真実の知覚可能性は否定しつつ，社会実践の次元における「間主観的真実（une réalité intersubjective)」の成立を肯定する。Georges ABI-SAAB, « Débats », Hélène RUIZ FABRI et Jean-Marc SOREL (sous la direction de), *La preuve devant les juridictions internationales* (Éditions A. Pedone, 2007), p. 59.

(25)　W.F. FOSTER, "Fact Finding and the World Court", *Canadian Yearbook of International Law*, vol. 7 (1969), p. 153.

7

序　　論

裁判官において客観的真実の発見が困難であれば，当該裁判官の事実認定を検証しようとする主体（紛争当事者，上訴機関，その他第三者）においても同様に，あるいは一層困難であり，事実認定の「正しさ」を問う術は存在しないこととなってしまう（検証不可能性）。

客観的真実発見説の修正とその限界

そのため，かねてから，国際裁判で認定される事実とは，あくまで裁判制度の枠内において証拠法規則に従って認定される「相対的真実」でしかないと指摘されてきた[27]。例えばラリーブ（Jean-Flavien Lalive）は，国際裁判において認定される真実とは「絶対的真実（la vérité absolue）」というよりは「裁判上の真実（la vérité judiciaire）」であると補足し[28]，ケルゼン（Hans Kelsen）は，「たとえ自然現象としては発生しなかった事実であっても，法の領域では当該事実は『存在する』」ことがあると述べ[29]，両者の乖離可能性を承認する。

以上の指摘は，国際裁判における事実認定の実態を観察し記述するという意味ではおそらく的を射たものである。しかし，それらはいずれも，客観的真実発見説に代わる証拠法の解釈運用原理を提示するには至らないという点で限界がある。先にみたように，客観的真実発見説は，証拠法の柔軟な解釈と，裁判所による職

---

(26)　Richard B. MOSK, "The Role of Facts…", *supra* note (4), p. 26.

(27)　*Voir*, Jean SALMON, « Le fait… », *supra* note (1), p. 288; Robert B. Von MEHREN, "Burden of Proof in International Arbitration", Albert Jan VAN DEN BERG (ed.), *Planning Efficient Arbitration Proceedings: The Law Applicable in International Arbitration* (Kluwer Law International, 1996), p. 123; Jean COMBACAU et Serge SUR, *Droit international public* (7ᵉ éd., Montchrestien, 2006), p. 597; Robert KOLB, "General Principles of Procedural Law", *I.C.J. Commentary 2006*, p. 818; Emmanuelle JOUANNET, « La preuve comme reflet des évolutions majeures de la société internationale », Hélène RUIZ FABRI et Jean-Marc SOREL (sous la direction de), *La preuve devant les juridictions internationales* (Éditions A. Pedone, 2007), pp. 240-241; Joseph NGAMBI, *supra* note (5), p. 497.

(28)　Jean-Flavien LALIVE, « Quelques remarques sur la preuve devant la Cour permanente et la Cour internationale de Justice », *Annuaire suisse de droit international*, tome 7 (1950), p. 77.

(29)　Hans KELSEN, "The Principle of Sovereign Equality of States as a Basis for International Organization", *Yale Law Journal*, vol. 53 (1944), p. 218; *voir aussi*, Hans KELSEN, "Recognition in International Law: Theoretical Observations", *A.J.I.L.*, vol. 35 (1941), p. 606.

権主義的な運用とを規定する原理として規範的に提示されたものであった。これに対し、「相対的真実」を発見すべきという議論は、「相対」という性格規定ゆえに規範的意味を持ちにくく、解釈指針を提供するものとは位置付け難い。つまり、最終的に認定される事実が相対的真実に過ぎないという観察自体は正しいとして、それが国際裁判の事実認定としてなぜ正しいかという規範的正当化の問題が、別途問われなければならない課題として残されているわけである。そして、事実認定の「正しさ」が新たに同定されるならば、これに応じて証拠法論の具体的な解釈運用の在り方に変容が加えられる可能性がある。それ故本書は、国際裁判の事実認定の性格理解を理論的に再定位した上で、そこから導かれる証拠法の個別具体的な解釈運用をも関心の射程に収めるものである。そこで、本論に入る前に、本書が到達する結論の骨子をあらかじめ明らかにしておく。

本書の立場：裁判目的実現手段説

法あるいは法制度は社会的構築物であり、それを取り巻く社会において実現すべき特定の価値や目的を存在理由とする。この点、本論において詳述するように、国際裁判の制度目的はあくまで紛争処理や公益実現といった点に据えられ、客観的真実の発見、あるいは事実認定それ自体が国際裁判の目的として位置付けられてきたわけではない[30]。換言すれば、事実認定は、法的推論上、法的三段論法の小前提という重要な地位を占めながらも、国際裁判の目的それ自体を構成するわけではない。ここから、国際裁判における事実認定はむしろ、国際裁判の多様な目的を実現するための手段的な局面と捉え直すべきではないかという仮説が導かれる。例えば、リヴィエ（Raphaële Rivier）は次のような表現で発想の転換を示唆する。

「証拠法規則は、裁判所が事情を心得て適切に裁判できるよう、裁判における真実の形成、表明、認定を規律するものである。〔…〕裁判における真実（la vérité）とは、証拠法により規律される現実の法的再構成（une reconstitution juridique de la réalité）である[31]。〔…〕国家間裁判において、証拠とは、現実（la réalité）を探求し解明する装置というよりは、当事国にとって自らの権利の価値を保障する手段

（30） Cesare P.R. ROMANO, "The Role of Experts in International Adjudication", Société française pour le droit international (dir.), *Le droit international face aux enjeux environnementaux : Colloques d'Aix-en-Provence* (Éditions A. Pedone, 2010), p. 183.

序　論

（le moyen）として理解される[32]」（強調中島）。

　リヴィエの議論の核心は，事実認定や証拠調べという局面を権利保障という目的実現のための手段として捉える点にある。同様に，コルテン（Olivier Corten）は，「事実認定方法論とは，〔…〕特定の真実観（une vision de la vérité）についての合意を獲得するための手段（un moyen）を構成する」と主張し，カルボノ（Thomas E. Carbonneau）は，「事実認定は，それがいかに重要であろうとも，紛争解決における公正と理性という大目標を達成するための要素（components）の１つに過ぎない[33]」と述べており，合意調達あるいは紛争処理という目的との関係における事実認定の手段的理解を示している。これらの議論の要点は，裁判外に存在するはずの客観的真実の発見を目的とする理解から，国際裁判制度の目的を実現するための手段として事実認定を捉える理解への転換にある。

　こうした発想の転換を敷衍すると，本書が関心を向ける事実認定の「正しさ」についても新しい捉え方を導きうる。すなわち，事実認定が国際裁判の目的実現のための手段であるならば，事実認定を規律する証拠法は，国際裁判の目的に照らして解釈運用されるべきという解釈原理である。そして，そのような証拠法に適合的に認定された事実認定は，客観的真実と合致しているか否かはさておき，国際裁判の目的実現のための手段として位置付けられるが故に「正しい」という理解である（裁判目的実現手段説）。

　本書の基本命題は，一言でいえば，国際裁判の事実認定の「正しさ」の理解に関する，客観的真実発見説から裁判目的実現手段説への転換である。そして，こうした抽象的な解釈原理の転換は，個別具体的な証拠法の解釈運用にも影響を与える。そこで以下では，ニカラグア軍事的活動事件（国際司法裁判所 1986年本案判決）における事実認定の「正しさ」をめぐって交わされた論争を素材として，事

---

(31)　こうした「真実（la vérité）」と「現実（la réalité）」の概念関係については，Jean SALMON, « Le fait... », *supra* note（1）, pp. 288-289; Bérénice Kafui SCHRAMM, *La fiction juridique et le juge : contribution à une autre herméneutique de la Cour internationale de Justice*（Genève : Institut de hautes études internationales et du développement, thèse, 2015）, pp. 155-160.

(32)　Raphaële RIVIER, *supra* note（21）, pp. 9-10.

(33)　Thomas E. CARBONNEAU, "Darkness and Light in the Shadows of International Arbitral Adjudication", Richard B. LILLICH（ed.）, *Fact-Finding before International Tribunals*（Transnational Publishers, 1992）, p. 159.

実認定の「正しさ」を顧みないことが混乱や論争の原因となりうることを示すことを通じて，本探究の実践的意義を明らかにする。

◆ **第2項 シュヴェーベル・ライクラー論争**

　ニカラグア事件の本案判決から25年が経過した2012年，アメリカ国際法雑誌の誌上において，シュヴェーベル（Stephen M. Schwebel）とライクラー（Paul S. Reichler）の間で同判決の事実認定をめぐる激しい論争が交わされた。被告米国の裁判官であったシュヴェーベルが判決を強く批判する論稿を寄せたことに端を発し，原告ニカラグアの弁護人を務めたライクラーが判決を擁護する論稿を寄稿し，更に反論と再反論まで応酬が交わされた。両者の主張は，結論だけを見るならば，各々の職務上の立場を投影するに過ぎない。しかし本書の分析によれば，両者はそれぞれ事実認定の「正しさ」について異なる前提から議論を展開しており，そうであるが故に，論争は平行線を辿ることとなった。そこで，まず本論争の焦点を特定するために，1986年本案判決の事実認定と，それに対するシュヴェーベル反対意見に遡ることとする。

ニカラグア事件における事実争点と裁判所の事実認定

　ニカラグア事件とは周知の通り，中米地域における共産主義圏勢力の拠点として周辺国の反政府ゲリラ勢力を支援してきたとされるニカラグアに対し，米国が採った各種軍事行動が国際法に違反するとして，ニカラグアが提訴した事案である。被告となった米国は，自らが軍事行動を行った事実の細部につき部分的に争いつつも，基本的に集団的自衛権の行使として正当化することに立論の焦点を向けた。すなわち米国の主張の核心は，ニカラグアによる周辺諸国（エルサルバドル，ホンジュラス，コスタリカ）の反政府勢力への武器供与その他支援の事実が「武力攻撃」を構成するが故に（国連憲章51条），米国による各種軍事行動は集団的自衛権の行使として正当化しうる，という点にあった。

　それ故，本件最大の争点の1つは，ニカラグアによる反政府勢力への武器供与の存否内容という事実認定であった[34]。この点に関する裁判所の認定は相当に

（34）　W. Michael REISMAN and Christina SKINNER, *Fraudulent Evidence before Public International Tribunals: The Dirty Stories of International Law* (Cambridge University Press, 2014), p. 90.

序　論

複雑であるが，単純化して整理すれば次の通りである。第1に，そもそも武器の輸送は証拠不十分により証明されていない（よって，「武力攻撃」要件を充足する事実は存在しない）。第2に，証拠が不十分ということは，仮に武器輸送の事実があったとしてもそれは比較的小規模にとどまるものであったことを推認させる（よって，「武力攻撃」要件を充足する規模の武器輸送の事実は無い）。第3に，仮に小規模の武器輸送の事実があったとしても，その証拠が不十分ということは，それは米国の高度に洗練された諜報技術をもってしても探知し得なかったことを意味し，だとすればニカラグアが当該輸送を了知していたはずがない（よって，いずれにせよニカラグアの責めに帰せしめられる武器輸送ではない[35]）。かくして裁判所は，「武力攻撃」の要件事実を複線的に否定し，結論的に集団的自衛権に基づく米国の抗弁を退けた。

シュヴェーベルの反対意見

シュヴェーベルが本判決に長大な反対意見を付したことは著名であるが，その過半は懸案の集団的自衛権行使をめぐる事実認定に注がれている[36]。もっとも，長大さに比してその骨子は比較的明快であり，一言で言えば，裁判所の事実認定は，彼の理解する客観的真実に反するが故に誤りである，というものである。すなわち，「裁判所の事実認定は，〔…〕客観的に維持し難い[37]」と。彼が槍玉に挙げる証拠方法はニカラグア外相の証言であり，「ニカラグア政府は，〔…〕エルサルバドル叛徒に武器供与その他物質的支援を行ったことはかつてない（never）」と述べられた宣誓供述書（affidavit）である[38]。シュヴェーベルによれば，この証言は彼自身の事実認定にそぐわない偽証であり，にもかかわらずこれを証拠として採用したと理解される多数意見[39]を問題視するのである。すなわち，「司法判断の基礎は真実の認定（establishment of truth）にある。当事国政府代表による

---

(35) *Military and Paramilitary Activities in and against Nicaragua,* Merits, Judgment of 27 June 1986, *I.C.J. Reports 1986,* pp. 83-86, paras. 153-160.

(36) 反対意見の目次では F. と G. に相当する事実認定であり，延べ100頁以上が充てられている。Dissenting Opinion of Judge SCHWEBEL, *I.C.J. Reports 1986,* pp. 276-280, pp. 410-509.

(37) Dissenting Opinion of Judge SCHWEBEL, *I.C.J. Reports 1986,* p. 271, para. 12.

(38) Dissenting Opinion of Judge SCHWEBEL, *I.C.J. Reports 1986,* p. 276, para. 24.

(39) Dissenting Opinion of Judge SCHWEBEL, *I.C.J. Reports 1986,* p. 266, para. 1.

序　論

意図的な偽りは司法機能の本質を毀損し，受け入れ難い[40]」と。

　かくしてシュヴェーベルは，裁判所の事実認定が，自らの事実認定と異なることを根拠として多数意見を批判する。彼の認定するところによれば，ニカラグアは武器供与その他支援を継続しており，その累積がエルサルバドルに対する「武力攻撃」に相当するからである[41]。つまりシュヴェーベルは，国際裁判における事実認定の正しさの淵源を裁判外に存在する客観的真実との合致に求めた上で，裁判所の認定がそこから乖離していることを批判の根拠としているものと分析される[42]。

「法廷偽証を祝福する」

　シュヴェーベルが，アメリカ国際法雑誌に「法廷偽証を祝福する（Celebrating Fraud on the Court）」という題目を冠した論説[43]を掲載したのは，ニカラグア事件本案判決25周年（2011年）を記念する会合がハーグで開催された翌年であった。本論説は，事後に発覚した事実を踏まえつつも，基本構造としては，先に検討した反対意見を繰り返したものと分析しうる。シュヴェーベルによれば，判決後の1993年，ニカラグアの首都マナグアの自動車修理店で爆発事故が発生し，その結果偶然，地対空ミサイルその他無数の武器弾薬や旅券証等多くの文書が発見され，それらはエルサルバドル反政府ゲリラの所持品であったことが判明した[44]。シュヴェーベルの理解では，この事実もやはり多数意見が依拠したと理解される

---

(40)　Dissenting Opinion of Judge SCHWEBEL, *I.C.J. Reports 1986*, p. 277, para. 27.

(41)　Dissenting Opinion of Judge SCHWEBEL, *I.C.J. Reports 1986*, pp. 268-269, para. 6.

(42)　このように，客観的真実との乖離を批判の根拠に据える論法は，ニカラグア事件判決に批判的な論者の間に散見される。例えば，フランク（Thomas M. Franck）は，判決後の1989年に最新鋭のロケットを備えたニカラグアの貨物機がホンジュラスに着陸した事件を根拠として，裁判所の事実認定が誤りであったと理解し，これを前提とした判決を批判する。シュヴェーベルと同様，裁判外における客観的真実の存在を想定した上で，これとの乖離を判決の誤謬性の根拠とする批判と位置付けられる。Thomas M. FRANCK, "Fact-finding in the I.C.J.", Richard B. LILLICH (ed.), *Fact-Finding before International Tribunals* (Transnational Publishers, 1992), p. 31.

(43)　Stephen M. SCHWEBEL, "Celebrating a Fraud on the Court", *A.J.I.L.*, vol. 106 (2012), pp. 102-105.

(44)　Shabtai ROSENNE, *The World Court: What It Is and How It Works* (5th ed., Martinus Nijhoff Publishers, 1995), pp. 152-153.

序　論

ニカラグア外相の証言と両立し得えず[45]，やはり裁判所の事実認定は同外相の偽証に誘導されたものであったと批判する。それ故，本論説の題目は，ニカラグア事件判決25周年記念を，ICJ が偽証に誘導されてから25周年という皮肉を込めたものと理解しうる。

ライクラーの反論

このシュヴェーベルの論説に，ライクラーが即座に応答した。彼は，ニカラグア側弁護人として懸案の事実認定を主に担当した弁護士である[46]。奇しくも，判決25周年記念会合でも証拠の取扱いについて講演しており，ニカラグア事件を含め，国際司法裁判所の事実認定を概ね肯定的に評価する「特異な（unconventional）」立場を自負している[47]。

シュヴェーベルの批判の根拠は，自ら膨大な頁数を割いて立証した客観的真実との不一致に求められていた。これに対してライクラーは，基本的に個別具体的な証拠調べの適切さに反論の焦点を向けているところ[48]，その背景に，証拠法との適合性に事実認定の「正しさ」を求める理解を垣間見ることができる。図式的に換言するならば，ライクラーは，裁判所の事実認定は ICJ の証拠規則に適合的であったが故に「正しい」と考え，そうした観点からシュヴェーベルに反駁したものと位置付けることができる。

第1に，ライクラーは，裁判所の事実認定は適切な証明責任分配の帰結であったと理解する。彼によれば，自衛権を主張する側がその要件事実の証明責任を負うのが原則であり，米国がこれを果たさなかった以上，裁判所の認定は論理必然的である[49]。判例の登場は後年であるものの，国際司法裁判所は，自衛権行使国がその発動要件の充足性につき証明責任を負うとの立場である[50]。つまり，客観的真実と合致していたか否かはさておき，証明責任分配規則という証拠法と合致している点で，裁判所の事実認定は「正しい」と考えるわけである。

---

(45)　Stephen M. SCHWEBEL, "Celebrating a Fraud...", *supra* note (43), pp. 103–105.

(46)　ニカラグア事件におけるニカラグア側弁護団の訴訟戦略については，ライクラー自身による回顧を参照。Paul S. REICHLER, "Holding America to Its Own Best Standards: Abe Chayes and Nicaragua in the World Court", *Harvard International Law Journal*, vol. 42 (2001), pp. 15–46.

(47)　Paul S. REICHLER, "The Impact of the Nicaragua Case on Matters of Evidence and Fact-Finding", *Leiden J.I.L.*, vol. 25 (2012), p. 150.

序　論

　第2に，裁判所による証拠調べもまた適法であったと理解する。ライクラーに
よれば，米国の主張の重要な拠り所であった2次資料[51]の証拠価値を裁判所が
殆ど認めなかったのは，端的に，武器輸送の事実を米国が掴んでいることを当該
文書が示唆しながらも，そこに記載された事実についての具体的証拠を何ら伴う
ものではなかったからである[52]。事実認定には証拠が必要であることは争い難
い基本的前提である（証拠裁判主義[53]）。ライクラーは，裁判における真実発見
それ自体の意義を軽視するわけではない[54]。あくまで，同資料に証拠価値を殆

---

(48)　そもそもライクラーが指摘するように，多数意見がニカラグア外相の「偽証」を
　　　採用したというシュヴェーベルの理解は，実は判決理由からは読み取り難く，シュ
　　　ヴェーベルの批判は必ずしも的を射ていないように理解される。第1に，判決理由中
　　　の懸案の箇所を読む限り，ニカラグア外相の証言は一切引用されておらず（I.C.J.
　　　Reports 1986, pp. 83-86, paras. 153-160），したがって少なくとも判決推論上は，外
　　　相の証言はそもそも裁判所の事実認定に影響を与えていない。第2に，本件で裁判所
　　　は証拠法に関する総論的な説示を展開し，政府高官の証言についてはそれが自国の利
　　　益に反する内容を備える場合には高い証拠価値を付すものの（自白の類推），自国を
　　　擁護する発言の場合には慎重に扱うとの立場を前提としており（I.C.J. Reports 1986,
　　　p. 43, paras. 69-70），ニカラグア外相の証言を重視したというシュヴェーベルの理解
　　　は，この一般論と矛盾する。そして第3に，判決推論上，裁判所の事実認定に決定的
　　　な影響を与えているのは，むしろ元米国中央情報局（CIA）の中米担当上級職員の証
　　　言であると理解するのが自然である。I.C.J. Reports 1986, pp. 83 et seq., paras. 153 et
　　　seq.; Paul S. REICHLER, "The Nicaragua Case: A Response to Judge Schwebel",
　　　A.J.I.L., vol. 106 (2012), p. 317. これらの点で，ニカラグア事件判決における具体的
　　　な証拠評価に対するシュヴェーベルの批判には難があると考えられるが，いずれにせ
　　　よ本書の観点から重要なのは，そうした具体的事案を念頭に交わされた論争の背景に
　　　垣間見られる，事実認定の「正しさ」をめぐる原理的対立である。
(49)　Ibid., p. 320.
(50)　Oil Platforms, Judgment of 6 November 2003, I.C.J. Reports 2003, pp. 186-187,
　　　para. 51.
(51)　"Revolution Beyond Our Borders", Sandinista Intervention in Central America
　　　と題された，米国政府の公式文書や新聞報道等を束ねた冊子である。米国は本冊子を
　　　当時の国連総会や安保理でも配布し，欠席戦術を採った本件本案審理では，裁判所に
　　　非公式に提出した。I.C.J. Reports 1986, p. 44, para. 73.
(52)　Paul S. REICHLER, "A Response…", supra note (48), p. 320.
(53)　国際裁判における沿革については，第3章第2節参照。
(54)　Paul S. REICHLER, "Problems of Evidence before International Tribunals", John
　　　Norton MOORE (ed.), International Arbitration: Contemporary Issues and Innova-
　　　tions (Martinus Nijhoff Publishers, 2013), pp. 47-52.

序　　論

ど認めなかった裁判所の扱いが証拠法に適合的であるが故に，「正しい」と考えるわけである。

事実認定の「正しさ」と証拠法解釈原理

　以上の論争が示すように[55]，客観的真実との合致を事実認定の「正しさ」と考えるか，あるいは裁判規範たる証拠法規則との適合性を事実認定の「正しさ」と考えるかは，形而上的な観念論にとどまらず，個々の事実認定の評価を左右するという意味で極めて実践的な問いである。また，法的推論の出発点となるという意味では，証拠法規則の解釈運用を左右する原理をめぐる論争とも位置付けられる。すなわち一方で，ある事実認定が客観的真実と合致するが故に「正しい」というシュヴェーベルの理解を前提とすれば，客観的真実の発見を証拠法規則の解釈運用原理に据える従来の理解（客観的真実発見説）が導かれることは容易に理解されよう。これに対し，証拠法規則に即した事実認定であるが故に「正しい」というライクラー的理解は，それ自体としては単に形式的合法性に依拠するにとどまり，証拠法の解釈運用原理を特定するには至らない。そこで本書では，ライクラーの理解と，先に掲げた事実認定の性格理解に関する理論的仮説とを接合し，後者の実証分析を通じて新たな解釈原理を示す。すなわち，証拠法が国際裁判の目的を実現する手段であるならば，証拠法に適合的に認定された裁判上の事実は，裁判目的の実現に資するものと位置付けられる。そうであるが故に，証拠法に適合的な事実認定は「正しい」と理解するわけである。本論において展開する様々な検討は，究極的には，すべてこの問いに帰着する。

◆ 第2節 ◆ 事実認定の動態的把握

　本書は，国際裁判における事実認定の「正しさ」を問い直し，裁判目的実現手段説という観点から証拠法論を再構成するものである。もとよりそれは，国際裁判の証拠法論という限定的な領域を超えて，国際法適用過程の動態的把握という理論的動向と軌を一にするものと位置付けられる。本節では，この点を敷衍する

---

(55)　その後，両者の議論は平行線を辿っている。Stephen M. SCHWEBEL, "The Nicaragua Case: A Response to Paul Reichler", *A.J.I.L.*, vol. 106（2012），pp. 582-583; Paul S. REICHLER, "Paul Reichler's Rejoinder", *A.J.I.L.*, vol. 106（2012），pp. 583-584.

ことで，本書が国際法理論において占める位置付けをあらかじめ明らかにする。それは，一言でいえば，適用法規が「発見」されるものから「創造」されるものへと捉え直されてきたのと軌を一にして，事実もまた「発見」されるものから「構成(56)」されるものへと捉え直すべきというものである。

◆ 第1項　大前提：法の「発見」から「創造」へ

大前提の静態的把握：既存法適用説

　伝統的に，判決過程は法的三段論法によって把握されてきた。すなわち，裁判以前に存在する既存法（大前提）を裁判外に客観的に存在する事実（小前提）に適用することで，判決主文（結論）に到達するという論理過程である（既存法適用説）。そこでは，結論で示される個別法規範は既に大前提に含まれていたという建前が採られ，裁判官は単に制定法を述べる「口 (la bouche)」として理解される(57)。国家法秩序における権力分立論に由来するこうした既存法適用説は(58)，国際法学では，主権国家の意思を国際法の淵源と措定する意思主義と結びつき，法的推論の静態的理解を長く維持してきた。すなわち第1に，法解釈よりも，それに先行する法認識（法源論）こそが重要であると理解され，法解釈論自体の出る幕が限定される契機があった(59)。第2に，法解釈自体も国際法の淵源たる国家の意思や合意という正しい答えの「発見」プロセスとして把握され(60)，解釈に伴う価値判断や法創造には強い警戒感が示されてきた(61)。

---

(56)　Hans KELSEN, "The Principle of Sovereign Equality…", *supra* note (29), p. 218; Olivier CORTEN, *La méthodologie…*, *supra* note (2), pp. 252-253.

(57)　Charles-Louis de MONTESQUIEU, *De l'esprit des lois* (1748), livre XI, chapitre VI.

(58)　H.L.A. HART, "Positivism and the Separation of Law and Morals", *Harvard Law Review,* vol. 71 (1958), p. 610.

(59)　「解釈の必要の無いものは解釈してはならない」。Emer de VATTEL, *Le droit des gens ou prinipes de la loi naturelle* (1758), Book II, section 263.

(60)　Bruno SIMMA and Andreas L. PAULUS, "The Responsibility of Individuals for Human Rights Abuses in Internal Conflicts: A Positivist View", *A.J.I.L.*, vol. 93 (1999), p. 304; Olivier CORTEN, *La méthodologie…*, *supra* note (2), p. 212.

(61)　Robert KOLB, *Interprétation et création du droit international : Esquisse d'une herméneutique juridique moderne pour le droit international public* (Bruylant, Éditions de l'Université de Bruxelles, 2006), p. 2.

序　　論

大前提の動態的把握：法創造

しかし今日，およそ法解釈が一定の創造性を伴うことは，少なくとも経験的理解としてはほぼ共有されている[62]。第1に，法命題は曖昧さを伴う日常言語で記述されるため[63]，その意味内容は人為的な解釈を通じて特定せざるを得ない[64]。そして，言語が思考のための単なる「衣服」ではなく，思考するための固有の動力を備えるという意味で創造的であるとの理解からすれば[65]，言語的営為である国際法解釈もまた創造的性質を伴うものと位置付けられる[66]。第2に，法命題の内容をめぐる意味論上の紛争に対して裁判所が下す判断は，判決の先例拘束性の有無を問わず，その抽象的性質故に当該事案を超えた波及効果を持つ[67]。第3に，法解釈を具体的状況に照らして行うのであれば，それは当該法規の実際的適用を念頭に置いた規範命題の明確化であることから，個別状況との関係で当該法規に特別の意味を与えることとなる[68]。とりわけ紛争処理を念頭に置くのであれば，「単に予め定められた法規によって指示される事実状態を自動的に実現するというだけでなく，常に妥当な関係を創出するという側面を同時に備えている[69]」からである。このように，法解釈における創造性は，理論的にも実践的にも否定し難いものとして立ち現れる。

そして，現代国際法学が古典的法実証主義から離脱し，実定国際法規則の発展と明確化をその任務と据え，それを通じた国際社会における「法の支配」を希求するならば，法創造は，国際裁判に期待される機能の1つと捉えられよう[70]。

---

[62]　Robert ALEXY, *Theorie des juristischen Argumentation : Die Theorie des rationalen Diskurses als Theorie der juristischen Begründung* (Suhrkamp Verlag, 1978), S. 23; Robert ALEXY (translated by Ruth ADLER and Neil MacCORMICK), *A Theory of Legal Argumentation* (Clarendon Press, 1989), pp. 6–7.

[63]　Michel VIRALLY, *La pensée juridique* (LGDJ, 1960), p. 16; H.L.A. HART, *The Concept of Law* (2nd ed., Oxford University Press, 1997), p. 126.

[64]　H.L.A. HART, *supra* note (58), p. 607.

[65]　Bérénice Kafui SCHRAMM, *supra* note (31), p. 184.

[66]　Hans KELSEN, "The Principle of Sovereign Equality...", *supra* note (29), p. 218.

[67]　Ingo VENZKE, *How Interpretation Makes International Law: On Semantic Change and Normative Twists* (Oxford University Press, 2012).

[68]　Charles DE VISSCHER, *Problèmes d'interprétation judiciaire en droit international public* (Éditions A. Pedone, 1963), p. 29.

[69]　奥脇(河西)直也「国際法における『合法性』の観念(1)」国際法外交雑誌80巻1号（1981年）27頁。

序　論

それ故，法解釈に伴う創造性の規範的正当化こそが，今日における法解釈理論の主要課題として位置付けられている[71]。

◆　第2項　小前提：事実の「発見」から「構成」へ

　国際法解釈理論をめぐる以上の議論状況と対比すると，裁判外に存在するはずの「真実」の「発見」を志向する客観的真実発見説は，極めて静態的な法的三段論法の小前提理解を温存するものであることが浮かび上がる。この点，本書の基本命題は，事実認定の法的規律を「裁判目的」という事実認定外在的な要素にかからしめるものであり，法的三段論法の小前提理解を動態化する契機を内包している。事実認定の性格理解をめぐるこうした議論の方向性は，先に概観した法解釈理論をめぐる議論に比べれば活発とは言い難いものの，ペレルマン（Chaïm Perelman）を先達とする法理学の一潮流である「ブリュッセル学派（l'école de Bruxelles[72]」の理論的業績[73]を国際法学に持ち込んだサルモン（Jean Salmon）の国際法理論の中に，その一端を垣間見ることが可能であり，本書の試みはその敷衍と位置付けることができる。

---

(70)　Sir Hersch LAUTERPACHT, *The Development of International Law by the International Court* (Stevens & Sons Limited, 1958); 奥脇（河西）直也「現代国際法における合意基盤の二層性：国連システムにおける規範形成と秩序形成」立教法学33号（1989年）106頁；奥脇直也「現代国際法と国際裁判の法機能：国際社会の法制度化と国際法の断片化」法学教室281号（2004年）33頁。

(71)　Robert ALEXY, *supra note* (62), S. 24; *voir aussi,* Robert KOLB, *Interprétation...*, *supra note* (61), pp. 119-121.

(72)　ペレルマンのレトリック理論については，三輪正「哲学とレトリック：ペレルマンのレトリック論を中心に」理想（1982年12月）；小畑清剛「レトリックと法・正義：Ch. ペレルマンの法哲学研究(1)(2)(3・完)」法学論叢112巻6号，113巻4号，113巻6号（1983年）；瀬川信久「Ch. ペレルマン『議論の研究』：実用法学の視点からの検討」日仏法学13号（1984年）など参照。

(73)　本書の主題と関連する著作として，Chaïm PERELMAN et L. OLBRECHTS-TYTECA, *Traité de l'argumentation* (2e éd., Éditions de l'Institut de Sociologie, Université Libre de Bruxelles, 1970); Chaïm PERELMAN, *Les présomptions et les fictions en droit* (Bruylant, 1974); Chaïm PERELMAN, *Logique juridique : nouvelle rhétorique* (2e éd., Dalloz, 1979); Chaïm PERELMAN, *La preuve en droit* (Bruylant, 1981).

序　　論

小前提の動態的把握：ブリュッセル学派

　サルモンは，伝統的な法的三段論法に依拠した裁判過程の把握には限界がある
との問題意識から，大前提（法解釈）と小前提（事実認定）はそれぞれ別個独立し
たプロセスではないと考え，両者の間に存在する双方向的な作用・往復運動を国
際法学の文脈で理論化した。その主張は一言でいえば，「事実は法規範を参照し
なければ把握・解釈されず，法規範はそれが適用する事実との関連でなければ解
釈されない」というものである(74)。すなわち，先にみた通り，伝統的な法的三
段論法において事実認定が客観的な所与の認識として位置付けられてきたのに対
し，サルモンの理論は法解釈のみならず，事実認定にも創造的要素を見出すわけ
である。例えば，事実を推定したり擬制したりする証拠法規則が存在するという
ことは，事実認定における客観的真実の価値が絶対的なものではなく，場合に
よってはむしろこれに優越する対抗的な価値が存在することを意味する(75)。だ
とすれば，裁判における事実認定もまた価値調整を伴う創造的な過程であり，そ
の局面を規律する証拠法も客観的真実の発見にとどまらない複合的な価値を志向
し，またその調整が意図されているということになる。かくして，法的三段論法
は，客観的所与として認定される事実に解釈された法規範をあてはめるという一
方向的な過程ではなく，法解釈と事実認定の相互作用，また各々における創造性
が肯定される弁証法的な過程として再構成されるというわけである(76)。実務家
を交えた上で法理論を思弁する「ブリュッセル学派」にあって，サルモンは実践
を意識した上で法的三段論法の分解を試みたものと位置付けることができる(77)。

　言うまでもなく，法解釈における創造性の承認は，事実認定においても創造性
を承認すべきことを直ちには意味しない。しかし，サルモンの国際法理論が示唆
しているのは，一見極めて静態的な事実認定もまた，価値調整を内包する複合的

---

(74)　Olivier CORTEN, « Jean Salmon et l'héritage de l'« école de Bruxelles » », *Droit du pouvoir, pouvoir du droit : mélanges offert à Jean Salmon* (Bruylant, 2007), pp. 3 -18.

(75)　ペレルマン法理論における真理（真実）と価値の関係について，小畑清剛「レトリックと法・正義（3・完）」前掲注（72）31-34頁。

(76)　Jean SALMON, « Le fait... », *supra* note（1）, pp. 270-271, 296-341; Jean SALMON, « La construction juridique du fait en droit international », *Archives de philosophie du droit*, tome 32（1987）, pp. 135-136, 141-147.

(77)　Olivier CORTEN, « L'héritage de l'école de Bruxelles », *supra* note（74）, p. 17.

なプロセスであるということである。こうした観点から法理論分析を推し進めた
エルブドイ（Saïda El Boudouhi）の論考は，従来の論者において事実認定の認識
主義的な構想（une conception cognitiviste）が支配的であったとの問題意識から，
それに代わる構成主義的アプローチ（une approche constructiviste）を定式化し，
国際裁判における事実の位置づけの理論的な再定位を試みるものである[78]。
もっとも，彼女が自ら設定した課題は，国際裁判における事実の理論的位置づけ
という未開領域を切り拓くことにとどまり，そこから何らかの規範的な帰結を導
こうとしたわけではない[79]。それ故，本書の試みは，こうした彼女の理論分析
の成果を証拠法解釈論という規範的な問いへと還流し，その実証分析を行うこと
で，サルモン国際法理論の重要な一断面を深化させようとするものと位置付けら
れる。

◆ 第3節 ◆ 用語法と本書の構成

◆ 第1項 用語法

　ここまで，「国際裁判」，「事実認定」，「証拠」，「証拠法」，「証拠法論」といっ
た，本書におけるキーワードを特段定義することなく用いて議論を進めてきた。
そこで，本論に入る前に，これらの用語法を整理しておくこととする。

◇1　国際裁判

　本書の検討対象は，「国際裁判」の証拠法論である。先に掲げた通り，本書の
問題関心はまずもって従前の理解を再考することに向けられることから，その検
討対象は，基本的に先行研究が念頭に置いてきた「国際裁判」である。具体的に
は，常設国際司法裁判所・国際司法裁判所のほか，19世紀以来の国際仲裁及び
WTO 紛争処理手続を対象とする。そして，国際仲裁には，国家間仲裁に加え，
私人請求を取扱う混合仲裁廷や請求委員会，投資保護協定に基づく仲裁（ICSID
仲裁，UNCITRAL 仲裁，SCC 仲裁など）が含まれる。これらはいずれも，第三者機
関による国際法の適用を通じた拘束力を伴う判断による紛争の処理という[80]，

---

(78)　Saïda EL BOUDOUHI, *supra* note (5), pp. 11-43.
(79)　Saïda EL BOUDOUHI, *supra* note (5), p. 328.

序　　論

国際裁判の基本的定義[81]に符合するものであり[82]，従前の国際裁判論の基本的な問題関心の枠内に収まる。とはいえ，対象の取捨選択に関していくつかの補足をしておく必要がある。

　まず，本書は司法裁判に加えて仲裁をも検討対象に含める。その理由は，第1に，執行力を備えない国際裁判では，判決履行と同様に証拠提出についても当事者の自発的履行に委ねられ，それを強制する契機に乏しいという問題状況に関して，仲裁と司法裁判に相違は無いためである。第2に，私人対国家の国際仲裁も検討対象に含めるのは，従前の証拠法論が，むしろ混合仲裁廷や請求委員会[83]といった私人対国家型の国際裁判制度を主たる素材として展開してきており，従前の客観的真実発見説の意義を分析するためには，その背景にあるそれら仲裁実

---

(80)　Carlo SANTULLI, *Droit du contentieux international*（Montchrestien, 2005）, p. 4.

(81)　「基本的な定義のための素材は，外部的諸特徴のあいだに追求されなければならない」。デュルケム（宮島喬訳）『社会学的方法の基準』（岩波文庫，1978年）102頁（原著1895年）。

(82)　ただし，一般に受け入れられた「国際裁判」の厳密な定義は存在しない。Christian PHILIP et Jean-Yves DE CARA, « Nature et évolution de la juridiction internationale », Société française pour le droit international, *La juridiction internationale permanente : Colloque de Lyon*（Éditions A. Pedone, 1987）, p. 7. 学説上，「国際裁判」を同定する抽象的一般的基準は様々に提唱される。*E.g.,* Christian TOMUSCHAT, "International Courts and Tribunals with Regionally Restricted and/or Specialized Jurisdiction", Hermann MOSLER and Rudolf BERNHARDT（eds.）, *Judicial Settlement of International Disputes: International Court of Justice, Other Courts and Tribunals, Arbitration and Conciliation: An International Symposium*（Springer Verlag, 1974）, pp. 285–416; V.S. MANI, *International Adjudications: Procedural Aspects*（Martinus Nijhoff Publishers, 1980）, pp. 5–11. しかし，そうした試みは必ずしも広く受容されていない。*E.g.,* Cesare P.R. ROMANO, "The Proliferation of International Judicial Bodies: The Pieces of the Puzzle", *NYU Journal of International Law and Politics,* vol. 31, （1999）, pp. 713–723; José E. ALVAREZ, *International Organizations as Law-Makers*（Oxford University Press, 2005）, pp. 526–528.

(83)　今日の投資家対国家の仲裁制度とは異なり，混合仲裁や請求委員会と呼ばれる伝統的な国際制度の場合には，申立人母国が申立人の請求を支持する（espouse）という論理構成により，形式的には国家間裁判の体裁が維持されることが多い。しかし，問題となる訴訟物が実質的に私人の損害賠償・債務不履行の請求権であり，その主張立証活動が私人（及びその弁護人）によって担われる点で，実質的には私人対国家の構図にある。Philip C. JESSUP, "National Sanctions for International Tribunals", *American Bar Association Journal,* vol. 20（1934）, p. 55.

序　論

践の検討が不可欠であるためである。第3に、そうした初期の国際判例は、今日なお繰り返し参照されてきているため、その分析は、今日の国際裁判実務を理解する上でも不可欠である。

　加えて、本書はWTOの紛争処理制度および国際投資仲裁も検討射程に含める。各種の国際裁判制度に普遍的に妥当する「共通法（common law）」の生成を説いたブラウン（Chester Brown）は、両制度をも検討対象に含めた上で証拠調べに関する「共通法」の存在を論じている[84]。しかし、証拠法解釈と国際裁判の制度目的との連関を説く本書の基本命題からすれば、両制度に与えられる独自の制度目的を顧みることなく「共通法」を広く同定してしまう彼のアプローチには留保を付す必要がある。もちろん、多くの国際裁判所に広く妥当する証拠法規則の存在を否定するわけではない。とはいえ、実定法命題は、それを導出する解釈原理（制度目的）に立ち戻ることではじめてその含意を了解することが可能であり、とりわけ難解事例では、これを踏まえることではじめて解釈適用という実践にも耐えうることとなるものと考えられる。それ故本書は、ブラウンの問題意識とは異なり、従前の国際裁判制度における証拠法論との異同差異を仕分けるという趣旨から、WTO紛争処理制度及び国際投資仲裁を検討対象に含める。それらについての検討を経ることで、証拠法論という実務的な問題領域が、国際裁判の制度目的を反映するかたちで展開しているという本書の結論命題が導かれる。

　他方、本書では国際刑事・人権裁判制度は扱わない。これは、国内法類推による民刑事峻別論を踏まえれば論理的帰結であり、証拠法論に関しても管見の限り、大多数の論者がこれを前提としているものと見られる。他方、国際法上は民刑事の峻別は無いとの立場も（特に国家の責任を観念する文脈では）理論上可能である[85]。例えば、国際刑事法廷における国際犯罪の容疑者の訴追を広い意味で国際紛争処理の一環と捉えることも可能であり、人権裁判所における財産権侵害申立（欧州人権裁判所第一追加議定書第1条）は、その性質上、混合仲裁や投資協定仲裁に限りなく接近する。その意味で、厳密な峻別は困難である一方、従来の理解の再考を問題関心に据える本書としては、先行研究と同様、人権・刑事裁判制度につい

---

(84)　Chester BROWN, *A Common Law of International Adjudication* (Oxford University Press, 2007), pp. 83-118.

(85)　Dionisio ANZILOTTI (traduit par Gilbert GIDEL), *Cours de droit international* (Sirey, 1929), p. 468.

序　論

てはひとまず射程外とすることがむしろ適切である。これらの裁判制度における
証拠法論の動向の検討は，別途の課題とする。

◇2　事実認定と証拠：事実の機能的把握

次に，ここまでほぼ互換的に用いてきた「証拠」「証拠法」「証拠法論」「事実」「事実認定」の用語法を整理する。

証拠：目的としての証明，手段としての証拠

一般に，法学用語としての「証拠（la preuve）」には次の2つの意味が帰せしめられる。すなわち，事実の存在証明（démonstration）という目的的な意味を指す用法と，人証や書証といった具体的な証拠方法を念頭に，事実の存在証明のための手段（moyen, élément）を指す用法である[86]。この2用法は，目的と手段の関係において統合的に把握され，本書の検討はいずれにも及ぶ。ただし，証拠法それ自体の裁判目的依存性を説く本書の枠組みにおいては，この目的としての事実証明が裁判目的との関係では手段として観念されるという入れ子構造が生じる点について予め留意されたい。本書では，このように理解される「証拠」の裁判上の取扱いに対する法的規律を「証拠法（規則）」，このように理解される証拠法をめぐる学説・実行上の議論や論争の総体を「証拠法（理）論」と呼ぶ。

事実の把握と証明対象論

問題は，このように理解される証拠法論が対象とする「事実（認定）」とは何か，である。先に掲げた辞書的な定義によれば，証拠とは，裁判における「事実（le fait）」の存在証明に関わるものであるから，論理的には，証拠法論とは「事実認定（fact-finding; l'établissement des faits）」の法的規律ということになる（証拠法論＝事実認定論）。とすれば，証拠法論の射程はその対象である「事実」の定義によって画定されることとなるはずである。しかしこの点，裁判における「事実」の一般的定義は存在しないことから（特に，裁判における「法」と「事実」の峻別困難性や概念的相対性はつとに指摘されている[87]），概念規定の試みは循環論に陥らざるを得ない。

---

(86)　Jean SALMON (sous la direction de), *Dictionnaire de droit international public* (Bruylant, 2001), p. 471; Gérard CORNU (sous la direction de), *Vocabulaire juridique* (8e éd., PUF, 2007), p. 716.

序　論

そこで本書では，「事実」概念は積極的には定義せず，「証拠」あるいは「証明」の語をメルクマールとして，検討対象たる国際裁判のディスコースの範囲を画定する。もっともその結果，あくまで通念的な意味での事実認定の問題がなお検討素材の大半を占めることになる。その限りでは，この問題は講学上の概念設定の問題にとどまる。他方，国際裁判では「事実」のみならず「法」についても当事者による証明を要する対象であると論じられる場合があり，そうしたディスコースをどのように位置付けるかが問題となる。そこで本書では，国際裁判の証拠法論が対象とするのはほとんどの場合「事実」問題であるものの，少なからぬ場面で「法」をも対象としているという現状認識を前提に，そうした証明対象の伸縮それ自体，国際裁判の制度目的との関係において把握できることを明らかにする。つまり，本書の結論命題たる裁判目的実現手段説は，証拠法論の対象それ自体を画する機能を備えているわけである。この点は，本論では「証明対象論」の節の下で論じる。

◆ 第2項　本書の構成

本書は，国際裁判の証拠法論の再構成を試みるものである。このために，まず従来の「客観的真実発見説」の意義と限界を明らかにした上で（第1部），これに代わる「裁判目的実現手段説」の理論的骨子を従前の国際判例を踏まえつつ提示する（第2部）。その上で，証拠法論が，国際裁判の目的の拡充に応じて展開する契機を内包していることを示す（第3部）。

＊　　　　　＊　　　　　＊

第1部では，従前の「客観的真実発見説」の意義と限界を明らかにする。まず，一見する限り素朴な裁判観念を吐露したにとどまるかにも見える同説は，証拠調べにおける国際裁判官の権限拡充を理論的に基礎づけようとするものであった点

---

(87)　Richard B. BILDER, "Fact/Law Distinction in International Adjudication", Richard B. LILLICH (ed.), *Fact-Finding before International Tribunals* (Transnational Publishers, 1992), p. 95; José E. ALVAREZ, "Burden of Proof", *Michigan J.I.L.*, vol. 14 (1993), p. 410; Reply of Sir Kenneth KEITH (24 April 2001), *A.I.D.I.*, vol. 70 (2002–2003), p. 310; *Heim et Chamant c. État allemand*, Tribunal arbitral mixte franco-allemand, le 25 septembre 1922, *R.D.T.A.M.*, tome 3 (1924), p. 55 [M. MERCIER].

25

で，戦間期国際法学における「司法による平和」構想の一翼を担おうとする議論であった（第1章）。こうした野心的な構想は，戦間期に下された一部の国際裁判例と共鳴するものであったために，学説上は広く流布するに至ることとなる。しかし，当該裁判例で示された野心的な証拠法解釈論は，当該事例で仲裁人を務めた国際法実務家の進歩主義的な国際裁判理解を反映したものであり，学説による支持とは裏腹に，裁判実践において維持される基盤を見出すには至らなかった事実が浮かび上がる（第2章）。

　第2部では，本書の基本命題である「裁判目的実現手段説」の理論枠組みを明らかにする（第3章）。その骨子は，「紛争処理モデルの証拠法論」と「公法訴訟モデルの証拠法論」という2つの理念型の重層構造として捉えられるものであり，まず前者の理念型に基づき，従前の国際判例を再検討する（第4章）。

　第3部では，国際裁判の制度目的の展開に即した証拠法論の展開を跡付ける。国際裁判制度の増大は，二辺的紛争処理にとどまらない公益実現という裁判目的の拡充を伴うものである（第5章）。こうした動向を踏まえ，「公法訴訟モデルの証拠法論」という第2の理念型を通じて，国際司法裁判所，WTO 紛争処理制度，国際投資仲裁における証拠法論の展開を比較検討する（第6章）。

第 **1** 部

証拠法論の職権主義的構想と挫折

◆ 第1部 ◆　証拠法論の職権主義的構想と挫折

　従前の客観的真実発見説は，法理学的見地からは様々な理論的難点を抱え
ていた一方で，その基本命題は学説上むしろ積極的に維持されてきている。
それ故，客観的真実発見説が国際裁判論においてなぜ登場し，その理論的難
点に関わらず，少なからぬ論者によってなお根強く維持されているのはなぜ
かが問題となる。このような観点から従前の支配的理解を紐解くことで，先
行研究の学説史上の意義を明らかにするのみならず，本書が示そうとする新
たな命題の位置づけを明らかにすることができると考えられる。

　そこで第1部ではまず，客観的真実発見説が，証拠調べにおける国際裁判
官の権限拡充を後押しすることで，戦間期における「司法による平和」構想
の一翼を担おうとする議論であったという，国際法思想史解釈を示す（第1
章）。こうした野心的な構想が一定の支持を得たのは，その構想自体への共
鳴に加え，ほぼ同旨を説示した国際判例の存在という実践の裏付けによると
ころが大きい。しかし，当該裁判例の傍論で示された野心的な証拠法解釈論
は，当該事例で仲裁人を務めた国際法実務家の進歩主義的な国際裁判理解の
直截的な反映という色彩が強く，その後の裁判実践において広く踏襲される
ことはなかった（第2章）。第2部にて本書が示す命題は，こうした従来の構
想の意義と限界との関係において位置付けられるものである。

◇第1章◇　証拠法論と「司法による平和」構想

第1章　証拠法論と「司法による平和」構想

　証拠法論に触れる国際判例は，19世紀の国際仲裁実践の中に早くも散見され[88]，国際裁判論の古典的著作の中にも関連する記述が見られる[89]。しかし，本格的な論説は戦間期に登場する。すなわち，ヴィテンベルク（J.-C. Witenberg）によるハーグ・アカデミー講義（1936年）と，サンディファーによる体系書（1939年初版）である[90]。その背景に，戦間期における請求委員会および混合仲裁廷の実践を通じた国際判例の蓄積を指摘することは容易であり，両論考は，当時の国際裁判実践の動向を背景として登場したものと位置付けられる。

　両論考における国際判例の詳細な分析と整理は，当時の国際裁判実務を知るための貴重な手掛かりを与えるものである一方，そうした判例分析を貫くものとして措定されている基本命題や理論枠組みは，本書の分析によれば，当時の国際判例及び仲裁条約の諸規定を忠実に反映しているとは言い難い。すなわち，実証分析の帰結として帰納的に導かれたかに見える両論考の基本命題や理論枠組みは，その内実において，在るべき国際裁判構想に関する規範的主張を伴うものであったというのが本書の理解である。

　そこで本章では，まず，従前の客観的真実発見説の基本命題を端的に表現したサンディファーの議論を再考した上で（第1節），本書が便宜的に「三者権限枠組論」と呼ぶ枠組みによって証拠調べのプロセスを理論化したヴィテンベルクの議論を再考する（第2節）。これらの先駆的な論考をあらためて掘り下げることには，本書が提示する新たな命題の通時的な位置づけを確認するに加えて，両論考の規

---

(88)　*Voir*, Hersch LAUTERPACHT, *Private Law Sources and Analogies of International Law: With Special Reference to International Arbitration* (Longmans, Green and Co. Ltd., 1927), pp. 210-211.

(89)　Alexandre MÉRIGNHAC, *Traité théorique et pratique de l'arbitrage international* (L. Larose, 1895), p. 269.

(90)　*Voir*, Jacques-Michel GROSSEN, « À propos du degré de la preuve dans la pratique de la Cour internationale de Justice », Marcelo G. KOHEN, Robert KOLB and Djacoba Liva TEHINDRAZANARIVELO (eds.), *Perspectives du droit international au 21ᵉ siècle : Liber amicorum Professor Christian Dominicé in Honour of his 80th Birthday* (Martinus Nijhoff Publishers, 2012), pp. 257-268.

◆ 第1部 ◆ 証拠法論の職権主義的構想と挫折

範的主張に無自覚なままにその理論枠組みを踏襲する今日の議論の問題性を共時的に指摘するという意味が見出される。

◆ 第1節 ◆ 客観的真実発見説の論理構造とその帰結

序論で紹介したように，客観的真実発見説を前提とすることで，証拠法解釈における柔軟性の強調と，証拠調べ手続の職権主義的な構想が帰結する。しかし，およそ法規則の柔軟性要請には明確性要請が対峙し，裁判手続の在り方としての職権主義には当事者主義が対峙する。それ故，この2つの帰結は，法解釈の在り方および裁判手続の構想として常に最適解であるとは限らない。したがって，国際裁判に関して以上の帰結，ひいては客観的真実発見説そのものがいかにして基礎づけられるのかが問題となる。

以下では，サンディファーが客観的真実発見の重要性から証拠法の柔軟性を導出し，職権主義的構想に向かう論理を検討する（第1項）。加えて，サンディファーの議論の意義を明瞭にする狙いから，彼が自身の主張を支える論拠として引用するロゼンヌ（Shabtai Rosenne）とラウターパクト（Hersch Lauterpacht）の論考を併せて考察する（第2項）。

◆ 第1項 証拠法の柔軟性と証拠調べの職権主義的構想

証拠法の柔軟性

客観的真実発見説に与するか否かに関わらず，国際裁判における証拠法は，一般に「柔軟」であるとか「自由」であると記述されることが多い[91]。しかし，

---

(91) Alexandre MÉRIGNHAC, *supra* note (89), p. 269; Jean-Flavien LALIVE, *supra* note (28), p. 102; Andres AGUILAR MAWDSLEY, "Evidence before the International Court of Justice", Ronald St. John MACDONALD (ed.), *Essay in Honour of Wang Tieya* (Martinus Nijhoff Publishers, 1993), p. 533; M. SHAHABUDDEEN, "Municipal Law Reasoning in International Law", Vaughan LOWE and Malgosia FITZMAURICE (eds.), *Fifty Years of the International Court of Justice: Essay in Honour of Sir Robert Jennings* (Cambridge University Press, 1996), p. 98; Mojtaba KAZAZI and Bette E. SHIFMAN, *supra* note (8), p. 193; p. 533; Gérard NIYUNGE-KO, *supra* note (5), pp. 447-448; Anna RIDDELL and Brendan PLANT, *supra* note (6), pp. 410-412; 中谷和弘・前掲注(4)222頁。

◇第1章◇　証拠法論と「司法による平和」構想

「実定法の記述はその是認を意味しない[92]」以上，こうした柔軟性を望ましいものとする規範的主張[93]がいかにして成立するかは別途問題となる。というのは，第1に，法規範の柔軟性は，裁定者の恣意的判断の介在の危険や法適用結果の予見可能性の低減というデメリットとトレード・オフの関係にあるため[94]，後者の難点を深刻に捉えるならば，法規範の柔軟性要請に対する明確性要請の優位がむしろ帰結しうるためである[95]。第2に，国際裁判所の規程・規則において証拠調べに関する規定が少ないのは，端的に，それら規程・規則の起草過程において，議論の焦点がより重要な争点（裁判管轄権，適用法規等）に注がれたことの帰結に過ぎないという側面がある（本書第3章参照[96]）。こうした経緯からすれば，「柔軟」であるとか「自由」であることの内実は，単に規範内容の未成熟性に過

---

(92)　Prosper WEIL, « Le droit international en quête de son identité », *R.C.A.D.I.*, tome 237 (1992-IV), pp. 76-78.

(93)　Berthold SCHENK VON STAUFFENBERG, *Statut et règlement de la Cour permanente de Justice internationale : Eléments d'interprétation* (Carl Heymanns Verlag, 1934), p. 366; Jens EVENSEN, "Evidence before International Courts", *Nordisk Tidsskrift International Ret*, vol. 44 (1955), p. 47; V.S. MANI, *supra* note (82), pp. 195-198; Mojtaba KAZAZI, *Burden of Proof and Related Issues: A Study on Evidence before International Tribunals* (Kluwer Law International, 1996), p. 212; Eduardo VALENCIA-OSPINA, "Evidence before the International Court of Justice", *International Law FORUM du droit international*, vol. 1 (1999), p. 205; Jean COMBACAU et Serge SUR, *supra* note (27), p. 597.

(94)　Sir Arthur WATTS, "Burden of Proof, and Evidence before the ICJ", Friedl WEISS (ed.), *Improving WTO Dispute Settlement Procedures: Issues and Lessons from the Practice of other International Courts and Tribunals* (Cameron May, 2000), p. 290; Michelle T. GRANDO, "Allocating the Burden of Proof in WTO Disputes: A Critical Analysis", *J.I.E.L.*, vol. 9, no. 3 (2006), p. 617.

(95)　例えば，内ヶ崎は，裁判所の公正要請から証拠法の発展を志向し，深坂は，裁判所の法適用における恣意性の排除を重視する観点から証拠法の客観化を志向する。内ヶ崎善英「国際司法裁判所における証明責任の法理」法学新報113巻9・10号（2007年）53頁；深坂まり子「国際司法裁判における証明責任(1)」上智法学論集52巻4号（2009年）166-167頁。

(96)　加えて，包括的な国際仲裁判断集（*E.g., Moore, Pasicrisie, R.A.I.*）は19世紀末に至るまで編纂されなかったため，先例の参照を通じた判例法の展開には限界があった。*Voir*, Hersch LAUTERPACHT, "The So-Called Anglo-American and Continental Schools of Thought in International Law", *B.Y.I.L.*, vol. 12 (1931), p. 42; Durward V. SANDIFER, *supra* note (17), p. 8.

◆ 第1部 ◆　証拠法論の職権主義的構想と挫折

ぎないと理解する余地もありうるためである。

　この点，サンディファーは，国家が当事者であるという国際裁判の特質を根拠として，事実誤認の影響が大きいがゆえに客観的真実への到達が一層重要であると考え，適用されるべき証拠法の柔軟性を重視する推論を展開する。

　「国際裁判手続は，当事者が主権国家であるという事実からその固有の性格が引き出される。この事実は，結論への到達に際しての事実誤認や失敗が多くの場合，国内裁判所における通常の私人間訴訟の場合よりも多大な影響をもたらすことを意味する。多くの人々の福祉に直接関わる国家の重大利益が，事実誤認に基づく判断によって不利に扱われてしまう。国家間の友好関係維持は，判決に至る手続の公正性と徹底性に大きく依存する。〔…〕争われている事実への到達の重要性は，このような国際裁判手続の当事者構成から導かれ，そしてそれは証拠法の発展に決定的な影響を与えてきた。技術性は禁忌なのである（Technicalities are taboo[97]）」（傍点中島）。

彼が忌むべきものとして念頭に置く「技術」的規則とは，国内法，特に陪審制を背景に詳細に発達した英米法諸国の民事裁判での証拠規則である[98]。このこととの対比において，国際裁判に妥当する証拠法は「非技術」的で「自由」で「柔軟」でなければならないと主張するわけである[99]。その議論の出発点として，サンディファーは，国内裁判とは異なり，国際裁判の場合には客観的真実を探求しなければならないと考える。

　「国内裁判手続の目的は，絶対的な意味での真実を発見することではなく，証拠が既定の規則に従って裁判所に提出されたかを判断し，当該規則に従って最も説得的な証拠を備える当事者に評決を下すことである。〔…〕国内裁判所で希求され到達される真実とは，疑いなく相対的なものである。〔…〕国際裁判所の証拠法は，絶対的な意味での真実の認定のためにより広範な自由を認める[100]」（傍点中島）。

　このようにサンディファーは，事実誤認の影響の大小を根拠に，国際裁判と国内裁判とで追求されるべき「真実」の意味内容が異なるという前提を導き，国際

---

(97)　Durward V. SANDIFER, *supra* note (17), pp. 4–5; *voir aussi*, Chittharanjan F. AMERASINGHE, *Evidence in International Litigation* (Martinus Nijhoff Publishers, 2005), p. 84.

(98)　Durward V. SANDIFER, *supra* note (17), p. 2.

(99)　Durward V. SANDIFER, *supra* note (17), pp. 8–15, 457–458, 468–471.

(100)　Durward V. SANDIFER, *supra* note (17), p. 3.

◇ 第1章 ◇　証拠法論と「司法による平和」構想

裁判における客観的真実追求の重要性を強調する。こうした理論的前提から，次にみる証拠調べの職権主義的構想が導出されており，客観的真実発見の理念は，彼の証拠法論の理論的支柱となっていることが分かる。

証拠調べの職権主義的構想

対等な当事者間の紛争処理を任務とする民事裁判では通常，裁判官の公平性が強く要請される結果，証拠調べの手続は当事者主義を基調として構成され，裁判所による職権的な介入は補完的な位置付けを与えられるにとどまると考えられる[101]。こうした理念型との対比において，サンディファーは，国際裁判では裁判官による職権的な証拠収集の契機がむしろ積極的に承認されるものと考える。

「国際裁判所は一般に，提示された問題に関する事実への到達に悩まされる。その結果，あらゆる制限的な証拠規則に非寛容的となる。一定の例外を除き，国際裁判所は，当事者が提出した証拠が不十分と考える場合には，これを自ら補充することも躊躇しない[102]」（傍点中島）。

このように，サンディファーにおいては，職権的な証拠収集は例外ではなく，むしろ国際裁判実務における原則として想定されている。そこでの関心事は，「実際の事実（actual facts）との合致」であり[103]，客観的真実発見の重要性を根拠として職権主義的な証拠調べを構想していることが分かる。この考え方をより明快に示したのが，常設国際司法裁判所のオスカー・チン事件（1934年判決[104]）におけるアイジンガ（Jonkheer van Eysinga）判事の個別意見である。

「裁判所はいかなる証拠法制にも拘束されない〔…〕。その任務は，客観的真実（la vérité objective）の認定に協力することである。〔…〕裁判所は，そうした客観的真実への到達を可能とするいかなる手段も省くことはできない。証拠に関して裁判所規程は，受動的な裁判所ではなく，能動的な裁判所（une Cour active）を想定して

---

(101)　Durward V. SANDIFER, *supra* note (17), p. 2.

(102)　Durward V. SANDIFER, *supra* note (17), pp. 3-4.

(103)　Durward V. SANDIFER, *supra* note (17), p. 4, citing Per Olof EKELÖFF, "Free Evaluation of Evidence", *Scandinavian Studies in Law*, vol. 8 (1964), p. 51. "When evaluating evidence, […] it is not enough that the conclusion is a *consequence* of its premises: the premises must also be true in the sense that they *correspond to actual facts*" (emphasis in original).

(104)　*Oscar Chinn*, C.P.J.I. série A/B, n° 63, arrêt du 12 décembre 1934.

◆ 第1部 ◆ 証拠法論の職権主義的構想と挫折

いるのである(105)」(強調中島)。

論者の中には，本説示を当時のPCIJの立場を代表するかの如く理解するものがある(106)。しかし，アイジンガの個別意見は，複雑な事実認定が問題となりえた本件において(107)，裁判所は自ら事実調査をすべきだったにもかかわらずそれを実施しなかった点を批判するものであるから(108)，多数意見を構成しえなかった立場である。とはいえ，アイジンガの個別意見は，サンディファーが示したような証拠調べの構想が，同時代的にも一定の範囲で共有されていた事実を示している。

サンディファー構想の問題点

以上のように，サンディファーは，客観的真実発見の重要性を措定することによって証拠法の柔軟性を導出し，そこから証拠調べの職権主義的構想を帰結せしめた。しかし彼の議論には，客観的真実発見説という理論的前提，および職権的構想という具体的帰結の双方において，推論上の問題点を指摘しうる。

第1に，国際裁判と国内裁判とでは事実誤認の影響が異なるが故に，各々において追求されるべき真実の意味内容が異なる，という彼の理論的前提は自明とは言い難い(109)。国内裁判（彼自身が念頭に置く英米法系の民事裁判も含む）でも，多数の利害関係者を巻き込む大規模訴訟では事実誤認の影響がより重大となりうることは容易に想定しうる。逆に，国際裁判でも，個人を申立人とする比較的小規模・少額の訴訟は珍しいわけではない。実際，サンディファーの論考が扱う国際判例の多くは私人を申立人とする請求委員会・混合仲裁廷の事例であり，その規模としては，場合によっては通常の民事訴訟・国賠訴訟に近い。そのため，サン

---

(105) Opinion individuelle du Jonkheer van EYSINGA, C.P.J.I. série A/B, n⁰ 63, pp. 146-147. アンチロッチ（Dionisio Anzilotti）判事も次のように述べている。「争われている事実の客観的真実（la vérité objective）を認定し，その正当な評価のために不可欠な技術的知見を獲得するために，裁判所は〔…〕本案に関する裁判を停止し，必要な調査を命ずるべきであった」。Opinion individuelle de M. ANZILOTTI, C.P.J.I. série A/B, n⁰ 63, p. 114.

(106) Jens EVENSEN, *supra* note (93), p. 47; Neill H. ALFORD, "Fact Finding by the World Court", *Villanova Law Review*, vol. 4 (1958), pp. 80-81; Durward V. SANDIFER, *supra* note (17), p. 7; Maurice KAMTO, « Les moyens de preuve devant la Cour internationale de Justice à la lumière de quelques affaires récentes portées devant elle », *German Yearbook of International Law*, vol. 49 (2006), p. 262.

34

◇第1章◇　証拠法論と「司法による平和」構想

ディファーの主張は，国際裁判における事実誤認がいかなる意味で重大なのかを
敷衍あるいは経験的に実証することなく，国際裁判で追求されるべき事実の特殊
性をアプリオリに措定している点で問題が残る。

　第2に，職権主義的な証拠調べは，その運用次第では一方当事者のみを利する
こととなり，手続的公平の理念と衝突する可能性がある(110)。そのため，真実発

---

(107)　本件は，当時のベルギー領コンゴにおいて河川運送事業を営んでいた英国人オ
　　スカー・チンが，ベルギー政府の措置によって損害を被り，その損失補償が不十分で
　　あると主張したことに起因する外交的保護事案である。英国は，ベルギーの各種措置
　　によってコンゴ川流域水運セクターにおける政府系企業による「事実上の独占（un
　　monopole de fait）」状態が成立しており，これが両国間の通商条約違反であると主張
　　した。そこで英国は，この「事実上の独占」状態が成立していたという事実認定に口
　　頭弁論のかなりの時間を費やし，加えて，裁判所による事実調査を提案した。C.P.J.I.
　　série C, nᵒ 75, pp. 224-240 [Mr. FACHIRI]; C.P.J.I. série C, nᵒ 75, pp. 214-217 [Mr.
　　BECKETT]. この英国提案に対してベルギーは，必要であるならば異議を唱えるわ
　　けではないとの立場を示していた。C.P.J.I. série C, nᵒ 75, p. 220 [M. de RUELLE]. に
　　もかかわらず裁判所は，結論的に自らによる調査を不要と判断した。その根拠は通商
　　条約の解釈論であり，本条約の違反を構成するためには，第三者に承認義務が発生す
　　る「法上の独占」状態が必要であり，「事実上の独占」では，仮にその存在が証明さ
　　れたとしても条約違反を構成しない（したがって調査は不要である），という解釈で
　　ある。C.P.J.I. série A/B, nᵒ 63, p. 85. 事実上の独占をも条約違反とすると「市場に便
　　宜を図るあらゆる措置」が違反となってしまうことから，自国（植民地）市場経済に
　　対する統制権限を温存する国家主権を重視した条約解釈とも評価しうる。Ole
　　SPIERMANN, *International Legal Argument in the Permanent Court of
　　International Justice: The Rise of International Judiciary* (Cambridge University
　　Press, 2005), pp. 365-367. アイジンガ判事は，こうした多数意見の条約解釈論を共有
　　しないがために，「事実上の独占」の成否を確認するための調査を不可欠と考えたも
　　のと分析しうる。このような条約解釈論と事実争点の連関は，他ならぬ英国自身が自
　　覚的であった。C.P.J.I. série C, nᵒ 75, p. 217 [Mr. BECKETT]. もっとも，裁判所自身
　　による条約解釈が定まる判決以前に事実調査が実施される以上，条約解釈の如何にか
　　かわらず，裁判を通じた紛争処理過程への影響という観点から事実調査を行うべき
　　だったという批判もありうる。Durward V. SANDIFER, *supra* note (17), pp. 334-
　　335.
(108)　Opinion individuelle du Jonkheer van EYSINGA, C.P.J.I. série A/B, nᵒ 63,
　　pp. 145-147; *voir aussi*, Opinion individuelle de M. SCHÜCKING, C.P.J.I. série A/B,
　　nᵒ 63, p. 148.
(109)　Jacques-Michel GROSSEN, *Les présomptions en droit international public*
　　(Delachaux & Niestlé S.A., 1954), p. 164.

◆ 第1部 ◆ 証拠法論の職権主義的構想と挫折

見を目指して職権主義的な証拠調べの契機を拡充するならば，これと対峙する裁判所の公平性要請との関係においてその規範的正当化を推し進める必要がある。しかしサンディファーの場合，国内裁判に関しては公平性要請を踏まえ，証拠に関する「主導権はほぼ完全に当事者の手にある」とする一方で，国際裁判に関しては，そうした公平性要請への意識が希薄なままに職権主義的な構想に至っており[111]，裁判手続の公平性要請に対する真実発見の要請の優位をアプリオリに措定している点で問題が残る。

◆ 第2項 権威の借用：ロゼンヌとラウターパクト

以上のように，サンディファーにおける客観的真実発見説は，実践の裏付けを伴うわけでも，必ずしも緻密な論理展開の上に導出されたわけでもなく，彼自身の国際裁判構想の片影が滲み出たにとどまるものと理解するのが適当である。にもかかわらず，国際裁判では客観的真実が探求されるべきという基本命題は，その後広く踏襲されてきた[112]。例えば，今日の論者としては，証拠法に関する包括的な体系書を著したニュンゲコ（Gérard Niyungeko）が，国際裁判における証拠法の柔軟性をその特質として挙げ，「形式的真実（une vérité formelle）で満足することなく，その実体的現実（leur réalité matérielle）への到達を試みるよう配慮が施されている」と指摘した上で，裁判官による積極的な証拠調べの契機をその具体的帰結の1つとして挙げている[113]。

その背景としては，サンディファーの論考の先駆性に加え，彼がロゼンヌ及びラウターパクトという国際法学・国際裁判論の権威を，自らの議論を支持する論

---

(110) Mojtaba KAZAZI, *supra* note (93), p. 155; Chittharanjan F. AMERASINGHE, *Evidence...*, *supra* note (97), p. 147.

(111) 初版の記述は，改訂版（1975年）においてほぼそのまま維持されている。Durward V. SANDIFER, *Evidence before International Tribunals* (The Foundation Press, 1939), pp. 2–3; Durward V. SANDIFER, *supra* note (17), pp. 2–5.

(112) *E.g.*, Paul GUGGENHEIM, *Traité de droit international public avec mention de la pratique internationale et suisse*, tome 2 (Genève : Georg & Cie S.A., 1954), p. 160; Carsten SMITH, "The Relation between Proceedings and Premises: A Study in International Law", *Nordisk Tidsskrift for International Ret*, vol. 32 (1962), p. 107; Chittharanjan F. AMERASINGHE, *Evidence...*, *supra* note (97), p. 97.

(113) Gérald NIYUNGEKO, *supra* note (5), pp. 448–449.

36

◇第1章◇　証拠法論と「司法による平和」構想

者として引用(114)していたことを指摘することができる。すなわち，サンディ
ファーの議論の基本構造は初版（1939年）で既に完成しており，改訂版（1975年）
において，自身の主張を支える論考として両者を追加的に引用したに過ぎな
い(115)。しかし，サンディファーの議論の影響力という点から証拠法に関する論
考を通時的に眺めると，改訂版以前に公刊された論考にはあまり影響が見られな
いのに対し(116)，改訂版以降になると彼の基本命題に与するものが散発的に登場
するようになり，その際，ロゼンヌおよびラウターパクトが併せて引照される傾
向が見られる(117)。つまり，サンディファーの影響力の背景には，少なくとも部
分的には，その議論の説得力そのものというより，ロゼンヌおよびラウターパク
トの「権威」に由来する側面があることが否定し難いわけである。

　しかし，以下で行う検討によれば，ロゼンヌとラウターパクトが掲げた命題は，
客観的真実発見の重要性から証拠法解釈の柔軟性および証拠調べの職権主義的な
構想を導くサンディファーの議論とは，基本的に無関係の問題意識から提示され
たものである。そのため，サンディファーの意義を正当に評価するためには，
「権威」を持つ両者の命題と，懸案の客観的真実発見説それ自体とを切り離すこ
とが必要である。以下，ロゼンヌ（1.）とラウターパクト（2.）の論考について，
順に検討する。

◇ 1　争いの無い事実に基づく事実認定：ロゼンヌ

　周知の通り，ロゼンヌは，20世紀の国際裁判論の第一人者である。サンディ
ファーが引用するのは，その主著『国際裁判所の法と実務』の中の「証拠と証明

---

(114)　Durward V. SANDIFER, *supra* note（17），pp. 5, 14-15; Sir Hersch LAUTER-
　　PACHT, *The Development...*, *supra* note（70），p. 366; Shabtai ROSENNE, *The Law
　　and Practice of the International Court, 1920-2005, vol. III, Procedure*（4ᵗʰ ed.,
　　Martinus Nijhoff Publishers, 2006），p. 1039.

(115)　Durward V. SANDIFER, *supra* note（17），pp. 5, 14-15.

(116)　*E.g.*, Michel DUBISSON, *La Cour internationale de Justice*（LGDJ, 1964），
　　pp. 220-222; Louis FAVOREU, « Récusation et administration de la preuve devant
　　la Cour internationale de Justice : à propos des affaires du Sud-ouest africain
　　(fond) », *Annuaire français de droit international*, tome 11（1965），pp. 255-277.

(117)　Mojtaba KAZAZI, *supra* note（93），p. 120; Anna RIDDELL and Brendan
　　PLANT, *supra* note（6），pp. 2-4.

◆ 第1部 ◆　証拠法論の職権主義的構想と挫折

責任」と題された項目において，国際司法裁判所の事実認定の特徴として述べられた次の一節である。

> 「事実認定における裁判所の機能は，判断すべき具体的争点の決定に必要な限りにおいて，提出された証拠の価値を評価することからなる。それ故に証拠規則はほとんど見出せないのであり，その判断を争いの無い事実（undisputed facts）に頻繁に基づかせ，大量の証拠を扱いやすい程度にまで縮減するのが判例法の顕著な特徴である(118)」（傍点中島）。

同書初版（1965年）に見られるこの一節は，僅かな表現の修正を経て，その後一貫して維持されている(119)。そして，証拠法論を扱う論考において広範に参照されており(120)，とりわけサンディファーが自らの議論を根拠付けるものとして引用したことから(121)，ロゼンヌは客観的真実発見説に与する論者として引用される傾向にある(122)。

　しかし，そもそも，同命題と客観的真実発見説との関係自体，実は明らかではない。一般に，裁判による事実認定とは，当事者間で争いのある事実を証拠により認定する過程として理解される(123)。事実に関して争いがなければ，裁判所は当事者間で一致する事実を前提とすれば足り，わざわざその証明を当事者に求め

---

(118)　Shabtai ROSENNE, *The Law and Practice of the International Court, vol. II* (A.W. Sijthoff, 1965), p. 580.

(119)　Shabtai ROSENNE, *The Law and Practice of the International Court* (2nd revised edition, Martinus Nijhoff Publishers, 1985), p. 580; Shabtai ROSENNE, *The Law and Practice of the International Court 1920-1996, vol. III, Procedure* (3rd ed., Martinus Nijhoff Publishers, 1997), p. 1083; Shabtai ROSENNE, *The Law and Practice..., vol. III* (4th ed.), *supra* note (114), p. 1039.

(120)　Keith HIGHET, "Evidence and Proof of Facts", Lori F. DAMROSCH (ed.), *The International Court of Justice at a Crossroads* (Transnational Publishers, 1987), p. 356; Mojtaba KAZAZI, *supra* note (93), p. 75; Eduardo VALENCIA-OSPINA, *supra* note (93), p. 202; Chester BROWN, *supra* note (84), p. 94; Ruth TEITELBAUM, *supra* note (11), p. 148; Anna RIDDELL and Brendan PLANT, *supra* note (6), p. 74; John R. CROOK, "Fact-Finding in the Fog: Determining the Facts of Upheavals and Wars in Inter-State Disputes", Catherine A. ROGERS and Roger P. ALFORD (eds.), *The Future of Investment Arbitration* (Oxford University Press, 2009), pp. 325-326.

(121)　Durward V. SANDIFER, *supra* note (17), pp. 14-15.

(122)　*E.g.*, John R. CROOK, *supra* note (120), pp. 325-326.

(123)　*Voir*, Jean-Flavien LALIVE, *supra* note (28), p. 77.

◇第1章◇　証拠法論と「司法による平和」構想

る必要はなく，証拠法の出る幕は無いとも考えられるからである(124)。つまり，国際裁判所が「争いの無い事実」に基づいて事実認定を行うというロゼンヌの命題は，対審構造を前提とした国際裁判における事実認定の論理的帰結を述べたにとどまり，客観的真実発見説とは無関係と考えられる。むしろ，紛争当事者間の見解の合致をもって裁判上の事実認定とするならば，理論上，裁判外に存在するはずの客観的真実と齟齬をきたす危険性を内包しているともいえる。

　ロゼンヌの一節の引用趣旨につき，サンディファーは一切説明を与えていない。もっとも，その文脈からは，証拠調べを規律する裁判所規則の条文や判例の稀少さをロゼンヌが認識しつつ，そのことに必ずしも否定的な評価を与えていないようにも理解しうることをもって，証拠法運用の柔軟性を説く自説を支持するものと理解した(125)と見る余地がある。しかし，争いの無い事実に基づくことが「判例法の顕著な特徴」であると述べているように，ロゼンヌの問題関心は裁判実践の認識・分析にとどまり，証拠法解釈の在るべき姿を規範的に提示しようとするというサンディファーの問題関心とは次元を異にするものと考えられる(126)。つ

---

(124)　Article 15(2) du Projet de règlement pour la procédure arbitrale internationale, *A.I.D.I.*, tome 1 (1877), p. 130; Louis DELBEZ, *Les principes généraux du contentieux international* (LGDJ, 1962), pp. 114-115; Article 1(b) of Revised Draft Resolution (October 2002), *A.I.D.I.*, vol. 70 (2002-2003), p. 393; Reply of Mr. Santiago TORRES BERNÁRDEZ (14 October 2002), *A.I.D.I.*, vol. 70 (2002-2003), p. 377; Robert KOLB, "General Principles of Procedural Law", *I.C.J. Commentary 2006*, p. 822; Rüdiger WOLFRUM, "Taking and Assessing Evidence in International Adjudication", Tafsir Malick NDIAYE and Rüdiger WOLFRUM (eds.), *Law of the Sea, Environmental Law and Settlement of Disputes: Liber Amicorum Judge Thomas A. Mensah* (Martinus Nijhoff Publishers, 2007), pp. 346-347; Reply Brief of Mexican Agent in Walter H. Faulkner v. United Mexican States, 15 October 1926, p. 5, *Walter H. Faulkner Docket #47*, Box no. 10; *Duplique soumise par le gouvernement du Royaume de norvège, C.I.J. Mémoires, Affaire des pêcheries*, vol. III, p. 286, para. 336; *Affaire des pêcheries*, arrêt du 18 décembre 1951, *C.I.J. Recueil 1951*, p. 140; *Affaire de la délimitation du plateau continental entre Royaume-Uni de Grande-Bretagne et d'Irlande du Nord et République française*, décision du 14 mars 1978, *R.S.A.*, tome 18, pp. 377-369, paras. 32-34; *Actions armées frontalières et transfrontalières (Nicaragua c. Honduras)*, compétence et recevabilité, arrêt du 20 décembre 1988, *C.I.J. Recueil 1988*, p. 76, para. 16.

(125)　Durward V. SANDIFER, *supra* note (17), pp. 14-15.

◆ 第1部 ◆ 証拠法論の職権主義的構想と挫折

まり，ロゼンヌの見解は，それ自体としても，また問題関心の所在という点から
見ても，客観的真実発見説に与するものとは言い難い。

◇ 2 証拠法の形式的技術的性格：ラウターパクト

次に検討するラウターパクトは，いうまでもなく現代国際法学に最も大きな影
響を与えた国際法学者の1人であり，晩年の著書『国際裁判所による国際法の発
展』（1958年）における次の一節が，サンディファーにより引用されている。

> 「柔軟性が指導原理である国際平面では，証拠の問題——証明責任——に対して予
> 想される帰結は限定的に制限される。〔…〕なぜなら，係争利益の重大性が形式的
> 技術的規則への過度のあるいは決定的な依拠を排除するからである[127]」（傍点中
> 島）。

「柔軟性」を指導原理とした上で，「係争利益の重大性」を根拠に「形式的技術
的規則」の排除を導く推論は，一見する限り，客観的真実発見説の命題と親和的
であり，サンディファーによる引用はこうした理解を前提とするものと考えられ
る[128]。しかし，以下で見るように，ラウターパクトの命題は，その批判の矛先
を証拠法論とは別の主題に向けるものであるため，やはりサンディファーの議論
に与するものとは言い難い。

国際法の意思主義的構成と証明責任論：ノルウェー漁業事件の弁論批判

ラウターパクトは，証拠法論（証明責任論）のみならず，いわゆる国家主権の
原則についても「技術的規則」と形容しており[129]，議論の主眼はむしろ後者に
あった。すなわち文脈上，批判対象は証明責任論そのものというより，その背景
にある国際法の意思主義的構成であると考えられる。

---

(126) ロゼンヌは，特定の理論や哲学を前提としない先例重視の思考を自負しており
（Shabtai ROSENNE, "The Perplexities of Modern International Law", *R.C.A.D.I.*,
tome 291（2001），pp. 24-25），国際裁判論では現実の裁判実行を重視する。Shabtai
ROSENNE, *The Law and Practice...*, vol. III（4th ed.），*supra* note（114），pp. 1021-1022.
こうした方法論的前提からも，懸案の命題は，国際裁判において妥当する規範命題と
いうよりは，ロゼンヌが観察した裁判実行の記述にとどまると解するのが自然である。

(127) Sir Hersch LAUTERPACHT, *The Development...*, *supra* note（70），p. 366.

(128) Durward V. SANDIFER, *supra* note（17），p. 5.

(129) Sir Hersch LAUTERPACHT, *The Development...*, *supra* note（70），p. 365.

◇ 第1章 ◇　証拠法論と「司法による平和」構想

　彼が念頭に置くのは，国際司法裁判所の漁業事件（1951年判決）における両当事国の弁論である。漁業水域画定に際してノルウェーが用いた直線基線の国際法上の有効性が英国によって争われた本件において，ノルウェーは，領海の幅員を規律する国際法は国家主権に対する制限である以上，英国がその規則の存在を証明する責任を負うと主張した(130)。対する英国は，領海画定を規律する国際法は禁止規則ではなく，第三国に対抗しうる範囲を画するものである以上，直線基線によってこれを基礎づけようとするノルウェーこそが，そうした主張を根拠づける規則の存在につき証明責任を負うと反論した(131)。両当事国の対立は，表面的には証明責任の分配問題として論理構成されてはいるものの(132)，ローチュス号事件判決（PCIJ 1927年）の引用(133)が示すように，その根源は，国家主権と国際法の関係に関する古典的争点（いわゆる主権内在説と特定権限説の対立）である。つまり，ラウターパクトの批判の矛先は，証明責任論そのものというより，ローチュス号事件判決に由来する「国家の独立に対する制限は推定されない」との古典的命題に向けられたものである。

ラウターパクトによる意思主義的構成批判

　国家意思のみを国際法の淵源とする意思主義的構成を厳格に維持すると，国家意思が判別し難い場合における適用法規の同定が困難となる。「国家の独立に対する制限は推定されない」との命題は，そうした場合にも国際裁判官をして判決

---

(130)　Contre-mémoire soumis par le gouvernement du Royaume de Norvège, *C.I.J. Mémoires, Affaire des pêcheries*, vol. I, pp. 417-418.

(131)　*C.I.J. Mémoires, Affaire des pêcheries*, vol. IV, pp. 33-34 [Sir Eric BECKETT]; *C.I.J. Mémoires, Affaire des pêcheries*, vol. IV, pp. 395-396 [Professor WALDOCK].

(132)　もっとも，証明責任論は「事実」のみを対象とするという通念的理解からすれば，このように「法」をめぐる証明責任論が裁判実行上展開された（ただし，判決では一切取り上げられなかった）ことをどのように理解するかは別途検討を要する。実際，国家主権の原則に基礎づけたノルウェーの証明責任論に対する英国の反論には，そもそも証明責任論は関連事実に関してのみ問題となり，適用法規については問題とならないというものもあった。Reply Submitted by the Government of the United Kingdom of Great Britain and Northern Ireland, *C.I.J. Mémoires, Affaire des pêcheries* (*Royaume-Uni c. Norvège*), vol. III, pp. 459-460. これは，本書が証明対象論と呼ぶ問題であり，第4章第1節にて詳述する。

(133)　Contre-mémoire soumis par le gouvernement du Royaume de Norvège, *C.I.J. Mémoires, Affaire des pêcheries*, vol. I, p. 418.

41

◆ 第 1 部 ◆　証拠法論の職権主義的構想と挫折

主文に到達せしめることを可能とする裁判規範である。しかし，そもそも国際法の意思主義的構成を一貫して批判するラウターパクトにおいては[134]，条約と慣習法に加えて，法の一般原則が無尽蔵の法の貯蔵庫として機能することが期待される。その結果，彼においては，ローチュス号事件判決の命題が機能する場面は想定し難く[135]，主権内在説と特定権限説の対立そのものが意味をなさない[136]。つまり，漁業事件の両当事国は証明責任論の語を持って各々の立論を構成したわけではあるものの，ラウターパクトが批判したのはその背後にある国際法の意思主義的構成であり[137]，証明責任論そのものではない[138]。したがって，ラウターパクトにつき，国際裁判における証明責任論そのものを疑問視した論者であるかのように位置付けるサンディファーの引用はミスリードと考えられる。ラウターパクトはむしろ，国際裁判官として活躍した折には，国際裁判所の国際法発展機能[139]を重視する観点から，各論分野で詳細な証明責任論を展開しており[140]，証拠法論の発展をむしろ促そうとする立場であったと位置付けられる[141]。

---

(134)　Martti KOSKENNIEMI, "Lauterpacht: The Victorian Tradition in International Law", *E.J.I.L.*, vol. 8, no. 2 (1997), p. 217; Martti KOSKENNIEMI, *The Gentle Civilizer of Nations: The Rise and Fall of International Law 1870-1960* (Cambridge University Press, 2001), p. 355.

(135)　Sir Hersch LAUTERPACHT, *The Development...*, *supra* note (70), p. 361.

(136)　Sir Hersch LAUTERPACHT, *The Development...*, *supra* note (70), p. 366.

(137)　*Voir aussi*, Sir Hersch LAUTERPACHT, "Some Observations on the Prohibition of 'Non Liquet' and the Completeness of the Law", *Symbolae Verzijl : Présentées au professeur J.H.W. Verzijl à l'occasion de son LXX-ième anniversaire* (Martinus Nijhoff Publishers, 1958), p. 208.

(138)　「〔…〕仮に証明責任の問題が〔本件において〕実際よりも有意であったとすれば，決定的重要性をもっていたであろうが，それは国家行為自由の推定原則が，より疑いの無い正当性を持つ場合のみである。しかし，そのような原則は，裁判実行からは導かれ得ない」。Sir Hersch LAUTERPACHT, *The Development...*, *supra* note (70), p. 366. すなわち，ローチュス号事件判決の命題が実定国際法であるならば，本件において証明責任論が重要な意味を持ちえたものの，しかし同命題自体の実定国際法たる地位が否定される以上，それを前提とする証明責任論も意味をなさないというのがラウターパクトの主張であり，証明責任論ではなく，意思主義的構成に焦点があることが分かる。

(139)　Sir Hersch LAUTERPACHT, *The Development...*, *supra* note (70), pp. 5-6.

◇第1章◇　証拠法論と「司法による平和」構想

(140)　ラウターパクトは，ノルウェー公債事件（ICJ 1957年判決）において，外交的保護権行使の要件である国内救済完了原則に関し，次のように詳細な証明責任論を展開した。

「証明責任の分配は一応存在しなければならない。それ故，以下に掲げるものが本主題に関して適当な原則と思われる。①原則として，利用可能な実効的な救済手段が存在しないことについて証明するのは原告国である。②私人から救済手段を剥奪する立法が存在する場合には，先の証明は不要である。③その場合，一見したところ救済手段が存在しないにもかかわらず，なおその存在が合理的に推定できるというのであれば，それを証明すべきは被告国である。④要求されるべき証明度は，証明が不合理に困難となるほどに厳格であるべきでない」。Separate Opinion of Judge Sir Hersch LAUTERPACHT, *Affaire relative à certains emprunts norvégiens*, arrêt du 6 juillet 1957, *C.I.J. Recueil 1957*, p. 39.

周知の通り，多数意見は，原告フランスが選択条項受諾宣言に付していた留保（いわゆる自己判断留保）を，相互主義を根拠に被告ノルウェーも援用しうることを根拠として管轄権を否定しており（*C.I.J. Recueil 1957*, p. 27），国内救済完了原則，ひいてはその証明責任分配に関する言及は一切存在しない。にも関わらず，ラウターパクトが敢えてこの点に言及した背景には，国際裁判を契機とする国際法規則の発展を重視する彼の国際裁判観を見て取ることが可能である。

　この点，定式①は，国内救済手段の非実効性に基づく同原則の不適用を主張する場合，その非実効性を原告（外交的保護権行使国）が証明しなければならないという当時の多数説に即したものであるが（J.E.S. FAWCETT, "The Exhaustion of Local Remedies: Substance or Procedure?" *B.Y.I.L.*, vol. 31（1954），p. 458; C.H.P. LAW, *The Local Remedies Rules in International Law*（Librarie E. Droz, 1961），p. 56），定式②および定式③は，本件事情を踏まえて発展させた個別法規範と理解される。すなわち本件では，ノルウェー裁判所での救済の契機を閉ざしたかのようにも見受けられる国内立法（ノルウェー銀行券による支払いを拒む債権者に対する支払延期を可能とする内容）が制定されたことから，フランスの債権者はノルウェー裁判所での救済を試みていなかった。しかし，当該制定法および公債契約の意味内容はあくまでノルウェー裁判所の解釈を経て明らかになる以上，制定法の存在から直ちにノルウェー裁判所の非実効性を導くことができないというのがラウターパクトの前提であった。例えば，支払延期を可能とした当該制定法が国際法に違反する，とノルウェー裁判所が判断する可能性も排除されていないからである。こうした可能性を踏まえ，非実効性は国内立法の存在から推定するにとどめ（定式②），ノルウェー自身による反証の余地を認める（定式③）というきめ細やかな証明責任論を提示したのである。Separate Opinion of Judge Sir Hersch LAUTERPACHT, *C.I.J. Recueil 1957*, pp. 40-41; *voir aussi*, Sir Gerald FITZMAURICE, *The Law and Procedure of the International Court of Justice*, vol. II（Grotius Publications Limited, 1986），p. 694.

◆ 第 1 部 ◆　証拠法論の職権主義的構想と挫折

◆ 第 2 節 ◆　証拠調べの職権主義的構想

　以上のように，ロゼンヌとラウターパクトはいずれもサンディファーの命題に
与する論者と見ることは難しく，したがって客観的真実発見説の命題の妥当性は，
両者の「権威」から切り離して考察する必要がある。とはいえ，理論的前提の確
認を簡潔に終えた後は膨大な裁判実行の紹介と検討へと舵を切るサンディファー
の体系書の中に，彼自身の国際裁判構想を探究する糸口は見出し難い。

　そこで次に，サンディファーとほぼ同時期に公刊されたヴィテンベルクの論考
を手がかりとして，客観的真実発見説及びその帰結としての証拠調べの職権主義
的構想の検討を進めることとする。ヴィテンベルクは，戦間期に活躍した国際法
学者・実務家であり，2 つのハーグ・アカデミー講義[142]と，国際裁判手続に関
する実務体系書[143]を代表的著作とする戦間期国際裁判論の代表的論者の 1 人で
あり[144]，証拠法論のもう 1 人の先駆者である。その著作は，一見する限りは手
堅い実証研究であり，方法論として経験的実証主義を標榜するかのような記述も
見られる。しかし，「〔国際〕裁判官は，事実の復元に自ら関与する権限（la facul-
té）を持つのみならず，その義務（le devoir）をも負う[145]」との一節に表れてい

---

(141)　本件で彼が提示した証明責任定式は，その後広く受容されている。Jean
　　　CHAPPEZ, *La règle de l'épuisement des voies de recours internes* (Éditions A.
　　　Pedone, 1972), p. 237; Sir Gerald FITZMAURICE, *The Law and Procedure…, supra*
　　　note (140), pp. 694-695; Chittharanjan F. AMERASINGHE, *Local Remedies in In-*
　　　ternational Law (2nd ed., Cambridge University Press, 2004), pp. 288 *et seq.*; Réplique
　　　de M. le professeur Pierre COT (la Bulgarie, le 1er avril 1959), *I.C.J. Pleadings, Aer-*
　　　ial Incident of 27 July 1955 (Israel v. Bulgaria), p. 566.

(142)　J.-C. WITENBERG, « La recevabilité des réclamations devant les juridictions
　　　internationales », *R.C.A.D.I.*, tome 41 (1932-III), pp. 1-136; J.-C. WITENBERG, « La
　　　théorie des preuves devant les juridictions internationales», *R.C.A.D.I.*, tome 56
　　　(1936-II), pp. 5-105.

(143)　J.-C. WITENBERG (en collaboration avec Jacques DESRIOUX), *L'organisa-*
　　　tion judiciaire. La procédure et la sentence internationales : traité pratique (Éditions
　　　A. Pedone, 1937).

(144)　*Voir*, Shabtai ROSENNE, *The International Court of Justice: An Essay in*
　　　Political and Legal Theory (A.W. Sijthoff, 1957), p. vii.

44

◇ 第1章 ◇　証拠法論と「司法による平和」構想

るように，ヴィテンベルクの証拠法論は，サンディファー以上に証拠調べの職権主義的構想を推し進めたものである（第1項）。しかし，そうした構想は，戦間期末期という特殊な歴史潮流の中で形成されたものであった点に留意しなければならない（第2項）。

◆ 第1項　三者権限枠組論

◇ 1　証拠法論の体系的記述方法

　ヴィテンベルクも，サンディファーと同様に，国際裁判における真実（la vérité）発見の重要性を説いた上で[146]，職権主義的な証拠調べの手続を構想する。ただし，著書の冒頭で簡潔に言及したにとどまるサンディファーとは異なり，ヴィテンベルクの場合には，その論考の体系そのものに，職権的な構想へと向かう契機を読みとることができる。

　ヴィテンベルクはまず，ローマ法格言「証明責任は原告が負う（onus probandi actori incumbit）」を参照した上で，国際裁判でも民事裁判と同様に，原告が証明責任を負うのが基本原則であるとする[147]。ただしこの基本原則は，証明責任を負わない被告側が訴訟上負う「証明に協力する義務（l'obligation de collaborer à la preuve[148]）」と，国際裁判官が負う「真実探求義務（le devoir de concourir à la recherche de la vérité[149]）」により大きな修正・補完を受けるものとして位置付けられている。これを反映し，ヴィテンベルクの証拠法論は，裁判における三者の訴訟手続上の権利義務・権限関係として証拠法論上の問題を分解し，体系化している。こうした体系的叙述の方法について，本書は便宜的に「三者権限枠組論」と呼ぶこととする。

　フランス法圏の訴訟法体系書を想起させるこうした説明手法は[150]，一見する

---

(145)　Durward V. SANDIFER, *supra* note（17），p. 4; J.-C. WITENBERG, « Onus Probandi devant les juridictions arbitrales », *R.G.D.I.P.*, tome 55（1951），p. 335.

(146)　「証拠規則は，当事者に資するというより，真実（la vérité）に資する観点から規定される」。J.-C. WITENBERG, « La théorie des preuves... », *supra* note（142），p. 90; *voir aussi*, Saïda EL BOUDOUHI, *supra* note（5），p. 18.

(147)　J.-C. WITENBERG, « La théorie des preuves... », *supra* note（142），pp. 40-41, 44-45.

(148)　J.-C. WITENBERG, « La théorie des preuves... », *supra* note（142），p. 48.

(149)　J.-C. WITENBERG, « La théorie des preuves... », *supra* note（142），pp. 47, 50.

◆ 第1部 ◆ 証拠法論の職権主義的構想と挫折

限りは，国際裁判の対審構造の論理必然的な帰結であるようにも思われる。しかし，裁判手続における主張立証活動と証拠調べの複雑な連関の上に成立する事実認定のプロセスを，訴訟に関与する三者の権限関係に還元してしまう説明は必ずしも万能ではない。特に，ヴィテンベルクも重視する否定的推論（本項2.で詳述）は，原告による疎明（*prima facie* case[151]）に対する被告による反証の不存在・不足を踏まえつつも，裁判所が個々の事案の特性を更に勘案してこれに依拠するという複雑な論理プロセスを経るものであるため，これを三者の権限関係に分解する説明は，読者の理解をむしろ阻害することにもなりかねない。英米法圏の証拠法概説書にはこうした体系は見られないという比較法状況も示唆するように[152]，三者権限枠組論は，裁判における対審構造の論理必然的帰結ではない[153]。

ところが，その後の論考を概観すると，三者権限枠組論を踏襲する論者は決して少なくないことが分かる。つまり，ヴィテンベルクが示した枠組みは，その後の証拠法論の議論枠組みに一定の影響力を持ってきたものと位置付けられる。例えば，国際裁判における『証明責任論及び関連する諸問題』を著したカザージ（Mojtaba Kazazi）は，「証明責任は原告が負う（*onus probandi actori incumbit*）」の法格言が，証拠に関する被告の協力義務，及び証拠に関する裁判所の諸権限により補完されるものとして証拠法論の全体像を把握し，この三者の活動の総体の問題として証明責任論を構成する[154]。万国国際法学会において証拠法論に関する

---

(150) *E.g.*, Loïc CADIET et Emmanuel JEULAND, *Droit judiciaire privé* (6ᵉ éd., Litec, 2009), pp. 349-387; Jacques HÉRON et Thierry LE BARS, *Droit judiciaire privé* (4ᵉ éd., Montchrestien, 2010), pp. 203-248.

(151) 本書では，'*prima facie* case/evidence' の訳語として「疎明」を用いる。「一応確からしい」という状態を指す「疎明」の語が，"*prima facie*" の語感を十分に表していると考えられるためである。

(152) *E.g.*, John Henri WIGMORE, *A Treatise on the Anglo-American System of Evidence in Trials at Common Law* (Little, Brown and Company, 1940); John MacARTHUR MAGUIRE, *Evidence: Common Sense and Common Law* (Chigago: The Foundation Press, Inc., 1947); Kenneth S. BROUN *et al.*, *McCormick on Evidence* (6ᵗʰ ed., Thomson West, 2006); Roger C. PARK *et al.*, *Evidence Law* (3ʳᵈ ed., Thomson Reuters, 2011).

(153) 例えば，証拠法論上の諸問題の複雑な相互関係を念頭に，これをエレガントに体系づけることは困難であると考え，体系性の志向を半ば放棄する立場として，Anna RIDDELL and Brendan PLANT, *supra* note (6), p. 9.

46

◇第1章◇　証拠法論と「司法による平和」構想

決議（不採択）の特別報告者であったアメラシンゲ（Chittharanjan F. Amerasinghe）も同様に，証明責任に関する基本原則が，信義則に基づく当事者の協力義務により補完され，裁判所の職権調査権限という例外を内包するものとして把握する(155)。また，ニユンゲコが国際裁判における証拠法論の柔軟性を指摘するとき，念頭にあるのは，証明責任分配原則の厳格性が，他方当事国における協力義務と，裁判所の職権調査権限の存在により緩和されるという論理関係である(156)。

　あらゆる事項を全て説明可能な単一の理論体系の構築は容易な作業ではない。むしろ，証拠調べにおける三者の視点から各々の役割を把握できるといった実利を踏まえるならば，ヴィテンベルクの枠組みの後続学説への影響も理解できないわけではない。ただし次に見るように，ヴィテンベルクの議論は単に証拠法運用実務の認識枠組みとしてではなく，それ自体，証拠調べの職権的構想を理論的に正当化するという実践的な動機から提示されたものであった。こうした側面は，彼の枠組みを踏襲する後続学説においてほぼ看過されてきている。そこで以下では，三者権限枠組論から導かれる具体的帰結を検証することを通じて，同枠組みを無条件に踏襲することの問題性を明らかにする。

◇ 2　三者権限枠組論の法的帰結

否定的推論：国際裁判における間接強制

　国際社会は，排他的な領域主権を持つ主権国家の併存体制として観念され，地上の領域の大半はいずれかの国家に帰属する。他方，国際紛争を惹起せしめる原因事実は地球上で均一に生じるわけではなく，国際紛争が文字通り国境を物理的に越えて発生するとは限らない。むしろ，伝統的な外国人損害請求事案を典型とするように，一国内で完結する事実が国際紛争の原因となることは決して珍しくはない。こうした紛争が国際裁判に係属すると，まず，当該事実を証明するための証拠の領域国への偏在として問題が立ち現れ，それはさらに，紛争の相手方（被害国・外国人等）による証拠収集活動が領域国（加害国）の領域主権の壁によって阻まれるかたちで悪化の一途を辿る。これを証拠法論の用語において再定式化

---

(154)　Mojtaba KAZAZI, *supra* note（93），pp. 221-224, 369-370.

(155)　Chittharanjan F. AMERASINGHE, *Evidence…*, *supra* note（97），pp. 96-97, 147-148.

(156)　Gérard NIYUNGEKO, *supra* note（5），pp. 447-448.

47

◆ 第1部 ◆　証拠法論の職権主義的構想と挫折

すると，「証明責任は原告が負う」との原則論の維持が，原告側に酷となる場合として把握される(157)。ところが，国際裁判所は，証拠提出を当事者に強制するメカニズムを備えておらず(158)，その提出は当事者の自発的意思に依存していることから(159)，証拠の偏在状況から原告側を救済する策は極めて限られているという袋小路に陥る(160)。

　こうした状況において，ヴィテンベルクが着目したのが否定的推論（adverse inference; la présomption défavorable）と呼ばれる法理であった(161)。その概要は，一方当事者（原告）の請求を基礎づける事実の証明に必要な証拠を他方当事者（被告）のみが有しているという状況を念頭に，当該証拠の提出を被告に要請したにもかかわらず，正当な理由なく被告が提出を拒む場合に，原告が当該証拠によって証明しようとしていた事実を裁判手続上証明されたものとして扱う，というものである(162)。国際裁判所は執行力を持たないものの，以上のような意味での否定的推論の可能性を肯定しうるならば，当事者による任意の証拠提出を促す手段という意味で，間接強制の契機を備えることが可能となる(163)。ヴィテンベルク

---

(157)　奥脇直也「武力紛争と国際裁判：暫定措置の法理と機能」村瀬信也・真山全編『武力紛争の国際法』（東信堂，2004年）824頁。

(158)　Chittharanjan F. AMERASINGHE, *Evidence...*, *supra* note（97），p. 70.

(159)　Lawrence Deems EGBERT, "Principles of Evidence Applied by International Tribunals", *Arbitration Journal*, vol. 3（1939），p. 158.

(160)　中島啓「国際裁判における推定の法構造：事実認定の性格理解の観点から」国際法外交雑誌108巻3号（2009年）67頁。

(161)　本書は，'adverse inference' の訳語として，やや直訳調であるが「否定的推論」の語を充てる。同法理の具体的内容は，民事訴訟法上の「一応の推定」や「表見証明」に近いものの，これらの発動は基本的に蓋然性ある経験則に基づくものとして説明されるのに対し，国際裁判における「否定的推論」の根拠はそれにとどまらない可能性があるためである。太田勝造『裁判における証明論の基礎』（弘文堂，1982年）191-215頁；新堂幸司『新民事訴訟法（第5版）』（弘文堂，2011年）617頁。また，既存の法律用語である「不利益推認」を充てることがより忠実とも考えられるが，邦語の「不利益推認」は刑事裁判の黙秘権保障の文脈で用いられる慣用が確立していると考えられるため，混乱を回避する意味でも別の訳語を充てることとする。

(162)　Mojtaba KAZAZI, *supra* note（93），pp. 320-322; Gérard NIYUNGEKO, *supra* note（5），p. 184; Jeremy K. SHARPE, "Drawing Adverse Inferences from Non-production of Evidence", *Arbitration International*, vol. 22（2006），p. 551; Rahim MOLOO, "Electronic Evidence in International Arbitration: Current Issues and Tips to Consider", *Transnational Dispute Management*, vol. 6, no. 1（2009），p. 6.

◇ 第1章 ◇　証拠法論と「司法による平和」構想

の証拠法論は，こうした可能性を秘める否定的推論を職権的構想の中核に据える
ものであり，先に掲げた三者権限枠組論の2つの修正原理は，以下に見るように，
この否定的推論の発動可能性を最大化するための原理として位置付けられている
ことが分かる。

「証明協力義務」と否定的推論

　まず，国際裁判では，証明責任を負わない当事者（多くの場合，被告）が，相手
方（原告）によって主張された事実を単に否定するという傍観的姿勢（une posi-
tion d'attentisme）にとどまることは許されず，証拠調べに協力する義務を負うと
される[164]。すなわち第1に，当事者は係争事実及び請求に関するあらゆる証拠
方法を提出する義務（l'obligation）を負い，裁判所が何らかの証拠の提出を求める
場合には，これに応じなければならない。第2に，それでもなお傍観的姿勢を続
ける場合には，原告が提出した証拠方法に一定の証拠価値が認められ，裁判所に
よる事実認定の基礎として採用される。以上の結果として，第3に，疎明の効果
としての証明責任の転換が生じ，被告による反証がなされるまで，かようにして
構成された事実が真（vrai）とみなされる[165]。

　このようにヴィテンベルクは，証明責任を負わない当事者が負う「証明協力義
務」の存在を前提とすることで，当該当事者の傍観的姿勢を不利に扱う可能性を
基礎づけ，裁判所による証拠提出の間接強制の契機を見出そうとする。彼におい
て，それは単なる道義的責務ではなく，否定的推論という制裁（[la] sanction）に
よって裏付けられた裁判手続上の「義務」である[166]。

裁判所の「真実探求義務」と否定的推論

　こうした帰結は，「証明協力義務」のみならず，国際裁判所が負う「真実探求
義務」の存在を措定することにより，二重に担保されている。

　ヴィテンベルクによれば，国際裁判所が負う「真実探求義務」とは，国内法体
系に見られる悪癖（des errements internes）から決別せしめるものであり[167]，国

---

(163)　Durward V. SANDIFER, *supra* note (17), p. 147; Mojtaba KAZAZI, *supra* note (93),
　　　p. 374.

(164)　J.-C. WITENBERG, « La théorie des preuves... », *supra* note (142), pp. 47-48.

(165)　J.-C. WITENBERG, « La théorie des preuves... », *supra* note (142), pp. 48-50.

(166)　J.-C. WITENBERG, « La théorie des preuves... », *supra* note (142), p. 54.

◆ 第1部 ◆ 証拠法論の職権主義的構想と挫折

際裁判と国内裁判の最大の相違の1つとされる。しかし驚くべきことに，そこで決別すべき「悪癖」と位置付けられているのは，裁判官の中立性原則（la règle de la neutralité du juge）である[168]。

> 「この点につき，国際法規則は真逆である。事実の再構築につき，裁判官は権限のみならず，それに自ら取り組む義務（le devoir）を負う。〔…〕換言すれば，真実探求において積極的な役割（un rôle actif dans la recherche de la vérité）を果たす義務である[169]」（傍点中島）。

先に検討した通り，職権主義的な証拠調べの契機は，裁判官の中立性要請と原理的に緊張関係にある。サンディファーにおいてはこの問題は解消されていなかったのに対し，ヴィテンベルクは，裁判における真実発見の重要性を説いた上で，裁判官の中立性要請を「悪癖」と性格規定し，後者との関係における前者の価値的優位性を明確に措定することで[170]，裁判所による職権主義的な証拠調べの契機を基礎づけたわけである。裁判所規程や仲裁手続規則の条文上，当事国に対する情報提供要請，鑑定人の任命，現地調査の実施といった権限が幅広く裁判所に与えられている例が多いものの[171]，そうした権限行使の実効性を担保する制裁こそが，彼の関心事であった。

> 「被要請国の抵抗や予定された調査に対する妨害は，当然ながら，黙示の自白に等しい。〔…そしてその法的帰結は，〕他方当事国により提出された証拠資料に対する十分な証拠価値の付与に他ならない[172]」。

以上のように，訴訟当事者が負う「証明協力義務」と，裁判所が負う「真実探求義務」は，否定的推論の契機の基礎づけという法的帰結において交錯する。つまり，原告が証明責任を負うとの基本原則を，以上2つの「義務」が補完・修正するものとして構成される三者権限枠組論は，その内実において，直接強制が物理的に困難な国際裁判において，間接強制（否定的推論）の可能性を最大化する

---

(167) J.-C. WITENBERG, « La théorie des preuves... », *supra* note (142), p. 50.

(168) J.-C. WITENBERG, « La théorie des preuves... », *supra* note (142), p. 50.

(169) J.-C. WITENBERG, « La théorie des preuves... », *supra* note (142), pp. 50-51.

(170) J.-C. WITENBERG, « La théorie des preuves... », *supra* note (142), pp. 84, 99-100.

(171) J.-C. WITENBERG, « La théorie des preuves... », *supra* note (142), pp. 52-54.

(172) J.-C. WITENBERG, « La théorie des preuves... », *supra* note (142), p. 55.

◇第1章◇　証拠法論と「司法による平和」構想

ことを通じて，職権主義的な裁判手続を構想しようとするものであったと見ることが可能である。

◆第2項　証拠法論と戦間期国際裁判論

　かような帰結に至るヴィテンベルクの枠組みを踏襲するならば，そこに伴う規範的主張に対する態度決定もまた不可避なはずである。しかし，先に示した後続学説の多くは，この点に無自覚なまま，三者権限枠組論を踏襲する傾向にある。職権主義的な証拠調べの在り方を是とする価値判断それ自体は各人の自由であるものの，しかし，それを実践の中で規範的主張として提示しようとするならば，各論者が生きる時代の文脈の中に自らを組み込み，自身の立場を支える推進原理との関係で当該主張を位置付けていく必要がある。この点，ヴィテンベルクの議論は，戦間期国際裁判論の理想主義的な潮流の中に位置付けうるものであり（1.），そうした潮流に対する「現実主義」的論者からの批判に対する反論として提示されたものであったと考えられる（2.）。もっとも，そうであるが故に，彼の議論は時代の濁流に飲み込まれる運命を辿ることとなった（3.）。

◇1　「司法による平和」構想

　戦間期国際法学に対する「連盟リーガリズム」との形容に見られるように[173]，当時，国際裁判を通じた国際平和という平和の処方箋が，一部の論者の間で真剣に構想されていた。第一次世界大戦の勃発を国際法が防げなかったにもかかわらず，なお国際法秩序の完成を通じた平和が希求されたのは，国際法それ自体ではなく，台頭するナショナリズムを前にした戦前の国際法学の「野心の低さ」にこそ問題があったと総括したためである[174]。こうした時代における平和の処方箋として，国際裁判制度の確立を掲げたのがラウターパクトである。

　彼は，公平な裁判所の不存在という事実そのものが，社会における各種準則の法たる性格を著しく毀損するとの認識から，「明確な規則の総体の存在は法の存在にとって決して本質的ではなく，争われる権利について決定し平和を命じる権限を持つ裁判官が存在するか否か」が決定的に重要と考えた[175]。つまり，法規

（173）　奥脇直也「合意基盤の二層性」・前掲注(70)108-109頁。
（174）　Martti KOSKENNIEMI, *The Gentle Civilizer..., supra* note (134), pp. 362-363.

51

◆ 第 1 部 ◆ 証拠法論の職権主義的構想と挫折

則そのものの拡充よりも、法規則を解釈適用する義務的な国際裁判制度の整備を重視する平和構想であり、おおよそ次のような論理構成を備える。第 1 に、およそ法は常に解釈される対象であることから、国際法の解釈権限が国家に残存していることこそが最大の問題であり、国際機関（裁判所）へと移転しこれを克服することが課題[176]となる（必要性）。第 2 に、私法類推及び法の一般原則の役割を重視する彼において[177]、裁判規範としての国際法は完全性を帯びており、法の欠缺は存在しえず、あらゆる紛争は裁判可能である（許容性）。第 3 に、主権国家併存体制という国際関係の現状では、国際立法府の創設の方が遥かに困難であり[178]、義務的裁判制度の方がむしろ現実的である（実現可能性）。戦間期は、PCIJが設立され、多数の仲裁条約が締結され、多くの請求委員会や混合仲裁廷が活動した時代である。ラウターパクトに代表される「司法による平和」構想は、そうした文脈の中で、国際裁判を中心とした新たな国際法秩序を志向したのである[179]。

　戦間期に活躍したヴィテンベルクは、こうした思想的潮流と無関係であるどころか、むしろ彼の著作にはラウターパクトの構想に与する言及が散見される。例えば、ラウターパクトの裁判不能禁止論に関連して、ヴィテンベルクは次のように敷衍する。「国際裁判官は、国際法の本質的機能は戦争を排斥して平和を君臨せしめることにあるという根本命題から出発しなければならない[180]」。何より、「司法による平和」を標榜するラウターパクトにおいて、国際平和の維持を担う国際裁判官に深い信頼が寄せられるのと同様[181]、ヴィテンベルクもまた、国際

---

(175)　Hersch LAUTERPACHT, *The Function of the Law in the International Community* (Oxford: Clarendon Press, 1933), p. 424.

(176)　ラウターパクトの国際法理論に、こうした唯名論的な認識論が通底しているとの解釈については、Martti KOSKENNIEMI, *The Gentle Civilizer...*, *supra* note (134), pp. 357, 368, 377-378, 400.

(177)　Hersch LAUTERPACHT, *Private Law Sources...*, *supra* note (88).

(178)　Hersch LAUTERPACHT, *The Function...*, *supra* note (175), p. 258.

(179)　西平等「戦争観念の転換とは何か」国際法外交雑誌104巻 4 号（2006年）74-78, 90頁。

(180)　ヴィテンベルクとしては、法の一般原則を多用した欠缺補充方法は非法的考慮に依拠した裁判に繋がり、権限踰越の危険性を伴う。しかしそれでも、裁判不能宣告よりは望ましいと考えるがために、有用性原理を根拠とした仲裁合意解釈を根拠として、ラウターパクトに与する。J.-C. WITENBERG, *L'organisation judiciaire...*, *supra* note (143), pp. 313-315.

◇ 第1章 ◇　証拠法論と「司法による平和」構想

裁判官に対する全幅の信頼を示している。すなわち、「国際裁判の窮極的な将来
は、裁判官の意志と個々の道徳的責任感、〔…〕そして平和という高次の利益に
対する良識ある考慮にかかっている[(182)]」と。こうした裁判官への深い信頼が、
ヴィテンベルクにおいては、裁判官による職権主義的な証拠調べの契機の拡充と
いうかたちで具体化されたというのが本書の分析である。事実、次に見るように、
ヴィテンベルクの議論は「司法による平和」構想に対して証拠法論の文脈から理
論的援護射撃を加えたものであったと位置付けることが可能である。

◇ 2　現実主義に対する対抗言説としての国際裁判論

　ヴィテンベルクがその主著を公刊するのは、1930年代半ば以降である。第2次
世界大戦の勃発を目前としたこの時期は、「司法による平和」という理想主義的
な構想に対して、いわゆる現実主義の立場から様々な批判が加えられていた時期
である。こうした文脈において、ヴィテンベルクは、国際裁判論に関する自らの
著作を、現実主義への対抗言説と位置付け、「司法による平和」を擁護しようと
したものと考えられる。

　「今日、惨たらしい教訓は忘れられつつある。武力が次第に、喪失していた威光を
取り戻しつつある。現実主義の名の下、国際紛争の司法的解決は夢想であり幻想で
あると記述し、批判するのが昨今の風潮である。本書は、こうしたいわゆる現実主
義に対し、理論的かつ理性的な教義をもって反論しようとするものである。先例に
基づいて国際裁判現象を考察することで、国際裁判が理論上の夢想として遠ざけら
れるべきものではなく、影響力がありかつ肥沃な実定的現実であることを示すので
ある[(183)]」（傍点中島）。

　もっとも、ラウターパクトにおける裁判不能宣告禁止説の論証とは異なり、
ヴィテンベルクの関心事は、証拠法論を筆頭に、より具体的実務的なレベルに定
位されている。そのため、彼の議論がどのようにして現実主義に対する反論とな
りうるのかは、一見する限りは明らかではない。そこで以下では、ヴィテンベル
クにおける国際裁判論の理論的基礎に照らして三者権限枠組論を再定位すること

---

(181)　Martti KOSKENNIEMI, *The Gentle Civilizer...*, *supra* note (134), pp. 401-402,
　　　404.

(182)　J.-C. WITENBERG, « La théorie des preuves... », *supra* note (142), p. 101.

(183)　J.-C. WITENBERG, *L'organisation judiciaire...*, *supra* note (143), p. vi.

◆ 第1部 ◆ 証拠法論の職権主義的構想と挫折

を通じて，彼の企ての意義を汲み尽くしていくこととする。

2つの「実証主義」

ヴィテンベルクの国際裁判論は，次の2つの意味において「実証主義」と形容することが可能である。第1に，国際裁判ひいては国際法の基礎を専ら国家の合意に求める意思主義であり，次のように述べている。「国家は同意した限りにおいてしか当事者たりえない。つまり，国際裁判という現象は何よりもまず〔国家による〕受容という現象である[184]」。第2に，判例や仲裁条約という具体的経験的事実が専らの検討対象であると標榜する経験主義であり，例えば次のように述べている。「国際法及び国家間仲裁に関する学説（[la] doctrine）は，〔…〕何よりも事実を密接に辿らなければならない[185]」。

この2つの「実証主義」は，各々それ自体としては特別目新しい主張ではない。しかし注目すべきは，ヴィテンベルクが，この2つの「実証主義」を表面的には維持しつつ，その内実において様々な修正を施していることである。

国家意思の二層性

まず，意思主義を前提とするならば，国家意思の被造物である国際裁判所が，創造者たる主権国家の意思を離れた職権的な証拠調べを広範に行う契機をいかに承認しうるかが問題となる。ヴィテンベルクはこの点，国家意思を二層に構成することで，この難点を克服しようとしている。すなわち，国際裁判を基礎づけるのは国家間の合意（l'accord）であるが，この双務的法律行為としての合意は，個々の国家の意思（la volonté）とは区別して観念され，いったん有効に表示された後は，各々の国家意思とは独立の運命を辿り，一方当事国によって自由に撤回され得ないものとなる。国際裁判の基礎がこうした意味での合意に求められる結果，「両当事国の意思により，仲裁人は両者の上位に位置付けられる[186]」ものと理解され[187]，仲裁手続の在り方を規定する出発点として措定される。すなわち，「一旦与えられた同意の確定的性質と，一旦認められた仲裁廷の独立性が，

---

(184) J.-C. WITENBERG, *L'organisation judiciaire...*, *supra* note（143），p. 3.

(185) J.-C. WITENBERG, *L'organisation judiciaire...*, *supra* note（143），p. vi.

(186) Alexandre MÉRIGNHAC, *supra* note（89），p. 302.

(187) J.-C. WITENBERG, *L'organisation judiciaire...*, *supra* note（143），p. 4.

◇ 第1章 ◇　証拠法論と「司法による平和」構想

仲裁に関するあらゆる方法（toute la technique arbitrale）を統御する[188]」と。

　このようにヴィテンベルクは，意思主義を表面的には維持しつつ，個別国家の意思とは区別された合意を国際裁判の基礎と捉えることで，国際裁判官・仲裁人が当事国の上位に位置する存在であると考え，これを国際裁判制度の基本原則として措定する。それ故，ヴィテンベルクにおける職権主義的な証拠調べの構想は，以上の考え方の演繹的な推論の帰結として読み解くことが可能である。

制裁への執着

　次に，ヴィテンベルクの構想の中核をなす否定的推論に関して，彼は仲裁実務の実証分析から帰納的に抽出するというより，端的に，そうした制裁の必要性を根拠として演繹的に導出している。

　ヴィテンベルクによれば，国際裁判における手続規則の淵源としては，国家間の合意に基づく仲裁条約や裁判所設立文書と，裁判所自身の決定（手続規則制定権限）に基づく規則の2種類が想定される。このうち，前者の手続規則の違反に対しては制裁（時機に遅れて提出された証拠資料の不受理など）が予定されるのに対し，後者の違反である場合には不明瞭な点が残るという[189]。その理由は曖昧であるが，国家意思を直接には淵源としない規則の違反に対して制裁が予定されることが（意思の二層性を観念するとはいえ）意思主義の観点からは問題が残ると考えたためと推察される。

　こうした問題意識から，ヴィテンベルクは，後者の類型の違反についても制裁が予定されることを論証しようとするのであるが，その推論は，必ずしも厳密な実証分析に基づくものではなく，基本的に制裁の必要性に根差したものと理解される。すなわち第1に，手続規則遵守の重要性は淵源の如何に左右されない。第2に，手続規則の多くはむしろ裁判所自身により制定される。第3に，そうした規則における制裁の不在は前者の類型と同様，手続規則の展開を著しく毀損し，その運用を害する危険を伴う[190]。

　「実際，手続規則の遵守は当事者間の平等にとって不可欠であり，〔…〕国際仲裁に関しては特にすべてについて課されるものである。〔…〕形式は実質の防護措置で

---

(188)　J.-C. WITENBERG, *L'organisation judiciaire...*, *supra* note（143），p. 4.

(189)　J.-C. WITENBERG, *L'organisation judiciaire...*, *supra* note（143），pp. 123-124.

(190)　J.-C. WITENBERG, *L'organisation judiciaire...*, *supra* note（143），p. 125.

◆ 第1部 ◆ 証拠法論の職権主義的構想と挫折

あり，他の何よりも厳格に遵守されなければならない[191]」。

次章で詳述する通り，戦間期までの時期に，否定的推論に関する明文規定を置いた条約や裁判所規程はほぼ存在しない[192]。それ故，ヴィテンベルクの理論において，否定的推論もまた，以上のような論証を要する制裁類型に属するものであり，経験的事実からの帰納というよりは，必要性からの演繹によって導出された制裁の1つであったと考えられる。

現実主義に対する「実証主義」的反論

かくして，ヴィテンベルクの職権主義的な証拠調べの構想は，その内実において，かなり希薄化された「実証主義」を背景とするものであった。もっとも，あるべき法の探求に焦点を当てる法解釈学において，実証主義は有力な法律学的方法論の1つとはいえ，唯一無二の方法ではない。にもかかわらず，ヴィテンベルクが表面的には「実証主義」を維持しなければならなかったのは，自らの企てを現実主義からの批判に対する有効な反論として提示するためであった。すなわち，国際裁判を時代の処方箋と見る考え方が，証拠法論に関するハーグ・アカデミー講義録の中にも垣間見ることができる。

「国際裁判と国際平和は〔…〕密接不可分に結びついている。〔…〕国際裁判を犠牲にして獲得される国家利益は国際平和を危険に晒し，有益どころか有害かつ危険であると，世論を説得しなければならない[193]」。

「司法による平和」構想に対する現実主義からの批判の要点がその非現実性に求められる以上，これに対する反論は，証拠調べの在り方を含め，国際裁判制度が実効的な制度であることを現実のものとして提示する必要があった。

「長きにわたる一連の仲裁の間に，証拠に関する法務官的理論（une théorie prétorienne de la preuve）が徐々に形成されてきた。その形成メカニズムは，完全に判例による構築であった。事実から生じた（Née du fait）その教義は，本来的に客観的かつ実際的である。それは実際的必要性，国際訴訟固有の要請に密接に応えたものである[194]」（傍点中島）。

---

(191) J.-C. WITENBERG, *L'organisation judiciaire…*, *supra* note (143), p. 125.

(192) 論争のある1896年コロンビア＝英国仲裁条約8条については，第2章で検討する。

(193) J.-C. WITENBERG, « La théorie des preuves… », *supra* note (142), pp. 101-102.

◇ 第1章 ◇　証拠法論と「司法による平和」構想

　つまり，ヴィテンベルクが2つの「実証主義」を表面的に維持したのは，「司法による平和」構想が夢想に過ぎないとの批判に対し，国際裁判が十分実効的に機能してきたことを経験的事実として示す必要があったためと考えられる[195]。すなわち，2つの「実証主義」を希薄化することで，「司法による平和」構想に与するかたちでの職権主義的な証拠調べの契機を拡充しつつ，2つの「実証主義」を表面的には維持することで，国家意思から離れた国際裁判制度を経験的事実として提示し，現実主義に反論しようとしたわけである。それ故，ヴィテンベルクに端を発し，今日まで維持され続けている三者権限枠組論は，こうした戦間期における理想主義的な国際法学の政策志向と密接不可分の関係において形成されたものであったと考えられる。

◇ 3　ヴィテンベルクの2度の挫折

　周知の通り，「司法による平和」構想は，第2次世界大戦の勃発を前にして脆くも崩れ去った。それ故，同構想を拠り所にし，またそれに援護射撃を加えようとしたヴィテンベルクの企てもまた，歴史の濁流の中に飲み込まれることとなったものと位置付けられる。ところが，戦間期に示された彼の証拠法論は，第2次世界大戦終結後に公刊された晩年の論文（1951年）でも維持されている[196]。もちろんそれは，彼が時代の急激な変化に無頓着であったことを意味しない。むしろ，彼が戦間期に提示しようとした証拠法論の新たな拠り所を，第2次大戦後にも見出したことの反映と考えられる。

　ここまで子細に検討してきた彼のハーグ・アカデミー講義の表題は，「国際裁判（les juridictions internationales）における証拠法理論」であった。これに対し，彼の晩年の論文の表題は「仲裁裁判（les juridictions arbitrales）における証明責任論」であり，表面的には，検討射程に限定が加えられている。しかし実際には，

---

(194)　J.-C. WITENBERG, « La théorie des preuves... », *supra* note (142), p. 96.

(195)　戦間期理想主義は願望が先行しており，現実分析の試みが希薄であるとの批判として，E. H. CARR, *The Twenty Year's Crisis: 1919-1939* (Perennial, 1939), p. 8 [reprint: 2001]. ヴィテンベルクの著作においてそうした批判が予め想定されていたことには，カー（E.H. Carr）の名著が公刊される以前に，すでに「現実主義」の趨勢が強まっていた当時の論調を窺うことができる。

(196)　J.-C. WITENBERG, « Onus probandi... », *supra* note (145), pp. 321-342.

◆ 第1部 ◆ 証拠法論の職権主義的構想と挫折

本論文の中でも PCIJ/ICJ の裁判所規程や判例への言及があり，何より，三者権限枠組論の基本命題はそのまま維持されている[197]。研究者が晩年に自らの業績を振り返ることは自体は珍しいことではないものの，本論文の表題を敢えて「仲裁裁判」と限定したのはなぜかが問題となる。

　本書の分析によれば，その狙いは，同時期に国連国際法委員会において作成作業が継続中であった「仲裁手続条約草案」への理論的援護射撃として同論文を位置づけることにあったと考えられる。ILC は，最初の会期（1949年）において仲裁手続を優先的な議題として選定し，特別報告者としてセル（Georges Scelle）を任命した[198]。法典化の方向性は当初，「仲裁約束の実効性を確保するための手続的な保護措置」を設けるという穏やかなものだったが[199]，実際に作成された規則案は野心的な学説に強く触発され，強力な仲裁手続制度の構築を目指すものとなった[200]。こうした企てにヴィテンベルクが肯定的であったことは，同論文におけるセルの報告書の引用からも窺える[201]。そして注目すべきは，戦争の結果として国際法学（特に戦間期のリーガリズム）が失墜したという戦後の論調[202]をたしなめる趣旨から，そうした主張を展開したように理解されることである。

　「〔…〕現状における国際法の衰退は，仲裁や裁判の技術には全く影響を及ぼしていない。それはかつてのまま存続している〔…〕[203]」。

　「国際法の危機は，〔…〕法それ自体に基づくものではない。危機は，諸国民の意識の危機に基づくものである。〔…〕近代国家は，国民の幸福と厚生の探究のためには武力が最も確実な手段と考えている。しかし我々法律家は，これが表面的なものでしかないことを，そして知恵と理性の体系のみが時勢に対抗するであろうことを，

---

(197)　J.-C. WITENBERG, « Onus probandi... », *supra* note（145），pp. 323-325, 331-339.

(198)　*Yearbook of the I.L.C. 1949*, p. 281.

(199)　*Commentary on the Draft Convention on Arbitral Procedure adopted by the International Law Commission at its Fifth Session*（United Nations Publication, 1955），p. 7.

(200)　*Yearbook of the I.L.C. 1958*, vol. II, p. 2.

(201)　J.-C. WITENBERG, « Onus probandi... », *supra* note（145），pp. 330, 332, 335, 339.

(202)　*Cf.* David KENNEDY, "When Renewal Repeats: Thinking against the Box", *NYU Journal of International Law and Politics*, vol. 32（2000），pp. 379-380.

(203)　J.-C. WITENBERG, « Onus probandi... », *supra* note（145），p. 321.

◇第1章◇　証拠法論と「司法による平和」構想

知っている[204]」。

　つまりヴィテンベルクは，時勢の誤った論調に対抗する法律家の「知恵と理性」の具体的企てを，セルによる仲裁手続条約の法典化に見出したわけである。換言すれば，戦間期のラウターパクトに向けた理論的援護を，第2次大戦後はセルに対して向け直したと考えられる。

　しかし，かようにして強力な制度構築を志向した同規則案は，まさにそうした野心ゆえに諸国に受け入れられず，条約ではなくモデル規則としてテイクノートされるにとどまり[205]，法典化の試みとして成功したとは言い難い。その意味で，「司法による平和」とともに挫折したヴィテンベルクの証拠法論は，「仲裁手続条約草案」の失敗とともに，再び挫折することとなったものと位置付けられる。

---

(204)　J.-C. WITENBERG, « Onus probandi... », *supra* note (145), p. 341.

(205)　Charles H. BROWER, "Arbitration", *Max Planck Encyclopedia of Public International Law* (last updated: February 2007), paras. 55-56.

◆ 第1部 ◆ 証拠法論の職権主義的構想と挫折

第2章 国際裁判実践の進歩主義的背景：パーカー定式

　前章での検討により，客観的真実発見説は職権主義的な証拠調べを志向するものであり，戦間期の「司法による平和」構想を援護するべく提示され，同構想とともに挫折に至ったことが明らかとなった。その一方で，ヴィテンベルクとサンディファーの論考における膨大な仲裁条約規定と国際判例の引用を一瞥する限り，客観的真実発見説の基本命題は，少なくとも，両者の論考が公刊された戦間期までの国際仲裁実践を忠実に反映するものであったかのような印象を抱かせる。しかし，こうした理解と前章の結論とを踏まえると，戦争の勃発が客観的真実発見説に基づく国際裁判実務に変容をもたらしたという，直感的には考えにくい歴史叙述が帰結してしまう。

　そこで本章では，証明責任の基本原則を修正・補完するとされる「証明協力義務」と「真実探求義務」が，当時の国際仲裁実践においていかなるものとして理解されていたのかを検討することを通じて，ヴィテンベルクらの議論が，そもそも当時の国際裁判実務を反映するものではないことを明らかにする。すなわち第1に，「真実探求義務」を規定したとされる仲裁条約や手続規則のほとんどは，証拠の取扱いに関する仲裁人の権限カタログを用意したにとどまるうえ，肝心の「制裁」担保規定を欠いていた（第1節）。第2に，「証明協力義務」を一般的に肯定したとされる米墨一般請求委員会のパーカー事件判断（1926年）は，その推論に看過し難い論理の飛躍を抱えており，後続実行への影響は限定的なものであった（第2節）。その結果，第2部以降において本書が試みる証拠法論の再構成は，戦間期以前の国際裁判実践をも視野に入れた上で包括的に行われる必要があることが帰結する。

◆ 第1節 ◆ 真実探求義務の外観と内実

　ヴィテンベルクにおいて，国際裁判所は「真実探求義務」を負い，真実発見に向けて積極的な証拠調べを実施すべき主体として理解されていた。他方で管見の限り，仲裁廷の「真実探求義務」なるものを明示的に規定する仲裁条約は皆無である。そのためヴィテンベルクは，証拠調べに関する各種の権限を仲裁人に付与

◇第2章◇　国際裁判実践の進歩主義的背景

する規定の存在から，それらの権限を積極的に行使すべきことを導いている。そこで本節では，仲裁人に用意されたそうした権限のカタログが，それらを積極的に行使すべきことを意味するわけでも「真実探求義務」の存在を意味するわけでもないことを明らかにする。この点，ヴィテンベルクが重視した「制裁」規定の存否内容に着目すると，1899年・1907年の国際紛争平和的処理条約（ハーグ条約）の成立の前後において異なる傾向が見られることから，以下では，20世紀初頭までの仲裁条約（第1項）とハーグ条約以後（第2項）とを分けて順に検討する。

◆ 第1項　20世紀初頭までの仲裁条約・手続規則における証拠調べ関連規定

本来的にアド・ホックに設立され運用される国際仲裁においては，証拠調べに関して一般的傾向を見出すことは困難とも見られてきた[206]。しかし，以下で見るように，仲裁条約や手続規則中の証拠調べ関連規定をある程度類型的に把握することは可能である。すなわち，証拠調べに関する規定は特段挿入されないのが通常であるという一般的留保を付しつつ[207]，そうした規定が設けられた条約を概観するならば，受動的規定型（1.）と権限列挙型（2.）という2つの方向性に大別することができる。このうち，権限列挙型は一見すると職権主義的な証拠調べを基礎づける例のようにも思われるものの，条約の規定振りや当時の学説状況を精査すると，そうした解釈は困難であることが分かる（3.）。

◇1　受動的規定型

客観的真実発見説とは裏腹に，従来，証拠調べに関して仲裁廷に受動的な役割のみを認める仲裁条約類型が存在していた。この種の条約は，仲裁廷による審理対象は当事者が提出した証拠に限定される旨明示するのみならず，その多くにおいて，当事者が提出した証拠の受理を仲裁廷に義務付けるかのように解釈しうる

---

(206)　Jens EVENSEN, *supra* note (93), p. 44. こうした見方を推し進め，国際裁判に妥当する証拠に関する一般原則の存在を否定する論者もかつては存在した。Angelo Piero SERENI, *Principi generali di diritto e processo internazionale* (Dott. A. Giuffle, 1955); *voir aussi*, Shabtai ROSENNE, *The Law and Practice...*, vol. III (4th ed.), *supra* note (114), p. 1021; D. EDWARD, "Book Review", *A.J.I.L.*, vol. 50 (1956), pp. 703-704.

(207)　Alexandre MÉRIGNHAC, *supra* note (89), p. 269.

◆ 第1部 ◆ 証拠法論の職権主義的構想と挫折

点に特徴がある。例えば，米墨戦争（1846-48年）以降未処理の私人請求を処理する米墨請求委員会の設立条約（1868年）の2条は，次のような規定を含んでいた。

「〔米墨各々が選任した〕両委員は，共同して〔…〕各請求の調査と判断に取り掛からねばならないが，〔それは〕各政府あるいは各政府を代表して提出される証拠や資料にのみ基づかねばならない。両委員は，〔…〕各政府あるいは各政府を代表して提出されるすべての文書や陳述を受理し，精読しなければならない(208)」（傍点中島）。

同条は，仲裁廷自身による職権的な証拠収集の契機を排除する一方，当事者提出証拠の仲裁廷による受理（証拠能力の肯定）を義務付けていると解釈しうる。その点で，職権主義ではなくむしろ当事者主義を基調とする制度設計と考えられる。この点，2000を超える請求を処理した本委員会は，19世紀における最も重要な国際仲裁の1つであり(209)，同種の規定は当時において代表的な他の国際仲裁条約にも含まれていた(210)。こうした事実を踏まえるならば，証拠調べの職権主義的な証拠調べを構想した従来の学説が，これらの先例を看過していたことには問題が残る。

ただし，こうした条約実行は，第1に，次に見る条約類型との対比においては相対的少数にとどまる。第2に，時期的には19世紀中葉以降から20世紀初頭までの時期に限定されており，本書が検討した限りでは，20世紀初頭を最後に途絶えている(211)。これらを踏まえるならば，証拠法論の展開における意義は限定的と

---

(208) Convention pour le règlement de réclamation réciproques, presentées par des citoyens des deux pays à charge de leurs gouvernements respectifs, conclue à Washington, le 4 juillet 1868, *Pasicrisie*, p. 71.

(209) *Pasicrisie*, p. 70.

(210) Convention entre les États-Unis d'Amerique et la Grande-Bretagne, relative à certaines réclamations, signée à Londres, le 8 février 1853, Art. 2, *Pasicrisie*, p. 32; Convention conclue entre les États-Unis d'Amerique et le Pérou, à l'effet de régler les indemnités réclamées par des citoyens des deux pays, signée le 4 décembre 1868, Art. 2, *Pasicrisie*, p. 80; Traité conclu à Washington, le 8 mai 1871, Art. 13, *R.A.I.*, tome II, p. 52 [les États-Unis/la Grande-Bretagne]; Convention for the Settlement of Certain Claims of the Citizens of either Country against the other, signed at Santiago, 7 August 1892, Art. 5, *Pasicrisie*, p. 475 [Chile/United States]; *voir aussi*, Rule of the Commission for the Settlement of Claims under the Convention of 5 December 1885, between the United States and Venezuela, Art. 11, *Moore*, vol. III, p. 2227.

◇第 2 章◇　国際裁判実践の進歩主義的背景

考えてもよいかもしれない。

◇2　権限列挙型

　受動的規定型の仲裁条約と比べると，証拠調べに関するする一定の権限を仲裁廷に付与する条約類型の方が圧倒的に多数である。その典型例は，追加的な証拠提出を当事者に要請する権限を仲裁廷に認める規定である。例えば，島の帰属を巡る英国とポルトガル間の紛争が付託された仲裁廷の設立条約（1869年）は，その 4 条において次のような規定を含んでいた。

> 「提出された陳述に含まれるあらゆる点につき，仲裁人がさらなる説明や証拠を望む場合には，仲裁人はそれをいずれの当事者にも自由に要請でき〔る〕[212]」（傍点中島）。

　もちろん，条文上規定される要請権限の範囲は条約毎に偏差があり，上に掲げた概括的な規定振りの類型のほか[213]，証人の召喚[214]や鑑定人の利用[215]，現

---

(211)　以降，受動的規定型と分析しうる例としては，証人の召喚を命じる権限を明示的に否定する付託合意を 1 つ挙げることができるのみである。Compromis d'arbitrage concernant les réclamations du Major Campbell, signé à Lisbonne, le 1ᵉʳ août 1930, Art. 9, *R.S.A.,* vol. 2, p. 1149 [Royaume-Uni/Portugal].

(212)　Protocol of Conference between Great Britain and Portugal, Agreeing to Refer to Arbitration their Respective Claims to the Island of Bulama, Lisbon, 13 January 1869, Art. 4, *Pasicrisie,* p. 82.

(213)　Convention to Refer to the Decision of an Arbitrator the Claim in Behalf of Julio R. Santos, Concluded at Quito, 28 February 1893, Art. 3(2), *Pasicrisie,* p. 450 [Equateur/États-Unis d'Amérique]; Convention to Submit to a Tribunal of Arbitration the Differences Touching the Import, Validity, Interpretation and Mode of Execution of Certain Contracts, Concluded at London, 31 July 1896, Art. 8, *Pasicrisie,* p. 545; Protocol of an Agreement for Submission to an Arbitrator of Mutual Claims in the Case of the Late Marion A. Cheek, at the Bangkok, 26 July 1897, Art. 3, *Pasicrisie,* p. 580 [United States/Siam]; Convention entre la Belgique et la Grande-Bretagne concernant l'arbitrage en cause du sieur Ben Tillett, signé à Bruxelles le 19 mars 1898, Art. 4, *Pasicrisie,* p. 582 [ただし，仲裁判断は現地調査も実施したことを示唆している]; Agreement for the Arbitration of the Claims of Orr and Laubenheimer and the Post-Glover Electric Company, Signed at Washington, 22 March 1900, Art. 4, *Pasicrisie,* p. 616 [United States/Nicaragua]; Supplemental Protocol to the Agreement between the United States and Guatemala, Submitting to Arbitration the Claim of Robert H. May, Signed at Washington, 10 May 1900, *R.I.A.A.,* vol. 15, p. 54; Protocol of an Agreement between the United States of America and the

Republic of Salvador for the Arbitration of Certain Claims against Salvador, Signed at Washington, 19 December 1901, Art. 3, *R.I.A.A.*, vol. 15, p. 460; Rules of the German-Venezuelan Commission (1903), Art. 6, *R.I.A.A.*, vol. 10, p. 363; *voir aussi*, Rules of Procedure of the Anglo-Chilian Tribunal of Arbitration, Santiago, 16 November 1894, Art. 12, *Pasicrisie*, p. 454.

(214) Mémorandum du 14 mai 1855, Art. 3, *R.A.I.*, tome 2, p. 12 [Grande-Bretagne/Portugal]; Mémorandum du 8 mars 1861, Art. 3, *R.A.I.*, tome 2, p. 90 [Grande-Bretagne/Portugal]; Convention between the United States and Mexico, Signed at Washington, March 1, 1889, Art. 7, *Pasicrisie*, p. 334; Agreement between the United Kingdom and France Referring to Arbitration the Case of Vinayak Damodar Savarkar, Signed at London, 25 October 1910, Art. 4, *R.I.A.A.*, vol. 11, p. 250.

(215) 領域紛争での測量士や，損害賠償事案で補償賠償額を算定する鑑定人が典型である。Compromis du 1er mars 1871, Arts. 4 and 8, *R.A.I.*, tome 2, p. 687 [Sud-Africaine/Griqualand occidental]; Traité d'arbitrage destiné à mettre fin au différend né de la détention préventive du captaine du baleinier « Costa Rica Packet », signé à La Haye, le 16 mai 1895, Art. 6(2), *Pasicrisie*, p. 510; Déclarations échangées entre le Gouvernement des États-Unis d'Amérique et le Gouvernement impérial de Russie, à Saint-Pétersbourg, le 26 août/8 septembre 1900, *R.S.A.*, tome 9, p. 58; Convention between Great Britain and the United States of America for the Adjustment of the Boundary between the Dominion of Canada and the Territory of Alaska, Signed at Washington, 24 January 1903, Arts. 1 and 2, *R.I.A.A.*, vol. 15, pp. 485-486; Convention de Commerce conclue entre la France et la Suisse, le 20 octobre 1906, Annex E, *R.S.A.*, tome 11, p. 414 [証人についても規定].

(216) Le règlement de l'arbitrage dans le différend international entre l'Autriche et la Hongrie, au sujet de la frontière près du lac dit « L'œil de la mer » au titra, *R.D.I.L.C.*, série 2, tome 8 (1906), p. 166 [鑑定人についても規定]. 管見の限り，1907年ハーグ条約以前の仲裁規則で「現地調査 (des descentes sur les lieux)」という今日的な表現がみられる例は本規則に限られる。しかしそれ以前にも，仲裁人やその関係者が係争地を訪れたことが示唆されている事案がいくつか存在する。例えば，いわゆるジェイ条約（1794年）に基づいてサンクロワ河 (Saint-Croix) 画定紛争の処理を委ねられた委員会は，両当事国により提出された証拠に基づく判断が求められたのと同時に，委員会自らが適当と考える場所に自らの所在 (leur siège) を移す権限が認められており（5条），実際にこの権限が行使された記録がある。*Affaire de l'identité de la rivière de Saint-Croix*, Traité du 19 novembre 1794, Art. 5, *R.A.I.*, tome 1, pp. 7-8. こうした現地調査の先駆的事例は，領域紛争のみならず（*voir aussi*, *Affaire des pêcheries réservées* (les États-Unis/la Grande-Bretagne), le 13 février 1866, *R.A.I.*, tome 2, p. 446; *Affaire de la frontière de l'est* (l'État libre d'Orange/Sud-Africaine), le 19 février 1870, *R.A.I.*, tome 2, p. 576 [ただし仲裁人自身ではなく，部下による調査事例]; *Fixation de la frontière de l'Alpe de Cravairola* (l'Italie/la Suisse), le 23 septembre 1874, *R.A.I.*, tome 3, p. 476)，私人請求を処理する仲裁にも散見さ

◇ 第 2 章 ◇　国際裁判実践の進歩主義的背景

地調査(216)，地形学的証拠といったように，証拠資料の類型を特定する例もある(217)。とはいえ，いずれも仲裁廷自身による判断を契機とした追加的な証拠提出要請や証拠の補完を求める権限を付与する点では軌を一にするものと位置付けられる。

◇3　権限列挙型条約の意義

　従来の学説は，こうした条約規定を，職権主義的な証拠調べの実施を国際裁判所に要求するものとして解釈してきた(218)。しかし，様々な権限がカタログ的に付与されていることをもって，仲裁廷に「真実探求義務」が課せられ，職権主義的な証拠調べが義務付けられていると結論することには論理の飛躍がある。

受動的規定型と権限列挙型の交錯

　第 1 に，受動的規定型と権限列挙型という 2 つの条約類型が交錯したとも捉えられる仲裁条約が少ないながら存在することから，権限付与をもって積極的な役割が期待されたと推論するためには，こうした実行をどのように整合的に理解するかが問題となる。

　例えば，ベネズエラ混合請求委員会（1903-1905年）は，19世紀末のベネズエラ内乱の最中に生じた外国人損害に起因する私人請求を処理する国際仲裁で，20世紀初頭における最も大規模な国際裁判の 1 つであり，欧米を中心とした10か国との間で設立された。注目すべきは，外国人損害賠償請求の処理という同種の任務が予定されたにもかかわらず，各委員会の設立条約が受動的規定型（対英・米・仏・西・蘭・墨・ベルギー・ノルウェー＝スウェーデン(219)）と権限列挙型（対独・

　れる。Commission mixte de Carcas（la Grande-Bretagne/le Vénézuéla），le 15 novembre 1869, *R.A.I.*, tome 2, p. 528; *Affaire Ben Tillett*（la Belgique/la Grande-Bretagne），le 26 décembre 1898, *Pasicrisie*, p. 583.

(217)　Convention du 29 septembre 1827, Art. 6, *R.A.I.*, tome 1, p. 360 [États-Unis/Grande-Bretagne].

(218)　J.-C. WITENBERG, « La théorie des preuves... », *supra* note (142), pp. 51-54; Gérard NIYUNGEKO, *supra* note (5), pp. 205-234.

(219)　Protocol of Agreement between Belgium and Venezuela, 13 February 1903, Art. 2, *R.I.A.A.*, vol. 9, pp. 321-322; Protocol of an Agreement of 17 February 1903 between the United States and Venezuela, Art. 2, *R.I.A.A.*, vol. 9, p. 116; Protocol of an Agreement between Mexico and Venezuela, 26 February 1903, Art. 2, *R.I.A.A.*, vol. 10, pp. 695-696; Protocol, 27 February 1903, Art. 2, *R.I.A.A.*, vol. 10, p. 3

65

◆第1部◆　証拠法論の職権主義的構想と挫折

伊(220)）とに分かれたことである。さらには，受動的規定型の条約によって設立された対英委員会と対蘭委員会は，委員会自身による職権的証拠調べの可能性を示唆する手続規則を採択しており(221)，条約と手続規則とで方向性を異にする規定が採用された。こうした例の存在は，権限列挙型の仲裁条約は，必ずしも職権主義的な証拠調べを予定したというわけではなく，端的に，裁判所が採りうる選択肢を予め用意したにとどまる可能性を示唆するものと考えられる(222)。

国際仲裁手続規則法典化の試みにおける中立性と抑制性

　第2に，当時の学説において，権限列挙型の仲裁条約の規定が仲裁廷による職権主義的な証拠調べを要求するものであったとの理解は一般に共有されていなかった。むしろ，19世紀における代表的な仲裁手続条約案の起草過程において，職権主義的な証拠調べの契機は自覚的に減殺された形跡がある。

　まず，1875年に万国国際法学会が採択した「国際仲裁手続規則案」は，付託合意に反対の規定が無い限り，仲裁廷は「（訴訟指揮に関する）手続を構成し，証拠を管理する（faire administrer des preuves）」権限を有するという補充規定を用意

　[France/Venezuela]; Protocol of an Agreement between the Netherlands and Venezuela, 28 February 1903, Art. 2, *R.I.A.A.*, vol. 10, p. 710; Protocol of an Agreement between Venezuela and Norway and Sweden, 10 March 1903, *R.I.A.A.*, vol. 10, pp. 763-764; Protocol of an Agreement between Venezuela and Spain, 2 April 1903, Art. 2, *R.I.A.A.*, vol. 10, pp. 737-738; Protocol of 7 May 1903, *R.I.A.A.*, vol. 9, p. 354 [United Kingdom/Venezuela].

(220)　Protocol, 7 May 1903, Art. 4, *R.I.A.A.*, vol. 10, p. 362 [Germany/Venezuela]; Protocol, 7 May 1903, Art. 4, *R.I.A.A.*, vol. 10, p. 482 [Italy/Venezuela].

(221)　Rules of the British-Venezuelan Commission, Art. 14, *R.I.A.A.*, vol. 9, p. 356; Rules of the Netherlands-Venezuelan Commission, Art. 10, *R.I.A.A.*, vol. 10, pp. 712-713.

(222)　この点，ヴィテンベルクの枠組みに親和的なニユンゲコは，対英・対蘭条約のみならず，本書が受動的規定型と類型化した条約規定を一般的に念頭に置いた上で，それらは仲裁廷が依拠しうる証拠の形式的出所（l'origine formelle）が当事国であることを要求するのみであるとし，証拠収集の主導者（l'initiateur）が仲裁廷自身であっても，当該証拠が当事国から提出されさえすれば差し支えないと解釈することで，両規定を統合的に把握しようとする。Gérard NIYUNGEKO, *supra* note (5), pp. 205-211. この解釈論は，職権主義的な証拠調べの実践状況を論証する文脈で，これに反する実行の意義を限定的に捉える狙いから展開されたものと考えられる。もっとも，この齟齬が混合請求委員会において現実の問題として顕在化した形跡は見当たらず，以上の解釈論争は理論上のものにとどまる。

◇ 第 2 章 ◇　国際裁判実践の進歩主義的背景

している（15条 4 項[223]）。本条項は，規則案の報告者ゴールドシュミット（Levin Goldschmidt）による草案（19条 4 項[224]）をそのまま採択したものであるが，注目すべきは，先に整理した 2 つの条約類型のいずれに属するとも考えにくい「証拠を管理する」という独自の規定振りが採用されたことである。

　同条に関する報告者の説明は極めて簡潔であるため，この表現がどこまで自覚的に採用されたものかは明らかではない。しかし，以下に挙げる起草経緯は，少なくとも職権主義的な証拠調べを構想する狙いは無かったことを示している。第 1 に，ゴールドシュミットは，草案19条に掲げた諸原則が任意的（facultatifs）なものと説明するにとどまり[225]，証拠調べに関して特段在るべき方向性を示していない。第 2 に，彼が引用する条約はむしろ受動的規定型の条約であり，権限列挙型の仲裁条約実践は逆に看過されている[226]。第 3 に，最も重要な点は，草案では用意されていた仲裁廷の指揮権規定が規則案では削除されてしまった経緯である。すなわち，ゴールドシュミット草案は，上述の19条 4 項に加え，「〔仲裁廷は〕両当事者を聴聞し，検討すべき争点の解明に必要な証拠を提出させなければならない」という[227]，仲裁廷に積極的な役割を期待するかのような規定を含んでいた（16条）。しかし，委員会修正案（12条）においてこの部分は丸々削除されてしまう[228]。にもかかわらず，彼はこれに特段批判を加えることがないまま[229]，最終的に規則案が採択される[230]。このように万国国際法学会は，証拠

---

(223)　Institut de droit international, 2ᵉᵐᵉ Commission – procédure arbitrale internationale, « Projet de règlement pour la procédure arbitrale internationale », *A.I.D.I.*, tome 1 (1877), p. 130.

(224)　Levin GOLDSCHMIDT, « Projet de règlement pour tribunaux arbitraux internationaux, présenté à l'Institut de droit international (Session de Genève, 1874) », *R.D.I.L.C.*, tome 6 (1874), p. 441.

(225)　*Ibid.*

(226)　*Ibid.*

(227)　*Ibid.*, p. 439.

(228)　« Projet de règlement pour la procédure arbitrale internationale, tel qu'il résulte des délibérations de l'Institut de droit international à Genève et des travaux de la commission », *R.D.I.L.C.*, tome 7 (1875), p. 420.

(229)　Levin GOLDSCHMIDT, « Observations supplémentaires relatives au règlement pour tribunaux internationaux », *R.D.I.L.C.*, tome 7 (1875), pp. 423–426.

(230)　« Projet de règlement pour la procédure arbitrale internationale », *A.I.D.I.*, tome 1 (1877), p. 129.

調べの在り方についての概して低調な関心の中で，少なくとも仲裁廷の積極的な役割については意識的に削除するに至った。

次に，1895年に国際法協会（International Law Association）が国際仲裁条約案を採択した際，議論の土台となったコルシ（Alexandre Corsi）による草案の25条は，次のような条項を含んでいた。「各当事者は他方当事者に対し，当該当事者が保有しかつ仲裁廷が争点に対して決定的と判断するすべての文書の提出を要請できる[231]」。本条項は，追加的な証拠提出要請自体はあくまで当事者に委ねつつ，しかし仲裁廷によるその必要性判断を介在させることで，証拠調べに対する仲裁廷による管理の契機を肯定する規定振りである。

しかし検討委員会では，この草案25条に対しては「その提出に十分な異議が唱えられていない場合（[une] objection suffisante）」という加重要件が提案され，これを踏まえて全体として表現に変更が加えられた上で，最終的に条約案8項として採択されるに至った[232]。その結果，仲裁廷による必要性判断には，当事者による異議申立が対峙し，結果として仲裁廷による管理の契機が抑制された規定振りとなった。その背景はやはり記録が無く明らかではないものの，以上の経緯は，国際法協会の検討委員会の中で，仲裁廷の積極的な役割を肯定する方向性に，当事者主義を基調とする方向性が対峙していたことを窺わせる。

制裁規定の欠如と1896年コロンビア＝英国仲裁条約

第3に，客観的真実発見説，とりわけヴィテンベルクの枠組みの中核をなす「制裁」規定は，権限列挙型の仲裁条約にもほとんど見出すことができない。

すでに検討した通り，執行力を欠く国際裁判においては，証拠の提出を当事者に強制する契機を欠くことから，審理に不可欠と思われる証拠資料をいかに確保するかが古くからの課題[233]の1つであり，議論の焦点は先に検討した否定的推論の正当化に向けられた。こうした文脈において注目を集めてきたのが，1896年コロンビア＝英国仲裁条約8条であり，次のように規定していた。

「仲裁人は，両訴訟当事者に対し，その検討が裁判の諸目的を促進すると自ら考え

---

(231) Alexandre CORSI, « Projet de règlement pour les arbitages internationaux », *R.G.D.I.P.*, tome 3 (1896), p. 463.

(232) « Chronique des faits internationaux. Belgique. Association de droit international. Session de Bruxelles (1895) », *R.G.D.I.P.*, tome 3 (1896), p. 467.

◇ 第 2 章 ◇ 国際裁判実践の進歩主義的背景

るあらゆる文書や資料の提出を要請することができる。当該要請に不遵守の場合，仲裁廷は自らの行動を当該不遵守からの推論や推認（inferences or conclusions）にとどめなければならない(234)」（傍点中島）。

　本書が検討する限り，19世紀から20世紀初頭に締結された無数の仲裁条約および仲裁付託合意の中で，これに類する規定を備える仲裁条約は，コロンビア＝英国仲裁条約を除いては見出すことができない。それ故，本条約は当時の権限列挙型の仲裁条約の中でも例外的な存在と位置付けられる。そこで，ヴィテンベルクは，同条約 8 条が，証拠提出を求められた当事国の抵抗や妨害といった態度を「自白の擬制（un aveu implicite）」に相当するものとして扱うと規定していると解釈した上で，この原理が「極めて論理的，極めて法的」であるが故に一般化可能であり，明示規定が無い場合でも肯定されると主張した(235)。

　もっとも，先に引用した 8 条の規定振りに立ち戻るならば，そもそも本条が「自白の擬制」あるいは否定的推論の契機を肯定しているとの解釈は，実は自明ではない。第 1 に，文脈上，「推論や推認」には特段形容詞が付加されておらず，この文言が否定的（adverse/negative）推論を指すものであるとは断定し難い。第 2 に，推認や推論「にとどめなければならない」という消極的な規定振りからは，

---

(233)　仲裁条約の中には，証人の出廷を確保するために国際仲裁廷が両当事国の国内裁判所の諸制度を利用できる旨規定する例がある。例えば，米墨間でリオ・グランデ川及びコロラド川の境界画定紛争の処理を委ねられた国際国境委員会を設立する条約は，証人の出廷を強制するために「両国の裁判所で用いられているものと同様の手段を用いることができる」と規定していた。Convention between the United States of America and the Mexico, Signed at Washington, 1 March 1889, Art. 7, *Pasicrisie*, p. 334. こうした国内法制を経由する国際裁判所による証人召喚制度とその整備が初期の証拠法論の検討素材の 1 つであったが，そこでの問題の焦点は，国際裁判制度に対する国内法制の対応如何にあり，本節の問題関心とは焦点を異にするため，ここでは紹介にとどめる。Charles P. ANDERSON, "Production of Evidence by Subpoena before International Tribunals", *A.J.I.L.*, vol. 27 (1933), pp. 498-501; Philip JESSUP, "National Sanctions...", *supra* note (83), pp. 55-57; A.H. FELLER, *The Mexican Claims Commissions 1923-1934: A Study in the Law and Procedure of International Tribunals* (The Macmillan Company, 1935), pp. 256-257; *voir aussi*, Art. 15(4), Projet de règlement pour la procédure arbitrale, *A.I.D.I.*, tome 1 (1875), p. 130.

(234)　Convention to submit to a Tribunal of Arbitration the Differences touching the Import, Validity, Interpretation and Mode of Execution of Certain Contracts [Great Britain/Colombia], 31 July 1896, *Pasicrisie*, p. 545.

(235)　J.-C. WITENBERG, « La théorie des preuves... », *supra* note (142), p. 55.

69

◆ 第1部 ◆ 証拠法論の職権主義的構想と挫折

同条の主眼は，何らかの推論を正当化するというよりは，むしろ仲裁廷の何らかの行動を制約することにあるとの解釈が自然とも思える。ただし，何を制約するのかは条文上明らかではない。

　以上のように，ヴィテンベルクによるコロンビア＝英国仲裁条約8条の解釈論の説得性には疑問が残る。とはいえ，その成立経緯自体が不明であることから，同条の意義をさらに掘り下げることは困難である(236)。この点，ヴィテンベルクは，1899年に成立する国際紛争平和的処理条約（ハーグ条約）の関連規定を併せて参照することにより，コロンビア＝英国条約8条についての自らの解釈の一般的妥当性の論証を試みている。そこで，こうしたヴィテンベルクの議論を，ハーグ条約の関連規定がいかなる意味で根拠づけているかにつき，項を改めて検討していくこととする。

◆ 第2項　国際紛争平和的処理条約

　19世紀の仲裁条約の中には，多数を占める権限列挙型の他に，少数ながら受動的規定型の類型や，両者が交錯した極めて少数の条約類型が存在した。しかし20

---

(236)　コロンビア＝英国仲裁条約に基づく仲裁事例は1件（英国企業がコロンビア政府およびその地方政府との間で締結された鉄道建設契約の不履行に起因する紛争）確認でき，証拠法論上の争点を含んでいたものの，懸案の8条に関しては，仲裁廷が言及することは無かった。Sentence arbitrale relative au chemin de fer d'Antioquia, prononcée à Berne, le 17 octobre 1899, *Pasicrisie*, p. 544.

(237)　Anglo-German Mixed Arbitral Tribunal Rules of Procedure, 4 September 1920, Arts. 26, 27, *R.D. T.A.M.*, tome 1, p. 116; Convention between France and the United Mexican States, 2 August 1930, Art. 6, *R.I.A.A.*, vol. 5, p. 319; Protocol relative to Claims presented to the General Claims Commission [United States/Mexico], 24 April 1934, Art. 6(d), *R.I.A.A.*, vol. 4, p. 759.

　　鑑定人規定の例として，Règlement de procédure du tribunal arbitral mixte franco-allemand, le 20 avril 1920, Art. 57, *R.D. T.A.M.*, tome 1, p. 52; Tribunal arbitral mixte germano-belge, règlement de procédure, le 19 octobre 1920, Art. 56, *R.D. T.A.M.*, tome 1, p. 40; Japanese-German Mixed Arbitral Tribunal, Rule of Procedure, 12 November 1920, Arts. 19-21, *R.D. T.A.M.*, tome 1, p. 126; Règlement de procédure de la Commission de conciliation franco-italienne, le 4 juin 1948, Art. 14(4), *R.S.A.*, tome 13, p. 27; Rules of Procedure of the Anglo-Italian Conciliation Commission, 20 October 1948, Art. 13(a)(ii), *R.I.A.A.*, vol. 14, p. 8; Rules of Procedure of the United States-Japanese Property Commission, 31 March 1959, Art. 13, *R.I.A.A.*, vol. 14, pp. 468-469; Rules of Procedure of the Netherlands-Japanese Property Commission,

◇ 第2章 ◇　国際裁判実践の進歩主義的背景

世紀に至ると，仲裁条約の規定振りは権限列挙型へと収斂していく。仲裁廷に明
示的に付与される権限の範囲には偏差があるものの，そうした権限列挙型は，私
人請求を処理する請求委員会や混合仲裁廷の手続規則のみならず[237]，国家間仲
裁の付託合意でも広く見られる[238]。ハーグ条約の場合には追加的証拠提出要請

3 July 1959, Art. 15, *R.I.A.A.*, vol. 14, p. 505.

　現地調査規定の例として，Règlement de procédure du tribunal arbitral mixte franco-
allemand, le 20 avril 1920, Art. 61, *R.D.T.A.M.*, tome 1, p. 56; Tribunal arbitral mixte
germano-belge, règlement de procédure, le 19 octobre 1920, Art. 55, *R.D.T.A.M.*, tome 1,
p. 40; Règlement de procédure de la Commission de conciliation franco-italienne, le 4
juin 1948, Art. 14(5), *R.S.A.*, tome 13, p. 27; Rules of procedure of the Italian-United
States Conciliation Commission, 29 June 1950, Art. 10(e), *R.I.A.A.*, vol. 14, p. 83; Rules
of Procedure of the Anglo-Italian Conciliation Commission, 20 October 1948, Art. 13(c),
R.I.A.A., vol. 14, p. 8; Rules of Procedure of the Netherlands-Japanese Property
Commission, 3 July 1959, Art. 17, *R.I.A.A.*, vol. 14, p. 505.

(238)　Agreement between the United Kingdom and France referring to Arbitration
the Case of Vinayak Damodar Savarkar, 25 October 1910, Art. 4, *R.I.A.A.*, vol. 11,
p. 250; Protocol for Arbitration of the Landreau Claim [United States v. Peru], 21
May 1921, Art. 10, *R.I.A.A.*, vol. 1, p. 351; Convention for Settlement of Difficulties
arising from Operation of Smelter at Trail [United States/Canada], 15 April 1935,
Art. 8, *R.I.A.A.*, vol. 3, p. 1909; Compromis d'arbitrage concernant les réclamations du
Major Campbell, le 1er août 1930, Art. 9, *R.S.A.*, tome 2, p. 1149; Agreement between
the United Kingdom and Finland for the submission to Arbitration of a Question in
respect of Certain Finnish Vessels Used during the War, 30 September 1932, Art. 7,
R.I.A.A., vol. 3, p. 1483.

　鑑定人規定の例として，Convention entre la Norvège et la Suède pour soumettre
à l'arbitrage la question relative aux récifs de Grisbadarna, le 14 mars 1908, Art. 8,
R.S.A., tome 11, p. 154; Declaration between Great Britain and Germany referring
the Delimitation of Walfish Bay to Arbitration, 30 january 1909, Art. 6, *R.I.A.A.*,
vol. 11, p. 266; Special Agreement (United States/Norway), 30 June 1921, Art. 3,
R.I.A.A., vol. 1, p. 311; Special Agreement (United Kingdom/Ethiopia), 13
September 1927, Art. 6, *R.I.A.A.*, vol. 2, p. 823; Treaty of Arbitration between
Guatemala and Honduras, 16 July 1930, Art. 13, *R.I.A.A.*, vol. 2, p. 1312; Convention
générale entre la France et la Tunisie du 3 juin 1955, Art. 19, *R.S.A.*, vol. 12, p. 275;
Agreement on Arbitration of Disputes between Algeria and France regarding
Exploitation of the Saharan Subsoil, Arbitration Settlement, 26 June 1963, Art. 4(b),
I.L.M., vol. 2, p. 1028; Agreement for the Arbitration of the Beagle Channel
Controversy [Argentine/Chile/UK], 22 July 1971, Art. 6, *I.L.M.*, vol. 10, p. 1186;
Accord de compromis d'arbitrage [la Guinée-Bissau/le Sénégal], le 12 mars 1985,
Art. 7(2), *R.S.A.*, tome 20, p. 123.

◆ 第1部 ◆ 証拠法論の職権主義的構想と挫折

権限（1899年条約43条；1907年条約68条）が規定されるにとどまったが，同条約においてはむしろ，仲裁廷の証拠提出要請を当事者が拒絶した場合に，仲裁廷がその旨留意する（en prend acte）という法的効果が規定されたことが注目に値する（1899年条約44条；1907年条約69条）。

> 「裁判部ハ，又当事者ノ代理人ニ一切ノ証書ノ提出ヲ請求シ，且必要ナル一切ノ説明ヲ求ムルコトヲ得（peut [...] requérir/can [...] require）。其ノ拒絶アリタル場合ニハ，其ノ旨留意ス（en prend acte/takes note of it[239]）」（傍点中島）。

この「留意する」という規定振りは，19世紀の仲裁条約の中では皆無であるどころか，むしろ例外的存在であったコロンビア＝英国仲裁条約8条に親和的な表現とも考えられる。にもかかわらず，同条はその後，PCIJ・ICJ規程49条やICSID仲裁規則34条3項などに受け継がれている。そのため，国際紛争処理手続について史上初めて包括的に規定した多数国間条約であるハーグ条約は，証拠法の展開という観点からも新傾向の端緒と位置付けられる。もっとも，「留意する」という文言それ自体からは具体的な法的効果が明らかではないため，同規定の起草過程の検討を踏まえ，本規定の意義を明らかにする必要がある。

◇1　「留意する」という制裁

本条は，ハーグ条約案を起草した第3委員会の検討委員会での議論の叩き台となったロシア提案14条に遡る。同条は，次のような規定を備えていた。「仲裁廷は更に，当事者代理人に対して必要なすべての証書や説明の提出を要請する権利（right to require）を有する[240]」。この段階では，懸案の「留意する」との文言が

現地調査規定の例として，Compromis d'arbitrage relatif aux questions soulevées à Casablanca [l'Allemagne/la France], le 24 novembre 1908, Art. 5, *R.S.A.*, tome 11, p. 124; Treaty of Arbitration [Argentine/Chile], 1 April 1965, Art. 6, *R.I.A.A.*, vol. 16, p. 120 [係争領域の地形の性質を反映してか，「航空機その他による調査」という珍しい規定振りである]; Arbitration Compromis [Egypt/Israel], 11 September 1986, Arts. III(3), VIII(3), VIII(5), *R.I.A.A.*, vol. 20, pp. 108-111.

(239)　英仏正文においては，本条第1文は1899年条約から1907年条約への改正において僅かに文言の修正が施されているが，ここで問題となる第2文への修正は無い。ただし以下では，公定訳である「記録ス」の代わりに，より原義に近いと考えられる「留意する」との訳語を充てる。

(240)　James Brown SCOTT (under the supervision of), *The Proceedings of The Hague Peace Conferences. Translation of Official Texts: The Conference of 1899*

◇第2章◇　国際裁判実践の進歩主義的背景

存在しない代わりに，仲裁廷が当事国に対して文書提出を要請する「権利」を有すると明示されている。そして検討委員会での議論を辿ると，この「権利」という文言が削除される引き換えに「留意する」規定が導入された経緯が明らかとなる。

　検討委員会において，ロシア代表マルテンス（Friedrich Martens）は，本条項の実務的意義は単に情報を求めるのみならず，仲裁廷が「当事国代理人を統制し（control），適当な場合にその陳述の証明を強いる（compel）ために」援用できる点にあると強調していた[241]。つまりロシア提案は，19世紀仲裁条約のように仲裁廷の権限カタログを用意するにとどまらず，仲裁廷が当事国との関係で証拠調べを指揮する関係性を構想し，これを「権利」という文言に込めたものと考えられる。ロシア提案14条とほぼ同様の規定は，マルテンス自身が長を務めた英領ガイアナとベネズエラの間の国境紛争を処理した仲裁廷（1899年仲裁判断）の手続規則に見出すことができる[242]。実際，彼は同規則を検討委員会の参考資料として配布していた[243]。その意味で，ロシア提案は代表マルテンスが経験した同時代的な国際裁判実務を背景とするものであったと考えられる[244]。

　しかし，検討委員会での議論の末，仲裁廷の「権利」という表現は削除され，それと引き換えに「留意する」規定が第2文として挿入され，採択されるに至る[245]。その趣旨を，委員長ブルジョワ（Leon Bourgeois）は次のようにまとめている。

　「もし代理人が〔…〕証拠の提出を拒絶するならば，仲裁廷はこれを強制し得ないものの，しかしその拒絶に留意することができ，そしてそうすべきである。換言す

　　　　（Oxford University Press, 1920）, p. 802.

（241）　*Ibid.*, p. 738.

（242）　Arbitration between the Governments of Her Britanic Majesty and the United States of Venezuela, Rule of Procedure, Art. 10, James Brown SCOTT（dir.）, *Rapports faits aux Conférences de La Haye de 1899 et 1907*（Oxford : Imprimerie de l'université, 1920）, p. 106.

（243）　James Brown SCOTT, *The 1899 Proceedings…, supra* note（240）, p. 730.

（244）　Chevalier DESCAMPS（Rapporteur）, « Rapport à la Conférence de la Troisième Commission relatif au Règlement pacifique des conflits internationaux », James Brown SCOTT（dir.）, *Rapports faits aux Conférences de La Haye de 1899 et 1907*（Humphrey Milford, 1920）, p. 75.

（245）　James Brown SCOTT, *The 1899 Proceedings…, supra* note（240）, pp. 747, 846.

◆ 第1部 ◆ 証拠法論の職権主義的構想と挫折

れば，国家はその証明に同意することは義務付けられないものの，しかし仮に拒絶するならば，それは自らの危険と危難においてなされるのである。それ故14条の文言は，仲裁廷の権利と当事国の自由の双方を完全に留保している(246)」(傍点中島)。

　以上の簡潔な総括には，ハーグ条約の両義性が表れている。すなわち一方で，「留意する」規定の導入によって証拠不提出からの否定的推論の発動を肯定する実定法上の手掛かりを求めることが可能となったという解釈も不可能ではない。ブルジョワの説明によれば，「留意する」ことの法的効果は，証拠提出を拒絶した当事国に何らかの「危険と危難」が惹起することであるが，この「危険と危難」とは文脈上，証拠提出拒絶国が「その証明に同意」したと仲裁廷によって判断されることであると解する余地があるからである。加えて，第3委員会がハーグ平和会議に提出した報告書に付された条文注釈の中に，職権主義的な証拠調べに好意的な説明が多く見られることも(247)，「留意する」規定が仲裁廷の証拠調べを担保する制裁であるとの解釈を文脈的に裏付けていると見ることも不可能ではない。

　他方，条文採択の経緯を踏まえるならば，こうした解釈には逆のベクトルが対峙していたことは明らかである(248)。第1に，「留意する」規定が否定的推論を

---

(246) James Brown SCOTT, *The 1899 Proceedings…, supra* note (240), p. 738.

(247) 報告者であるデカン (Chevalier Descamps) は次のように述べている。「証拠の取扱いのために必要なあらゆる様式性を制定する権利について固執することが重要でないと考えられたわけではなかった。この重要な問題については，仲裁人に対して可能な限り広範な権限を付与することが重要である」。Chevalier DESCAMPS (Rapporteur), « Rapport à la Conférence de la Troisième Commission relatif au Règlement pacifique des conflits internationaux », James Brown SCOTT (dir.), *Rapports faits aux Conférences de La Haye de 1899 et 1907* (Humphrey Milford, 1920), p. 84. その上で，例えば時機に遅れて提出された証拠の証拠能力を否定する仲裁廷の裁量権限 (1899年条約42条；1907年条約67条) を，他方当事者の防御権ではなく「真実への到達手段 (un moyen d'arriver à la vérité)」を確保するという観点から説明する。加えて，仲裁廷による追加的な証拠提出を要請する権限 (1899年条約44条；1907年条約69条) も「真実に到達するため (en vue d'arriver à la vérité)」という観点から，仲裁廷の当事者に対する質問権限 (1899年条約47条；1907年条約72条) も「真実発見 (la découverte de la vérité)」という目的から説明しており，仲裁廷の証拠調べ権限を基礎づける原理として真実発見の理念を一貫して想定している。Chevalier DESCAMPS, *ibid.*, pp. 81, 82, 88; *voir aussi*, Jens EVENSEN, *supra* note (93), pp. 47-48.

74

◇第2章◇　国際裁判実践の進歩主義的背景

肯定する趣旨ならば，端的にこれを第2文として追加すれば済むはずであるところ，同規定の挿入はあくまで第1文における仲裁廷の「権利」を削除することとの引き換えとして実現している。この経緯は，第1文における「権利」の削除により，ロシア提案ひいてはマルテンスに見られた職権的な証拠調べの契機を減殺することにむしろ議論の力点があったことを示唆している。第2に，否定的推論を肯定する趣旨であれば，その旨明示的に定式化すればよいにもかかわらず，採用された文言は「留意する」という極めて曖昧な表現であり，否定的推論を明示すること自体に躊躇があったことを窺わせる。

◇2　ヴィテンベルクによるハーグ条約解釈論の問題性

このように曖昧な規定振りのため，ヴィテンベルクは，ハーグ条約の「留意する」定式を臆病（timide）と評している[249]。と同時に，先述のコロンビア＝英国条約8条が「極めて論理的で極めて法的」であるが故に，ハーグ条約にも読み込むことが可能であるとも主張する[250]。その根拠となるのが，彼の枠組みが想定する「真実探求義務」の存在であり，ハーグ条約（1907年条約）の場合には，「裁判部ハ，裁判指揮ノ為手続上ノ命令ヲ発シ，〔…〕且証拠調ニ関スル一切ノ手続ヲ行フコトヲ得」と規定する74条がこれを体現するものと主張する[251]。もっとも，その議論の実質的な拠り所は，ハーグ条約の文言そのものよりも先例であり，1883年のポルトープランス暴動に起因する米国人損害賠償請求を処理した米国＝ハイチ混合請求委員会（1885年仲裁判断）のハイチ側委員に対して，米国政府が宛てた「指導（Instructions）」に含まれる次の記述である。ヴィテンベルクによれば，この「指導」こそが国際裁判官の「真実探求義務」を適切に定義したものとされる[252]。

「〔米国〕政府は貴殿に対し，無制約の調査権（the right of inquiry without limits）

---

(248)　*Voir aussi,* Nasim Hasan SHAH, "Discovery by Intervention: The Right of a State to Seize Evidence Located within the Territory of the Respondent State", *A.J.I.L.,* vol. 53 (1959), pp. 611-612.

(249)　J.-C. WITENBERG, « La théorie des preuves… », *supra* note (142), p. 55.

(250)　J.-C. WITENBERG, « La théorie des preuves… », *supra* note (142), p. 55.

(251)　J.-C. WITENBERG, « La théorie des preuves… », *supra* note (142), p. 51.

(252)　J.-C. WITENBERG, « La théorie des preuves… », *supra* note (142), pp. 50-51; J.-C. WITENBERG, *L'organisation judiciaire…, supra* note (143), pp. 239-240.

◆第1部◆　証拠法論の職権主義的構想と挫折

を付与する。これが貴殿の主たる任務となり（shall），貴殿はその検討において最大限正確な知見を得るよう，当該権利を行使しなければならない。可能なあらゆる手段によって，欠いている証拠を注意深く再び探究せよ(253)」（傍点中島）。

この「指導」の字面を辿る限りは，米国政府が仲裁委員に対してより正確な事実認定を要請し，そのために「無制約の調査権」を認めたと理解する余地もある。しかし，一方当事国が他方当事国選任の仲裁人にこうした「指導」を宛てる例は他に例が無く，その法的性格は必ずしも定かではない。むしろ，この「指導」を全体として読む限り，米国政府の狙いとしては，委員会の証拠調べに何らかの不満を感じた米国政府が，当時国際裁判の経験に乏しかったと思われる小国ハイチに対する米国の教育的「指導」の形で，自らの不服を間接的に示したという側面も見てとれないわけではない(254)。仮にこの解釈が正しいとすれば，無制約の調査権付与という部分を過度に強調し，これをもって国際仲裁における「真実探求義務」の存在を説くヴィテンベルクの理解を維持することは困難である。加えて，仮にヴィテンベルクの理解が米国政府の狙いを忠実に再現するものであったとしても，これをハーグ条約に読み込むことはかなり難しい。すなわち，彼が引用するハーグ条約74条は，その文言やほぼ議論無く採択された起草経緯(255)からも明らかなように，単に仲裁廷の手続規則制定権限を規定するにとどまり，彼が想定する「真実探求義務」なるものを見出すことは極めて困難である。

◆第2節◆　証明協力義務の誕生：パーカー事件判断

以上のように，「真実探求義務」は，20世紀初頭までの国際仲裁実践に裏付けられたものであったとは言い難い。もっとも，ヴィテンベルクにおいて否定的推論は，仲裁廷の「真実探求義務」のみならず，証明責任を負わない他方当事国の「証明協力義務」の存在によっても基礎づけられていた。そこで本節では，国際裁判における「証明協力義務」の存否内容を，仲裁条約の関連規定と（第1項），米墨一般請求委員会のパーカー事件判断の検討（第2項）を通じて明らかにする。

───────────────

(253)　Instructions for the Haytian Commissioners, Given at Port-au-Prince, 12 February 1885, *Pasicrisie*, p. 292.

(254)　*Voir, Pasicrisie*, pp. 291-292.

(255)　James Brown SCOTT, *The 1899 Proceedings…, supra* note (240), p. 740.

◇ 第2章 ◇ 　国際裁判実践の進歩主義的背景

その結果，「真実探求義務」とは異なり，「証明協力義務」は，一旦は国際裁判実践の中で誕生したものの，後続事例において継承されなかったという経緯が浮かび上がる（第3項）。なお，ここで検討するパーカー事件判断は僅か12パラグラフから構成される短い仲裁判断であるものの，職権主義的な証拠調べ手続を構想する議論においては確たる指導的先例と位置付けられていることから，同判断の再考は，客観的真実発見説と国際裁判実践との距離を測る本章の検討の中核を占めるものである。

◆ 第1項　仲裁条約における「証明協力義務」

◇1　米国＝中米特殊実行

当事者の文書提出義務

　19世紀の仲裁条約の中には，仲裁廷の文書提出要請権限に対応する形で当事者の文書提出義務を規定したと解釈しうるものがある。その典型が，19世紀中葉以降の米国を一方当事国とする諸条約であり，その端緒と思われる米国＝新グレナダ仲裁条約（1857年）2条は，次のような条項を含んでいた。

> 「各政府は，各委員の要請に応じて，各々が保有しかつ提起された請求の正当な評価のために各委員が重要と考えるあらゆる文書を提出するものとする（shall [...] furnish(256)）」（傍点中島）。

　こうした条項は，その後米国が中米諸国との間で締結する仲裁条約の多くに踏襲されていることから(257)，当時の米国の仲裁条約締結実務における雛型の1つ

---

(256)　Convention entre les Etats-Unis d'Amerique et la République de la Nouvelle Grenade, relative à certaines réclamations, le 10 septembre 1857, Art. 2, *Pasicrisie*, p. 34.

(257)　*E.g.*, Convention relative à des réclamations présentées par des citoyens des Etats-Unis d'Amérique, le 2 juillet 1860, Art. 3(2), *Pasicrisie*, p. 39 [Costa Rica/Etats-Unis d'Amérique]; Convention relative à des réclamations présentées par des citoyens des deux pays à charge de leurs gouvernements respectifs, le 25 novembre 1862, Art. 2, *Pasicrisie*, p. 40 [Equateur/Etats-Unis d'Amérique]; Convention for the Settlement of Claims Made by the Citizens of Each Country against the Government of the Other, 12 January 1863, Art. 4, *Pasicrisie*, p. 44 [Etats-Unis d'Amérique/Pérou]; Convention conclue entre la République des Etats-Unis de l'Amérique du Nord et la République de Vénézuéla à l'effet de régler certaines

77

◆ 第1部 ◆　証拠法論の職権主義的構想と挫折

であったことが窺える。もっとも，こうした条約実践は，第1に，地理的には，米国と中米諸国間の条約にほぼ限定される[258]。第2に，事項的には，私人絡みの損害賠償請求事案にほぼ限定される[259]。第3に，時間的には，19世紀中葉から後半までにほぼ限定する。これらの点において，本条項は伝統的仲裁実践の中でもかなり特定の文脈に限定されたものであり，こうした規定の存在から国際裁判における「証明協力義務」の一般的妥当を説くには慎重とならざるを得ない。

---

indemnités, le 25 avril 1866, Art. 2, *Pasicrisie*, p. 57; Convention pour la réouverture des débats sur les réclamations de citoyens américains à la charge de la République du Vénézuéla, le 5 décembre 1885, Art. 5 (3), *Pasicrisie*, p. 59; Convention for the Settlement of Certain Claims of the Citizens of Either Country against the Other, 7 August 1892, Art. 5, *Pasicrisie*, p. 475 [Chile/Etats-Unis d'Amérique]; Convention to Refer to the Decision of an Arbitrator the Claim in Behalf of Julio R. Santos, 28 February 1893, Art. 3 (2), *Pasicrisie*, p. 450 [Etat-Unis d'Amérique/Equateur]; *voir aussi*, Convention entre les Etats-Unis de l'Amérique septentrionale et la République publique maxicaine pour régler les réclamations de citoyens de ceux-là contre celle-ci, 11 avril 1839, Art. 4, *Pasicrisie*, p. 22, *R.A.I.*, tome 1, p. 448; Protocole signé pour soummetre à l'arbitrage l'indemnité résultant de la rescision de la concession du chemin de fer de Lourenço Marques, le 13 juin 1891, Art. 2, *Pasicrisie*, p. 398 [Etats-Unis d'Amérique, Grande-Bretagne, Portugal]. 19世紀後半に至ると，本文に掲げたような規定振りの条項の他に「各政府は〔…仲裁人の〕要請を遵守することを約束する（agrees to/s'engagent）」という規定振りの条項が現れる。これは，内容的には先行する仲裁条約規定とほぼ同様であるが，本項2. で検討する1907年ハーグ条約75条の規定振りに近づいている点で過渡的な実行と位置付けられる。Protocole des conventions faites en vue de soumettre à un arbitre les réclamations connues sous le nom des réclamations Pelleiter et Lazare contre Haïti, le 28 mai 1884, Art. 3, *Pasicrisie*, p. 246; Supplemental Protocol to the Agreement of 23 February 1900, 10 May 1900, Art. 2, *Pasicrisie*, p. 615 [Etats-Unis d'Amérique/Guatemala]; Agreement for the Arbitration of the Claims of Orr and Laubenheimer and the Post-Glover Electric Company, 22 March 1900, Art. 4, *Pasicrisie*, p. 616 [Etats-Unis d'Amérique/Nicaragua].

(258)　本書の検討の限りでは，唯一の例外は米国がフランスとの間で締結した仲裁委員会設立条約（1880年）に規定されたほぼ同様の条項であるが，これも私人の損害賠償請求処理（本委員会の場合は普仏戦争などに起因するもの）を目的とする点で，事項的には南米諸国と締結した条約と軌を一にする。Convention instituant une commission arbitrale pour statuer sur des demandes réciproques d'indemnités, le 15 janvier 1880, Art. 5, *Pasicrisie*, p. 228.

(259)　管見の限り，唯一の例外は南アフリカと東グリカランド（当時）の間における

◇第2章◇　国際裁判実践の進歩主義的背景

国際裁判における文書開示制度？

　もっとも，こうした米国＝中米特殊実行は，20世紀に至ると更なる進化を遂げる。すなわち，英米法上のいわゆる証拠開示（ディスカバリ）制度を導入したかの如く理解しうる仲裁条約の登場である。その端緒と思われるのがカリフォルニア布教金事件として著名な紛争を仲裁に付託した米墨間合意（1902年）4条であり，次のように規定している。

> 「いずれの当事者も他方当事者に対して，存在するかあるいは要請国にとって実質的な証拠を含むと思われるあらゆる事実や文書の開示を要求できる（may demand [...] the discovery of any fact or any document[260]）」（傍点中島）。

　この類型の規定は，仲裁廷ではなく当事国に証拠開示を要請する権利を認める点で，先の文書提出義務を強化するものと位置付けられる[261]。同内容を備える規定を含む条約は，やはり米国と中米諸国の間の仲裁条約に集中する[262]。ただし少数ながら，同時代的には英国を当事者とする混合仲裁手続規則などに[263]，時代を下ると旧英国領構成国間の領域紛争を処理する仲裁付託合意にも緩やかに広がっており[264]，英米法圏の証拠法制度が，英米法圏の国際裁判に限定的に反映されていったと捉えることは可能かもしれない。

　　国境紛争の仲裁付託合意（1871年）である。Compromis du 1er mars 1871, Art. 5, *R.A.I.,* tome 2, p. 686.

(260)　Protocol of an Agreement between the United States of America and the Republic of Mexico for the Adjustment of Certain Contentions Arising under what is known as the "Pious Fund of the Californias", 22 May 1902, Art. 4, *R.I.A.A.,* vol. 9, p. 9.

(261)　学説上，こうした証拠開示制度に「類似するもの」と理解されてきたのが援用証拠提出義務規定であり，例えば，著名なアラバマ号事件を処理した仲裁を設立した1871年ワシントン条約4条3項は，訴答書面に各当事者が引用する書証が添付されていない場合で，他方当事者からの添付要請がある場合には，「当該当事国は〔…〕その写しを提出しなければならない（shall be bound [...] to furnish）」と規定し，「いずれの当事国も他方当事国に対して，仲裁人を通じて，証拠として提出されたあらゆる文書の原本あるいは謄本の提出を要請できる（may call upon [...] to produce）」と規定している。*Moore,* vol. 1, p. 549. しかしその規定振りからも明らかなように，本条項の趣旨は，一方当事国が援用した証拠を他方当事国が参照する機会を手続的に保障することにとどまると解するのが自然である。そのため，本規定と証拠開示制度の親和性を指摘する学説（Hugh THIRLWAY, "Evidence before International Courts and Tribunals", Rudolf BERNHARDT (ed.), *Encyclopedia of Public Interna-*

◆ 第1部 ◆ 証拠法論の職権主義的構想と挫折

伝統的国際裁判における米国の原告たる地位

では，相手方に有利な証拠をみすみす提出することにもなりかねないこうした
規定が，当事国によって合意されるに至ったのはなぜかが問題となる。推測の域
を出ないものの，その背景としては，本条約実行が米国を原告とし，中米諸国を
被告とする外国人損害の賠償請求事案に集中していることが挙げられる。第1に，
こうした不法行為事案は通常，加害国領域内で発生し完結するため，その事実認
定（申立人国籍，違法行為，損害，因果関係等）に際しては，証拠の偏在問題が恒常
的に生じる。そのため，申立国・申立人の母国たる米国としては，可能な限り多
くの証拠を確保しうる制度を設計するメリットがある。第2に，私人絡みの紛争
という性質ゆえに，後に検討するような国家機密文書の提出というセンシティブ
な問題を想定する必要性は低い。第3に，米国は自国の国内裁判においてこうし
た証拠法制度を備えている以上，国際裁判への導入に際しての違和感は大きくな
い。そして第4に，19世紀当時の米国と中米諸国の政治的力関係を踏まえれば，
米国が用意した雛型をベースとした仲裁条約締結の実現は困難ではなかったと推
測される。つまり，外国人損害賠償請求事案で多くの場合に原告の立場に立つ米
国にとって，米国＝中米特殊実行は自国の請求を成就（ひいては，外交的保護権の

---

tional Law, vol. II (North-Holland: Elsevier Science, 1995), p. 303; Mojtaba KAZAZI,
supra note (93), p. 143) はミスリードのきらいがある。

(262) Protocol of an Agreement between the United States of America and the
United States of Venezuela for the Decision and Adjustment of Certain Claims, 13
February 1909, Art. 8, *R.I.A.A.,* vol. 11, p. 235; Protocol for Arbitration of the
Landreau Claim against Peru, 21 May 1921, Art. 9, *R.I.A.A.,* vol. 1, p. 350; Special
Agreement, 2 November 1929, Art. 8, *R.I.A.A.,* vol. 2, p. 1082 [USA/Guatemala]. 例
外としては管見の限り，第一次大戦中における米国による商船留置の合法性がス
ウェーデンとの間で争われた事件の仲裁付託合意が挙げられる。Special Agreement,
17 December 1930, Art. 6, *R.I.A.A.,* vol. 2, p. 1243.

(263) Anglo-German Mixed Arbitral Tribunal Rules of Procedure, 4 September 1920,
Art. 25, *R.D.T.A.M.,* tome 1, pp. 115–116; Tribunal arbitrale mixte anglo-autrichen,
Rules of Procedure, 16 August 1921, Art. 61, *R.D.T.A.M.,* tome 1, p. 631; Agreement
between the Government of His Britannic Majesty and the Government of the
Republic of Peru, 27 August 1921, Art. 3(3), *I.L.M.,* vol. 7, p. 1205.

(264) Indo-Pakistan Western Boundary (Rann of Kutch), Rule of Procedure, 1966,
R.I.A.A., vol. 17, p. 9; Location of Boundary Markers in Taba between Egypt and
Israel, Arbitration Compromis, 11 September 1986, Art. 3(3), *R.I.A.A.,* vol. 20,
p. 108.

◇ 第 2 章 ◇　国際裁判実践の進歩主義的背景

行使を通じた中米諸国への効果的な干渉を実現）するための手続的装置であり，そう
した狙いを実現する手段として仲裁条約の雛型に忍び込ませていたものと推測し
うる[265]。いずれにせよ，以上のような条約規定はハーグ条約においては採用さ
れておらず，懸案の「証明協力義務」の一般的妥当を裏付ける実行と見ることは
困難である。

◇ 2　ハーグ条約（1907年）75条

　ハーグ条約（1899年）の証拠調べ関連規定は，ほぼそのまま議論無く改正条約
（1907年）へと受け継がれる。しかし，1907年条約は，「証明協力義務」との関連
で新たな論争の火種となる条項（75条）を追加している。PCIJ 規程には同様の規
定が設けられなかったことから，「証明協力義務」をめぐる議論は，この75条を
軸に展開することとなった。

> 「当事者（Les Parties）ハ，紛争決定ノ為必要ナル一切ノ方法ヲ其ノ為シ得ヘシト
> 認ムル限充分ニ（la plus large mesure qu'Elles jugeront possible）裁判部ニ提出スヘ
> シ（s'engagent）」（傍点中島）。

75条をめぐる解釈論争

　ヴィテンベルクによれば，当事者が証拠資料の提出を「約束する
（s'engagent）」と規定する本条は，国際裁判における「証明協力義務」の存在を
裏付けるものとされる。既述の通り，彼においては，この「証明協力義務」は単
なる道義的責務ではなく，その違反に対して否定的推論を中心とした具体的な法
的効果が予定される「義務」である[266]。その結果，ハーグ条約75条は，そうし
た肥沃な内容を持つ「証明協力義務」を国際裁判一般に妥当するものとして主張
するための有力な手掛かりと位置付けられる。こうした理解が正しいならば，先
に検討した米国＝中米特殊実行は，1899年条約では採用されなかったものの，
1907年条約において部分的に採用されるに至ったという理解が導かれる。

　しかし，その条文構造に注意するならば，同条が当事者に要求する証拠提出の
範囲は，その必要性が「認ムル限充分ニ」という限定句によって狭められており，

---

(265)　本書と同様に，こうした国際裁判における証拠法の展開に米国（及び英国）の
　　　原告としての地位が影響したと考える論考として，A.H. FELLER, *supra* note（233），
　　　p. 251.

(266)　J.-C. WITENBERG, « La théorie des preuves... », *supra* note（142），pp. 48-50.

81

◆ 第1部 ◆ 証拠法論の職権主義的構想と挫折

しかもその必要性の判断主体は、仲裁廷ではなく「当事者（Les Parties; Elles）」であることが分かる。このように、75条は、当事者の自己判断に委ねる規定振りであることから[267]、ヴィテンベルクの解釈とは異なり、本条は特段の具体的帰結を伴わない道義的責務規定に過ぎないとする見解もある[268]。

国家機密配慮要請の対峙

このように、75条の解釈論は分岐している。しかし同条は、1899年条約には存在しなかったにもかかわらず、1907年条約改正に際してほぼ議論されることなく採択に至った[269]。その背景は、本条がハーグ条約中の事実審査制度関連規定をほぼそのまま転用したものであり（1899年条約12条；1907年条約23条）、事実審査制度の文脈においてすでに検討済みであったことに由来する[270]。

同条はロシア提案16条に遡り、「両政府は〔…〕事実審査委員会に対し、係争事実の包括的かつ入念な検討のために必要なあらゆる方法と手段を提出することを約束する」とあるように[271]、懸案の判断権限定句を伴わない規定振りであった。このことが検討委員会で問題点として指摘され、「国家をして自国の安全保障に関わる情報を提出するか拒絶するかを強いることになる」との批判が数名の委員より提起された[272]。こうした懸念に対する対応として提案されたのが「〔当事者が〕認ムル限充分ニ」という限定句の挿入であり、同条はこの修正案が受け入れられる形で採択された[273]。1899年条約におけるこうした起草経緯は、1907

---

[267]　*Yearbook of the I.L.C. 1950*, vol. II, p. 134.

[268]　Gilbert GUILLAUME, « Preuves et mesures d'instruction devant les juridictions internationales », *La Cour internationale de Justice à l'aube du XXème siècle : le regard d'un juge* (Éditions A. Pedone, 2003), p. 98; 中谷和弘・前掲注(4)225–226頁。

[269]　James Brown SCOTT (under the supervision of), *The Proceedings of The Hague Peace Conferences. Translation of the Official Texts. The Conference of 1907*, vol. II (Oxford University Press, 1921), pp. 129–130, 587–588.

[270]　Baron GUILLAUME, « Rapport à la Conference de la Première Commission relatif à la revision de la Convention de 1899 pour le règlement pacifique des conflits internationaux », James Brown SCOTT (dir.), *Rapports faits aux Conférences de La Haye de 1899 et 1907* (Oxford: Imprimerie de l'université, 1920), p. 348.

[271]　James Brown SCOTT, *The 1899 Proceedings...*, *supra* note (240), p. 800.

[272]　James Brown SCOTT, *The 1899 Proceedings...*, *supra* note (240), p. 728.

[273]　James Brown SCOTT, *The 1899 Proceedings...*, *supra* note (240), pp. 728–729.

◇ 第 2 章 ◇　国際裁判実践の進歩主義的背景

年の条約改正会議（第 1 委員会の検討委員会 A）で改めて想起されたが[274]，その際に同条の改訂（条項の追加）を提案したフランス代表フロマジョ（Henri Fromageot）は，1899年条約の規定振りを維持する理由を次のように述べている。

> 「政府に対してあらゆる証拠を提出する絶対的義務を課すべきではない。事実審査委がこの義務を濫用し必要な範囲を超えて詮索しかねないのであって，これは防がなければならない濫用の危険である。それ故に，1899年〔条約12条〕の留保を維持したのである[275]」（傍点中島）。

以上の経緯が示すように，証拠提出義務が国家機密に及ぶことで国家の安全保障が脅かされることへの懸念が，75条における限定句導入の趣旨であった。つまり，真実探求と国家機密保護との折り合いにつき，後者の必要性判断を国家自身に委ねるという制度設計によって両者が調整されたのである。こうした経緯を踏まえるならば，仲裁廷や相手方からの証拠提出に応じる「証明協力義務」を当事者に課するものであるというヴィテンベルクの75条解釈は維持し難いものと考えられる[276]。

ところが，こうした起草者の意図とは異なり，次に検討する米墨一般請求委員会は，本節冒頭で予告したパーカー事件において，ヴィテンベルクの解釈論にむしろ親和的な判断を示す。そのため，同事件におけるハーグ条約75条解釈をどのように位置づけるかは，ヴィテンベルクの構想と当時の仲裁実践との距離を測る上で最大の試金石となる。そこで，項を改めて次にこの点を検討していく。

---

(274)　James Brown SCOTT, *The 1907 Proceedings...*, *supra* note (269), p. 398.

(275)　James Brown SCOTT, *The 1907 Proceedings...*, *supra* note (269), p. 399.

(276)　なお，事実審査制度の規定が仲裁制度（75条）へと転用されるに際して，当事国に証拠提出が求められる趣旨が，「係争事実ヲ完全ニ知悉シ且精確ニ会得スル〔為〕ニ（pour la connaissance complète et l'appréciation exacte des faits en question）」から，「紛争決定ノ為（pour la décision du litige）」へと置き換えられている。事実審査は係争事実を解明することで当事国間における紛争解決を「容易ニスル」という制度設計の結果（1907年条約 9 条），係争事実の解明それ自体が制度目的と見ることができる。これに対し，仲裁制度は国際紛争を「法ノ尊重ヲ基礎トシ処理セシムルコト」を目的とするものであるから（1907年条約37条），事実認定はその前提条件という位置づけが与えられる。こうした制度趣旨に関する規定振りの変更については議論された形跡は残されていないものの，少なくとも，ハーグ条約起草者が，事実審査と仲裁制度各々における事実認定の「目的」が異なることを自覚していた可能性を示唆している。

83

◆ 第 1 部 ◆　証拠法論の職権主義的構想と挫折

◆ 第 2 項　国際裁判における証明協力義務の誕生

　米墨一般請求委員会におけるパーカー事件（Willam A. Parker v. United Mexican States）とは，メキシコシティでタイプライター等事務用品の販売業を営んでいた米国人パーカー（William A. Parker）が，メキシコ政府諸機関に掛売で商品を卸していたところ，その代金が後に支払われなかったと主張し，米国政府がこれを受けて墨政府に申し立てたという[277]，外国人損害賠償請求事案の中でも凡庸な部類に属する事件である。にもかかわらず，本判断はその説示の中で，懸案の「証明協力義務」を国際裁判一般に妥当するかの如く表現で肯定するに至ったことから，証拠法論上，検討を避けて通ることはできない先例として位置付けられてきている。もっとも，主文を含めて僅か12パラグラフからなるその判断（1926年）は一見して極めて簡潔であるため，かえって委員会の意図が汲み取りにくくなっており，本判断に対する評釈は各論者の直観に左右される傾向にある。すなわち，同判断に好意的な論考は同説示を繰り返すに終始する一方[278]，これに懐疑的な論考は，端的にその説示を退けるにとどまる[279]。その結果，良くも悪くも指導的先例という割には，実は踏み込んだ分析は加えられてきていない状況にある。

　そこで以下では，米墨一般請求委員会が直面した具体的問題状況を，両当事国の未公刊訴答書面の分析を通じて明らかにした上で，本判断の射程と意義を問い直すこととする。未公刊の当事国の主張にまで立ち戻るのは，簡潔な判断理由からは判別し難い具体的争点の核心を抽出し，簡潔な委員会判断がいかなる争点を解決するためのものであったかを特定することにより，判断の文脈と射程を明らかにするためである。

---

(277)　Memorial of the United States, 6 April 1925, *Parker Docket*, Box: 20, pp. 2-4; *William A. Parker (U.S.A.) v. United Mexican States*, Interlocutory Decision, 31 March 1926, *R.I.A.A.*, vol. 4, p. 36.

(278)　Jean-Flavien LALIVE, *supra* note (28), p. 85; Chittharanjan F. AMERASINGHE, *supra* note (97), pp. 66, 101-103.

(279)　Robert PIETROWSKI, "Evidence in International Arbitration", *Arbitration International*, vol. 22, no. 3 (2006), p. 392; Markus BENZING, "Evidentiary Issues", *I.C.J. Commentary 2012*, pp. 1247-1248.

◇第 2 章◇　国際裁判実践の進歩主義的背景

◇ 1　当事国の主張

　米国が提出した申述書（Memorial）によれば，申立人パーカーは，米国・ケンタッキー州で米国人の両親の下に生まれ，出生によって米国民たる地位を獲得した[280]。米国がその証拠として提出した証拠は彼の兄の宣誓供述書（affidavit）であった[281]。宣誓供述書とは，公証人などの公的機関の面前で証人が宣誓を行い，供述した証言を記録した文書であり[282]，書証と人証の中間的な性格を備える証拠方法である。米墨一般請求委員会の実務では本件のように，申立人の国籍証明に関して特に利用されていた[283]。遠方に居住する証人を法廷に召喚することなくその証言を取得しうるという利点がある一方で，人証であるにもかかわらず反対尋問を行えないという欠点を備える[284]。そして，英米法圏の証拠法上は一般的な制度であるのに対し，大陸法圏の証拠法上はあまり見られないという，比較法上の相違が比較的顕著な証拠方法である[285]。その結果，国際裁判における証拠価値や，そもそもの証拠能力の有無が繰り返し争われてきた。

　この宣誓供述書に対し，メキシコがその回答書（Answer）の中で異議を唱えた結果[286]，申立人の米国籍の有無（請求委員会の管轄権の基礎となる事実）が争点と

---

(280)　Memorial of Claim on behalf of William A. Parker, 6 April 1925, *Parker Docket,* Box: 21, p. 1. 一般に，市民権（citizenship）と国籍（nationality）は区別されるが，本委員会の文脈ではいずれも米国請求に対する委員会の管轄権の根拠という意味で互換的に用いられているため，以下ではいずれにも「国籍」という訳語を充てる。こうした用語の不統一は，本委員会を設立した1923年米墨条約規定の「欠陥」に起因すると分析される。A.H. FELLER, *supra* note（233）, p. 95.

(281)　Annex 1, Affidavit by Tom N. Parker, 13 January 1925, *Parker Docket,* Box: 21, p. 2.

(282)　Rüdiger WOLFRUM, "International Courts and Tribunals, Evidence", *Max Planck Encyclopedia of Public International Law*（last updated: March 2006）, para. 31.

(283)　Fred Kenelm NIELSEN, "Memorandum", p. 5, in *Fred Kenelm Nielsen Papers,* Box no. 23, Misc. Mexican Claims Papers 1921-31.

(284)　Fred Kenelm NIELSEN, *International Law Applied to Reclamations: Mainly in Case between the United States and Mexico*（John Byrne & Co., 1933）, p. 65; Bin CHENG, *General Principles of Law as Applied by International Courts and Tribunals*（Stevens & Sons Limited, 1953）, p. 311.

(285)　Durward V. SANDIFER, *supra* note（17）, p. 243.

(286)　Answer to Memorial, 26 June 1925（received date）, *Parker Docket,* Box: 21, pp. 2-3.

◆ 第1部 ◆ 証拠法論の職権主義的構想と挫折

して顕在化した。その後，両当事国は様々な主張を展開することとなるものの，その対立を一言でまとめるならば，メキシコによる「行為地法準拠説」と，米国による「本国法準拠説」の対立であった。

メキシコの主張：行為地法準拠説

メキシコは，「土地の法が行為を支配する（*lex logi regit actum*）という普遍的に承認された国際法上の原則及び各種請求委員会の実行」に照らし，米国が提出する宣誓供述書は証拠として認められないと主張した[287]。メキシコの国内法が宣誓供述書に証拠価値を認めない以上，国際裁判においても「いかなる証拠としての価値も有しない」とする議論である[288]。その根拠は，供述者の個人的な事実理解と評価が一方的な（*ex parte*）文書という形式で纏められているという[289]，宣誓供述書一般に当てはまる欠点に求められており，メキシコの主張は米墨一般請求委員会における宣誓供述書の証拠価値を一般的に否定する議論と理解される[290]。

メキシコによれば，国際裁判における申立人の国籍は，一点の曇りも残さないほどに厳格に証明される必要がある事項である[291]。なぜなら，そうした国籍の証明が申立人に「特権的権利」を与え，紛争に国際的性質を与えるという意味で

---

(287)　Answer to Memorial, 26 June 1925 (received date), *Parker Docket*, Box: 21, pp. 2-3.

(288)　Mexican Brief (translation), undated, *Parker Docket*, Box: 21, p. 8. メキシコの議論では，証拠能力と証拠価値の問題が厳密には区別されていないものの，証拠価値がゼロという主張は証拠能力の欠如と結論的には同じであることから，さしあたってはほぼ同じ内容の主張と考えられる。

(289)　Mexican Brief (translation), undated, *Parker Docket*, Box: 21, p. 8.

(290)　ただし，メキシコの主張はこうした一般論のみならず，本件で問題となった宣誓供述書固有の問題性にも基礎づけられている。すなわち第1に，本件供述は申立人の兄という血縁者によるのみならず，第2に，申立人の兄は申立人による本請求に金銭上の利害関係があることを自白している点で，供述は申立人有利に大きく傾いていると見るのが自然である。加えて第3に，本宣誓供述書は在墨・米国副領事によって作成されたものであるから，偽証を処罰する米国刑法は及ばず，メキシコ法上も国際裁判においてもそうした処罰は認められていない以上，刑事罰の設定による偽証の予防も期待できない状況にある。Mexican Brief (translation), undated, *Parker Docket*, Box: 21, pp. 6-7.

(291)　Mexican Brief (translation), undated, *Parker Docket*, Box: 21, p. 11.

(292)　Mexican Brief (translation), undated, *Parker Docket*, Box: 21, p. 5.

◇ 第 2 章 ◇　国際裁判実践の進歩主義的背景

決定的重要性を持つためである[292]。メキシコの理解では，長年メキシコに居住しメキシコで事業を営んできた申立人パーカーはメキシコ国民である可能性があり，その場合，本件は国内問題（国内での国家賠償請求，対国家の債務不履行請求）である。しかし，パーカーが米国籍であるならば，本件は国際紛争である[293]。つまりメキシコとしては，国籍証明という一見して技術的な先決的争点は，紛争の国際的性質を左右し，国際裁判制度を経由した他国による自国への干渉を構成する契機である。それ故，行為地法準拠説に基づく宣誓供述書の一般的な排除は，単に自国法制に引き付けた主張というより，あくまで国際裁判におけるメキシコの地位を踏まえ，これを擁護する狙い[294]から提起されたものであったと分析しうる。

米国の主張：本国法準拠説

対する米国は，新たな証拠（知人の宣誓供述書）を追加的に提出するとともに，宣誓供述書の証拠能力・証拠価値を肯定するために，「本国法準拠説」と呼びうる議論を展開し，パーカーの国籍証明の準拠法として米国法の指定を主張した。別訴における訴答書面を引用しつつ，米国は次のように主張している。「すべての国家は，当然自らの法によって国籍の取得や維持，喪失の条件を定めるというのが基本的な法（elementary law）であり，懸案の個人の国籍は米国法によって決定されなければならない[295]」。

米国の狙いは端的に，証明の困難性への対応である。すなわち，自然人の出生は，その性質上，事案が国際裁判に係属する遥か以前に発生した事実であることから，これを厳密に証明することは極めて困難であり，こうした困難に応じた証拠方法が想定されるべきとする素朴な必要性が議論の出発点である[296]。本委員会の委員長フォレンホーフェン（C. van Vollenhoeven）の分析によれば，その背景

---

(293)　Mexican Brief (translation), undated, *Parker Docket,* Box: 21, pp. 5, 9.

(294)　メキシコは，委員会が「価値ある先例」たる地位を占める判断を行うことを求めており，本事案限りにとどまらない判例法の言明を期待しているようにも理解される。Mexican Brief (translation), undated, *Parker Docket,* Box: 21, p. 11.

(295)　Brief for the Claimant, undated (printed in 1926), *Parker Docket,* Box: 21, p. 4.

(296)　Brief for the Claimant, undated (printed in 1926), *Parker Docket,* Box: 21, p. 8.

(297)　C. van VOLLENHOEVEN, « La jurisprudence de la commission générale de réclamations entre les États-Unis d'Amériques et le Mexique, en 1926 », *Bulletin de l'institut intermédiaire international,* tome 16 (1927), p. 244.

◆第1部◆　証拠法論の職権主義的構想と挫折

にあるのは，戸籍制度を持たない米国法制と，その帰結としての書証の乏しさで
ある[297]。つまり本国法準拠説は，自らの国内法制に起因する国際裁判での不利
益を克服する狙いから主張されたものであったと分析しうる。事実，米国は，米
国法が準拠法であることを前提に，「血統証拠[298]」及び「隣人評[299]」といっ
た米国法上の証拠法理論（伝聞証拠排除法則の例外）を援用し，国籍証明のための
宣誓供述書の証拠能力・証拠価値が肯定されると主張している。

自由心証主義への収斂

　このように，両当事国の訴答は当初，申立人国籍の証明に関する準拠法の次元
に争点を定位し，行為地法準拠説と本国法準拠説という形で対立した。しかしその後，両者は互いに接近し，委員の自由心証に証拠評価を委ねる立場へと収斂していく。

　本国法準拠説に基づく米国の立論に対し，メキシコは，当事国が一方的に主張
する基準（米国国内法）に照らして事実認定を行うべきとの主張は，「両当事国を
して仲裁廷を設立せしめた必要性そのものを無視するに等しい」と反論する[300]。
とはいえ，米国による米国法の援用が一方的であるとすれば，メキシコによるメ
キシコ法の援用もまた一方的である。このことを自覚したためか，メキシコの反
論の帰結は行為地法準拠説への回帰ではなく，「委員会がその任務を実効的に果

---

(298)　「血統証拠」理論によれば，家族に属する者の出生の事実に関する他の家族の証
　　言は，その事実を直接に知覚したわけではない場合でも，伝聞証拠排除法則の例外と
　　して証拠能力が認められる。出生という重要な出来事は当該家族構成員の間で繰り返
　　し言及されるのが通常であることから，その構成員は，当該事実に対する公正な知見
　　を獲得しうる立場にある。その結果，家族の構成員は一族の理解と伝統に受容された
　　事実を十分知りうる立場にあると考えられるがために，その証言は一応信頼しうる，
　　との論理である。Brief for the Claimant, undated (printed in 1926), *Parker Docket,*
　　Box: 21, pp. 8-9.

(299)　「隣人評」理論によれば，出生（その他にも死亡，婚姻等）という事実に関する
　　証言は，伝聞証拠排除法則の例外として証拠能力が認められる。一般に，こうした事
　　実は人々の好奇心を買うことから，その性質上，周知性が後押しされているものと考
　　えられ，伝聞証拠であっても一定の信憑性が肯定されるという論理である。Brief for
　　the Claimant, undated (printed in 1926), *Parker Docket,* Box: 21, pp. 9-10.

(300)　Rejoinder of the Mexican Agent (translation), 12 March 1926, *Parker Docket,*
　　Box: 21, p. 3.

(301)　Rejoinder of the Mexican Agent (translation), 12 March 1926, *Parker Docket,*
　　Box: 21, p. 4.

◇ 第 2 章 ◇　国際裁判実践の進歩主義的背景

たすためには，委員会は申立国政府の意見からは独立に自ら証拠の価値を判断することが不可欠である」という[301]，証拠評価を請求委員会に委ねるものであった。事実認定を委員の自由心証に委ねる点で，元々の立論からは多分に譲歩した内容と分析しうる。

　対する米国は，宣誓供述書という証拠方法の証拠能力を一般的に否定するメキシコの主張を念頭に，委員会設立条約が国籍証明の様式性につき何ら規定していないことを根拠として，米国はいかなる形式の証拠も提出できる「権利（right）」を有すると主張した。その上で米国は，かくして提出された証拠が「国籍を証明する事実を十分に証明しているかの判断は，委員会が決定する」とする[302]。宣誓供述書の証拠能力については条約という国際法を準拠法とした上で，その証拠価値の評価を委員会に委ねる議論である。しかし，メキシコの反論とは異なり，米国の反論は，証拠評価を委員会に委ねるとしつつも，あくまで自らが提出した証拠が十分であることの論証に努めている。そこで繰り返されているのが，宣誓供述書が申立人国籍を「疎明（*prima facie* case/evidence）」する結果[303]，「反証が無い限り」はそれで十分であるという[304]，否定的推論に近い論理構成である。

　以上のように，本件における争点は当初，申立人の国籍証明に関する準拠法選択問題として定式化され，行為地法準拠説と本国法準拠説の対立として顕在化した。しかしその後，両者は宣誓供述書の証拠価値について委員会の自由心証に委ねる立場へと収斂していった。その結果，一般論に関する限り，両者の隔たりはほとんど無くなっていた。しかし，米国はさらに，否定的推論の原型と見られる議論を展開し，自らの主張の説得性確保に腐心していた。この米国の主張に対し，メキシコが反論を加えた形跡は見当たらない。次にみるように，本件委員会判断の最大の意義は，この否定的推論を肯定した点に求められるところ，その意義はこうした当事国間の議論状況との関係で評価しなければならない。とりわけ，委員会が肯定するに至った「証明協力義務」の概念は，メキシコの訴答はもとより，米国の否定的推論の立論の中にも見られなかった点に注意する必要がある。つまり，委員会判断における「証明協力義務」は，当事国の議論とは無関係に，委員

---

(302)　Brief for the Claimant, undated（printed in 1926）, *Parker Docket,* Box: 21, p. 5.

(303)　Reply of the United States, 30 July 1925, *Parker Docket,* Box: 21, p. 2; Brief for the Claimant, undated（printed in 1926）, *Parker Docket,* Box: 21, p. 8.

(304)　Brief for the Claimant, undated（printed in 1926）, *Parker Docket,* Box: 21, p. 8.

◆ 第1部 ◆ 証拠法論の職権主義的構想と挫折

会が独自に編み出した概念であったことを，本判断の未公刊資料は示しているわけである。そこで次に，本件における具体的争点（パーカーの米国籍の有無）を委員会が処理する上で，否定的推論の論理を基礎づけるために「証明協力義務」の概念がいかなる意味を持っているかという観点から，委員会判断を検討していくこととする。

◇2 委員会判断

委員会の判断理由は非常に簡潔である一方で，申立人パーカーの国籍に関する具体的検討（判断理由第2-4パラグラフ）を行った後に，証拠法の一般論（判断理由第5-7パラグラフ）を提示するという，通常の法的三段論法に基づく推論理解からすれば異質の構造を備えている。その意義は，先に検討した当事国の議論状況と，米墨一般請求委員会が本判断に込めたもう1つの狙いを踏まえてはじめて理解しうる。

本件紛争の具体的処理：パーカーの国籍証明

委員会はまず，条約規定及び手続規則を踏まえ，本件で提出された宣誓供述書の証拠能力はいずれも肯定されるとした上で，「その証拠価値は委員会自らが判断すべきもの」との立場を示した[305]。これは，証拠評価につき委員会の自由心証に委ねた両当事国の議論の収斂状況を反映したものと分析しうる。委員会はその上で，本件における具体的な証拠評価を行うが，その推論は米国の訴答に全面的に即した内容であることが分かる。すなわち委員会は，提出された証拠からは「申立人が米国民として出生し，そしてこれを一貫して維持してきたということ以外の結論は導きえない」との結論[306]に至るために，懸案の宣誓供述書の証拠能力を肯定し，一定の証拠価値も見出した。ここで「一定の」と形容するのは，委員会が結論に到達するにあたってもう1つ，米国が展開した推論を経ているからである。すなわち，「メキシコ政府はその反論として何らの証拠も提出せず，〔米国による〕証明の不十分さに依拠している〔のみである〕[307]」と（傍点中島）。このように委員会は，米国提出の宣誓供述書に一定の証拠価値を承認したことと，メキシコによる反証の不提出という要素を併せることによって，本件申立人パー

---

(305) *R.I.A.A.*, vol. 4, p. 37, para. 3.
(306) *R.I.A.A.*, vol. 4, p. 38, para. 3.
(307) *R.I.A.A.*, vol. 4, p. 38, para. 3.

◇第2章◇　国際裁判実践の進歩主義的背景

カーの米国籍を認定するという結論に至った。しかもこの結論は，宣誓供述書の証拠価値の評価については委員会の心証に委ねられること，そして，宣誓供述書に基づく事実認定は他方当事国による反証がなされない限りはそれで十分という米国の主張にメキシコが特段反論を加えなかったという，本件訴答における当事国の議論状況とほぼ符合する。それ故，本件で浮上した具体的争点の処理としては，委員会の任務は，こうした当事国の見解の合致を前提に，具体的な証拠評価を粛々とこなす(308)のみで完了するはずであった。

将来指針の一般的提示

　にもかかわらず，委員会は続けて，「証拠規則（Rules of evidence）」と題した上で，同委員会において妥当する証拠規則を一般論的に展開する。その狙いは，委員会自身が「両代理人の将来指針のために」と繰り返しているように(309)，本件を離れて将来指針たりうる一般論を提示することにあった。つまり，懸案の「証明協力義務」に委員会が言及するのは，この証拠法一般論に関する文脈であり，本件で浮上した具体的問題（申立人の国籍証明）を処理するために提示されたわけではなかった。換言すれば，「証明協力義務」は，本件の具体的処理を導いた判決理由（*ratio decidendi*）とは区別される傍論（*obita dictum*）として提示されたものと位置付けられる。先例拘束性を持たない国際裁判の判断例についてこうした区別を分析概念として用いるのは，「判決理由」であれば当該事案の具体的文脈が当該判断の根拠や射程を自ずと提供するのに対し，「傍論」の場合は，そうした現実との接触を欠く抽象命題に過ぎないことから，その意義を評価するに際しては，具体的事案の処理を現に導いたという実際性や耐用性ではなく，そもそもいかなる理由からその存在が肯定されるのかという理論的根拠に直接接近せざるを得ないという意味で，「判決理由」の場合とは異なる判例分析のアプローチを

（308）　もっとも，これに引き続く米副領事の宣誓供述書作成権限問題を論じる文脈で，委員会は米国法を参照している。すなわち，「米国制定法上，海外に所在する米国副領事は米国民の宣誓供述書の作成を授権されており，メキシコ法上そうした権限が付与されていないという事実は，提出された宣誓供述書の証拠能力やその価値に影響しない」と。*R.I.A.A.*, vol. 4, p. 38, para. 3. とはいえこれは，本国法準拠説の黙示的採用というよりは，証拠評価に関する委員会の自由心証の枠内において，関連する事実として米国法を参照したものと理解するのが自然である。

（309）　*R.I.A.A.*, vol. 4, p. 39, paras. 5, 7.

◆ 第 1 部 ◆ 証拠法論の職権主義的構想と挫折

要するためである。

　この点，ある事実の存在に関する証明責任はそれを主張する当事者が負うのが原則であることからすれば，申立人国籍の存在を主張する側が証明責任を負うことが帰結する（本証）。これに対し，証明責任を負わない被申立国としては本来，自らが描く事実を別段想定して積極的に証明する必要は無く，端的に，相手方の証明が不十分であるという裁定機関の心証を維持することができれば足りる（反証）。日付不明の不完全な未公刊資料ではあるが，本件当事国も，こうした証明責任理解を前提として主張立証活動を行っていた形跡がある[310]。だとすれば，被申立国の不熱心な反証活動自体に何らかの責を見出し，これを被申立国に不利に斟酌しうる根拠は何かが問題となる。この点，以下で行う本書の分析によれば，本判断において誕生する「証明協力義務」は，そうした否定的推論の理論的根拠として措定されたものであることが分かる。

証明責任否定論と「証明協力義務」の誕生

　まず，国際裁判における証拠規則（証拠能力に関する規則）の柔軟性を肯定する委員会判断第 5 パラグラフが，真実発見の理念を根拠として国内法制のような

---

(310)　No Title, *Parker Docket*, Box: 20, p. 19. 本中間判断に対する解説文書であり，その記載内容から米国側の文書と推測されるが，作成者および作成年月日は不明である。

(311)　委員会は次のように述べている。「委員会は，国内の制限的な手続法ないし証拠規則を本委員会に導入することも，それに『法の普遍的原則』や『法の一般理論』等と名付けることで意味を与えることもできないと，明示的に決定する。むしろ，申し立てられる請求に関する真実全体を発見するために，本委員会は証拠能力に関して最大限の自由を享受する」（*R.I.A.A.,* vol. 4, p. 39, para. 5）。その具体的帰結は本件同様，宣誓供述書の証拠能力の肯定である。証拠収集手段に乏しい国際裁判では，問題のある証拠方法であってもその証拠能力をアプリオリに否定することは適当ではないという必要性が，その理論的根拠として説明される（A.H. FELLER, *supra* note (233), p. 265）。とはいえ，民事証拠法理論を踏まえれば，反対尋問を経ない宣誓供述書の証拠能力を肯定することにより真実発見がかえって阻害されるという理解も成り立つ。このことからすれば，委員会の説明には不足の感が否めない。もちろん，① 申立人の国籍証明のために，② 出生の事実に関する申立人家族の証言を元に，③ 在外公館の副領事によって作成された宣誓供述書の証拠能力および一定の証拠価値を認めた国際判例は，本件が最初ではない（*voir*, Jackson H. RALSTON, *The Law and Procedure of International Tribunals* (Revised ed., Stanford University Press, 1926), p. 215）。ここでの問題関心は，本判断が掲げた真実発見の理念が，そうした結論を肯定するためにいかなる意味で理論的根拠となりうるかである。

◇ 第2章 ◇　国際裁判実践の進歩主義的背景

「技術的証拠規則」を排斥していることが示すように[311]，本「傍論」には客観的真実発見説の原型を見て取ることができる。そして，続く第6パラグラフでは，こうした国内法上の概念や制度に対する拒絶が，国際裁判における証明責任論の妥当を否定するかの如く議論として展開する。この一見唐突な言及こそ，国際裁判における「証明協力義務」の存在論証への推論上の布石である。

> 「国際裁判所としての本委員会は，国内裁判手続から借用した証明責任に関する国際裁判手続規則の存在を否定する。むしろ逆に，提起された請求の本案を明らかにするすべての事実を探し出し，本裁判所に提出するに際して協力するのが各代理人の義務（duty）である[312]」（傍点中島）。

このように委員会は，国際裁判における証明協力義務を肯定すると同時に，「国内裁判手続から借用した」証明責任論を否定しており，法的推論上，両者は裏表の関係にある。その意味するところは，「陳述することが合理的な場合に単に沈黙を保つという被告の『権利（"right"）』を否定する」ことと説明される[313]。先述の通り，証明責任論の通常の理解では，証明責任を負わない被告がなすべきは，原告による本証に対する反証にとどまることから，そもそも原告の本証が不十分な場合には，被告は何もせずとも勝訴を見込むことができる。その意味で，沈黙する「権利（"right"）」と括弧付きで表現することは，訴訟手続上被告が置かれた立場をよく表している。これが，「国内裁判手続から借用した証明責任」の内容である。そして委員会は，これを否定する代わりに国際裁判にて妥当とされる「証明協力義務」の内容を次のように説明する。

> 「申立国が疎明（*prima facie* case）し，被申立国がその反論として何らの証拠も提出しない場合には，〔…〕被申立国は申立国に対して合理的な疑いを超えるまでにその主張を証明する証拠を積み上げることを要求できない。ある事実を主張する当事者がそれを証明する証拠を提出する責任を負うのが通常ではあるものの，本委員会では，この規則は，真実を証明するすべての保有証拠（all evidence within its possession）を提出する義務（obligation）から被申立国を解放するわけではない[314]」（傍点中島）。

このように委員会は，係争事実に関連する証拠の開示を具体的な義務の内容と

---

(312)　*R.I.A.A.*, vol. 4, p. 39, para. 6.

(313)　*R.I.A.A.*, vol. 4, p. 39, para. 6.

(314)　*R.I.A.A.*, vol. 4, p. 39, para. 6.

◆ 第 1 部 ◆　証拠法論の職権主義的構想と挫折

して想定している。そして，「すべての」という形容を文字通りに捉えるならば，被申立国は，証明責任を負わないにもかかわらず，極めて広範な証拠開示の負担を強いられる可能性がある(315)。そして委員会は，こうした証明協力義務の実定法上の根拠を，委員会設立条約や自らの手続規則ではなく，先に検討したハーグ条約（1907年）75条の規定に求めた。

> 「いずれにせよ，判断に影響を与えるであろう証拠が申立国あるいは被申立国政府一方固有の了知にある場合において，説明なくこれを提出しない場合には，委員会は，判断に到達するに際してこれを考慮しうる。1907年のハーグ国際紛争平和的処理条約も〔…〕常設国際司法裁判所の規則も，証明責任に関する規則を含んでいない。むしろハーグ条約第75条は，『当事者ハ，紛争決定ノ為必要ナル一切ノ方法ヲ其ノ為シ得ヘシト認ムル限充分ニ裁判部ニ提出スヘシ』と規定しており，以上の考え方を採用している(316)」。

このように委員会は，ハーグ条約75条の解釈論として，① ある証拠が裁判所の事実認定に影響を与え（関連性要件），② その証拠が一方当事者（基本的には被申立国）のみの手中にある場合には（証拠偏在要件），③ 申立国による係争事実の疎明を契機として，被申立国に「証明協力義務」が観念されるものとする（疎明要件）。その上で，④ にもかかわらず，被申立国が適当な説明なくこれを提出しない場合（不説明要件），⑤ 委員会は，そうした被申立国の態度自体を心証形成に際して斟酌できるものとした（斟酌の裁量性）。これが，以後の学説において，否定的推論の発動要件を一般的に定式化したものとして参照・援用される一節である（以下，パーカー定式）。

証明協力義務の理論的根拠

以上の検討を踏まえれば，ヴィテンベルクにおける「証明協力義務」，ひいては客観的真実発見説に基づく証拠法論の根幹に，このパーカー事件判断の「傍論」があることは容易に理解されよう。ただ，その判断推論を辿る限り，先に検討したヴィンテンベルクによるハーグ条約75条解釈論が抱えていた問題（証拠提出の必要性の判断権限は仲裁廷ではなく当事国にあると読める）は解消されていない。加えて，そうした「証明協力義務」を肯定するための理論的根拠に関する説明も

---

(315)　Markus BENZING, "Evidentiary Issues", *I.C.J. Commentary 2012*, p. 1247.

(316)　*R.I.A.A.*, vol. 4, pp. 39-40, para. 7.

◇ 第 2 章 ◇　国際裁判実践の進歩主義的背景

不十分である(317)。すなわち，国内法に由来する「技術的規則」の排除を委員会
が強調するのは，物理的強制力を持たない国際裁判所においては国内民事裁判と
は異なる証拠調べの在り方を構想せざるを得ないという必要性の認識に基づくも
のであるところ，そうした必要性をもって当事国に「証明協力義務」という重大
な義務を課しうる許容性は何かが問題となる。この点，本判断が掲げるのは主権
国家が当事者であるという国際裁判の性質である。

　「本委員会の当事者は主権国家であり，各々の了知にあるか合理的に確認しうる限
　りにおいて諸事実を完全に開示する名誉ある義務を負う (are in honor bound to
　make full disclosure of the facts)。委員会はそれ故，合理的に確認しうるすべての事
　実が提出されることにつき，確信をもって各代理人を信頼するだろう(318)」(傍点
　中島)。

当事者が主権国家であるという事実を根拠として民事裁判の証拠法論とは異な
る国際裁判の証拠法論を構想する論理は，主権国家を当事者とする国際裁判では
客観的真実が発見されなければならないと主張するサンディファーの議論に親和
的である。しかし，サンディファーは，主権国家を当事者とする国際裁判では，
なぜ民事裁判とは異なり客観的真実が追求されなければならないかについての理

---

(317)　委員会自身，本件具体的争点の判断に際しては，自ら傍論で展開した「証明協
　　力義務」に必ずしも依拠しているわけではない。第 1 に，反証不提出の斟酌が常に事
　　実認定の決定打になっているわけではない。すなわち一方で，商品売買及び引渡の事
　　実については，申立人提出の宣誓供述書に加えて当該事実につき，メキシコ側が良く
　　了知しうる立場にあるにもかかわらず反証しなかったことに言及しており，推論上，
　　反証不提出の斟酌が重要な要素を占めている (R.I.A.A., vol. 4, p. 40, para. 9)。他方，
　　懸案の国籍証明については，本件宣誓供述書に十分な証拠価値を見出しており，反証
　　不提出の斟酌は補足的論拠にとどまる (R.I.A.A., vol. 4, p. 38, para. 3)。また，無権
　　代理の争点（申立人と取引した人物にメキシコ政府を代理する権限は無かったとのメ
　　キシコの主張に起因）についても，推論上決定打となっているのはメキシコ政府が現
　　に商品を受領したことに基づく黙示的契約成立論であり，反証不提出はあくまで補足
　　的論拠にとどまる (R.I.A.A., vol. 4, p. 39, paras. 9-10)。第 2 に，「証明協力義務」を
　　用いた商品売買関連の事実認定は，本案最終判断において，利子算定の次元で緩和さ
　　れている。すなわち，米国は各商品の調達翌日を利子算定の起算点と主張していたの
　　に対し，委員会は代金支払をめぐる「記録の不明瞭性」に鑑みて最後の商品引渡期日
　　を起算点とした (Opinion rendered 26 October 1926, Parker Docket, Box: 21, pp. 4-
　　5)。つまり委員会は，否定的推論に基づく事実認定を債権本体の算定の基礎とする一
　　方で，利子算定の基礎とすることは意識的に回避したことが分かる。

(318)　R.I.A.A., vol. 4, p. 39, para. 7.

◆ 第 1 部 ◆　証拠法論の職権主義的構想と挫折

由を敷衍することは無かった。これと同様に，パーカー事件判断もまた，主権国家が当事者であるとなぜ証拠を完全に開示することが義務であり「名誉ある」ことであるのかにつき，その根拠を敷衍していない。いずれも，主権国家が当事者であるという一見もっともらしい国際裁判の性質を援用しつつ，理由付けの遡行はそこで終えてしまう。委員会は，「証明協力義務」が主権国家の何らかの性質に由来することを匂わせることで推論のもっともらしさを補強しつつも，実は，それが何かを一切掘り下げてはいないものと分析される。

◆ 第 3 項　後続判例におけるパーカー定式

　米墨一般請求委員会がこうした「傍論」を展開した理由としては，本委員会の委員を務めた 2 人の人物の経歴を手がかりに，次の 2 点を推測することが可能である。まず，本判断が唐突に将来指針の抽象的提示を試みた背景としては，米国側委員であったエドウィン・パーカー（Edwin B. Parker）の実務経験を挙げることができる（申立人パーカーとの混同を避けるためフルネームで示す）。すなわち，戦間期に設立された多数の請求委員会（対墨，対独，対墺）で米国側委員を務めた彼は，提起される膨大な数の請求の迅速かつ効率的な処理の必要性に直面していたところ，米墨委員会に先立って始動していた米独請求委員会において，「運用決定（administrative decisions）」と呼ばれる対応策を編み出していた。これは，請求委員会の判断に際して浮上する典型的争点を洗い出し，これに一般的な判断を早い段階で示してしまうことで，当事国代理人間において，その参照・援用を通じた事案処理を促すものである。実際，損害賠償や利子の算定等の他，申立人の国籍判断基準などが運用決定の形で示され（1924年決定[319]），多くの事案が代理人間限りで処理された[320]。パーカー事件判断中に現れる「両代理人の将来指針として[321]」という表現と，米独請求委員会の運用決定における「米国代理人，独代理人及び各々の弁護人の指針として[322]」という表現の類似性を踏まえれば，

---

(319)　Administrative Decision No. V, 31 October 1924, *R.I.A.A.*, vol. 7, pp. 140-155.

(320)　Edwin M. BORCHARD, "In Memoriam: Judge Edwin B. Parker", *A.J.I.L.*, vol. 24 (1930), pp. 139-142.

(321)　*R.I.A.A.*, vol. 4, p. 39, para. 5.

(322)　*Voir*, Administrative Decision No. II, November 1, 1923, Administrative Decision No. III, *R.I.A.A.*, vol. 7, pp. 24, 65.

◇ 第2章 ◇ 　国際裁判実践の進歩主義的背景

パーカー事件判断の「傍論」は，米独請求委員会の「運用決定」同様の実務的な狙いから提示されたものであったと考えられる。

　2点目は一層推測的であるものの，当時委員長であったオランダの法学者フォレンホーフェンの進歩主義的な国際法理論(323)が「証明協力義務」として具体化したと考える余地がある。フォレンホーフェンは，国際仲裁手続の司法的な強化を説いた論者として知られており(324)，後年にそうした方向性を志向した国連国際法委員会は，先に検討した仲裁手続規則案の作成作業の中で，彼の学説の影響を承認すると同時に，その注釈においてパーカー事件判断を引用しており(325)，フォレンホーフェンとの間に親和性を見出している(326)。

　いずれにせよ，パーカー定式が具体的争点を処理した「判決理由」ではなく，将来指針を抽象的に提示した「傍論」であるとすれば，それが本判断において登場したことそのものより，そこに示された規範命題が後続事例においてどこまで受容されてきたかが重要である。この点，資料的制約から，裁判外の代理人限りにおける事案処理において，パーカー定式がどこまで影響力を持っていたかを辿ることは困難である。しかし，少なくともその後米墨一般請求委員会が下した判断を概観する限り，パーカー判断の「傍論」が一貫して踏襲されてきたとは言い難い（1.）。加えて，同時期に活動した他の請求委員会に検討に視野を広げるならば，パーカー定式に共鳴する判断例の存在も少数ながら確認しうるものの，そうした例においても，「傍論」が抱えていた推論上の問題性は克服されておらず，「証明協力義務」の観念が普及することは無かった事実が浮かび上がる（2.）。

◇1　米墨一般請求委員会の後続事例におけるパーカー定式

　学説上指摘されることは少ないものの，パーカー定式は，そもそも米墨一般請

---

(323)　Cornelis van VOLLENHOEVEN, *Du droit de paix : de iure pacis* (Martinus Nijhoff, 1932).

(324)　*Yearbook of the I.L.C. 1958*, vol. II, p. 2.

(325)　*Commentary on the Draft Convention on Arbitral Procedure, supra* note (199), p. 56.

(326)　*Voir aussi, George Pinson (France) v. United Mexican States,* Decision no. 1, 19 October 1928, *R.S.A.,* tome 5, p. 372 [Jan H.W. VERZIJL (le président)]. エドウィン・パーカーおよびフォレンホーフェンは，ともに委員会活動初期の段階で委員を辞任しており（*voir,* A.H. FELLER, *supra* note (233), pp. 44），以後，委員会による証拠法解釈には本判断のような大胆な推論は見られない。

◆ 第1部 ◆ 証拠法論の職権主義的構想と挫折

求委員会の実行上においてすら，実は確たる地位を占めていたわけではない。

起：パーカー定式の穏当な継承

　まず，フォレンホーフェンの委員長在任中（1926-27年）に下された判断を概観すると，確かにパーカー判断が頻繁に引用されてはいるものの，そこで引用されるのはほぼ決まって国籍証明に関する具体的結論へと至る「判決理由」であり(327)，「傍論」が引用されるのは稀であった(328)。判断推論上，被申立国メキシコの反証不提出が斟酌されている場合でさえ，パーカー判断第5−7パラグラフは引用されておらず(329)，「傍論」の参照はむしろ回避されていたきらいがある。つまり，委員会が「将来指針」として参照したのは，あくまでパーカー事件の「判決理由」であり，「傍論」には必ずしもそうした地位を与えていなかった事実が浮かび上がる。

承：ニールセンによるパーカー定式の発展

　フォレンホーフェンに代わり，新委員長としてデンマークの法学者ジンドバル（Kristian Sindballe）を迎えた時期（1928-29年）なってようやく，パーカー事件判断第5−7パラグラフを引用した事実認定がなされる例が登場する。ほぼ同時期，エドウィン・パーカーの後任である米国側委員ニールセン（Fred K. Nielsen）が委員会判断を執筆する割合が高まっていることから，元々パーカー定式に親和的であった彼(330)の影響を見て取ることができる。

（327）　しかも，そのほとんどは端的にパーカー事件判断第3パラグラフを引用するのみで，そのいかなる論理に着目しているのかは定かではない。*L.F.H. Neer and Pauline Neer（U.S.A.）v. United Mexican States,* 15 October 1926, *R.I.A.A.,* vol. 4, p. 61; *J. and O.L.B. Nason and Aubrey Williams（U.S.A.）v. United Mexican States,* 2 November 1926, *R.I.A.A.,* vol. 4, p. 81; *Charles S. Stephens and Bowman Stephens（U.S.A.）v. United Mexican States,* 15 July 1927, *R.I.A.A.,* vol. 4, p. 266; *F.R. West（U.S.A.）v. United Mexican States,* 21 July 1927, *R.I.A.A.,* vol. 4, p. 271; *B.E. Chattin（U.S.A.）v. United Mexican States,* 23 July 1927, *R.I.A.A.,* vol. 4, p. 283.

（328）　本書の検討の限りでは，フォレンホーフェンが自らの同意意見の中で引用する例が1件見られるのみである。*H.G. Venable（U.S.A.）v. United Mexican States,* 8 July 1927, *R.I.A.A.,* vol. 4, p. 221.

（329）　*Walter H. Faulkner（U.S.A.）v. United Mexican States,* 2 November 1926, *R.I.A.A.,* vol. 4, p. 70; *Ida Robinson Smith Putnam（U.S.A.）v. United Mexican States,* 15 April 1927, *R.I.A.A.,* vol. 4, p. 154.

（330）　Separate Opinion of Fred K. NIELSEN in *Faulkner, R.I.A.A.,* vol. 4, p. 73.

◇ 第 2 章 ◇　国際裁判実践の進歩主義的背景

　例えば，家畜の徴発に対する補償が請求されたハットン事件（1928年判断）で
ニールセンは，本件は少額訴訟ながら証拠法上の重要問題が惹起したと述べた上
で，申立人国籍のみならず，本案に関連する事実（戦時徴発の領収書を保持する申
立人と真の権利者の乖離可能性）についても，メキシコの反証不提出の態度を斟酌
した上で請求を認容した[331]。その後[332]，おそらく同定式をもっとも忠実に踏
襲し発展させたのが，やはりニールセンの執筆によるクリング事件（1930年判断）
である。すなわち，メキシコ警備兵による米国人の射殺及びその後の刑事訴追怠
慢を理由とする補償（申立人は被害者の母）が争われた本件でニールセンは，同殺
人事件の捜査の展開に関する資料がメキシコ側より提出されなかったことに鑑み
て，「被申立政府による証拠不提出によって申立人の請求が必然的に害されるべ
きではない」と述べ[333]，パーカー定式を引用した上で次のように説示した。

　　「国際仲裁の弁護人は当然ながら熱心に，自らが代表する政府の行為を擁護する証
　　拠と議論を可能な限り全て提出する。〔…〕それが当然政府に対する義務であり，
　　〔…〕そしてそれは裁判所に対する義務である。裁判所は良き判決形成のためにあ
　　らゆる可能な補助を得られるべきである。一般に，政府の主張を支持する<ruby>あ<rt>・</rt></ruby><ruby>ら<rt>・</rt></ruby><ruby>ゆ<rt>・</rt></ruby><ruby>る<rt>・</rt></ruby>
　　<ruby>入<rt>・</rt></ruby><ruby>手<rt>・</rt></ruby><ruby>可<rt>・</rt></ruby><ruby>能<rt>・</rt></ruby><ruby>な<rt>・</rt></ruby><ruby>証<rt>・</rt></ruby><ruby>拠<rt>・</rt></ruby><ruby>が<rt>・</rt></ruby><ruby>提<rt>・</rt></ruby><ruby>出<rt>・</rt></ruby><ruby>さ<rt>・</rt></ruby><ruby>れ<rt>・</rt></ruby><ruby>る<rt>・</rt></ruby><ruby>だ<rt>・</rt></ruby><ruby>ろ<rt>・</rt></ruby><ruby>う<rt>・</rt></ruby><ruby>と<rt>・</rt></ruby><ruby>想<rt>・</rt></ruby><ruby>定<rt>・</rt></ruby><ruby>さ<rt>・</rt></ruby><ruby>れ<rt>・</rt></ruby><ruby>な<rt>・</rt></ruby><ruby>け<rt>・</rt></ruby><ruby>れ<rt>・</rt></ruby><ruby>ば<rt>・</rt></ruby><ruby>な<rt>・</rt></ruby><ruby>ら<rt>・</rt></ruby><ruby>な<rt>・</rt></ruby><ruby>い<rt>・</rt></ruby>[334]」（傍点中島）。

　現存する未公刊訴答書面を確認する限り，本件米国側はパーカー定式を援用し
てはいるものの，その引用趣旨は，目撃証言の一部に疑義を挟みつつその理由を
示さないまま防御を終えるメキシコ側代理人の立論を疑問視するという穏当な内
容にとどまる[335]。しかしニールセンは，パーカー事件判断同様，当事国が証拠
提出義務を負うと措定した上で，にもかかわらず提出されなかったことの結果と
して申立国の疎明に基づく主張で十分とし，結論的に申立人の主張をほぼ認容し

---

(331)　*Edgar A. Hatton* (*U.S.A.*) *v. United Mexican States,* 26 September 1928,
　　　R.I.A.A., vol. 4, pp. 330-333.

(332)　*Voir aussi, L.J. Kalklosch* (*U.S.A.*) *v. United Mexican States,* 18 October 1928,
　　　R.I.A.A., vol. 4, p. 414.

(333)　*Lillie S. Kling* (*U.S.A.*) *v. United Mexican States,* 8 October 1930, *R.I.A.A.,*
　　　vol. 4, pp. 581-582.

(334)　*R.I.A.A.,* vol. 4, p. 583.

(335)　Brief of the United States, pp. 25-26 [C.L. BOUVÉ, J. Everett WILL], *Lillie S.
　　　Kling Docket* #3114, Box no. 90; *voir aussi,* Sitting no. 23 before the General Claims
　　　Commission United States and Mexico, 2 April 1929, p. 1927 [Argument of Mr.
　　　McDONALD], *Lillie S. Kling Docket* #3114, Box no. 90.

◆ 第1部 ◆ 証拠法論の職権主義的構想と挫折

た。

> 「米国が提出した証拠を反駁するいかなる証拠もメキシコが提出しない以上，委員
> 会は米国を支持する裁定を下さざるを得ない (is constrained to render)[336]」（傍点
> 中島）。

この点で，本件はパーカー定式を忠実に踏襲したものと位置付けうるところ，加えて以下の2点で発展させたものとの評価が可能である。第1に，パーカー事件とは異なり本件は裁判拒否事案であり，「証明協力義務」の射程を国籍や契約関連の事実を超えて，不法行為関連事案に拡張した。第2に，疎明と反証不提出の帰結として委員会は米国の請求を認容する判断を「下さざるを得ない」と述べており，裁量的に定式化されていたパーカー定式に法的な枠付けを与えたようにも理解される。

しかし本判断は，パーカー事件判断の「傍論」が残した証明協力義務の理論的根拠の特定問題に踏み込むには至らなかった。その結果，本件がいかなる根拠からパーカー定式を上述のように発展せしめることができたのかは定かではない[337]。

転：対抗定式の登場

ほぼ時期を同じくして，パーカー定式とは推論のベクトルを異にする定式が登場し，申立人の主張する事実を退ける論拠として援用され始める。その先駆がコステロ事件（1929年判断）であり，裁判拒否が問題となった本件でニールセンは，次のように述べて請求を棄却した。

> 「単に〔被申立国より提出された〕証拠が乏しいという事実のみをもっては，申立
> 国政府より具体的かつ説得的な証拠が提出されない限りは請求の認容を正当化する
> ことはできない。提出された証拠の不十分さに照らせば，委員会は請求を棄却せざ

---

(336)　*R.I.A.A.,* vol. 4, p. 585.

(337)　逆に，地方政府高官の贈収賄の事実が争われた事案で，委員会は，重大な職権
濫用が問題となっている本件では，パーカー事件とは異なり「最大限に説得的な (the
highest and most conclusive character)」証拠を必要とすると判断し，パーカー定式
の妥当を否定したかのような立場を示唆した。*Walter J.N. McCurdy（U.S.A.）v.
United Mexican States,* 31 March 1929, *R.I.A.A.,* vol. 4, p. 421. この判断は，パーカー
定式の射程には限界があることを示唆しているものの，そもそも証明協力義務の理論
的根拠が示されていない以上，その境界の所在を見通す術はない。

◇第2章◇　国際裁判実践の進歩主義的背景

るを得ない(338)」。

　原告の証明が不完全であっても（すなわち疎明であっても）被告の反証が不十分
であることを根拠として請求認容に傾くパーカー定式に対し，本説示は，被告の
反証が不十分であっても，原告の証明が不完全であることを根拠として請求棄却
へと傾くものである（コステロ定式）。両定式の間に論理矛盾は無いものの，その
推論のベクトルは真逆を向いている。証明責任分配の基本原則からすれば，原告
の証明が不十分な場合に請求棄却に至るコステロ定式は半ば自明であり，むしろ
不十分な場合にも反証状況を斟酌して認容に至りうるパーカー定式こそ，その理
論的正当化根拠が問われる必要がある。それ故，半ば自明なコステロ定式が敢え
て説示されその後踏襲されたことには(339)，米墨一般請求委におけるパーカー定
式の意義の減殺の契機を見出すことが可能である。

結：パーカー定式減殺の試み

　実際，ジンドバルの後任として，パナマのアルファロ（Horacio F. Alfaro）を新
しい委員長として迎えて以降（1930年），事実認定が争われた事案の判断理由は
ニールセンではなくメキシコ側委員であったマクレガー（G.F. MacGregor）が執
筆し，請求が棄却される傾向が高まる。この傾向が委員会構成の変化に起因する
ものなのかは断定し難いものの，注目すべきは，それらの判断はパーカー定式を
引用したにもかかわらず，そこから具体的帰結を何も導いていないことである。

　例えば，買掛金の支払いが争われたポメロイ・エルパソ運送会社事件（1930年
判断）でマクレガーは，メキシコ側が提出した証拠の乏しさに留意した上で，「メ
キシコ側代理人は，証拠に関してパーカー事件判断第5-7パラグラフに定義さ
れた義務を充分に遵守していない」と断罪し，米国側提出の証拠のみに従って判
断するとしたにもかかわらず，結論としては証拠不十分としてすべての請求を棄
却した(340)。確かに，申立国による疎明が不十分というのがマクレガーの心証で

---

(338)　*Lily J. Costello et al.*（*U.S.A.*）*v. United Mexican States*, 30 April 1929,
　　　R.I.A.A., vol. 4, p. 505.

(339)　*Melczer Mining Company*（*U.S.A.*）*v. United Mexican States*, 29 April 1929,
　　　R.I.A.A., vol. 4, pp. 485–486; Mojtaba KAZAZI, *supra* note（93）, pp. 73–74.

(340)　*Pomeloy's El Paso Transfer Company*（*U.S.A.*）*v. United Mexican States*, 8
　　　October 1930, *R.I.A.A.*, vol. 4, pp. 551–555.

◆ 第 1 部 ◆　証拠法論の職権主義的構想と挫折

あったとすれば[341]，否定的推論発動の前提は揃っていなかったのかもしれない。しかしそうだとすれば推論上，メキシコによるパーカー定式上の「義務」の不遵守に言及する必要はなかったはずである。つまりマクレガーの理解では，パーカー定式で示された「義務」は単なる道義的責務に過ぎず，その違反に対して特段の法的帰結は伴わないものであった可能性が高い。こうしたパーカー定式理解が，米墨一般請求委の活動後期になって登場し，むしろ委員会判断たる地位を占めるに至った[342]。

◇ 2　「証明協力義務」の理論的根拠の探求

以上のように，「証明協力義務」を誕生せしめたパーカー事件判断の「傍論」は，その後の米墨一般請求委員会において確立していたとは言い難い。パーカー定式の先例的意義を限定的に理解するリースマン（W. Michael Reisman）らの論考における「空虚な信心（an empty piety）」という独特の表現は[343]，同定式の抽象命題の大胆さと，実際上の扱いの落差を的確に表している。パーカー定式のそうした「空虚」さは，ヴィテンベルクの企てがそうであったように，国際関係の厳しい現実を前にした理想主義的な国際法理論の敗北であるとの見方もありうるかもしれない。しかしそれ以前に，理論的根拠を特定せずに被申立国が負うとされる広範な「証明協力義務」を承認した同判断第5－7パラグラフは，そもそも法的推論として脆弱であり，その意味で空虚であったとも評しうる。このことは，同時期に活動した他の請求委員会の判断例にも当てはまる。

英墨請求委員会と客観的真実発見説

英墨請求委員会のキャメロン事件（1929年判断）は，パーカー事件同様に申立人国籍の証明が争われ，宣誓供述書の証拠能力が問題となった事案である。パーカー事件とは異なり，委員会は結論的には申立人の英国籍を否定するものの，その推論は，客観的真実発見説の基本構造を忠実に体現している。すなわち委員会

---

(341)　*R.I.A.A.*, vol. 4, p. 555.

(342)　*Voir aussi, Lillian Greenlaw Sewell（U.S.A.）v. United Mexican States*, 24 October 1930, *R.I.A.A.*, vol. 4, pp. 626–632.

(343)　W. Michael REISMAN and Eric E. FREEDMAN, "The Plaintiff's Dilemma: Illegally Obtained Evidence and Admissibility in International Adjudication", *A.J.I.L.*, vol. 76 (1982), p. 738.

◇ 第 2 章 ◇ 　国際裁判実践の進歩主義的背景

は，主権国家が当事者であるという国際裁判の特性から推論を出発し，その際における真実発見の重要性を根拠として，委員会の証拠調べ権限の拡充を試みた。

> 「国際裁判所としての本委員会の機能は，国内民事裁判とは根本的に異なる。本委員会は２つの主権国家によって特定の目的を遂行するために創設され〔…〕た。条約の署名に際して両政府は，各種の請求を一回的に処理することが両国の利益であると了解した。〔…〕そうした条約目的及び委員会の任務を果すためには，いかなる制約に服することもなく真実を確かめるために，本機関は国内裁判所よりも広範な権限を備えることが必要である(344)」（傍点中島）。

しかし，これまでに検討した各種の見解及び判断例と同様，当事者が主権国家だとなぜ真実の発見が重視されるのか，そしてそのことをもって裁判所の証拠調べ権限の拡充を基礎づけるに十分と考えられるのはなぜなのかにつき，理由は敷衍されていない。

かような法的推論になお意味を見出そうとするならば，これらの判断は，形式論理に基づく論証（ロジック）ではなく，前提命題たる各種論拠の累積的効果として，結論の確からしさの獲得を目指す説得（レトリック）に近い性質を備えるものとして分析しうる(345)。換言すれば，当事者が主権国家である事実や真実発見の重要性といった，客観的真実発見説が挙げる各種の要素は，証拠法の解釈運用を演繹的に規定する公理ではなく，在るべき証拠調べの説得性を確立するための論拠として，翻って前提命題として措定されていたという捉え方である。つまり，国際裁判の証拠法論という，未だ知見の蓄積が極めて乏しい未開領域において，実践主体たる仲裁人が，自らの抱く臆見（職権主義的構想）の確からしさを高める論拠として，実践理性の発揮による問題解決の場たる請求委員会において，国際裁判の特性らしき蓋然的前提を累積的に援用したという理解である。それが意味するのは，ヴィテンベルクらと同様，当時の請求委員会の一部の委員もまた，国際裁判における証拠調べを職権主義的に構想すること自体につき実質的合理性を備えるものと考えていたということである。実際，ヴィテンベルクの議論が戦

---

(344)　*Virginie Lessard Cameron（Great Britain）v. United Mexican States*, 8 November 1929, *R.I.A.A.*, vol. 5, p. 29.

(345)　以下でのレトリック理論を踏まえた分析は，以下の論考に拠るところが大きい。Chaïm PERELMAN, *Logique juridique…, supra* note（73）；奥脇（河西）直也「国際紛争の平和的解決と国際法：国際法『適用』論への覚え書き」寺沢一他編『国際法学の再構築（下）』（東京大学出版会，1978年）90-95頁。

◆ 第1部 ◆ 　証拠法論の職権主義的構想と挫折

間期の「司法による平和」構想を背景とするものであったのと軌を一にして，一部の国際仲裁実践の背景には進歩主義的な国際法理論を垣間見ることができる。

仏墨請求委員会と進歩主義的国際法理論

パンソン事件（1928年判断）は，フェルゼイル（J.H.W. Verzijl）が長として事案を処理した仏墨請求委員会による最初の判断であり，申立人国籍に加えて国内救済機関（墨国内請求委員会）における事実認定の国際裁判における意義というやや特殊な争点が浮上した事案である。いずれにせよ注目すべきは，彼がパーカー定式を明示的に支持し，その説示を引用した後に言及される次の一節である。

> 「国際関係はかくも重要で，その発展に司法の遵守はかくも不可欠であるから，高潔な（élevé）国際裁判を不幸にも私人間で展開される裁判の地位に引き下げようとする（vouloir abaisser）のは，人類に対する罪（un crime contre l'humanité）である(346)」（傍点中島）。

パーカー事件判断の「傍論」が，「国内裁判手続から借用した証明責任」論を否定した上で国際裁判における「証明協力義務」の妥当を強調していたこと想起すると，同判断を支持するフェルゼイルにとって，逆に「協力義務」を否定して「国内裁判手続から借用した証明責任」論を肯定することは，「高潔な」国際裁判を「不幸にも私人間で展開される裁判」の地位へと「引き下げ」るものと理解されていることが分かる。「証明協力義務」が妥当する国際裁判とそうでない民事裁判とを対比し，国際裁判のそうした現状こそが望ましいものと評価するがために，これを退行させようとするが如く主張は罪深い企てであるとの性格規定に至るわけである。証明責任論に従い基本的に一方当事者による主張立証を待つ民事裁判と，他方当事者も「証明協力義務」を負う国際裁判という理念型を前提とした上で，後者へと至った国際裁判の姿を評価する進歩主義的な国際法理論を反映するものと分析しうる。

このように，パーカー定式を進歩史観的に捉える彼の議論は，「司法による平和」構想との関連で職権主義的な証拠調べの手続を構想するヴィテンベルクの企てと，その要点において大きく符合する。「国際性の精神（esprit d'internationalité）」という感性を備える啓蒙的・進歩主義的な伝統的国際法学の系譜を緩やか

---

(346) *George Pinson（France）v. United Mexican States,* Decision No. 1 of 19 October 1928, *R.S.A.,* tome 5, p. 413.

◇第2章◇　国際裁判実践の進歩主義的背景

に括ることができるとすれば[347]，ヴィテンベルクやフェルゼイル（そしておそらくフォレンホーフェン）らは，「穏やかな啓蒙者（"Gentle Civilizer"）」として，国際裁判の証拠法論という極めて限られた範囲において，その想像性（imagination[348]）を最大限発揮しようとしたと位置付けることができよう。つまり，客観的真実発見説と，その帰結としての証拠調べの職権主義的構想とは，同意原則という克服し難い制約を内在する国際裁判制度を前提に，主権国家に対する国際裁判所の自律性を実現するための契機を少しでも確保しようとする想像的な企てであり[349]，その挫折の歴史であったと捉えられるわけである。

◆第3節◆　小　括

　以上，第1部では，従来の客観的真実発見説の意義と限界について，戦間期までの国際法学の思想的潮流と国際裁判実践に照らして検討を加えてきた。ヴィテンベルクによって展開されたその議論構造を精査すると，その内実は，国際裁判所における職権主義的な証拠調べの構想を強く志向するものであり，その背景には戦間期国際法学における「司法による平和」に対する援護射撃という狙いを読み解くことができることが明らかとなった。事実，証明責任に関する基本原則に対する修正原理として提示される，当事国の「証明協力義務」と国際裁判所の「真実探求義務」は，当時の国際裁判実践において確立していたとは言い難い。確かに，米墨一般請求委員会パーカー事件判断の「傍論」は「真実探求義務」を肯定した。しかし，この「傍論」は，その後の実行においてほぼ踏襲されていない事実が明らかとなった。従前の国際判例，あるいは民事裁判の見地からは異質な「真実探求義務」なる観念の理論的根拠を委員会は明確には示しておらず，同定式の意義を精査する契機を後続裁定機関に与えなかった結果，その影響力が減殺したという側面があるかもしれない。あるいは端的に，職権主義的な証拠調べ

---

(347)　Martti KOSKENNIEMI, *The Gentle Civilizer..., supra* note (134), pp. 2-4, 13-14, 69-70, 515.

(348)　Martti KOSKENNIEMI, *The Gentle Civilizer..., supra* note (134), p. 5.

(349)　国際裁判所の証拠調べ権限の拡充の試みに対する諸国の抵抗は，強制管轄権の拡充の試みに対する抵抗よりも小さいはずという見込みを示す論考として，Neill H. ALFORD, *supra* note (106), p. 42.

105

◆ 第1部 ◆　証拠法論の職権主義的構想と挫折

の構想それ自体，当時の実務において必ずしも共有されなかったためかもしれない。いずれにせよ，ヴィテンベルクの企ては，「司法による平和」構想とともに時代の濁流に飲み込まれてしまったものと位置付けられる。

＊　　　　＊　　　　＊

　このように見てくると，客観的真実発見説における「真実発見」という理念は，形式的には，裁判における事実認定の正しさを指し示し，在るべき証拠法の解釈運用を規定するものではあるものの，その内実においては，職権主義的な証拠調べを構想し，その説得性を高めるレトリックのための論拠の1つに過ぎないものであったと考えられる。つまり，従来の議論を規定していたのは，事実認定の「正しさ」の如何という事実認定論内在的な問いではなく，国際裁判制度が重要な役割を担う国際秩序構想という，事実認定・証拠法論に外在的な価値であったという見方も可能である。この側面を強調するならば，従来の見解のうち少なくともヴィテンベルクの企てについては，強力な国際裁判制度の実現という目的に資するための手段的な局面として証拠調べを位置付ける点で，本書が提示する裁判目的手段説と少なからず軌を一にするものと見ることも可能である。とはいえ今日，かつての「司法による平和」構想は一般に共有されていない(350)。それどころか，国際裁判所の増大多様化が著しい状況を踏まえるならば，国際裁判の在るべき姿やその制度目的は一義的に特定しうる性質のものではない。だとすれば，証拠法論は，国際裁判の制度目的を実現するための手段としてひとまず大まかに捉えた上で，それが具体的に何を意味するかは，裁定機関毎に，あるいは個々の事案毎に具体的に特定していく必要がある。こうした観点から，第2部では国際裁判における証拠法論の再構成を試みる。

---

(350)　Carlo SANTULLI, *supra* note (80), pp. 14-15.

第 2 部

証拠法論の再構成
──紛争処理モデルと当事者主義的運用──

◆ 第 2 部 ◆　証拠法論の再構成

　第 2 部では，従来の「客観的真実発見説」に代わる基本命題として本書が
提示する「裁判目的実現手段説」の観点から，国際裁判の証拠法論を再構成
する。その骨子は，「紛争処理モデルの証拠法論」と「公法訴訟モデルの証
拠法論」の重層構造からなる理論枠組みであり（第 3 章），まずは「紛争処理
モデルの証拠法論」に依拠して，従前の国際判例を再検討する（第 4 章）。

◇ 第 3 章 ◇ 再構成のための理論枠組みの設定

第 3 章 再構成のための理論枠組みの設定

　国際法上のある制度の現代的意義を明らかにするための方法論としては，当該制度を設立する法文書の起草者が，いかなる狙いからそれを設計したのかという意味での原初的な制度趣旨を抽象命題としてまず特定し，その後当該制度が実際にどのように運用されてきたかという具体的な解釈実践の次元に検討の視座を向けた後に，両者の対照分析の結果として得られた成果を，当初の制度趣旨の維持あるいは変容として再び抽象命題として再定式化した上で，これを現代国際法秩序の中に描き込むことを通じて意義を見出すという手法がしばしば見られる。しかしこの点，国際裁判の事実認定・証拠法論に関しては，裁判所設立文書等の起草過程において活発な議論が交わされたことはほとんどないことから，実践を分析するための出発点となる原初的な制度趣旨を特定することは困難である（第 1節）。そこで本書では，裁判実践の包括的検討を通じて得られた結果を予め帰納的に抽象命題として提示し（第 2 節），これを，次章以下で行う国際判例の分析に際しての理論枠組みとして用いるという順序で，検討を進めていくこととする。

◆ 第 1 節 ◆ 議論の不在

　ハーグ条約における証拠調べに関する主要な規定（1899年条約44条；1907年条約69条；1907年条約75条）の準備作業は，すでに第 2 章にて検討した。その結果，それらは職権的な証拠調べの在り方を構想しているとは言い難いと同時に，それに代わる確たる構想を具体的に提供するものではないことが明らかとなった。そこで，ハーグ条約を発展的に継承する PCIJ 規程が注目されるものの，その準備作業においては，証拠調べに関する条項をめぐる議論はそもそもほとんど交わされなかった（第 1 項）。その後，数件の事件審理の経験を踏まえた裁判所規則改正会議で証拠調べに関する議論が浮上するものの，裁判官の間において問題意識は必ずしも共有されなかった（第 2 項）。それどころか，PCIJ はそもそも基本的には事実認定を行わないものと考えていた裁判官すら存在していた（第 3 項）。

109

◆第2部◆　証拠法論の再構成

◆ 第1項　法律家諮問委員会の沈黙

　現行の ICJ 規程上，証拠調べに関する規定としては，裁判所による現地調査を
定める44条2項，証拠収集に関して一般的に規定する48条，証拠の提出を当事者
に要請する権限を定める49条，鑑定人嘱託権限を定める50条，証人及び鑑定人に
対する質問権限を定める51条，時機に遅れた証拠の不受理を規定する52条などが
挙げられる。これらはいずれも，ICJ 規程の前身たる PCIJ 規程をほぼ[351]踏襲
するものであることから，その趣旨を理解するためには，裁判所規程を起案した
法律家諮問委員会（Comité consultatif de juristes）における議論（1920年）を辿るこ
とが有意なはずである[352]。しかし，同委員会における議論は，裁判所の構成や
管轄権といった主要争点に大半が注がれ[353]，証拠調べをめぐる議論の形跡はほ
とんど見られない[354]。もっとも，ハーグ条約の影響を見て取ることは可能であ
る。

　第1に，ハーグ条約に同一・類似の規定がすでに存在していた条文草案は，い
ずれも議論なく採択されるに至った。例えば，ほぼ同内容のハーグ条約規定

---

(351)　49条の英語正文にあったカンマが（*voir*, Statut et règlement de la Cour, quatrième édition（avril 1940），C.P.J.I. série D, n⁰ 1（1940），p. 25）現行49条には存在
しないが，この微細な修正による解釈論上の有意な変更は見出せない。例えば，タム
ズ（Christian J. Tams）は「〔現行〕49条は PCIJ 規程49条と同一である」と述べて
いる。Christian J. TAMS, "Article 49", *I.C.J. Commentary 2006*, p. 1100.

(352)　PCIJ の将来構想について議論した連合国非公式委員会（1943年ロンドンにて開
催）の報告書は，証拠の取扱いに関する言及はなく，裁判手続一般につきこれまでの
実行を評価し，ほとんど変更を要しないと述べるにとどまっている。*Report of the In-formal Inter-Allied Committee on the Future of the Permanent Court of International Justice*（10 February 1944），*A.J.I.L. Supplement*, vol. 1（1945），pp. 40-41. ICJ 規程案
を準備した連合国法律家委員会（1945年4月ワシントンにて開催）の作業方法は，
PCIJ 規程を逐条的に検討・修正していくというものであったが，証拠関連規定は一切
修正されていない。*Documents de la conférence des Nations Unies sur l'organisation internationale*, tome XIV, *Comité de juristes des Nations Unies*（Library of Congress, 1945），pp. 495, 814-815.

(353)　Ole SPIERMANN, "Historical Introduction", *I.C.J. Commentary 2006*, pp. 44-48.

(354)　Manley O. HUDSON, *The Permanent Court of International Justice 1920-1943: A Treatise*（The Macmillan Company, 1943），pp. 200-203.

110

◇第3章◇　再構成のための理論枠組みの設定

（1899年条約49条；1907年条約74条）を土台とした規程48条の草案[355]は，一切の議論が交わされることなく採択に至っている[356]。同様のことは，規程44条2項（1907年条約76条1項[357]），規程49条（1899年条約44条；1907年条約69条[358]），規程52条（1899年条約42条；1907年条約67条[359]）などにもあてはまる。

　第2に，ハーグ条約中の仲裁手続に関する章に同様の規定が存在しなくとも，同条約の事実審査制度に関する章に相当する規定が存在する場合にも，やはりほぼ議論無く採択されている[360]。すなわち，鑑定人嘱託権限を定める規程50条の草案（起草委員会準備草案第3章11条）に相当する規定は，ハーグ条約[361]にも五大国草案[362]にも存在しなかったものの[363]，1907年条約25条が事実審査委員会の権限として「証人及鑑定人ノ呼出ハ，当事者ノ請求ニ依リ又ハ職権ヲ以テ委員会之ヲ為シ〔…〕」という規定を備えていたことが，裁判所規程へと準用されるに至った背景と推測しうる。

　第3に，逆にハーグ条約に先駆を持たない内容を持つ規定は，注意深く先送り

---

(355)　Manley O. HUDSON, *ibid.*, p. 202; Berthold SCHENK VON STAUFFENBERG, *supra* note (93), p. 356.

(356)　Comité consultatif de juristes, *Procès-verbaux des séance du comité 16 juin – 24 juillet 1920 avec annexes* (Van langenhuysen frères, 1920), pp. 569, 590.

(357)　*Ibid.*, pp. 568, 588–589; Berthold SCHENK VON STAUFFENBERG, *supra* note (93), p. 348.

(358)　*Procès-verbaux, supra* note (356), pp. 569, 589; Manley O. HUDSON, *supra* note (354), p. 202; Berthold SCHENK VON STAUFFENBERG, *supra* note (93), pp. 370–372.

(359)　*Procès-verbaux, supra* note (356), pp. 569, 590.

(360)　準備草案においては，嘱託対象が「個人」のみであったところ，安達委員より，国際連盟により設立される専門機関にも嘱託できるようにする提案がなされた。この提案自体は否決されたが，しかし同提案から着想を得て，他の委員より「団体」「官公庁」「委員会その他の機関」の文言が加えられた。*Procès-verbaux, supra* note (356), pp. 589–590. そのため議事録上，鑑定人嘱託権限そのものの是非が議論された形跡はない。

(361)　Berthold SCHENK VON STAUFFENBERG, *supra* note (93), p. 377.

(362)　*Projet des cinq puissances neutres, Documents présenté au comité et relatifs à des projets déjà existants pour l'établissement d'une Cour permanente de Justice internationale* (1920), pp. 300–323.

(363)　Gillian M. WHITE, *The Use of Experts by International Tribunals* (Syracuse University Press, 1965), p. 37. この起草委員会の議事録は非公開のため，その出自の経緯を明らかにすることはできない。

◆ 第2部 ◆ 証拠法論の再構成

されている。すなわち，証人尋問を定める規程51条草案（起草委員会準備草案12条）は，法律家諮問委員会では議論無く採択されたものの（最終草案50条[364]），他の規定とは異なり，本条は連盟総会での討議の末に修正を受けることとなった。すなわち，現行51条とは異なり，最終草案は，「〔…〕代理人，弁護人，補佐人は，裁判長を通じて，裁判所が有用と考えるあらゆる質問をする権利を有する」という規定振りであり（傍点中島），当事国による証人尋問は裁判長を介する必要があり，しかもその尋問は裁判所が「有用と考える」ものに限定される契機があった。ハーグ条約には存在しない[365]こうした規定を「大陸法的な手続に基づく」と評して批判したのが英国代表ハースト（Sir Cecil Hurst）であり，代わって，弁護人が直接に証人尋問を行えるようにする修正案を提案した[366]。しかしこれに対しては，この問題は裁判所規則において解決されるべきとする修正案（現行51条）が提起され[367]，最終的に修正案が採択された[368]。こうした問題先送りの背景としては，準備草案もハースト提案もともにハーグ条約を踏まえたものではなかったことを挙げることができる[369]。

◆ 第2項　裁判所規則改正会議における戸惑い

以上のように，証拠調べに関する何らかの構想を PCIJ 規程の起草過程に見出すことは困難である[370]。そこで次に，争訟手続ではじめて証拠調べの問題が生じたマブロマチス・エルサレム特許事件（1925年判決）の経験を踏まえた，最初

---

(364)　*Procès-verbaux, supra* note（356），p. 589.

(365)　本条についても，ハーグ条約の先駆性（1899年条約47条；1907年条約72条）を指摘する見解がある。Manley O. HUDSON, *supra* note（354），pp. 202-203. しかし，同条は仲裁人による当事国の代理人・弁護人に対する質問権限であるため，規程51条の先駆と見ることは難しい。Berthold SCHENK VON STAUFFENBERG, *supra* note（93），p. 380. ただし，事実審査手続規定（1907年条約26条）に間接的な手がかりを求めることは可能であり，同規定の存在が起草委員会草案の土台となり，かつ法律家諮問委員会での議論無き採択の遠因であったと推測することは可能である。

(366)　Société des Nations, *Document au sujet de mesures prises par le Conseil de la Société des Nations aux termes de l'article 14 du pacte et de l'adopion par l'Assemblée du Statut de la Cour permanente*（1921），p. 135.

(367)　*Ibid.* ［M. FROMAGEOT（France）］.

(368)　*Ibid.*

(369)　*Ibid.,* p. 212.

◇ 第 3 章 ◇ 再構成のための理論枠組みの設定

の裁判所規則改正会議（1926年7月[371]）が注目される。しかし，同会議における議論は本件で浮上した問題を的確に捉えるに至らず，証拠調べの在り方に関する重要な点を論じる機会を逸した。

非公開外交文書の証拠能力

　マブロマチス・エルサレム特許事件は，ギリシャ国民であるマブロマチス氏がトルコ政府から得ていたエルサレムでの事業特許が，第一次大戦後に同地域の委任統治国となった英国によって侵害されたとして，同氏の本国であるギリシャが英国を相手取り損害賠償を求めた事案である。この点一般に，本件における裁判所の証拠調べは柔軟であったと肯定的に評価される傾向にある[372]。それは，英国の詐害意図の証拠としてギリシャが提出した英国議会の議事録（Hansard）の証拠能力につき[373]，国内法を根拠として否定しようとする英国の異議[374]を退けて肯定した[375]ためである（ただし，結論的に本案請求は棄却[376]）。しかし，証拠能力が争われたもう1つの書証を巡る議論は，その後の裁判所規則作成会議における議論を奇妙な方向へと向かわせることとなった。

　問題となる文書は，PCIJへの提訴に先立つ外交交渉中に，マブロマチス氏及び彼の弁護士と，英国政府の担当者との間で交わされた書簡である。損害証明の一環として原告ギリシャが提出した同文書につき，英国は，当該書簡は事後的に用いないことで合意したはずであるとして，その提出に異議を申し立てた[377]。この異議申立を受けたギリシャは，国際裁判では証拠に関する完全な自由（une entière liberté）が認められてきたとして[378]，上述の議会議事録と同様，国内法に根差した証拠能力の否定は国際裁判では認められないと主張した[379]。

　これに対して英国は，国内法ではなく，紛争処理過程の硬直化の防止という観点から，懸案の文書の証拠能力を否定する議論を展開した。すなわち一般に，国

---

(370)　例えばタムズは，「起草過程は，51条の意味に関する情報をほとんど明らかにしない」と評している。Christian J. TAMS, "Article 51", *I.C.J. Commentary 2006*, p. 1120.

(371)　Å. HAMMARSKJÖLD, « Introduction », *Revision du règlement de la Cour*, C.P.J.I. serié D, Addendum au n⁰ 2 (A. W. Sijthoff, 1926), p. 1.

(372)　Jens EVENSEN, *supra* note (93), p. 46; Yi-ting CHANG, "Legal Presumptions and Admissibility of Evidence in International Adjudication", *Annals of the Chinese Society of International Law*, vol. 3 (1966), p. 13.

113

◆第2部◆　証拠法論の再構成

(373)　問題となった英国の行為は，マブロマチス氏に付与した特許と内容的に重複する特許を別の私人（ユダヤ人ルーテンベルク氏）に付与したことであった。裁判所は，結論として英国の国際義務違反を認定するのであるが，その根拠は，ルーテンベルク特許契約中に重複する既存の特許の取消請求権（＝マブロマチス特許をいつでも取消すことができる権利）を認める条項が存在していた，という理由に基づくものであった。しかし，ルーテンベルクがこの取消請求権を行使した事実は無く，むしろその行使を放棄したことが証拠により認定された。そこで，賠償請求をも求めるギリシャとしては，その前提となる損害としてマブロマチスの特許の実施が不可能となったことを証明する必要があった。事実，裁判所は，マブロマチス氏の特許の実施が不可能となり，それがルーテンベルク氏との特許契約という英国の行為の帰結であることの証明責任を原告ギリシャが負うことを前提としている。*Concessions Mavrommatis à Jérusalem,* arrêt du 26 mars 1925, C.P.J.I. série A, n⁰ 5, p. 43. そのためにギリシャが提出した証拠の1つが，英国下院議事録であった。ルーテンベルクとシオニスト組織との密接な関係性が示されているとされる同書証に根差したギリシャの描く筋書きは，英国が既存のマブロマチス特許と重複する特許契約を敢えてルーテンベルクと結んだのは，これによってパレスチナのユダヤ人居住者を支援するためであり，しかもその代償はマブロマチスに対する僅かな補償で済む安上がりな策と考えたからである，というものであった。当時，英国はシオニズムを公式に支持する政治状況（バルフォア宣言）にあったことからすれば，この見立てはそれほど不自然ではない。そこでギリシャ側は，この筋書きを裏付けるために，ルーテンベルクとシオニスト組織の密接な関係性が示されているとされる英国議会の議事録を証拠として提出したわけである。C.P.J.I. série C, n⁰ 7–II, p. 35 [Mr. H. PURCHASE].

(374)　英国側弁護人ホッグ（Douglas Hogg）によれば，英国議会の議事録は英国政府の立場についての証拠を構成しないがために，その証拠能力は認められない。なぜなら，確かに議事録は公式の記録であるが，しかし議会での個々の議員の発言は必ずしも正確であるとは限らず，また政府を代表してなされるわけでも無いからである。そして，文明諸国の国内裁判所（文脈上，英国裁判所が念頭にある）がこうした規則を認められている以上，PCIJ もこれを踏襲すべきであると主張した。C.P.J.I. série C, n⁰ 7–II, pp. 30–33 [Sir Douglas HOGG]. 具体的にいかなる法理を想定しているのかは明らかでないが，英国では判例上，制定法解釈に際して議会における作業に依拠することが禁止されていると言われる。Chaïm PERELMAN, *Logique juridique..., supra* note (73), p. 151. これに対してギリシャ側弁護人ポリティス（Nicolas Politis）は，国際裁判では国内法に固有の議論に依拠することはできないと主張した。すなわち，仮に英国の裁判所においてその種の文書提出が認められていないとしても，それはその固有の背景があるからであり，国際裁判では伝統的に証拠に関して絶対的な自由（la liberté absolu）が認められてきたとの主張である。C.P.J.I. série C, n⁰ 7–II, pp. 31–33 [M. POLITIS].

(375)　C.P.J.I. série C, n⁰ 7–II, p. 33.

(376)　C.P.J.I. série A, n⁰ 5, pp. 43–45.

(377)　C.P.J.I. série C, n⁰ 7–II, p. 92 [Sir Douglas HOGG].

◇第3章◇ 再構成のための理論枠組みの設定

際裁判付託に先立つ外交交渉では，紛争解決を目指した譲歩的な提案がなされることが通常であるところ，それははあくまで事案の非法的処理を前提とした妥協であり，自らの立場を法的に拘束する裁判外の自白ではない。仮に，事後の裁判手続において，先行する交渉中の譲歩提案が自己の法的見解を示す証拠として提出されるならば，交渉を通じた柔軟な妥協的解決の試みは硬直化しかねない。そうであるが故に英国は，こうした性質を備える文書の証拠能力は否定されるべきと主張したわけである[380]。その結果，ギリシャは懸案の文書を撤回し[381]，当該文書は最終的に訴訟記録からも削除されるに至った[382]。

議論の迷走

このように，本件口頭弁論において，証拠法規則の柔軟性が，場合によっては紛争処理過程を硬直化してしまいかねないという逆説を招きうることが明らかとなった。判決の翌年に開催された裁判所規則改正会議において，ブスタマンテ（A.S. de Bustamante）が，この問題の核心を的確に表現した発言を残している。

> 「仮に機密文書が一方当事国の権利の証拠である場合に，裁判所はその機密性を理由にこれを排除せねばならず，そして当該当事国が得ることのできたはずの〔勝訴〕判決を与えることはできないのだろうか。それはありえない。裁判，特に国際裁判は，外交機密を前にして立ち止まることはできない[383]」（傍点中島）。

---

(378) C.P.J.I. série C, n⁰ 7-II, pp. 43-48 [M. POLITIS].

(379) そこで引用されているのは，20世紀初頭に活動したベネズエラ混合請求委員会における Lasry 事件判断である。本件では，係争事実が英米法（common law）の要求するところにしたがって証明されていないという主張（ベネズエラ側弁護人）に対し，「各政府の提出する情報に基づいて」判断するという委員会の性質上，そのように厳格な証拠規則に従うことはできないと判断されている。*Lasry Case, R.I.A.A.,* vol. 9, pp. 147-148 [Commissioner: BAINBRIDGE]. 本委員会では，国内立法に基づく抗弁は明示的に排除されていることから（設立条約1条3項），本判断の先例的価値は限定的であるものの，英米法上の厳格な証拠規則に基づく証拠能力の否定が主張され，裁判所がこれを退けるという点ではマブロマチス事件と同じ構図が成立している。

(380) C.P.J.I. série C, n⁰ 7-II, p. 93 [Sir Douglas HOGG].

(381) C.P.J.I. série C, n⁰ 7-II, p. 157 [M. POLITIS]; *voir aussi,* C.P.J.I. série C, n⁰ 7-II, p. 183 [Sir Douglas HOGG].

(382) The British Agent and the Greek Representative to the Registrar of the Court, 28 April 1925, C.P.J.I. série C, n⁰ 7-II, pp. 355-357.

115

◆第 2 部◆　証拠法論の再構成

　このブスタマンテの発言には，本件において，紛争処理を重視するか原告国の権利救済を重視するかで裁判所による証拠法の解釈運用に微妙な相違が帰結しうることが示されている。すなわち，柔軟に証拠能力を肯定することが事前の外交交渉をかえって硬直化させてしまうのであれば，紛争処理という究極目的からは問題が残る。しかし，原告国は自らの権利救済を求めて国際裁判に提訴する以上，その手段として提出される証拠に無用な制約を施すべきではないからである。

　ところが，当時の裁判所長フーバー（Max Huber）が提出した規程草案の第 1 文は，「紛争当事国〔…〕のみが，手続中に提出される全ての文書及び陳述について責任を負う（sont seuls responsables）」と規定されており(384)(傍点中島)，機密文書の証拠能力の如何ではなく，そうした機密文書が提出された場合の責任の所在に関心が向けられていた。実際，本条の趣旨としてフーバーは，「裁判所が定めるべき原則は，手続中になされる全ての行為及び宣言についての国家の排他的責任原則であ」り，「機密文書を内包すると〔…〕思われる申述書の撤回を一方当事国に提案することでさえ微妙（délicat）であろう」と説明しており(385)，機密文書が公になることにつき裁判所は責任を負わないことの明示に主眼があり(386)，先述のブスタマンテの問題意識を必ずしも共有していなかったことが分かる(387)。フーバーは最終的に本提案を撤回してしまうため(388)，裁判所は，国際裁判の証拠調べにおける重要争点の 1 つを正面から議論する機会を失うこととなった。

---

(383)　Procès-verbaux détaillés des séances consacrées par la Cour à la revision du Règlement, *Revision du Règlement de la Cour*, C.P.J.I. série D, addendum au n° 2 (1926), p. 131.

(384)　Propositions de M. HUBER relatives a l'amendement de certains articles du règlement (31 décembre 1925), *Revision du Règlement de la Cour*, C.P.J.I. série D, addendum au n° 2 (1926), p. 251.

(385)　*Ibid.*, p. 250.

(386)　Procès-verbaux détaillés des séances consacrées par la Cour à la revision du Règlement, *Revision du Règlement de la Cour*, C.P.J.I. série D, addendum au n° 2 (1926), p. 127.

(387)　フィンレイ（Viscount Finlay）は，本条文案には複数の要素が混在していると批判している。*Ibid.*, p. 131.

(388)　*Ibid.*, p. 132.

◇ 第3章 ◇　再構成のための理論枠組みの設定

◆ 第3項　法律問題の判断が本来の機能？

　このように，裁判所規程及び規則の起草・改正会議の中に証拠調べの在り方について具体的に構想された形跡はほぼ皆無である。そればかりか，初期の裁判所の中には，そもそも PCIJ は本来的に事実認定を行う裁判所ではないとの理解が存在していた形跡がある。この点について，リデル（Anna Riddell）とプラント（Brendan Plant）も次のように分析している。「裁判所が設立された時，証拠の取扱いについての考慮が優先事項ではなかったのは，おそらく，紛争は合意された事実に基づく純粋な法律問題であろうと想定していたからである[389]」。実際，以下に検討する東部カレリア事件（1923年勧告的意見）は，少なくとも一部の裁判官がそうした理解を前提としていたことを裏付けている。

　東部カレリア事件は，フィンランドと国境を接する旧ソ連領東部カレリア（現：ロシア連邦管区のカレリア共和国）をめぐる両国間の紛争[390]であり[391]，その実質において国際紛争と評価しうる事案が勧告手続に付された，PCIJ 初期の「勧告的仲裁（l'arbitrage consultatif）」運用例の1つである[392]。つまり本件は，実質的に争訟的性格を備えるものとして扱われたものであることから，以下で行う検討は勧告的意見の手続のみならず争訟手続にも一定の示唆を与えるものと位置付けることが可能である[393]。

　周知の通り，本件は裁判所が勧告的意見の付与を拒絶した例である。その根拠は，ロシアの同意の欠如と[394]，本件を扱うことを「極めて適当でないものとす

（389）　Anna RIDDELL and Brendan PLANT, *supra* note（6），p. 410.

（390）　10月革命（1918年）の最中にロシアからの独立を達成したフィンランドは，「大フィンランド主義」を掲げてフィン系住民が多く居住する東部カレリア地域の併合を目論み，ロシアとの戦争の最中に同地域内にある一部集落（Repola 及び Porajärvi）を占領した。最終的にフィンランドの目論みは叶わず，平和条約（1920年）において占領地域からの撤退が定められたものの，同時に，東部カレリアに居住するフィン系住民の自治権を認める規定の挿入に成功した。ところがその後，右の規定の法的性格や履行を巡る見解の不一致が顕在化し，フィンランドの申立に基づいて連盟理事会がPCIJ に勧告的意見を要請するに至ったという経緯である。Åke HAMMARSKJÖLD, « Les résultats de la troisième session de la Cour permanente de Justice internationale », *Juridiction internationale*（A.W. Sijthoff, 1938），pp. 444-445.

（391）　*Status of Eastern Carelia*, P.C.I.J. Series B, no. 5, Advisory Opinion, 23 July 1923, p. 22.

◆ 第2部 ◆ 証拠法論の再構成

る他の説得的な諸理由」が存在すると裁判所が考えたこと（司法適切性(395)）とに大別できる。そして注目すべきは，後者の司法適切性が欠如していると考える理由の1つとして，裁判所が事実認定の困難性あるいは証拠の不足を挙げたことである。すなわち，フィンランドとロシアがいかなる合意を締結したかは「事実問題（a question of fact）」であることから(396)，裁判所は，各種の証拠を評価して事実を調査しなければならないとする。しかし本件では，「ロシアがこれに関与することに拒絶しているため，裁判所はそうした調査を行うために極めて大きな不便を強いられるであろう。当該事実問題についてのいかなる司法的結論に到達

---

(392) ICJの勧告的意見制度が「あらゆる法律問題（any legal question/toute question juridique）」を対象とするのに対し（規程65条），PCIJの勧告的意見制度は「一切ノ紛争又ハ問題（any dispute or question/tout différend ou tout point）」を対象とするものとして構想されており（連盟規約14条後段），国家間「紛争」を勧告的意見において扱うことが正面から認められていた。そして，実際に国家間「紛争」を対象とする場合には，争訟事件とほとんど変わらない手続運用がなされていた。すなわち，紛争の当事国が裁判所の勧告的意見要請に合意し，連盟理事会・総会を経由して裁判所に付託するという，「勧告的仲裁（l'arbitrage consultatif）」と呼ばれた方式である。A. DE LAPRADELLE et D. NÉGLESCO, « Rapport sur la nature juridique des avis consultatifs de la Cour permanente de Justice internationale, leur valeur et leur portée positive en droit international », *A.I.D.I.,* tome 34 (1928), pp. 446, 453; 杉原高嶺「勧告的意見の機能的展開」同『国際裁判の研究』（有斐閣，1985年）278頁。

(393) 例えば，東部カレリア事件に先立つチュニス＝モロッコ国籍法事件（1923年2月7日勧告的意見）は，フランスの被保護国であったチュニスとモロッコの国籍法をめぐる英国とフランスの間の紛争（dispute/différend）であり（*League of Nations Official Journal,* vol. 3 (1922), p. 1206），両国の合意により連盟理事会に対してPCIJへの勧告的意見要請を求めた事案である。Manley O. HUDSON, *supra* note (354), p. 514. その手続では，両当事者がそれぞれ申述書と答弁書を提出し，口頭弁論の最後には最終申立を行うという，付託合意に基づく争訟事件という色彩を強く帯びたものであった。*Décrets de nationalité en Tunisie et au Maroc,* C.P.J.I. série B, n° 4, avis consultatif du 7 février 1923, pp. 10-15. このように，PCIJ時代の勧告的意見制度は，国家間紛争を正面から扱うことができるよう制度設計されており，実際に争訟手続に限りなく近い形で運用されていた。ここで検討する東部カレリア事件は，以上のような文脈に位置付けられる。

(394) P.C.I.J. Series B, no. 5, pp. 27-28; *voir aussi,* C.P.J.I. série D, 3ème add. au n° 2 (1936), p. 837.

(395) 奥脇（河西）直也「勧告的意見に於る『同意原則』と国際裁判所の司法政策」国際法政研究15号（1972年）42頁。

(396) P.C.I.J. Series B, no. 5, p. 26.

◇ 第3章 ◇　再構成のための理論枠組みの設定

するために十分な資料を裁判所が入手可能であるかは極めて疑わしい[397]」とされる。そして，事実認定の困難性から司法適切性の欠如を帰結せしめる論理を架橋しているのが，「法律問題の判断が本来の機能」であるとの裁判観念である（東部カレリア定式）。

　　「裁判所は，勧告的意見要請は事実の調査に関わるものであってはならないという絶対的規則が存在すると述べるわけではないが，しかし通常は，裁判所の意見の基礎となる事実は争われておらず，その認定が裁判所自身に委ねられていないことが望まれる[398]」（傍点中島）。

　本意見につき，横田は次のように評釈している。「裁判所の本来の機能は事実問題を確定することにあるのではなく，確定された事実の上に立って法律問題を決定することにあるとした。〔…〕裁判所の本来の機能が法律問題にあることも疑を容れないであろう[399]」（傍点中島）。つまり，意見推論を前提とする限り，PCIJ は基本的に事実認定を扱わないと考えていた裁判官の存在が浮かび上がる[400]。こうした事実もまた，初期の裁判所規程や規則の作成・改正会議の中に，証拠調べに関する有意な議論を見出しうる可能性が低いことを傍証している。

◆ 第2節 ◆　紛争処理モデルと公法訴訟モデル：　　　　　　　　事実認定の裁判目的依存性

　以上のように，裁判所規程および規則の作成・改正会議において，事実認定や証拠調べの具体的構想が論じられた形跡は見当たらない。他方，今日に至るまでの膨大な国際裁判実践は，事実認定および証拠調べの在り方につき，帰納的分析に基づく一般化を可能としうるだけ資料[401]を残してきているものと思われる。そこで本書では，裁判実践の分析から得られた成果をまず「裁判目的実現手段説」として予め抽象的に提示した後に（第1項），これに即して具体的運用例を検討していくという順序をとる。なお，本書は証拠法論の体系的整理を試みるわけではないものの，国際裁判の制度目的自体の展開や変容に応じて証拠法の解釈運

（397）　P.C.I.J. Series B, no. 5, p. 28.

（398）　P.C.I.J. Series B, no. 5, p. 28.

（399）　横田喜三郎『国際判例研究 I』（有斐閣，1933年）246頁 ; *voir aussi*, Anna RIDDELL and Brendan PLANT, *supra* note（6），p. 390.

◆ 第 2 部 ◆　証拠法論の再構成

（400）　ただし，そうした理解が当時の裁判所全体に共有されていたわけではない。評
議の非公開性故に，意見形成過程を正確に辿ることは不可能であるが，少なくとも東
部カレリア定式は，司法適切性に関する後半部分の導入を主張したと目されるムーア
（John Bassett Moore）判事の本来の狙いからはズレたものであった。ムーアは，そ
もそも勧告的意見制度は本来的に司法裁判所の任務と両立しないと考える論者であり，
勧告手続でも裁判所の司法的性格は厳格に維持すべきとし，勧告手続を争訟手続に接
近させるべきとする立場である（*Aide-mémoire sur la question des avis consultatifs,
présenté par M. Moore le 18 février 1922*, C.P.J.I. série D, n° 2 (1922), pp. 383, 397;
John Bassett MOORE, "Fifty Years of International Law", *Harvard Law Review,*
vol. 50 (1936), p. 416; Moore to Mr. de Wolf, 23 December 1930, *Moore Papers,* Box
no. 172, p. 2; Moore to Mr. Brierly, 15 February 1932, *Moore Papers,* Box no. 178, p. 1）。
この点，「同意の欠如」を認定した以上は不要とも思われる「司法適切性」論は，政
治的濫用に懸念を抱く裁判官がこれに対する防波堤として定式化したものと理解され
るところ（奥脇直也「勧告的意見」・前掲注（395）42頁），未公刊資料を参照すると，
そうした立場を牽引した裁判官の 1 人にムーアがいたことが分かる。すなわち，連盟
理事会は勧告的意見の諮問を自由に設定できる以上，事実関係が不明瞭な紛争も「仮
に事実が〔…〕であれば」等と定式化することで意見要請は可能である。しかしそれ
は，双方聴聞という基本的手続原理を看過した紛争処理に至り，司法裁判の権威を毀
損する。「事実問題は一方のみの出廷によっては司法的には認定し得」ず，「そうした
〔事実〕問題の根本プロセスは，論争が裁判所に提起される形式によって免除され得
ない」からである（Memorandum by Mr. Moore on the Eastern Carelian Question,
Distr. 361, F.c.VII, le 14 juillet 1923, *Moore Papers,* Box no. 180, pp. 8-10）。つまり
ムーアの狙いは，双方聴聞を経た事実認定という司法裁判に内在する保障を勧告手続
にも妥当させ，その欠如を意見拒絶の正当化根拠とすることで，理事会による政治的
濫用に抗することにあったと考えられる。

　こうしたムーアの企ての背景にあるのは，彼が裁判の究極の基盤をその独立性に由
来する道徳的権威に求める裁判観念である（C.P.J.I. série D, n° 2 (1922), p. 392）。す
なわち，確かに司法機関として紛争処理機能を担うと同時に政治機関の諮問に勧告す
る機能を備えることは理論的には可能であるものの，同一の裁判から構成される同一
の機関がその両者を担うならば，その独立性への疑義が惹起し，道徳的権威を毀損す
る（Comment of Mr. Moore on M. Altamira's Proposal concerning Advisory
Opinions, undated, *Moore Papers,* Box no. 172, pp. 5-6）。およそ社会制度はそれに対
する信頼と支持なくしては存続し得えないが（Moore to Mr. Balch, 24 Septemeber
1921, *Moore Papers,* Box no. 217, p. 1），合意管轄に基づく国際裁判ではこうした権威
の毀損は特に致命的である（Comment of Mr. Moore on M. Altamira's Proposal
concerning Advisory Opinions, undated, *Moore Papers,* Box no. 172, pp. 6-7）。かく
してムーアは，勧告的意見制度の在り方という形で浮上した連盟理事会と裁判所の関
係を巡る論争において，あくまで政治からの独立性を確保することによって，当時新
たに成立した PCIJ を擁護しようとしたのである。

　このように，ムーアの議論の重点は証拠資料が双方から得られないという形式面に

◇ 第 3 章 ◇　再構成のための理論枠組みの設定

用がいかに影響を受けるかを明らかにするための変数を特定するという目的から，証拠法論上の重要分野を予め大まかに分類整理する（第 2 項）。

◆ 第 1 項　裁判目的実現手段説の基本命題

◇ 1　事実認定の本質

事実認定を規律する 2 つの法則

　裁判における事実認定とは，証拠に基づく過去の出来事の再構成である[402]。懸案の事実を直接には目撃していない第三者（仲裁人，裁判官）がその存否内容を判定しなければならない以上[403]，当事者との関係で間主観的に認識可能な証拠資料を判断の基礎とする必要がある（証拠裁判主義[404]）。物事の真偽正邪を神の意に頼った中世までの神明裁判（盟神探湯，魔女裁判，決闘裁判等）は，近代以降の社会の世俗化により徐々に排斥され，証拠に基づく理性的な裁判制度によって取って代わられた[405]。それ故，近代に端を発する今日の国際裁判において，証拠裁判主義の妥当が疑問視されることはほとんどない。例えば，英墨請求委員会

　あり，証拠資料が得られないという実質面に重点があると解される勧告的意見の推論とはズレがあることが分かる。つまり，ムーアに端を発すると目される司法適切性論は，評議のいずれかの段階で，本文で示したような特殊な裁判観念へと変質したのである。本書は，その担い手を特定することはできなかったものの，いずれにせよこうした意見形成過程は，PCIJ は本来的に事実認定を扱わないと考える裁判官の存在を裏付けるとともに，それが裁判所の共通理解ではなかったことも示している。

(401)　「およそ帰納的方法論の採用は，そこからもっともらしい一般化を試みうる程度の十分な量の事例資料の存在を前提とする」。Georg SCHWARZENBERGER, "The Inductive Approach to International Law", *Harvard Law Review*, vol. 60 (1946), p. 541.

(402)　J.-C. WITENBERG, « La théorie des preuves… », *supra* note (142), p. 5; Jean SALMON, « Le fait… », *supra* note (1), p. 304; Manfred LACHS, "Evidence in the Procedure of the International Court of Justice: Role of the Court", Emmanuel G. BELLO and Bola A. AJIBOLA (eds.), *Essays in Honour of Judge Taslim Olawale Elias: vol I. Contemporary International Law and Human Rights* (Martinus Nijhoff Publishers, 1992), p. 267; Raphaële RIVIER, *supra* note (21), pp. 14–15.

(403)　Raphaële RIVIER, *supra* note (21), p. 13.

(404)　Durward V. SANDIFER, *supra* note (17), p. 105.

(405)　中世におけるローマ法の復興と神判の衰退との関係につき，Jean-Philippe LÉVY（上口裕・訳）「中世学識法における証明の序列（5・完）」南山法学13巻 2・3 号（1988年）216–223頁。

◆ 第 2 部 ◆ 証拠法論の再構成

（1931年判断）は次のように述べている。「もし国際裁判所が証拠を伴わない請求を認容するならば，〔…〕至極正当な批判の下に自らを晒すこととなるであろう[406]」。

もっとも，生の証拠資料は事実そのものではないばかりか，裁判所に提出された証拠資料が，争われている事実を忠実かつ完全に再現するとは限らない[407]。それ故，理性的に認識しうる証拠資料に加え，当該証拠資料と最終的に認定される事実の内容とを理性的に架橋する推論が必要となる。裁判においては，それは経験則と証拠法規則という，相互に密接に関連しつつも，質的に異なる 2 つの論理法則によって支配される。

経験則

経験則とは，事実 A が証明された場合に，そこから他の事実 B の存在又は不存在を推認しうる・しなければならないという抽象命題であり（*If A then B*），特定社会における共通の経験の集積から帰納的に把握される社会法則である[408]。こうした経験則は，裁判の事実認定においていわば三段論法の大前提（initial premises）を構成する[409]。すなわち，「仮に事実 A があれば事実 B を推認できる」という経験則を観念できる場合に，事実 B の直接の証明が困難であっても，事実 A の存在を証明し，それを右経験則に「あてはめる」ことで，事実 B の存在を推論するという手法である。例えば，アルバニア領海内を航行中の英国軍艦が機雷により大破したことの国際責任が争われたコルフ海峡事件（1949年本案判決）において，国際司法裁判所は，アルバニアが自国領海内において機雷が敷設されていた事実を了知していたかにつき，アルバニアの了知（事実 B）を直接認定する代わりに，事故後も機雷の存在についてアルバニアが公の場で言及しないという不自然な態度（事実 A）と，当時アルバニアが北コルフ海峡の警戒を強化していた事実（事実 A'）を認定した後に，これらを各々経験則（「自身に都合が悪

---

(406)　*W. Allan Odell（Great Britain）v. United Mexican States*, Decision no. 39, 31 May 1931, *R.I.A.A.*, vol. 5, p. 155 [A. R. ZIMMERMAN, Sir John PERCIVAL, Benito FLORES].

(407)　Jacques-Michel GROSSEN, *supra* note (109), pp. 7-8.

(408)　Thomas M. FRANCK and Peter PROWS, "The Role of Presumptions in International Tribunals", *L.P.I.C.T.*, vol. 4 (2005), p. 200.

(409)　Bin CHENG, *supra* note (284), p. 304; V.S. MANI, *supra* note (82), p. 209.

◇第3章◇　再構成のための理論枠組みの設定

い事実が明るみに出たら当惑する」「機雷敷設海域は，アルバニア沿岸から一般に目視可能
である」）にあてはめることで，アルバニアの了知（事実B）を推認したものと分
析することができる[410]。

　このように，経験則とは，直接的な証拠資料を欠く場合に，状況証拠をもって，
認定事実を蓋然性のある（probable）ものとする論理である[411]。したがって，経
験則に基づく事実認定は本来的に過去志向であり，状況証拠から出発して社会法
則に従い，過去の出来事に接近し，認定事実の蓋然性を確保する論理と理解され
る。

証拠法規則と事実認定の複合的把握

　こうした事実認定のプロセスは，さらに証拠法規則によって規律される。すな
わち，裁判における事実認定が関心を持つのは生の事実そのものではなく，一定
の法的効果の発生を条件づける要件事実の充足性である。そこにおいて事実とは，
言語により抽象的に定式化された法概念との関係において把握される対象であり，
事実の認定とは，適用される法命題との視線の往復運動の中で行われるものと把
握される[412]。この理解においては，大前提（法）と小前提（事実）の区別それ
自体が法的な構築物であることから[413]，実定法を経由した価値・政策判断の契
機が，法解釈のみならず事実認定のプロセスにも承認されることとなる[414]。そ
の結果，事実認定は，過去に発生した一回的出来事の探求であると同時に，現
在・未来を見据えた価値・政策判断が混在する複合的なプロセスとして把握され
る。実際，事実の存否内容を「推定」あるいは「擬制」する（証拠）法規則は現
に存在し[415]，その根拠には，過去の出来事を探究するための蓋然性のみならず，
現在・未来における妥当な帰結を目指す価値・政策判断が含まれる[416]。例えば，
ICJの審理手続では，書面手続終結後は原則として新たな書証を提出できないも
のの，他方当事国が同意を与えれば提出可能である（規則56条1項）。ただし，他

---

(410)　中島啓「推定」・前掲注（160）70-72頁。

(411)　Opinion dissidente de BADAWI PACHA, *C.I.J. Recueil 1949,* p. 59.

(412)　Jean SALMON, « Le fait... », *supra* note（1），pp. 296-297.

(413)　Emmanuelle JOUANNET, *supra* note（27），p. 246.

(414)　Jean SALMON, « Le fait... », *supra* note（1），pp. 302-303.

(415)　Emmanuelle JOUANNET, *supra* note（27），p. 246.

(416)　中島啓「推定」・前掲注（160）85-88頁。

◆第2部◆　証拠法論の再構成

方当事国が異議を申し立てれば自動的に却下されるわけではなく，裁判所が「当該文書を必要と認める」場合には提出が認められるという裁量の余地が認められている（同2項）。ここには，相手方の不意打ち防止という手続的正義と，重要な証拠資料は可能な限り確保することで真実に接近するという2つの要請の調整の契機を見出すことができる。

右の例が示すように，多くの証拠法規則は，単に真実発見を促すのではなく，真実発見とは異なる価値の実現を志向する契機を備えている。本書が試みる証拠法論の再構成は，以上のような事実認定の性格理解に基づくものである。

◇ 2 「裁判目的」の概念

目的手段の論理関係

そうした価値・政策判断の中で，いかなるものが証拠法の在り方を規定する規範的正当性を備えているかは，当該裁判において究極的に何が目指されているかを特定した上で，これとの合目的性の観点から評価することが適切である。それは，換言すれば，国際裁判制度の目的実現のために最適な証拠調べの運用の在り方はいかなるものであるかを目的手段の関係[417]において問う枠組みである。例えば，先に検討したコロンビア＝英国仲裁条約8条は，その第1文として次のような規定を備えていた。

> 「仲裁人は，両訴訟当事者に対し，その検討が裁判の諸目的（ends of justice）を促進すると自ら考えるあらゆる文書や資料の提出を要請することができる[418]」（傍点中島）。

本条においては，仲裁廷による追加的証拠提出要請権限が，「裁判の諸目的」を促進するか否かという観点から目的的に基礎づけられている。「裁判の諸目的」という抽象的な表現が実際の運用をどこまで方向付ける機能を果たしていた

---

(417)　Joseph NGAMBI, *supra* note (5), pp. 3-5, 70; Luigi FUMAGALLI, "Evidence before the International Court of Justice: Issues of Fact and Questions of Law in the Determination of International Custom", Nerina BOSCHIERO, Tullio SCOVAZZI, Cesare PITEA and Chiara RAGNI (eds.), *International Courts and the Development of International Law: Essays in Honour of Tullio Treves* (T.M.C. Asser Press, 2013), p. 138.

(418)　*Pasicrisie*, p. 545.

◇ 第 3 章 ◇　再構成のための理論枠組みの設定

かは疑問であるものの，少なくとも，当該裁判の究極目的と，その過程での証拠
調べとの目的手段の論理関係を読み取ることは可能である[419]。本書は，こうし
た目的手段の論理関係を証拠調べ一般に敷衍しつつ，資するべき「裁判目的」の
内容を具体的に特定することにより，国際裁判所の運用の統制を試みようとする
ものである。

国際裁判の目的の展開と証拠法論

　ここでいう裁判の目的とは，裁判制度の運用を通じて実現されるべきと想定さ
れている帰結を抽象命題として定式化したものであり[420]，講学上の慣用として
は裁判「機能」とほぼ同義である。もっとも，事実認定の「正しさ」を問う本書
の問題関心は，いかなる機能が果たされてきたかという現象の観察よりも，国際
裁判所がいかなる自己の制度目的理解を踏まえ，いかなる法的推論を経て証拠規
則を運用してきたかという規範的正当化のプロセスにある。本書が裁判「機能」
よりも裁判「目的」の語を用いるのは，こうした問題関心に由来する。

　こうした裁判目的の識別基準は，設立文書に記載されている裁判所の任務は何
か，実践の中で裁判所自身がいかなる自己理解を示しているか，当事者は申立認
容判決の獲得を通じていかなる価値の実現を目指しているかなど，多岐にわたる。
とはいえ，国際裁判制度の目的としては従来，とりわけ国際司法裁判所を念頭に，
「紛争処理」と「国際法の形成発展」の 2 つが挙げられ，後者との関係における
前者の優先性が広く想定されてきた[421]。もっとも，20世紀末以降における「第
2 世代[422]」あるいは「新型[423]」の国際裁判所の登場を国際法の「裁判化 (la
juridictionnalisation)」として把握し，何らかの転換点を見出すならば[424]，その帰

---

(419)　以下に掲げる例は，「裁判のために (in the interests of justice)」という微妙に
　　　異なる文言が用いられた例であるが，趣旨は基本的に同じものと解しうる。
　　　Agreement for the Arbitration of the Claims of Orr and Laubenheimer and the
　　　Post-Glover Electric Company, 22 March 1900, Art. 4, *Pasicrisie*, p. 616;
　　　Supplemental Protocol between the United States and Guatemala, Submitting to
　　　Arbitration the Claim of Robert H. May against Guatemala and the Claim of
　　　Guatemala against said May, 10 May 1900, Art. 2, *R.I.A.A.*, vol. 15, p. 54, *Pasicrisie*,
　　　p. 615; Protocol of an Agreement between the United States and the Republic of
　　　Salvador for the Arbitration of Certain Claims against Salvador, 19 December 1901,
　　　Art. 3, *R.I.A.A.*, vol. 15, p. 460.

(420)　Jean SALMON, *Dictionnaire…, supra* note (86), p. 763.

125

◆ 第2部 ◆ 証拠法論の再構成

結の1つとして裁判目的の多様化を挙げることができる。そうした展開を把握する枠組みとしては，論者の問題関心や検討範囲の広狭に応じて多様に提示されてきており，紛争処理・遵守評価・執行・法的助言に分類する議論(425)，紛争処理・規範的期待の安定化・法形成・公権力の統制と正当化に分類する議論(426)，紛争処理・行政的審査・執行・立憲的審査に分類する議論などがある(427)。加えて，裁判所毎にいずれか1つの裁判目的が固定されているわけではなく，複数の裁判目的が併存し，事案によっては複数の目的が競合し，また複数の目的間のバランスは変動しうるものとして把握される(428)。それ故，国際裁判の目的論（機能論）は今日，かつての議論に比べて複雑な様相を呈している。

紛争処理モデルと公法訴訟モデル

とはいえ，これらの議論に共通するのは，当事者限りで基本的には完結する紛争処理という裁判目的から，紛争当事者を超えた波及的効果を意図する裁判目的への拡張的展開である(429)。その証拠法論に対する影響についての検討結果を先取りするならば，前者が当事者主義的な運用，後者が職権主義的な運用と緩やか

---

(421)　Robert Y. JENNINGS, "The Role of the International Court of Justice", *B.Y.I.L.*, vol. 68 (1998), pp. 1-63; 杉原高嶺「国際司法裁判の地位と機能」広部和也・田中忠編『国際法と国内法：山本草二先生還暦記念』（勁草書房，1991年）511頁；李禎之『国際裁判の動態』（信山社，2007年）166-167頁。

(422)　Gary BORN, "New Generation of International Adjudication", *Duke Law Journal*, vol. 61, no. 4 (2012), pp. 775-879.

(423)　Karen J. ALTER, *The New Terrain of International Law: Courts, Politics, Rights* (Princeton University Press, 2014).

(424)　Syméon KARAGIANNIS, « La multiplication des juridictions internationales : un system anarchique ? » Société française pour le droit international, *La juridictionnalisation du droit international : Colloque de Lille* (Éditions A. Pedone, 2003), pp. 7-161.

(425)　Dinah SHELTON, "Form, Function, and the Powers of International Courts", *Chicago Journal of International Law*, vol. 9, no. 2 (2009), p. 539.

(426)　Armin VON BOGDANDY and Ingo VENZKE, "On the Functions of International Courts: An Appraisal in Light of Their Burgeoning Public Authority", *Leiden J.I.L.*, vol. 26, no. 1 (2013), pp. 49-52.

(427)　Karen J. ALTER, *supra* note (423).

(428)　Armin VON BOGDANDY and Ingo VENZKE, "On the Functions...", *supra* note (426), pp. 52-53.

126

◇ 第3章 ◇　再構成のための理論枠組みの設定

に対応することから，こうした大まかな図式化にはなお意義があるものと考えられる。そこで本書では，紛争処理を目的とする従来型の国際裁判における事実認定を「紛争処理モデルの証拠法論」と呼び，紛争処理を超えた公益実現を企図する新しい類型の国際裁判における事実認定の在り方を「公法訴訟モデルの証拠法論」と呼ぶこととする。この2つの理念型を前提とすると，国際裁判の証拠法論は，その全体像として前者を基調としつつも，現代型国際裁判の登場を背景として後者が重層的に出現しつつある展開として把握することができる。なお，従来の国際裁判目的論において「紛争処理」とペアを組んでいた「国際法の形成発展」は，本書においては，紛争当事者の法律関係に換言しきれないという意味で「公法訴訟モデルの証拠法論」が前提とする裁判目的の1つと位置付けられる。そして，「紛争処理」が何を意味するかについては第4章の冒頭で改めて詳述し，「公法訴訟」が何を意味するかについては第5章においてさらに敷衍する。

　およそ社会的構築物である法制度は，当該制度に帰せしめられる目的に照らして運用され，またその運用は合目的性の観点から評価される。この観点からは，証拠法論の裁判目的依存性という本書の結論は，それ自体としては，この抽象命題を具体的に再生産したに過ぎない。にもかかわらず，本書の企てになお意義があるものと考えられるのは，国際裁判の証拠法論をめぐるこれまでの議論状況に由来する。すなわち第1に，従来の理解（客観的真実発見説）は，国際裁判の証拠調べを職権主義的に構想することそれ自体に意義を見出した結果，国際裁判を通じて何が実現されるかという合目的性の契機を退けてしまう傾向にあった（第1部参照）。第2に，国際裁判の制度目的の展開それ自体に関する論考は蓄積しつつある一方，そうした展開が証拠法論にいかに反映されているかについては未だ掘り下げられているとは言い難いどころか，国際裁判所に横断的な「共通法」の生成が強調され，裁判目的に応じた差異はむしろ捨象される傾向も見受けられる。そうであるが故に，「紛争処理」という伝統的な裁判目的に照らして証拠法論を再構成する第4章は，国際裁判の証拠法論に合目的性の契機を取り戻す試みであり，「公法訴訟」をキーワードとして証拠法論の展開を論じる第3部は，そうした合目的性の契機を踏まえて証拠法運用の在り方を展望するものと位置付けられ

---

(429)　Vaughan LOWE, "The Function of Litigation in International Society", *I.C.L.Q.*, vol. 61, no. 1 (2012), pp. 212-213.

◆ 第2部 ◆ 証拠法論の再構成

る。

◆ 第2項 問題群の整理

国際裁判の証拠法論は従来，原告が証明責任を負うとする原則が，被告が負うとされる「証明協力義務」と，裁判所に課される「真実探求義務」によって補完・修正されるという枠組みによって描かれてきた。しかし，第1部での検討の結果，「証明協力義務」あるいは「真実探求義務」なる観念を一般的に措定することはできない。そこで本書では，以上の枠組みに代わり，証拠法論上の重要論点群を次の4点に大まかに分類し，「紛争処理モデルの証拠法論」と「公法訴訟モデルの証拠法論」の比較の視座として設定した上で，考察を進めていくこととする。

証明対象論

まず，序論において示した通り，本書は証拠法が対象とする「事実」を予め定義していない。そのため，そもそも国際裁判において証拠による証明を必要とする対象は何かが問題となる。こうした前提的議論を敢えて独立に検討対象とするのは，裁判における証明対象の射程をめぐる議論それ自体に，裁判目的依存性が見出されることに由来する。

証明責任論

証明責任論を国際裁判の証拠法論の理論的支柱に据える点では，本書は従来の見解と軌を一にする。もっとも，客観的真実発見説は，証明責任に関する基本原則の国際裁判における妥当は半ば自明視した上で，その修正原理の模索に関心の焦点を移行させる傾向にあり，証明責任論それ自体については実はそれほど掘り下げてこなかった。そこで本書では，証明責任論それ自体の意義についても検討対象とした上で，「紛争処理モデルの証拠法論」および「公法訴訟モデルの証拠法論」において，それぞれいかなる証明責任の分配が帰結し，また証明責任が「転換」しうるのかを検討していく。

推定構造論

証明責任論に対する修正原理として「証明協力義務」を一般的に観念することはできない一方で，証拠の偏在問題は恒常的課題としてなお存続している。しか

128

◇ 第3章 ◇ 再構成のための理論枠組みの設定

も，強制執行力を欠く国際裁判にあっては，その対応策は自ずと限られている。それ故，「証明協力義務」という上位概念を介さずに，否定的推論をはじめとする各種推定の法理論の発動根拠とその法構造を直接に模索することにはなお実践的意義がある。すなわち，「紛争処理モデルの証拠法論」および「公法訴訟モデルの証拠法論」において，いかなる場合にいかなる推論を経た推定を発動しうるのかを明らかにしていく必要がある。

証明過程論

国際裁判所に「真実探求義務」が一般的に課されるわけではないものの，裁判所が証拠調べにおいていかなる態度で挑むことが適切であるかは，当事者の主張立証活動に影響を及ぼすという意味で，なお問われる必要がある。この点，裁判所による証拠調べを職権主義的に構想し，当事者の主張立証活動からの自律性の契機を強化すればするほど望ましいわけではない。当事者主義を維持すべきか職権主義の契機を承認していくべきかは，ひとえに当該裁判において究極的に何が志向されているかに依存する。そこで本書では，裁判目的と，証拠調べの在り方として当事者主義および職権主義の組み合わせとを接合させる関数を明らかにしていく。

◆第2部◆　証拠法論の再構成

第4章　紛争処理モデルに基づく証拠法論の再構成

　国際裁判の目的の1つに当事者間の紛争処理が挙げられる点につき，疑問を挟み込む余地は少ない。すなわち，ICJ は国家間の国際紛争を解決すること（to resolve）を自己の制度目的として表明し[430]，WTO 紛争処理制度の目的には「紛争に関する明確な解決を確保すること（to secure a positive solution）」が掲げられ[431]，国際投資協定に基づき設立される仲裁廷は個別紛争の解決を自己の任務と理解する[432]。本章では，この「紛争処理」という裁判目的が，いかなる形で証拠法の解釈原理を構成し，具体的にどのような運用を導くかを明らかにしていく。検討の補助線として概要をあらかじめ示すならば，「紛争処理モデルの証拠法論」は，次のように敷衍することができる。

　第1に，国際紛争の司法的解決は通常，当事者間の直接的かつ有効的な紛争処理の代替手段として位置付けられ，そうした当事者主導の紛争処理への側面的支援が裁判所の役割であると観念される[433]。これを敷衍すると，証拠調べを含めた国際裁判の手続進行は当事者主義を基調として構成され，職権主義の契機はむしろ例外として位置付けられる。

　第2に，当事者間の直接的な紛争処理過程の延長戦上に裁判手続が観念される結果，裁判所の任務は，当事者によって定式化された最終申立への回答に限定される[434]。その結果，物理的強制力を欠く国際裁判所が紛争処理に向けてなしうるのは，基本的には，判決主文へと至る法的推論の説得性を高めるという地道な

---

(430)　*Nuclear Tests（Australia v. France）*, Judgment of 20 December 1974, *I.C.J. Reports 1974*, pp. 270-271, para. 55; *LaGrand（Germany v. United States of America）*, Request for the Indication of Provisional Measures, Order of 3 March 1999, *I.C.J. Reports 1999*, p. 15, para. 25.

(431)　紛争解決了解3.7条。

(432)　*E.g. Glamis Gold, Ltd. v. United States of America*, Award（8 June 2009）, para. 3 [Michael K. YOUNG, David D. CARON, Kenneth D. HUBBARD].

(433)　*Zones franches de la Haute-Savoie et du Pays de Gex*, C.P.J.I. série A, n° 22, ordonnance du 19 août 1929, para. 13.

(434)　*Demande d'interprétation de l'arrêt du 20 novembre 1950 en l'affaire du droit d'asile（Colombie c. Pérou）*, arrêt du 27 novembre 1950, *C.I.J. Recueil 1950*, p. 402.

130

◇ 第4章 ◇　紛争処理モデルに基づく証拠法論の再構成

作業である。これに即して，証拠法の解釈適用もまた，当事者との関係における説得性を備えるものでなければならない(435)。とりわけ，いずれの当事者に証明責任を分配するかを決する法則の原理や，一方当事者を手続上不利に扱う推定の発動根拠は，それが裁判を通じた紛争処理の実現にいかなる意味で貢献するかという観点から理論的に基礎づける必要がある。

　第3に，「紛争処理」が主たる裁判目的として想定される結果，「国際法の形成発展」には付随的な地位が与えられるにとどまる(436)。前者に伴い後者が予定調和的に実現しうる場合はさておき，この2つの目的実現が両立し難い場合には，両者の間に優先順位を見出す必要がある(437)。こうした文脈において証拠法論は，「紛争処理」の実現を志向すると同時に，「国際法の形成発展」への悪影響を遮断する論理を精緻化してきた。

◆ 第1節 ◆ 証明対象論

　一般に，国際裁判において証拠による証明が必要なのは「事実」であり，「法」は証明を要しないものと理解されている。その根拠は，ローマ法格言「裁判所は法を知る（*jura novit curia*）」によって表現される原則が国際裁判でも妥当するためであると説明され，その帰結として，「事実」のみが当事者による証明を要し，証拠法の規律に服する（すなわち，一方当事者に証明責任が観念される）と理解されている(438)。その意義は，当事者の主張立証に委ねられる領域とそうでない領域を厳然と区別することを通じた，裁判所の専権事項の確保にあると説明され(439)，その意味では，国際裁判手続における職権主義の契機を基礎づける議論と見ることも可能である。

　他方，国際判例を概観すると，条約解釈から慣習法の認定，あるいは国内法の解釈に至るまで，一見して「法」として観念される対象が幅広く証明を要するものとして扱われている（すなわち，一方当事者に証明責任が観念されている）という

（435）　Joseph NGAMBI, *supra* note（5），p. 70.

（436）　Dinah SHELTON, "Form, Function...", *supra* note（425），p. 563.

（437）　佐藤義明『国際裁判研究の機能的再構築：国際抗争解決動学としての国際裁判研究』（東京大学提出博士論文，2006年）22頁。

131

◆第 2 部 ◆　証拠法論の再構成

状況が浮かび上がる。つまり，*jura novit curia* 原則によって維持されているは
ずの職権主義の契機を，いわば裁判所自ら縮減しているわけである。そこで，論
者の中には，*jura novit curia* という原則にはいくつかの例外があり，それらの
例外は「事実であるかの如く」証明を要するものと捉えることで，判例状況の整
合的な把握を試みる立場もある(440)。しかし，本節の検討によれば(441)，そもそ
も証明対象論につきそうした原則と例外の関係性を見出すことは難しい。すなわ
ち，*jura novit curia* の法格言が援用された事例と（第 1 項），「法」を証明対象と
してきた事例は（第 2 項），それぞれ異なる裁判目的を念頭に展開したものである
ため，それらを統合的に把握する必然性に乏しいと考えられる。むしろ，国際裁
判における証明対象論は，事実と法の概念的相対性を巧みに利用し，個々の事案
の文脈で追求される裁判目的を関数とした上で，その射程を伸縮させているもの
と考えられる（第 3 項）。

---

(438)　J.-C. WITENBERG, « La théorie des preuves... », *supra* note (142), p. 33; Bin
CHENG, *supra* note (284), p. 299; Paul GUGGENHEIM, *supra* note (112), p. 158;
Charles ROUSSEAU, *Droit international public*, tome V, Les rapports conflictuels
(Sirey, 1983), p. 342; Georges PERRIN, « Observations sur le régime de la preuve en
droit international public », *Revue juridique et politique indépendence et coopération,
XIIème congrès de l'I.D.E.L.F.* (1984), pp. 774-775; Sir Gerald FITZMAURICE,
The Law and Procedure..., supra note (140), p. 531; Hugh W.A. THIRLWAY, *supra*
note (261), p. 302; Mojtaba KAZAZI, *supra* note (93), pp. 42-44; Chittharanjan F.
AMERASINGHE, *Evidence..., supra* note (97), p. 50; Rüdiger WOLFRUM, "Taking
and Assessing Evidence...", *supra* note (124), p. 347.

(439)　Joe VERHOEVEN, « *Jura novit curia* et le juge international », Pierre-Marie
DUPUY *et al.* (eds.), *Völkerrecht als Wertordnung : Festschrift für Christian To-
muschat* (N.P. Engel Verlag, 2006), pp. 637-638.

(440)　Hugh W.A. THIRLWAY, *supra* note (261), p. 302; Mojtaba KAZAZI, *supra*
note (93), pp. 45-47; NGUYEN QUOC Dinh, Patrick DAILLIER et Alain PELLET,
Droit international public (6ᵉ éd., LGDJ, 1999), p. 330; Anna RIDDELL and Brendan
PLANT, *supra* note (6), p. 148; Opinion dissidente de M. MORENO QUINTANA,
Right of Passage over Indian Territory, Merits, Judgment of 12 April 1960, *I.C.J.
Reports 1960*, p. 89; Bin CHENG, *supra* note (284), pp. 299-301; Robert KOLB,
"General Principles of Procedrual Law", *I.C.J. Commentary 2006*, pp. 820-822.

◇ 第4章 ◇　紛争処理モデルに基づく証拠法論の再構成

◆ 第1項　「裁判所は法を知る」

　管見の限り，「裁判所は法を知る」の法格言を，証明対象を画するという趣旨で援用した国際判例は1つ挙げることができるものの，その後参照されてきてはいない（1.）。国際裁判において同格言はむしろ，裁判所・仲裁廷が適用法規を

（441）　本文で検討していく条約解釈と慣習法認定に加えて，国内法についても *jura novit curia* 原則の例外であり，やはり「事実」として証明を要するとの説明がなされることがある。*Voir,* J.-C. WITENBERG, « La théorie des preuves... », *supra* note (142), pp. 34-35; Hugh W.A. THIRLWAY, *supra* note (261), p. 302; Mojtaba KAZAZI, *supra* note (93), p. 44; Jean COMBACAU et Serge SUR, *supra* note (27), p. 597; Anna RIDDELL and Brendan PLANT, *supra* note (6), pp. 147-148. しかし本書の理解では，条約解釈・慣習法認定が証明対象として観念されることと，国際裁判所において国内法が「事実」と性格規定されることは別次元の問題である。すなわち，ポーランドのドイツ系住民が保有していた工場資産等を収用した被告ポーランドの措置（国内法の制定を通じた収用）が国際法に違反するとしてドイツが提訴した事案である上部シレジア事件（1926年判決）において，PCIJ が，「当裁判所の立場からは，国内法は〔…〕国家の意思表示及びその活動である単なる事実行為（simples faits）に過ぎない」と述べたのは，PCIJ が当該ポーランド国内法を参照するのは同法それ自体を解釈してポーランド法秩序におけるその意味内容を明らかにすることではなく，同法の適用を通じたポーランドの事実行為が国際法上の義務に違反しているか否か，その結果として国際責任が発生しているかの確認にあるとの性格規定を導くためである。C.P.J.I. série A, nº 7, pp. 12, 19; C.P.J.I. série C, nº 15-II, p. 25 [M. le Dr. KAUFMANN, l'Allemagne]. 漁業水域を設定する場合など，国内法は，国際法上の法的効果を生ぜしめる単独法律行為として観念されることもあり，その場合には国際法上の有効無効が争われることから，懸案の国内法を本件では法律行為（l'acte）ではなく事実行為（le fait）として観念する旨を明らかにし，問題の位相が国家責任追及にあることが明確にする必要があったと考えられるわけである。*Voir,* Pierre-Marie DUPUY, *Droit international public* (6ᵉ éd., Dalloz, 2002), p. 13; Shotaro HAMAMOTO, *Éléments pour une théorie de la nullité en droit international public* (Atelier national de reproduction des thèses, 2007), pp. 11-20; *voir aussi,* Dionisio ANZILOTTI, *Cours...*, *supra* note (85), pp. 472-473. その意味で，本説示は本来的に *jura novit curia* の法格言とは無関係である。WTO 上級委員会も，同法格言を参照することなく，国内法はそれを制定した国家の国際義務の違反を示す証拠を構成するとの前提から，パネルの任務は国内法の解釈ではなく，当該国内法と WTO 諸協定との整合性の検討（examination）であると性格規定している。Appellate Body Report, *India—Patent Protection for Pharmaceutical and Agricultural Chemical Products,* WT/DS50/AB/R, adopted 23 July 1998, paras. 65, 66.

◆ 第2部 ◆ 証拠法論の再構成

解釈するに際して当事者の弁論に拘束されないという意味で用いられている（2.）。国際司法裁判所の場合には，欠席国が法廷外で行った陳述を参照するという特殊な文脈でも援用されてきているが，これもそうした用法と軌を一にするものと捉えられる（3.）。

◇ 1 *Jura novit curia* と証明対象論

仏独混合仲裁廷の Heim et Chamant 事件（1922年判断）は，先行する仲裁判断の再審請求の可否を巡る事案である。一般に，国際裁判における判決再審請求は，原判決における「事実誤認（une erreur de fait）」，もしくは原判決後に明らかとなった「新事実（un fait nouveau）」が原判決に対して「決定的影響」を与えることを要件とするものとして設計されており(442)，仏独混合仲裁廷は後者の文言を採用する(443)。本件では，再審請求国ドイツが，仲裁判断後に発見されたヴェルサイユ条約の起草過程と目される文書（アルザス・ロレーヌ会議議事録）が，条約起草者意思を真逆に解釈せしめる「新事実」であると主張し，フランスはこれを争ったため，国際裁判において「事実」とは何かが争われるに至った(444)。

一審で終結する国際裁判では，制度化された不服申立の契機は判決再審にほぼ限られることから，再審要件としての「事実」概念の拡張による不服申立の契機の拡張が試みられることがある。仲裁廷はこの点，再審手続の制度趣旨を事実誤認の危険から当事者を保護することに求めた上で，一審終結を原則とする国際裁判ではその要件たる「事実」はより緩やかに解すべきと述べると同時に（正義要

---

(442) 玉田大『国際裁判の判決効論』（有斐閣，2012年）69-89頁。

(443) 仏独混合仲裁廷手続規則80条。*R.D.T.A.M.,* tome 1（1922），p. 55.

(444) 原審は，アルザス・ロレーヌ地方の住民である申立人2名をフランス国籍と認定し，ドイツに対する損害賠償請求を認容した。しかしドイツは，新たに発見された議事録を根拠に，ヴェルサイユ条約は同地方の住民の国籍につき第一次大戦の休戦協定締結時を基準にドイツ国籍からフランス国籍へと変動せしめつつ，その遡及効は否定していると解釈した上で，同地方の住民は，大戦中はなおドイツ国籍であるが故に，その間に発生した損害についての仏独混合仲裁廷の管轄権は否定されると主張した。*Heim et Chamant c. État allemand,* le 7 août et le 24 septembre 1922, *R.D.T.A.M.,* tome 3（1924），pp. 52-53 [Présidence de M. MERCIER]. なお，第一次大戦後にアルザス・ロレーヌ地方がドイツからフランスへと復帰するに伴って生じた住民の国籍問題は，他の地域とは異なる複雑なスキームで処理された経緯がある。大沼保昭『在日韓国・朝鮮人の国籍と人権』（東信堂，2004年）80-81頁参照。

◇ 第 4 章 ◇　紛争処理モデルに基づく証拠法論の再構成

請），裁判が実現すべき確実性安定性要請を無視するほどに包括的であってはならないと留意する[445]（安定性要請）。このような再審制度をめぐる価値対立論を念頭に[446]，仲裁廷は次のように述べて，「事実」概念が「法」をも包摂するように柔軟に拡張していく契機を示唆した。

> 「事実概念は，法概念との絶対的な対照において描かれるべきではない。両者の区別は常に容易なわけではなく，法に関する証拠方法や，例外的には，法それ自体も包含するよう広く理解されなければならない。それは，*iura novit curia* 原則が適用されず，援用を主張する当事者が法の証明をしなければならない場合である。〔…新事実要件において本質的なのは，〕それが原判決に対して決定的影響を与える性質を備えていることであり，この要件は〔…〕裁判官による了知が推定されずその存在が事実要素の如く当事者によって証明されなければならない法によっても，例外的に充足されうる[447]」。

このように仲裁廷は，*jura novit curia* 原則を措定した上で，同原則が妥当しない「法」が例外的に存在し，そうした「法」は「事実」の如く当事者の証明責任に委ねられているとの理解を根拠に，再審要件としての「事実」概念の拡大解釈を行った（ただし，本件再審請求は結論的に却下[448]）。その意味で，仲裁廷が前提とした *jura novit curia* 原則は，本節冒頭で紹介した通説的説明に即したものである。しかし，再審請求という特殊な文脈で示されたためか，本説示はその後の判例においてほとんど参照されてきていない。

◇ 2　*Jura novit curia* の用法

むしろ，多くの国際判例が *jura novit curia* の法格言に帰せしめる意味は，裁判所・仲裁廷は判断形成に際して「当事者の弁論（pleadings）に拘束されない」という命題である[449]。換言すれば，当事者が提示した申立事項の認容・棄却・却下という判決主文に到達するに際して，裁判所・仲裁廷は，当事者が示した立論構成に捉われることなく法的推論を構成できるということである[450]。例えば，

---

(445)　*Heim et Chamant c. État allemand*, R.D.T.A.M., tome 3 (1924), pp. 54-55.

(446)　玉田大『判決効論』・前掲注（442）63-64頁；玉田大「国際裁判における判決再審手続」岡山大学法学会雑誌55巻3・4号（2006年）644-645頁。

(447)　*Heim et Chamant c. État allemand*, R.D.T.A.M., tome 3 (1924), p. 55.

(448)　*Heim et Chamant c. État allemand*, R.D.T.A.M., tome 3 (1924), p. 57.

(449)　*E.g.*, *Iurii Bogdanov v. Mordova*, SCC, Award (22 September 2005), paras. 2.2.1, 4.4.2 [Sole arbitrator: Giuditta Cordero MOSS].

◆ 第 2 部 ◆ 証拠法論の再構成

Jan Oostergetel v. Slovakia（2012年仲裁判断）で仲裁廷が同格言の意義を強調したのは，当事者（申立人側）の弁論，特に法的立論が極めて不明瞭かつ不十分であったがために，申立人の請求の意味を仲裁廷が解明（elucidate）してしまうことが手続上適切であることを示すためであった(451)。また，時機に遅れて提出された事実に関する証拠資料は通常その証拠能力が問題となるものの，法的争点に関する学術著作については，たとえ当事者が時機に遅れて提出したとしても，仲裁廷は同格言を根拠として参照することができる(452)。その意味で，同格言は法的判断の形成に際しての裁定機関の自律性を確保しようとする原理であり，法に関しては当事者の証明責任は観念されないという命題は必ずしも含まれていない。

◇ 3　裁判外で陳述された見解の斟酌：ICJ における特殊な用法

　国際司法裁判所の判決における用法に着目すると(453)，審理手続を欠席した被告が裁判外で非公式に陳述した見解を裁判所が判決形成に際して斟酌することの正当化という，極めて特殊な文脈において *jura novit curia* の法格言が用いられてきていることが分かる。もっともそれは，究極的には，訴訟手続上陳述された当事者の立論に拘束されないという命題に帰着する点では，先に見た国際判例の用法と整合的である。

ニカラグア事件本案判決

　ICJ の判決理由中に *jura novit curia* の格言が最初に登場するのは，おそらくニカラグア事件（1986年本案判決）であり，傍論ではなく判決理由たる法的推論の

（450）　*Patrick Mitchell v. Democratic Republic of the Congo*, ICSID Case No. ARB/99/7, Decision on the Application for the Annulment of the Award (9 November 2006), para. 57 [Antonias C. DIMOLITSA, Robert S.M. DOSSOU, Andrea GIARDINA]; *Caratube International Oil Company LLP v. The Republic of Kazakhstan*, ICSID Case No. ARB/08/12, Decision on the Annulment (21 February 2014), paras. 93-95 [Juan FERNÁNDEZ-ARMESTO, Tan Sri Dato Cecil W.M. ABRAHAM, Hans DANELIUS].

（451）　*Jan Oostergetel and Theodora Laurentius v. The Slovak Republic*, UNCITRAL ad hoc arbitration, Final Award (23 April 2012), paras. 141, 174-177 [Gabrielle KAUFMANN-KOHLER, Mikhail WLADIMIROFF, Vojtech TRAPL]. ただし，その根拠は UNCITRAL 手続規則ではなくスイス仲裁法である。

（452）　*Bosh International, Inc and B&P Ltd Foreign Investments Enterprise v. Ukraine*, ICSID Case No. ARB/08/11, Award (25 October 2012), para. 30 [Gavan GRIFFITH, Philippe SANDS, Donald McRAE].

◇ 第4章 ◇　紛争処理モデルに基づく証拠法論の再構成

一端を構成する形で言及されているのは，本書執筆時点（2015年8月）において本判決が唯一と思われる。ICJ は被告欠席の場合，自動的に原告勝訴の判決を下せるわけではなく，原告の「請求が事実上及び法律上充分に根拠をもつことを確認しなければならない」（規程53条2項）。本件において裁判所は，被告米国が本案審理を欠席した結果，事実認定の基礎となる証拠資料を欠くのみならず，米国の立論をも同定し難いという問題に直面した。本件で裁判所が *jura novit curia* の法格言に言及したのは，こうした欠席事案への対応という文脈であることと密

---

(453)　学説上，*jura novit curia* 原則の内容を示す ICJ/PCIJ 判例は，本文で検討する2つの判決以前に古くから存在してきたと言われることがある。杉原高嶺「国際司法裁判所における *jura novit curia* 原則」国際法外交雑誌109巻3号（2010年）4-5頁。確かに，それらの説示において同格言に関する以上の理解と親和的な命題は示されているものの，いずれの判決も *jura novit curia* のローマ法格言に明示的には言及していない。また，各判決は各々特殊な文脈を背景として示されたものであり，*jura novit curia* の法格言に包摂して理解すべきかはなお慎重にならざるを得ない。第1に，第7・第8判決解釈請求事件（1927年判決）で PCIJ は，「〔…〕判決を解釈するためには，裁判所は紛争当事国によって選択された定式に拘束されず，自由に判断できなければならない」と説示したが，これは，解釈請求国が定式化した主張の正否（oui ou non）を答えるだけでは解釈判決とは言えないことを強調するという，判決解釈手続固有の文脈を備える。*Interprétation des arrêt nos 7 et 8* (*Usine de Chorzów*), C.P.J.I. série A, n° 13, arrêt du 16 décembre 1927, pp. 15-16. 第2に，未成年者の後見人に関する条約適用事件（1958年判決）で ICJ が述べた「裁判所は，判決を基礎づける理由の選択において自由であり，〔…〕当事国が提起したすべての理由を検討する義務を負わない」との説示は，法解釈の自律性を強調するというよりは，特定の理由に基づいて申立事項に回答したならば別の理由付けに基づく重複する検討は不要であるという，訴訟経済上の考慮から示されたものである。*Affaire relative à l'application de la Convention de 1902 pour régler la tutelle des mineurs* (*Pay-Bas c. Suède*), arrêt du 28 novembre 1958, *C.I.J. Recueil 1958*, pp. 62, 71-72. 第3に，オスカー・チン事件において，その有効性につき疑義が呈されていた条約につき，両当事国がこれに依拠した議論を展開していることのみもって PCIJ が端的に同条約を適用法規として認めた（C.P.J.I. série A/B n° 63, p. 80; Opinion individuelle du Jonkheer van EYSINGA, C.P.J.I. série A/B n° 63, pp. 133-135; Opinion individuelle de M. SCHÜCKING, C.P.J.I. série A/B n° 63, pp. 148-150; Max SØRENSEN, *Les sources du droit international* (Copenhagen: Ejnar Munksgaard, 1946), pp. 46-47）ことに対して，学説上，*jura novit curia* 原則の放棄であると評釈されることがある（Ole SPIERMANN, *International Legal Argument..., supra* note (107), p. 373）。しかし，他ならぬ当時の PCIJ が *jura novit curia* 原則をどのように理解していたかを知る手掛かりが無い以上，その「放棄」を今日的視点から語ることは困難である。

137

◆ 第 2 部 ◆ 証拠法論の再構成

接に関わる。

> 「請求が法的基礎を充分に有しているか否かの判断に際して，*jura novit curia* 原則
> が意味するのは，適用法規に関して裁判所は，裁判における当事国の議論にのみ依
> 拠するわけではないということであり〔…〕，それ故，一方当事国の欠席の影響は
> 低い。〔…〕とはいえ，紛争に適用される法規についての当事国の見解は，とりわ
> け見解の一致がある場合において，非常に重要である(454)」（傍点中島）。

傍点部分の命題は，裁判所は適用法規の認定に際して，当事国が示した議論に
拘束されないとの命題と(455)，裁判上において当事国が示した議論に拘束されな
いとの命題に分解することができる。そして後者は，判決形成に際して裁判所が，
裁判外において当事者が示した議論を参照できるとの命題を内包する。事実，同
説示において引用されるアイスランド漁業管轄権事件判決（1974年）と併せて鑑
みると，裁判所が *jura novit curia* の法格言を参照したのは，規程53条2項に基
づく欠席国配慮要請に応えるために，裁判外において非公式に示された欠席国の
議論を参照することを正当化するためであったことが分かる(456)。そこで次に，
ICJ が先例として遡ったアイスランド漁業管轄権事件判決を検討していく。

アイスランド漁業管轄権事件

本件は，1971年にアイスランドが設定した50海里排他的漁業水域に国際法上の
根拠が無いことの確認（無効確認）を英国および西ドイツが申し立てた事案であ
る。被告アイスランドは，漁業水域に関する問題は同国の重大利益に関わるとし
て国際裁判による紛争処理に反対し(457)，すべての審理を欠席する一方，裁判所
に対しては様々な書簡を断続的に提出し続ける戦術を採った(458)。そこで裁判所

---

(454) *I.C.J. Reports 1986*, pp. 24-25, para. 29.

(455) *Cf. « Lotus »*, C.P.J.I. série A, n⁰ 10, arrêt du 7 septembre 1927, p. 31.

(456) Dinah SHELTON, "*Jura novit curia* in International Human Rights Tribunals",
Nerina BOSCHIERO, Tullio SCOVAZZI, Cesare PITEA and Chiara RAGNI (eds.),
*International Courts and the Development of International Law: Essays in Honour of
Tullio Treves* (T.M.C. Asser Press, 2013), p. 192.

(457) The Minister for Foreign Affairs of Iceland to the Registrar, 29 May 1972,
I.C.J. Pleadings, vol. II, pp. 374-376; The Minister for Foreign Affairs of Iceland to
the Registrar, 27 June 1972, *I.C.J. Pleadings*, vol. II, pp. 380-382; The Minister for
Foreign Affairs of Iceland to the Registrar, 4 December 1972, *I.C.J. Pleadings*, vol.
II, pp. 404-405.

◇第4章◇　紛争処理モデルに基づく証拠法論の再構成

は，次のような推論に基づいてアイスランドが提出した書簡を参照した。

「アイスランド政府が，原告の法的議論及び主張に対して反論し，あるいは見解を述べるために出廷しなかったのは遺憾である。しかし，国際的司法機関としての当裁判所は，国際法を裁判上了知しているものと見做され，それ故に裁判所規程53条に該当する事件についても他の事件と同様，当該紛争の処理に関連しうるすべての国際法規則を自らの主導で検討することが求められる。〔…〕国際法規則を立証ないし証明する責任はいずれの当事国にも課すことはできない。法は裁判所の裁判上の了知に属するからである。本件の適用法規を特定するために，裁判所は，原告が示した法的議論のみならず，アイスランド政府が裁判所に宛てた書簡や提出した文書に含まれる法的議論にも留意した。つまり裁判所は，両当事国の法的立場を考慮したわけである(459)」(傍点中島)。

本説示は傍点部分のみが独り歩きしがちであるものの(460)，その文脈上，被告

（458）　*Fisheries Jurisdiction, I.C.J. Pleadings,* vol. II, pp. 374 *et seq.*

（459）　*Fisheries Jurisdiction（United Kingdom v. Iceland）*, Merits, Judgment of 25 July 1974, *I.C.J. Reports 1974*, p. 9, para. 17; *Fisheries Jurisdiction（Federal Republic of Germany v. Iceland）*, Merits, Judgment of 25 July 1974, *I.C.J. Reports 1974*, p. 181, para. 18.

（460）　本説示につき，デ・カストロ（Federico de Castro）判事は個別意見の中で次のように敷衍している。「国際慣習法は証明される必要が無い。これは一般的性格を備え，その妥当性に関する一般的確信（法的信念）に基づくものである。裁判所は国際慣習法を職権で適用しなければならない。裁判所はそれを法的問題として了知する責務を負う：裁判所は法を知る（*iura novit curia*）。地域的な慣習や慣行及び特別慣習のみが証明を要するのである」（Opinion individuelle de M. de CASTRO, *I.C.J. Reports 1974*, p. 79）。彼の批判の矛先は，沿岸国が12海里を超えて漁業管轄権を設定する権利が国際法上認められていることの証明責任は被告アイスランドが負うという，適用法規の不明瞭を自らに有利に解釈する原告英国及び西ドイツが用いた論理である。Memorial of the Federal Republic of Germany, *I.C.J. Pleadings*, p. 231, para. 60; Memorial of the United Kingdom, *I.C.J. Pleadings*, p. 347, para. 229; *voir aussi*, Stephen R. KATZ, "Issues Arising in the Icelandic Fisheries Case", *I.C.L.Q.*, vol. 22 (1973), p. 95. その前提にあるのはおそらく，彼自身が前提とする客観主義的な慣習法理論である。デ・カストロは，国内法（英国法）上，一般慣習と特別慣習とが区別され，コモンローに属する前者は証明を要せず，後者のみが証明を要するというブラックストンのイングランド法註釈からの類推により，国際慣習法は一般的性格を備え「その妥当性に関する一般的確信（la conviction générale de sa validité）」を基礎とするが故に，裁判上の了知に属し証明を要しないと主張する。Opinion individuelle de M. de CASTRO, *I.C.J. Reports 1974*, p. 79. 個別国家の同意を希薄化した「一般的確信」を国際慣習法の基礎と捉え，適用射程の一般性を根拠として証明対象から除外する論理である。

139

◆ 第2部 ◆ 証拠法論の再構成

アイスランドにより非公式に示された法的議論を，裁判所が判決形成に際して参
照することの正当化に主眼があることが分かる。本判決の中では *jura novit*
curia への明示的な言及はないため，後年のニカラグア事件判決において裁判所
は，こうした方式を通じて欠席国に配慮する運用を *jura novit curia* 原則の適用
の結果であると遡及的に性格規定したものと分析することができる。

Jura novit curia と紛争処理

先に述べた通り，国際司法裁判所では，被告が欠席の場合でも，原告の「請求
が事実上及び法律上充分に根拠を持つことを確認」しなければならないという，
欠席国に配慮した制度設計が採用されている[461]。国際判決の履行が当事国の受
容意思に依存していることを想起するならば，欠席国との関係においてもなお判
決推論の説得性を高めることの重要性は容易に理解しうる。こうした観点からは，
欠席国自身が法廷外で示した法的見解は，裁判所にとって極めて有益な情報源と
なりうる。他方，出廷当事国との関係においては，このように欠席国の裁判外で
の見解表明を裁判所が無条件に斟酌することには問題が残る。なぜなら，そうし
た書簡は手続法上要請される様式性や提出期限といった要件を具備する必要から
免れるため，その点で出廷国との関係で欠席国が不当に有利な地位に立つことを
可能とするからである[462]。

この点，裁判所が定式化した *jura novit curia* 原則は，欠席国の非公式陳述の
中で法的議論に関する部分についてのみ裁判所による斟酌を承認することで，以
上の価値対立に折り合いをつけていることが分かる。まず，同原則を前提とする
と，適用法規は裁判所の了知に属する事項なのだから，裁判上における当事国の
立論構成に拘束されないどころか，欠席国の非公式陳述を含めた各種資料を参照
するのも自由であることが帰結し，これは欠席国配慮要請に適うものと位置付け
られる。他方，欠席国への配慮を推し進めるならば，法的立論のみならず事実の
主張立証をも斟酌すべきことが帰着するものと思われるが，同格言は事実の主張

---

(461) Hans von MANGOLDT and Andreas ZIMMERMANN, "Article 53", *I.C.J.
Commentary 2006*, p. 1169.

(462) Sir Ian SINCLAIR, "Some Procedural Aspects of Recent International
Litigation", *I.C.L.Q.*, vol. 30 (1980), pp. 356-357; Sir Gerald FITZMAURICE, "The
Problem of 'Non-Appearing' Defendant Government", *B.Y.I.L.*, vol. 51 (1980),
pp. 116-118.

◇ 第 4 章 ◇　紛争処理モデルに基づく証拠法論の再構成

立証の斟酌は正当化しない。なぜなら，そうした契機は本来的に手続的公正を欠くものとして，事実認定の「正しさ」を毀損しうる可能性を内包しているためである。その結果，欠席国が証拠調べに関する訴訟法上の制約を免れて不当に有利な主張立証を行う契機は否定されている。以上に鑑みるならば，国際司法裁判所は，欠席事案において *jura novit curia* の法格言を参照することによって，欠席国の非公式陳述のうち法的立論についての斟酌を可能とすることで欠席国配慮要請に応えると同時に，事実に関する主張立証の契機は承認しないことで出廷国との関係における手続的公正を配慮し，裁判手続の内外に存在する両当事国との関係での判決の説得力を確保し，もって紛争処理に資するべく試みたものと分析することが可能である。

◆ 第 2 項　「法」の証明

　以上のように，*jura novit curia* 原則は，欠席事案における裁判の紛争処理機能を担保する目的から援用されてきている。その一方，国際裁判における証明対象の範囲を論理演繹的に画する公理たる地位が与えられてきたわけではない。以下に見るように，「裁判所は法を知る」にも関わらず，条約解釈や慣習法認定につき，当事者の主張立証に依存し，最終的には証明責任分配により処理した事例が数多く存在し，しかもそうした処理が *jura novit curia* 原則と抵触するという問題関心が抱かれた例はほぼ存在しない。それらの裁判例における関心の所在はむしろ，「法」について一方当事者に証明責任を観念することを通じて判決推論上の適用法規認定プロセスの説得性を確保すること（1.），あるいは，当該裁判における適用法規認定の意義を当該事案限りに限定することにある（2.）。いずれも，二辺的紛争処理という国際裁判の制度目的への貢献を意図した法的推論と位置付けられる。

◇ 1　適用法規認定の正当化

慣習法の証明

　まず，証明責任の分配によって国際慣習法の存否を結論した先駆的事例として，ロシア賠償事件（常設仲裁裁判所 1912年仲裁判断）が挙げられる。本件は，オスマン帝国がロシアに対して負っていた講和条約上の損害賠償義務の履行遅滞を理由に，ロシアがその利子の支払いを請求した事案であるところ，講和条約が利子に

141

◆ 第 2 部 ◆　証拠法論の再構成

関する規定を含んでいなかったことから，利子の支払い請求の可否そのものが争われた事例である(463)。この点ロシアは，「国家責任の一般原則」を根拠として，賠償義務の履行遅滞に起因する利子の支払義務も，オスマン帝国が解除すべき責任に含まれると主張したのに対し，オスマン帝国は，公権力を備える国家の「独特の (*sui generis*)」地位を根拠に，国際法上，明示の規定が無い限り利子は発生しないとの責任論を導き，本件債務は遅滞利子の支払義務を伴わないと主張した(464)。

仲裁廷は，あらゆる非行 (les fautes(465)) は淵源に関わらず最終的に金銭的に算定され金銭債務に変容するとの一般論を前提に，ここから逸脱する国際慣習の存在をオスマン帝国が証明しなかったことを根拠として，履行遅滞に対する利子請求を認める国際法の存在を肯定した（ただしロシアによる請求の放棄が別段認定されたため，結論的には利子支払請求は棄却(466)）。

　「国家責任の一般原則は，反対の国際慣習の存在が証明されない限り，金銭債務の支払遅滞に関する特別の責任を内包していると仲裁廷は考える。〔…〕トルコは，〔…〕遅滞利子が遅滞利子であることを理由に拒絶されたという慣習や先例の存在，遅滞債務に関して責任の一般原則を逸脱する慣習の存在を証明しなければならなかった。仲裁廷は，この証明はなされなかったと考える〔…〕(467)」（傍点中島）。

慣習法の証明が求められた具体例

このロシア賠償事件を筆頭に，慣習法の存否内容を証明対象として観念した国際判例は少なくない。そこに共通するのは，オスマン帝国が主張した国家責任論を仲裁廷が「反対の国際慣習」あるいは「逸脱する慣習」であると形容したように，何らかの一般原則の存在を前提として，それとは異なる例外的な規範内容を備える慣習法の存在が主張される場合には，その存在を主張する当事者がその証

---

(463)　Sentence du tribunal arbitral constitué en vertu du compromis d'arbitrage signé à Constantinople entre la Russie et la Turquie le 22 juillet/4 août 1910, sentence du 11 novembre 1912, *R.S.A.*, tome 11, pp. 434-438 [LARDY, DE TAUBE, MANDELSTAM, ABRO BAY, RECHILD BAY].

(464)　*R.S.A.*, tome 11, pp. 438-440.

(465)　山口俊夫編『フランス法辞典』（東京大学出版会，2002年）227頁。

(466)　*R.S.A.*, tome 11, p. 446.

(467)　*R.S.A.*, tome 11, p. 441.

◇第4章◇　紛争処理モデルに基づく証拠法論の再構成

明責任を負うとの推論である。具体的には，領海に対して沿岸国の主権が及ぶという原則論との関係で航行国の無害通航権の内容を「例外」と性格規定した例(468)，海洋境界画定についても *uti possidetis* 原則が妥当することを前提に，同原則が適用されない条約類型の存在主張を「例外」と性格規定した例(469)，武力紛争に関するジュネーブ諸条約の諸規定は基本的に国際慣習法として結晶化したとの前提から，個別の規定につき例外的にそうではないと主張する場合にはその証明を要するとした例(470)，契約違反はそれ自体としては国際法違反を構成しな

---

(468)　パナマ国営航行会社事件（米国＝パナマ請求委員会 1933年判断）は，パナマ商船が米国領海を航行中に拿捕されたことに起因する損害賠償請求事案であり，無害通航権を享受するはずの同船に対する沿岸国米国の権限行使の合法性が争われた（同商船が以前に船舶衝突事故を起こしていたことが拿捕の背景）。委員会は，当時において領海幅員3海里規則が確立していたことを確認した上で，「この主権の完全性に対する例外（Exceptions）は，明白な権威によって支持されなければならない」と述べ，そのような権威が無いことを根拠としてパナマの請求を退けた。無害通航権に基づく免除というパナマの主張を沿岸国の主権に対する例外と性格規定した結果として，証明責任論類似の法的推論を帰結せしめた判断である。*Compañia de Navigación Nacional* (*Panama*) *v. United States*, 29 June 1933, *R.I.A.A.*, vol. 6, pp. 382-384 [Daniel Wigbold van HEECKEREN, Elihu ROOT, Jr., Horacio F. ALFARO]; *voir aussi*, Gérard NIYUNGEKO, *supra* note (5), p. 91.

(469)　ギニアビザウとセネガルの間で海洋境界画定が争われた事件（1989年仲裁判断）では，ギニアビザウがその主張の一つとして，*uti possidetis* 原則が適用される条約は一定の古さ（l'ancienneté）を要するがために懸案の協定（1960年締結）は承継されないと主張したのに対し，仲裁廷は，「本仲裁においてギニアビザウは，そのような条件を要求するいかなる国際法規範の存在も証明できなかった」と述べ，ギニアビザウの主張を退けた。仲裁廷は，こうしたギニアビザウの主張を *uti possidetis* 原則に対する例外（des exceptions）と性格規定しており，この性格規定が法の存否認定を証明責任論で処理する前提となっている。*Affaire de la délimitation de la frontière maritime entre la Guinée-Bissau et le Sénégal*, sentence du 31 juillet 1989, *R.S.A.*, tome 20, pp. 144, 146, paras. 62, 68 [BARBERIS, GROS, BEDJAOUI].

(470)　エリトリア＝エチオピア紛争（1998-2000年）に起因する請求権問題を処理した請求委員会では，エリトリアによるジュネーブ諸条約の批准が2000年であったことから，それ以前の武力紛争については国際慣習法が適用法規となり，その内容の同定が必要となった。委員会（2003年部分判断）はこの点，ジュネーブ諸条約が今日ではほぼ普遍的に受容されていることを根拠に，適用法規である国際慣習法はジュネーブ諸条約の規定を反映したものであると認定した上で，「いずれかの当事国が，ジュネーブ諸条約の特定の関連規定が関連する時点において国際慣習法の一部と考えられないと主張する場合，委員会は当該問題を決定し，証明責任は当該主張国に課される」

143

◆ 第2部 ◆　証拠法論の再構成

いとの原則論から，適用法規たる個別の投資協定上のいわゆる傘条項がなお契約
上の義務を含むと主張する側がその証明責任を負うとしたと分析しうる事例[471]，
などが挙げられる。

条約解釈の証明

「例外」的な規範内容を備えた法規範の存在を主張する当事者が証明責任を負
うとするこうした論理は，慣習法の認定のみならず条約解釈についても見て取る
ことができる[472]。その先駆が，北大西洋沿岸漁業事件（常設仲裁裁判所 1910年仲
裁判断）であり，1818年に英米間で締結された漁業条約の解釈を巡る紛争である。
同条約は，当時大英連邦を構成していたニューファンドランド及びカナダの沿岸
における米国住民の漁業に関する「自由」を認めていたところ，沿岸国である英
国が当該「自由」を規制する権限を持つか否かが争われた（条約上は明示規定な
し[473]）。その意味で，本件はいわば米国の漁業権と英国の規制権とが衝突した
事案である[474]。仲裁廷はこの点，領海に対して沿岸国の領域が及ぶとの原則論
を前提とした上で，そうではない（漁業規制権が沿岸国に残存していないとする）条
約解釈の証明責任を米国が負うと推論した。

とした。Eritrea Ethiopia Claims Commission, *Prisoners of War: Ethiopia's Claim 4*,
Partial Award of 1 July 2003, paras. 29-32 [Hans van HOUTTE, George H.
ALDRICH, John R. CROOK, James C.N. PAUL, Lucy REED].

(471)　*SGS Société Générale de Surveillance S.A. v. Islamic Republic of Pakistan*,
ICSID Case No. ARB/01/13, Decision on Objections to Jurisdiction (6 August 2003),
para. 167 [Florentino P. FELICIANO, André J.E. FAURÈS, J. Christopher
THOMAS].

(472)　以下で検討していく条約解釈の推論構造と証明責任論の類似性は，古くから指
摘されている。Georges RIPERT, « Les règles du droit civil applicables aux rapports
internationaux（Contribution à l'étude des principes généraux de droit visés au
statut de la Cour permanente de Justice internationale）», *R.C.A.D.I.*, tome 44
（1933-II）, p. 647. また，条約解釈について証明責任を観念する論者は，条約の契約的
性格を理論的前提とする傾向にあると指摘される。Luigi FUMAGALLI, *supra* note
(417), p. 143 (note 23). この点は本文にて敷衍する。

(473)　*The North Atlantic Coast Fisheries Case*（*Great Britain/United States*）, Award
of 7 September 1910, *R.I.A.A.*, vol. 11, p. 180 [H. LAMMASH, A. F. de SAVORNIN
LOHMAN, G. GRAY, Luis M. DRAGO, Charles FITZPATRICK].

(474)　Robert KOLB, *Interprétation...*, *supra* note (61), p. 94.

◇ 第 4 章 ◇　紛争処理モデルに基づく証拠法論の再構成

「1818年条約によって付与された自由の規制権は主権の属性であり，反対の規定が無い限りは領域主権者に残存すると考えなければならない。主権の基本的要素の一つはそれが領域的限界内で行使されるということであるから，反対の証明が無い限り，領域は主権と等しい。それ故，米国の申立に含まれる主張（規制権が領域主権者英国に残存していないこと）の責任は米国が負う[475]」（傍点中島）。

その結果，仲裁廷は米国の主張立証をすべて退け，規制権は英国の主権に内在するものと結論付けた[476]。ここでは，領海に対して沿岸国の主権が及ぶという原則論との関係における米国の条約解釈の異質性が，証明責任分配の根拠として位置付けられたものと分析しうる[477]。

領海に対する沿岸国の主権から証明責任分配が導かれたのが本件であるのに対し，公海自由の原則から証明責任分配が導かれたと理解しうる判断が，オットセイ漁に従事する英国船舶が北太平洋の公海上で米国の沿岸警備船により拿捕されたことに起因する損害賠償請求事案（英米仲裁廷 1921年仲裁判断）である。本件では，公海上で外国船舶を臨検する沿岸国の権利の内容が争われ，取締国米国は，英国船舶が，武器弾薬を「所持」していたことを自らの措置の根拠として援用した。この点仲裁廷は，公海自由の原則に照らせば，米国が主張する取締権限は「例外」に属するとの理解を前提に，条約解釈につき米国の証明責任を観念した。

「国際海事法の基本原則は，戦時あるいは特別の合意が存在する場合を除き，いかなる国家も，公海上を合法的に航行する外国船舶に対して臨検・捜索する権利を行使しえない。Wanderer号は公海上に所在していた。本件では戦争は問題とならない。それ故米国は，自己の海事当局が特別の合意の下で行動したことを示さなければならない。そうした特別合意は一般原則に対する例外である以上，厳格に解釈されなければならない[478]」（傍点中島）。

より具体的には，「特別合意[479]」が禁止しているのは火器の「使用」のみで

---

(475)　*R.I.A.A.*, vol. 11, p. 180.

(476)　*R.I.A.A.*, vol. 11, pp. 188-189.

(477)　本件では 7 つの条約解釈問題が仲裁廷に付託されたが，本文で検討した問題を含め，3 つの問題について，当事者に証明責任論が観念されている。*R.I.A.A.*, vol. 11, p. 195, 200.

(478)　*Owners, Officers and Men of the Wanderer* (*Great Britain*) v. *United States*, 9 December 1921, *R.I.A.A.*, vol. 6, p. 71 [Henri FROMAGEOT (umpire), Charles FITZPATRICK and Chandler P. ANDERSON]; Chandler P. ANDERSON, "American and British Claims Arbitration Tribunal", *A.J.I.L.*, vol. 15 (1921), p. 267.

◆ 第2部 ◆ 証拠法論の再構成

あり，「所持」については何も規定していないことから，仲裁廷は拿捕に根拠が無かったものと結論付けた[480]。

補充的解釈論

これらの事例において仲裁廷は，条約解釈について当事国に証明責任を観念すると同時に，その証明がなされなかった場合に立ち戻るべき原則論（沿岸国の主権や公海自由）をあらかじめ措定することで，仲裁廷自身が最終的に到達する条約解釈の論拠を確保している。こうした法的推論は，当事者の自律的な規律から帰結する一定の契約類型を前提とした上で，その契約類型に関して通常備わるべき契約規範（本性的要素）を契約内容として補充すると同時に，その変更または排除（偶有的要素）は当事者の具体的規律によってのみ行われうるものとすることで，契約の類型的整序を通じた契約正義の実現を志向する契約補充の理論に類する構造を備えたものと分析しうる[481]。すなわち，沿岸国と漁業国の利害調整を意図した条約類型において，明示規定を欠く規律領域については沿岸国主権や公海自由といった原則論に即したかたちで内容を補充することで，沿岸漁業権益の調整という社会的文脈に即した条約解釈をまず導出する。こうした条約規律の補充（本性的要素）は，当事国間の合意を通じて任意に変更排除できるものの，一般原則に由来する本性的要素との関係では，そうした変更排除はあくまで偶有的な存在として観念される。そうであるがために，解釈をめぐる論争が生じた場合には，偶有的要素である「例外」的な法命題の存在を主張する側が証明責任を

---

(479) 「特別合意」6条は次のように規定している。「オットセイ漁における網，火器および爆発物の使用は禁止される」。*Moore,* vol. 1, p. 940. この「特別合意」とは，ベーリング海オットセイ事件（1893年判断）の名で著名な仲裁判断中に含まれる規則である。同事件も本件と同様，公海上でオットセイ漁に従事する英国船舶を米国が拿捕したことに起因する紛争であり，同海域における英国漁船によるオットセイ乱獲に対する米国の保存措置が問題となった事案である。仲裁廷は，結論として米国は公海上におけるオットセイの保存権を有しないと判断したが，そのことは，英国の協力なくしては米国が望む公海におけるオットセイの保存は実現し得ないこと意味する。そこで両当事国は，そうした場合にいかなる規則が必要かの判断を仲裁廷に求め，そこで示された規則が本件事案を規律する唯一の拘束的合意であった。*Voir,* Fur Seal Arbitration, *Moore,* vol. 1, pp. 935-945.

(480) *R.I.A.A.,* vol. 6, p. 73.

(481) 石川博康『「契約の本性」の法理論』（有斐閣，2010年）505-506頁。

146

◇ 第 4 章 ◇　紛争処理モデルに基づく証拠法論の再構成

負うべきことが帰結すると考えられるわけである。

　このような証明責任分配を前提とすることで，偶有的要素を主張する当事者による主張立証の機会を手続上保障すると同時に，その立証が失敗に終わった場合でも，仲裁廷が最終的に示す法解釈は本性的要素を備えたものであることが約束される。つまり，仲裁廷が到達する結論は，偶有的要素の存在を手続上確認したか，あるいは本性的要素を備えたものであるということとなり，いずれかの推論に基づいて法解釈の説得性を備えたものであることがあらかじめ約束されているわけである。こうした手法は，国家間合意を基調としつつも，合意の外側には一般原則の存在も観念しうる国際法秩序の性質を踏まえた法解釈における説得性を確保する手段であると分析しうる。そのため，慣習法を意思主義的に構成する立場（黙示の合意論）を前提とするならば，同様の分析は慣習法の証明に関する先の国際判例にも妥当する。

条約解釈における「特別の意味」の証明

　こうした補充的解釈論と類似する論理構造を備えるのが，条約解釈における「特別の意味」の規則であり，条約法条約31条 4 項にある「用語は，当事国がこれに特別の意味を与えることを意図していたと認められる場合には（if it is established），当該特別の意味を有する」との命題である（傍点中島）。同項の規定振り自体はやや曖昧であるものの，同項は「特別の意味」を主張する当事者がその証明責任を負うとの命題を含むものとして理解され[482]，そうした理解を前提に援用されている[483]。

　この点，国連国際法委員会の準備作業で念頭に置かれていたのは東部グリーンランド事件（PCIJ 1933年判決）であり，グリーンランド東部を自国領土に組み込む勅令（1931年）を発したノルウェーに対し，グリーンランド全域に対する領域主権を主張するデンマークが異議を唱えたことに端を発する紛争である。自らの領域権原を基礎づける「主権の表示」としてデンマークが挙げた18世紀の国内法

（482）　Richard GARDINER, *Treaty Interpretation* (Oxford University Press, 2008), pp. 292-294.

（483）　*Poštová banka, a.s. and Istrokapital SE v. Hellenic Republic*, ICSID Case No. ARB/13/8, Award (9 April 2015), para. 100 [Eduardo ZULETA, Brigitte STERN, John M. TOWNSEND].

◆第2部◆　証拠法論の再構成

令について[484]，ノルウェーは，当該デンマーク法令における「グリーンランド」の文言は同島全体ではなく，当時デンマークが設立していた西部海岸の一部植民地区域のみを指していると解することで，その証拠価値の減殺を試みた[485]。しかし裁判所は，ノルウェーがそうした「グリーンランド」の特殊な用語法を証明していないことを根拠として，ノルウェーの主張を退けた。

> 「これは，ノルウェーが証明責任を負う問題である。『グリーンランド』の地理的な意味，すなわち地図において同島全体を指すものとして通常用いられている名称が用語の通常の意味と見なされなければならない。仮に一方当事国が通常でない例外的な意味（un sens inusité ou exceptionnel）が付されていると主張する場合には，当該当事国はそのことを証明しなければならない。ノルウェーはその主張を証明していないというのが裁判所の意見である[486]」（傍点中島）。

本件におけるデンマーク国内法令は適用法規ではなく，デンマークの領域権原を基礎づける「主権の表示」の証拠として位置付けられていることから，その意味内容の解明は事実問題として位置付けられる。しかし，国連国際法委員会はこうした文脈を捨象し，その論理のみを抽出して条約解釈規則として精製するに至った。もっとも，成立した解釈規則それ自体についての争いは少なく，例えば西サハラ事件（1975年勧告的意見）でICJは，東部グリーンランド事件判決を引用しつつ，条約上用いられている地名の意味について特別な意味を主張するモロッコがその証明責任を負うと判断し[487]，領土・島・海洋境界紛争事件（1992年判決）では，海洋境界画定訴訟に一般的に見られる「画定（delimitar）」ではなく「海洋空間の法状況〔…〕の決定（determinar）」という表現が用いられた付託合意の解釈の文脈で，用語の通常の意味等を踏まえれば「決定」と「画定」は同視し得ないとした上で，ホンジュラスが主張する解釈[488]を「特別の意味」と位置付け，「それ故その証明責任はホンジュラスが負う」と判断している[489]。

---

(484)　裁判所によれば，立法は最も明白な主権的権限の行使形態の1つである。*Statut juridique du Groënland oriental*, C.P.J.I. série A, n° 53, arrêt du 5 avril 1933, p. 48.

(485)　*E.g., Contre-mémoire du gouvernement norvégien*, le 15 mars 1932, C.P.J.I. série C, n° 62, pp. 414, 418, 420.

(486)　C.P.J.I. Série A, n° 53, p. 49.

(487)　*Sahara occidental*, avis consultatif du 16 octobre 1975, *C.I.J. Recueil 1975*, pp. 52-53, para. 116.

◇第4章◇　紛争処理モデルに基づく証拠法論の再構成

　こうした「特別の意味」の規則は，「例外」を主張する側に証明責任を分配することを通じて主張立証の機会を保障する点では，先に検討した補充的解釈論と軌を一にする。他方，用語の「例外」的意味と対峙する「通常」の意味については何らかの本性的要素が観念されるわけではないことから，別途の基礎づけが必要となる。この点についてコルブ（Robert Kolb）は，条約文言の「特別の意味」について事実問題の如く[490]証明責任が観念される根拠は，一言でいえば法的安定性要請であり，条約起草者が表示し得たはずで，かつ表示すべきであった意味に反するためと説明する[491]。つまり，法的安定性を根拠として「特別の意味」に反対の推定が成立し，その帰結が上述のような証明責任の分配であると構成するわけである[492]。用語の通常の意味は，解釈規則に従って与えられる（to be given/à attribuer）ものであるから（条約法条約31条1項），本来的に当事国の元々の意図から乖離する契機がある。他方，「特別の意味」の規則は条約起草時の当事国の実際の意図に立ち返ろうとする点で，文言主義的な解釈を緩和（un tempérament）する契機と位置付けられる[493]。つまり，条約文言の「特別の意味」を証明対象と観念することで，起草者意思に立ち返る契機を手続的に保障しつつ，用語の通常の意味の優位性を維持することで法的安定性の要請に応えるという，条約解釈における複雑多様な要請を調整し説得的な解釈を帰結せしめることが志向されているものと分析できる。

---

(488)　ホンジュラスの解釈は，同湾が沿岸諸国の共同統治（condominium）に服するがためにそもそも画定自体が不適当との立場に立つエルサルバドルとの間での付託合意締結が難航したため，双方にとって中立的な表現を用いることで，その解釈を裁判所に委ねたというものであった。*I.C.J. Reports 1992*, p. 585, para. 377.

(489)　*I.C.J. Reports 1992*, p. 585, para. 377.

(490)　Robert KOLB, *Interprétation…, supra* note (61), p. 439. 本書の立場とは異なり，コルブは国際裁判における *jura novit curia* 原則の妥当を肯定するため，事実観念の操作を通じた論理整合性の維持が必要となる。Robert KOLB, "General Principles of Procedural Law", *I.C.J. Commentary 2006*, p. 820.

(491)　Robert KOLB, *Interprétation…, supra* note (61), p. 438.

(492)　Robert KOLB, *Interprétation…, supra* note (61), pp. 438-439.

(493)　Robert KOLB, *Interprétation…, supra* note (61), pp. 437, 439.

◆ 第 2 部 ◆ 証拠法論の再構成

◇ 2 適用法規認定の個別化

「法」を証明対象として観念すると，裁判所による適用法規の解釈の説得性を確保することができるのみならず，そうした適用法規の解釈を当該事案限りに個別化することが可能となる。

地域的慣習の証明

庇護事件（ICJ 1950年判決）は，ペルーでの武装蜂起に失敗した亡命者アヤ・デ・ラ・トーレ（Haya de la Torre）氏が在リマ・コロンビア大使館に庇護を求め，コロンビア大使が庇護を与えたという事案であり[494]，大使館の不可侵を根拠とした庇護（いわゆる外交的庇護）の国際法上の地位が争われた事件である。本件コロンビアが主張した外交的庇護の内容は，庇護付与の要件充足性の認定権限は専ら庇護付与国が有し，領域国は庇護付与国の認定に拘束されるという踏み込んだものであった（付与国認定拘束説[495]）。こうした立場を採用したと解釈しうる条約（1933年モンテビデオ条約）は存在していたのもの，ペルーは批准していなかったため，コロンビアは，自らの主張を地域的慣習たる「米州国際法」に基礎づけ，その存在証明のために多数の国家実行を援用した[496]。対するペルーは，そのよ

---

(494) *Affaire du droit d'asile*（*Colombie/Pérou*），arrêt du 20 novembre 1950, *C.I.J. Recueil 1950,* p. 273.

(495) コロンビアによれば，そのような内容を備える外交的庇護制度は南米大陸固有の事情により発展したとされる。すなわち，国際法上の政治亡命者庇護制度は，人道の理念を背景として当初欧州大陸で確立し，これが19世紀の南米諸国の独立とともに南米大陸へと伝わったというのが歴史的な経緯である。しかし一般に，欧州諸国に比して南米諸国の国土は広大であるため，当時においては亡命者が外国領域に到達し，また外国と通信することは極めて困難であった。そのため，権力闘争の敗者が国内にある他国の外交使節に庇護を求める慣行が発生し，これが南米諸国に浸透し慣習として成立したという主張である。*Mémoire du gouvernement colombien, C.I.J. Mémoires, Affaire du droit d'asile*（*Colombie/Pérou*），vol. I, p. 24 ; *C.I.J. Mémoires, Affaire du droit d'asile*（*Colombie/Pérou*），vol. II, pp. 101-102 [M. YEPES]. そのような外交的庇護制度における付与国認定拘束説の根拠は，内戦という憲法秩序の停止状態において亡命者の基本的権利を保護するという庇護制度の実効性の確保要請に求められ，コロンビアは，セルの二重機能論を援用しつつ，これを庇護付与国の国際的「権限」として論理構成した。*Réplique du gouvernement colombien, C.I.J. Mémoires, Affaire du droit d'asile*（*Colombie/Pérou*），vol. I, p. 390; *C.I.J. Mémoires, Affaire du droit d'asile*（*Colombie/Pérou*），vol. II, p. 390 [M. VASQUEZ].

(496) *Réplique du gouvernement colombien, C.I.J. Mémoires,* vol. I, pp. 358-372.

◇ 第4章 ◇　紛争処理モデルに基づく証拠法論の再構成

うな慣習の存在を否定した[497]。

　裁判所はこの点，付与国認定拘束説に基づく外交的庇護の「権限は例外的性質（une nature exceptionnelle）を帯びて」おり，各国家の平等な認定権からの逸脱であるとの前提から[498]，そうした地域的慣習の存在を主張するコロンビアが証明責任を負うとし，その存在証明がなされなかったことを根拠に，同慣習に基づく申立を棄却した。

　「この種の慣習を援用する当事国は，それが他方当事国にとって義務的な態様で成立していることを証明しなければならない。コロンビア政府は，自らの主張する規則が問題となる諸国によって実行される一貫しかつ均質な慣行と整合的であること，及び当該慣行が庇護付与国の権利と領域国の義務を表現するものであることを証明しなければならない。このことは〔…〕裁判所規程38条から導かれる。〔…〕それ故裁判所は，コロンビア政府がそのような慣習の存在を証明したと認めることはできない。仮に当該慣習が南米の特定国間の間で存在していたとしても，それはペルーには対抗し得ない[499]」（傍点中島）。

　換言すれば，国家平等という原則論を前提とすれば，付与国認定拘束説は「例外」的であるが故に，それを主張するコロンビアが証明責任を負うとの推論であり，先に検討した仲裁判断と同様，一般原則との整合性と手続保障という2点から結論の説得性を担保する推論と分析しうる[500]。

証明対象の操作を通じた法解釈の個別化

　加えて，上の引用の傍点部分に端的に表れているように，裁判所は地域的慣習

（497）　Duplique du gouvernement péruvien, *C.I.J. Mémoires,* vol. I, p. 400.

（498）　*C.I.J. Recueil 1950,* p. 275.

（499）　*C.I.J. Recueil 1950,* pp. 276-278.

（500）　同様の判断は，直後のモロッコの米国民権利事件（1952年判決）にも見られる。*Rights of Nationals of the United States of America in Morocco,* Judgment of 27 August 1952, *I.C.J. Reports 1952,* p. 200. 同判断には共同反対意見が付されたが，その批判の根拠は，提出された証拠は慣習に基づく領事裁判権の存在を十分証明しているという証拠評価の次元にあり，証明責任論による処理そのものではない。すなわち，地域的慣習は証明責任論で処理されるという前提については，全会一致で共有されていた。*Voir,* Dissenting Opinion of Judges HACKWORTH, BADAWI, LEVI CARNEIRO and Sir Benegal RAU, *I.C.J. Reports 1952,* pp. 219-220. その後の援用例として，*E.g., The Indo-Pakistan Western Boundary (Rann of Kutch) between India and Pakistan,* Award of 19 February 1968, *R.I.A.A.,* vol. 17, p. 249 [India].

◆ 第 2 部 ◆　証拠法論の再構成

の証明責任をコロンビアに分配することで，付与国認定拘束説を内容とする慣習
の不存在という結論を本件事案限りに個別化しようしていることが分かる。すな
わち本件は，アヤ・デ・ラ・トーレの身柄引渡という具体的問題の処理の前提と
して，それまで比較的緩やかに外交的庇護を認めてきたコロンビアが，厳格にこ
れを否定してきたペルーとの関係で妥当する法状況の一般的宣言を求めた事案で
あり[501]，本件の具体的処理を超えた波及的効果が企図されていたと見ることが
可能である。しかしこの点，当時の米州諸国における外交的庇護実行は均質とい
うには程遠く[502]，付与国認定拘束説を採用したとも解しうるモンテビデオ条約
が成立するものの[503]，ペルーを含め，同条約は広く批准されていたわけではな
かった。こうした文脈において裁判所は，地域的慣習の存在についてコロンビア
に証明責任を分配し，その証明の不十分さを判断の基礎とすることで，「仮に当
該慣習が南米の特定国間の間で存在していたとしても」本件の適用法規としては
認定しないという形で，裁判所の認定を本件限りにとどめ，裁判外での国際法の
形成発展に与える影響を限定しようとした（米州諸国自身の手に委ねた）と分析す
る こ と が 可 能 で あ る[504]。こ の 点，シ ュ ヴ ァ ル ツ ェ ン ベ ル ガ ー（Georg
Schwarzenberger）が本判断に付した「司法機関は，特定の規範に対する責任から
免れることを望み，そのために当該規範に対して事実的性格を付すこともある」
との評釈は[505]，国際司法裁判所の制度目的として「国際法の形成発展」を想定
した上で，本件裁判所がこれに貢献する機会を逸したことへの婉曲的な批判と考
えられる。しかし，本件における地域的慣習の扱いは，個別の紛争処理という制
度目的との関係ではあくまで付随的な地位を「国際法の形成発展」に与える裁判

---

(501)　*Réplique du gouvernement colombien, C.I.J. Mémoires, Affaire du droit d'asile*
（*Colombie/Pérou*），vol. I, p. 390.

(502)　外交的庇護に関する包括的研究は，極めて保守的なペルーとドミニカを一方の
極に，極めて寛容なウルグアイとメキシコを他方の極として南米諸国の実行に大きな
隔たりがあったと指摘する。Carlos URRUTIA-APARICIO, *Diplomatic Asylum in
Latin America*（Ph.D. Thesis submitted to the American University, University
Microfilms International, 1959），pp. 245-247; *voir aussi, Contre-mémoire du gou-
vernement du Pérou, C.I.J. Mémoires, Affaire du droit d'asile*（*Colombie/Pérou*），
vol. I, p. 134.

(503)　*Contre-mémoire du gouvernement du Pérou, C.I.J. Mémoires, Affaire du droit
d'asile*（*Colombie/Pérou*），vol. I, p. 133.

152

◇ 第 4 章 ◇　紛争処理モデルに基づく証拠法論の再構成

所自身の理解を傍証している。

条約解釈における応用

　こうした適用法規認定の個別化の手法は，地域的慣習という特殊な法に限らず，多数国間条約の解釈においても見てとることができる。旧ユーゴスラビア・マケドニア共和国（FYROM）の国名呼称問題を背景としてギリシャ＝ FYROM 暫定協定の違反が争われた事件（ICJ 2011年判決）で被告ギリシャは，北大西洋条約機構（NATO）への FYROM の加盟申請に異議を唱えないという義務を負うと同時に（暫定協定11条），NATO 設立条約上は（FYROM による）不適格な NATO への加盟申請に異議を唱える NATO 加盟国としての義務を負い，前者に対する後者の義務の優越性を解釈論として導いた上で，暫定協定上の義務違反は無いと主張した[506]。裁判所はこの点，暫定協定11条については通常の条約解釈規則を駆使してその意味内容を探究したのに対し，ギリシャが主張した NATO 設立条約上の義務については，判決推論上，唐突にギリシャに証明責任を分配し，ギリシャが以上の解釈論を証明していないことを根拠として，異議を唱える「義務」の存在を否定した。

---

(504)　本判決の慣習法認定に不満を感じた国家は少なくなく，例えば訴外のグアテマラは，判決直後の1950年12月に開催された米州機構理事会の場で，米州における外交的庇護制度の重要性を確認する声明を読み上げている。こうした諸国により，米州地域では庇護に関する多数国間条約（1954年カラカス条約）が再度締結されるに至った。同条約は，庇護事件判決が退けた付与国認定拘束説に近い立場を採用し（4条），また外交的庇護の「権利」を認める（2条）といった点で，踏み込んだ内容を規定している。その意味で，庇護事件判決は，外交的庇護に関する地域的な国際法の形成発展を積極的に貢献したわけではないものの，踏み込んだ判断を控えるという消極的な形で，国家自身による形成発展を促したと分析することができるかもしれない。Carlos URRUTIA-APARICIO, *supra* note (502), pp. 99, 120-157. なお，ペルーも1962年にはカラカス条約を批准している。Disponible sur：<http://www.iidh.ed.cr/BibliotecaWeb/Varios/Documentos/BD_482308256/B.2.5.doc>.

(505)　Georg SCHWARZENBERGER, *International Law as Applied by International Courts and Tribunals, vol.IV, International Judicial Law* (Stevens & Sons Limited, 1986), p. 633.

(506)　*Application of the Interim Accord of 13 September 1995* (*The Former Yugoslav Republic of Macedonia v. Greece*), Judgment of 5 December 2011, *I.C.J. Reports 2011*, pp. 677-678, paras. 106-107.

◆ 第 2 部 ◆　証拠法論の再構成

「裁判所は，北大西洋条約が被告に対して原告の NATO 加盟申請に異議を唱える
義務を課したことにつき，被告が証明したかを検討しなければならない。この点被
告は何ら説得的な議論を展開しておらず〔…〕証明しなかったと結論付ける。それ
故，いずれの当事者の解釈が正しいかを決定する必要はない(507)」（傍点中島）。

　この傍点部分に表れているように，裁判所の関心は，ギリシャが主張する
NATO 設立条約上の義務の不存在という解釈を証明責任論によって正当化し，
その判断を本件事案限りに個別化することに向けられている。すなわち，裁判所
はこうした帰結を導くために，暫定協定と NATO 設立条約とで異なる解釈手法
を用い，NATO 設立条約上の権利義務の内容についてはギリシャに証明責任を
分配し，ギリシャが証明しなかったことを根拠に義務の不存在を結論することで，
NATO 設立条約としての「正しい」解釈が何であるかにつき確定的な結論を導
くことなく，本件事案の処理に必要な限りでの条約解釈の調達を可能としたわけ
である。裁判所が NATO 設立条約の解釈の個別化を企図した理由は定かではな
いものの，ギリシャの主張において，国際組織の中でも NATO は「限定会員制
組織（[des] *organisations fermées*)」という特殊な類型に属するとの前提から，新
加盟国の申請をめぐる既存の加盟国の特殊な義務が導出されていたことに鑑みれ
ば(508)，そうした NATO の自律的な内部法関係への立ち入りを回避することに
誘因があったと推測することはできるかもしれない。ただし本件の場合，
NATO 設立条約上の義務の存在につきギリシャが証明責任を負うとの FYROM
の主張(509)をギリシャが争っていなかった(510)という議論状況も，ギリシャへの
証明責任分配を可能とした理由として挙げられることから，本判断の先例的価値
はそこまで大きくは無いものと分析される。

◆ 第 3 項　「事実」と「法」の相対性とその戦略的利用

　以上のように，「法」を証明対象と観念することで，一般原則との整合性と手
続保障という 2 つの観点から裁判所による適用法規の認定や解釈の説得性を補強

---

(507)　*I.C.J. Reports 2011*, p. 679, paras. 110-112.

(508)　Rejoinder of Greece（27 October 2010), p. 53, para. 3.30.

(509)　Reply of FYROM（9 June 2010), p. 76, para. 3.26.

(510)　Rejoinder of Greece（27 October 2010), p. 53, para. 3.29.

◇ 第 4 章 ◇　紛争処理モデルに基づく証拠法論の再構成

し，もって紛争処理という制度目的に資することができる。また，「法」を証明
対象と観念すると，その認定や解釈を当該事案限りに個別化することも可能であ
り，紛争処理と国際法の形成発展という 2 つの裁判目的の間の優先関係に即した
事案処理が可能となる。この意味で，国際裁判における証明対象論は，紛争処理
という裁判の基本的な制度目的を踏まえて展開してきたものと捉えることが可能
である。

　同時に，以上の検討の過程において *jura novit curia* の法格言が意味するのは，
欠席事案における用法を含め，判決形成に際して裁判所が当事者の法的立論構成
に拘束されないとの命題であり，国際裁判における証明対象の射程を画する公理
たる地位は，国際判例のみならず，当事者によっても想定されていないことが明
らかとなった[511]。つまり，*jura novit curia* の格言が証明対象の射程を演繹的
に画定するという従前の理解は実務と乖離しており，具体的な問題に対する解決
基準を提供しているわけではない[512]。むしろ次に見るように，*jura novit curia*
という公理に捉われることなく，「事実」と「法」の概念的相対性を巧みに利用
して，各々に有利な立論を展開する例も見られる。

黒海海洋画定事件における弁護人ウッドの立論
　ルーマニアとウクライナの間で黒海の海洋境界画定が争われた事件（2009年判
決）において，国際司法裁判所は，先決的に証明責任分配の基本原則に言及した
後に，ルーマニアと旧ソ連の間で締結された諸条約を念頭に，「裁判所は，援用
当事者が証明責任を負う事実を認定するのではなく，当該協定を解釈する」こと
を強調した[513]。一見する限りはその前後関係が定かではないこの判決理由68項
は，証明対象の巧みな操作を伴う当事国間の議論の応酬を踏まえることで，その
意義を十分に了解することができる。

---

(511)　先に検討した暫定協定適用事件において，ギリシャは，NATO 設立条約上の
　「義務」の存在につき自らが証明責任を負うこと自認していた（ただし，疎明を契機
　として FYROM に証明責任が転換するという立証負担の軽減も併せて主張している）。
　Rejoinder of Greece（27 October 2010），pp. 53-54, paras. 3.29-3.30. 学説上の *jura
　novit curia* 原則の理解を前提とするならば，ギリシャとしては，条約解釈について
　は当事者間の証明責任分配は観念されず，裁判所の職責において文言の意味が探求さ
　れなければならないと立論した方が有利であったように思われるにもかかわらず，で
　ある。

155

◆ 第2部 ◆ 証拠法論の再構成

　ウクライナ側弁護人ウッド（Michael Wood）は，懸案のルーマニア＝旧ソ連諸条約がルーマニアに有利な内容を備えていることを念頭に置いた上で，「合意の存在を主張するルーマニアがそれを証明する責任を負う。そしてルーマニアはこれを果たさなかった(514)」という，合意の存否を証明対象として定位する立論を展開した(515)。しかし，口頭弁論の時点で，このルーマニア＝旧ソ連諸条約を記録した文書は証拠資料として裁判所に提出済みであったことに鑑みると，ウッドがその「証明」を再度問題とすることの意義は一見する限り明らかではない。そこで，ルーマニア側弁護人クロフォード（James Crawford）は，次のように述べて，問題は合意の証明ではなく合意の解釈に定位されると反論した。「明らかに合意は存在した。〔…〕問題はもはや証拠ではない。証明でも証明責任でも，合意の存在の推認でもない。問題は〔…〕諸合意の解釈である(516)」。

　この点，ウッドの立論構成の狙いは，黙示の合意の存在について比較的厳格な証明責任を援用国に課した国際判例を援用することで，ルーマニアに有利と目される諸条約の意義を減殺することにあったと解される。すなわち，ニカラグアと

---

(512)　例えば，原告スペインが付託した紛争が，被告カナダが選択条項受諾宣言に付した留保に該当するか否かが争われたエスタイ号事件（1998年管轄権判決）において，ICJ は，裁判管轄権の成立は「関連事実に照らして解決されるべき法律問題」であるが故に，当事者によって「果たされるべき証明責任は存在しない」と結論した。*Fisheries Jurisdiction* (*Spain v. Canada*), *Jurisdiction of the Court*, Judgment of 4 December 1998, *I.C.J. Reports 1998*, p. 450, paras. 37-38. 他方，裁判所の時間的管轄が争われたクロアチア対セルビアのジェノサイド条約適用事件（2015年判決）では，「原告は，〔基準時となる1992年4月27日以前の〕出来事に関するセルビアとの紛争が，ジェノサイド条約の解釈，適用又は履行に関する紛争であることを示さなければならない」と述べており，管轄権の成否を証明責任に拠る立場を示している。*Application de la Convention pour la prévention et la répression du crime de génocide* (*Croatie c. Serbie*), fond, arrêt du 3 février 2015, *C.I.J. Recueil 2015*, para. 89. この2つの判決は矛盾しているのか，あるいは選択条項受諾宣言該当性と時間的管轄の成否とで異なる扱いを承認しているのかは定かではない。しかしいずれにせよ，*jura novit curia* の法格言が論理演繹的に解決基準を示すわけではないことは確かである。

(513)　*Délimitation maritime en mer Noire* (*Roumanie c. Ukraine*), arrêt du 3 février 2009, *C.I.J. Recueil 2009*, p. 86, para. 68.

(514)　CR 2008/26, p. 43, para. 5 [Sir Michael WOOD].

(515)　*Voir*, CR 2008/24, p. 37, para. 2; CR 2008/26, pp. 43-44, paras. 6-7, 9; CR 2008/28, pp. 10, 16, 24, paras. 1, 28, 52 [Sir Michael WOOD].

(516)　CR 2008/30, p. 46, para. 11 [James CRAWFORD].

156

◇第4章◇　紛争処理モデルに基づく証拠法論の再構成

ホンジュラスの間でカリブ海の海洋境界画定が争われた事件（2007年判決）で，国際司法裁判所は次のように説示していた。すなわち，「黙示の法的合意の証拠は説得的でなければならない。恒久的な海洋境界の設定は極めて重要な事項である以上，その合意は容易には推定されない(517)」と（傍点中島）。つまり，国家間の黙示の合意は証明対象であり，かつ「説得的」あるいは「容易には推定されない」程度という比較的高次の証明度を要求するのが判例の立場である。この命題を黒海事件に当てはめるならば，懸案の諸条約の存在証明はルーマニアが証明責任を負い，かつそれは極めて説得的なものでなければならないというウクライナ側に有利な証明責任論が帰結する。

「条約の解釈」と「合意の有無」

　しかし問題は，カリブ海事件判決が黙示の合意を念頭に置いているのに対し，本件で問題となっているのはルーマニア＝旧ソ連間の諸条約という明示の合意であるため，クロフォードの言うように「明らかに合意は存在した」のではないかという点である。この点，ウッドの立論においては，このクロフォードの認識自体が論点先取りである。すなわち，確かに何らかの条約は存在したものの，それらは，紛争処理の交渉開始以前において，包括的に海洋境界を画定する合意とは認識されていなかった以上，そうした条約の存否がまず問題となるとの理解である(518)。つまり，クロフォードが，条約の存在を所与とした上で，それが本件における黒海境界画定をどのように規律しているかという解釈問題として論理構成したのに対し，ウッドは，海洋境界を画定する合意の有無として観念することで証明対象の射程に収め，カリブ海事件判決に引き付けることで，自らに有利な立論構成を企てたのである。比喩的に換言すれば，クロフォードは，合意の「容れ物」たる条約自体は明らかに存在しているとの認識から解釈論として問題を構成したのに対し，ウッドは，「容れ物」に捉われずに直接に国家間の合意の有無という事実問題として観念したわけである。こうした弁論状況を念頭に置くと，先に掲げた判決68項は，こうしたウッドの巧妙な立論構成を退ける趣旨であること

---

(517)　*Territorial and Maritime Dispute between Nicaragua and Honduras in the Caribbean Sea*, Judgment of 8 October 2007, *I.C.J. Reports 2007*(*II*), p. 735, para. 253.

(518)　CR 2008/32, p. 20, para. 18 [Sir Michael WOOD].

◆ 第 2 部 ◆　証拠法論の再構成

が分かる。

＊　　　　　＊　　　　　＊

　以上のように，「紛争処理モデルの証拠法論」における証明対象論は，二辺的紛争処理という裁判目的に即するかたちで証明対象を伸縮せしめている。すなわち，「事実」のみならず「法」をも証明対象として観念することで法解釈の説得性を確保し，また当該法解釈を事案限りに個別化するわけである。もっともそれは，*jura novit curia* という公理からの演繹によって定まるわけではないことから，黒海事件のウッドの立論のように，事実と法の概念的相対性を巧みに利用した創造的な弁論を展開する余地が広く存在している。したがって，国際裁判における証明対象の範囲を一層特定していくためには，紛争処理という裁判目的との連関を踏まえた上で，判例の更なる展開を分析していく必要がある。

◆ 第 2 節 ◆　証明責任論

　証拠調べを職権主義的に構想する従来の見解においては，証明責任に関する基本原則には簡単に触れるにとどまり，その修正原理として位置付けられる証明責任の転換論や推定の法理に問題関心の重点を置く傾向があった。しかし，こうした前提を共有することなく証拠法論の再構成を試みる本書の観点からは，そもそもなぜ「証明責任は原告が負う（*onus probandi actori incumbit*）」ことが基本原則であるのかを改めて問い直す必要があり（第1項），その上で，いかなる根拠から証明責任が「転換」されるのかを検討しなければならない（第2項）。検討結果をあらかじめ概略するならば，証明責任が基本的に原告側に分配されるのは原告側の権利救済を裁判の目的とすることの反映であり，証明責任が場合によっては「転換」されるのは，やはりそうした権利救済という目的を事案の性質に応じて推し進めた結果である。その意味で，国際裁判の証明責任論は，権利救済として具体化した紛争処理という裁判目的に即して展開しているものと分析しうる。

◇ 第 4 章 ◇　紛争処理モデルに基づく証拠法論の再構成

◆ 第 1 項　基本原則：*onus probandi actori incumbit*

◇ 1　国際裁判における証明責任論の基礎

紛争処理と証明責任論

　証拠資料の滅失破損といった事情により，過去に発生した出来事の裁判手続上における再現は常に可能であるとは限らない[519]。そうした場合，裁判を行わないという選択肢も理論上は想定され（裁判不能肯定説[520]），そうした選択肢が実務上明示的に排除されてきたわけではない[521]。他方，紛争処理あるいは権利救済という国際裁判の制度目的を踏まえるならば，事実が不明であるが故に判決を下さないとの選択肢は，基本的には否定すべきとの見解に至る（裁判不能否定説[522]）。その結果，係争事実が真偽不明に陥った場合に裁判所の判断を正当化する裁判規範が必要となり，それが証明責任論であると論理構成される[523]。こ

---

(519)　J.-C. WITENBERG, « La théorie des preuves… », *supra* note（142），p. 40.

(520)　Nicolas POLITIS, *La justice internationale*（Deuxième édition, Librairie Hachette, 1924），p. 84; Kenneth S. CARLSTON, *The Process of International Arbitration*（Columbia University Press, 1946），p. 90; *voir aussi*, Dissenting Opinion of His Excellency Judge Awn Shawkat AL-KHASAWNEH, *In the Matter of an Arbitration before a Tribunal Constituted in accordance with Article 5 of the Arbitration Agreement between the Government of Sudan and the Sudan People's Liberation Movement/Army on Delimiting Abyei Area*, Final Award, 22 July 2009, *R.I.A.A.*, vol. 30, pp. 474, paras. 175 *et seq.*

(521)　中島啓「国際裁判における事実認定の法構造：証明責任論を素材として」国家学会雑誌121巻7・8号（2008年）767-775頁。

(522)　Mojtaba KAZAZI, *supra* note（93），pp. 27-29; Chittharanjan F. AMERASINGHE, *Evidence…*, *supra* note（97），pp. 34-37, 186.

(523)　Bernard ROBERTSON, "Exhaustion of Local Remedies in International Human Rights Litigation – The Burden of Proof Reconsidered", *I.C.L.Q.*, vol. 39（1990），p. 191; Mojtaba KAZAZI, *supra* note（93），p. 30; Julian KOKOTT, *The Burden of Proof in Comparative and International Human Rights Law: Civil and Common Law Approaches with Special Reference to the American and German Legal Systems*（Kluwer Law International, 1998），p. xvii; Karl-Heinz BÖCKSTIEGEL, "Presenting Evidence in International Arbitration", *ICSID Review - F.I.L.J.*, vol. 16, no. 1（2001），p. 3; Carlo SANTULLI, *supra* note（80），p. 501; Raphäele RIVIER, *supra* note（21），p. 18; Julien CAZALA, « Adaptation des règles et principes probatoires au nom d'une bonne administration de la justice internationale », *L'Observateur des Nations Unies*, tome 27（2009-2），p. 58.

◆ 第2部 ◆　証拠法論の再構成

のように，事実が真偽不明の場合にいかに判決を正当化するかという証明責任論の問題関心は，従来の客観的真実発見説の基本理念とそもそも調和し難い一方で，紛争処理あるいは権利救済という裁判目的を実現するための手段であると位置付けられる点で，本書が掲げる裁判目的実現手段説の中核を構成する。例えば，ニカラグア軍事的活動事件（1984年管轄権・受理可能性判決）において米国が，懸案の武力紛争は目下継続中であり，裁判所は適切に事案を解明できないが故に本件請求は受理不能であると主張したところ，国際司法裁判所は，最終的に証明責任論に依拠すれば足りることを根拠に同抗弁を退けており，事案解明が困難な場合でも裁判を通じた紛争処理を可能とするための裁判規範として証明責任論を理解していることが分かる。

> 「〔…〕究極的には，事実の認定を求める当事者がそれを証明する責任を負う。そして証拠が提出されない場合には，判決上，申立は証明されていないとして棄却されうる。しかし，予期される証明の欠如を理由として予め（*in limine*）受理不能として排斥されるわけではない(524)」（傍点中島）。

証明責任分配の根拠

係争事実が真偽不明である場合に裁判所の判断を基礎付けるのが証明責任論であると理解する結果，真偽不明の場合にいずれの当事者がその不利益負担を被るかという実際的争点が浮上する。これが証明責任の分配であり(525)，議論の出発点として民事訴訟法上の概念説明に拠るか否かはさておき(526)，国際裁判においてはローマ法格言「証明責任は原告が負う（*onus probandi actori incumbit*）」が示す基本原則が支配すると理解されており(527)，国際司法裁判所も肯定してい

---

(524) *Military and Paramilitary Activities in and against Nicaragua,* Jurisdiction and Admissibility, Judgment of 26 November 1984, *I.C.J. Reports 1984*, p. 437, para 101; *voir aussi, Différend frontalier,* arrêt du 22 décembre 1986, *C.I.J. Recueil 1986*, p. 587, para. 65; *Frontière terrestre et maritime entre le Cameroun et le Nigéria,* exceptions préliminaires, arrêt du 11 juin 1998, *C.I.J. Recueil 1998*, p. 319, para. 101.

(525) 証明責任を分配された当事者は，訴訟手続上，そうした真偽不明の不利益負担を被らないために主張立証活動を行わねばならない立場に置かれる。こうした証明責任分配の事前作用にも「証明責任」の語を充てる論考が少なくないものの，そのことに起因する語法の混乱が見られる。そこで本書では，訴訟手続における証明責任分配の事前作用を「主張立証の負担」と呼ぶことで，判決時点での不利益負担である証明責任と概念的に区別する。

160

◇ 第4章 ◇ 紛争処理モデルに基づく証拠法論の再構成

る(528)。そこで，そもそもなぜ「原告 (actor)」に証明責任が分配されるのが原則であるのかが問題となる。強制的管轄権を前提とする民事裁判の場合，証明責任が基本的に原告に分配される根拠は，原告による濫訴を防止するという消極的側面から説明される場合もあるが(529)，同様の前提を持たない国際裁判の場合には，より積極的側面から基礎づける必要がある。また，国家経済は私権の貫徹に依存するがために権利者は国家に権利保護を要求しうるとの国家観念を前提に，「平均的正義」の要請として証明責任の「適正賢明な」分配を国家機関たる裁判所に対して命ずる議論も(530)，当事者間の合意によって成立する国際裁判の場合にはなじみにくい。

この点，国際裁判手続は，基本的には自律的な当事者間における紛争処理の延

---

(526)　学説上，参照されることの多い民事訴訟法文献は以下の通り。フランス法につき，Henri MOTULSKY, « Preuves », Phocion FRANCESCAKIS (sous la direction de), *Répertoire de droit international,* tome II (Dalloz, 1969), p. 627; Bernard HANOTIAU, "Satisfying the Burden of Proof: The Viewpoint of a 'Civil Law' Lawyer", *Arbitration International,* vol. 10 (1994), p. 343; ドイツ法につき，Leo ROSENBERG, *Die Beweislast auf der Grundlage des Bürgerlichen Gesetzbuchs und der Zivilprozessordnung* (5. aufl., C.H. Beck, 1965), SS. 2-3; イタリア法につき，Mauro CAPPELLETTI and Joseph M. PERILLO, *Civil Procedure in Italy* (Martinus Nijhoff Publishers, 1965), p. 185; 英米法につき，John Henri WIGMORE, *supra* note (152), p. 272; John M. MAGUIRE *et al.* (eds.), *Cases and Materials on Evidence* (6th ed., Foundation Press, 1973), p. 1010; Kenneth S. BROUN *et al.*, *supra* note (152), p. 472.

(527)　Jackson H. RALSTON, *supra* note (311), p. 220; Bin CHENG, "Burden of Proof before the I.C.J.", *I.C.L.Q.,* vol. 2 (1953), p. 596; J.L. SIMPSON and Hazel FOX, *International Arbitration: Law and Practice* (Stevens & Sons Limited, 1959), p. 194; V.S. MANI, *supra* note (82), p. 203; Gilbert GUILLAUME, « Preuves et mesures d'instruction », Société française pour le droit international, *La juridiction internationale permanente : Colloque de Lyon* (Éditions A. Pedone, 1987), p. 199; Eduardo VALENCIA-OSPINA, *supra* note (93), p. 203.

(528)　ただし，国際司法裁判所が同格言に明示的に言及するようになったのは比較的最近である。*Des usines de pâte à papier sur le fleuve Uruguay,* arrêt du 20 avril 2010, *C.I.J. Recueil 2010,* p. 71, para. 162.

(529)　新堂幸司・前掲注 (161) 610-611頁。

(530)　Leo ROSENBERG, *supra* note (526), S. 92.「分配的正義」とは区別される「平均的正義 (ausgleichende Gerechtigkeit)」の訳語は，倉田卓次訳『ローゼンベルク証明責任論 (全訂版)』(判例タイムズ社，1987年) 108頁に倣った。

◆第2部◆　証拠法論の再構成

長として把握され，証拠調べのプロセスは当事者主義を基調として構成される。そこにおいて追求されているのは，二辺的紛争処理の枠内における各当事者の権利救済という本来的に各当事者において完結する価値であり，二辺関係を超えた波及的影響は通常観念されない。そして，裁判で追求される目的がそうした主観的権利救済であり，かつそれに尽きるのであれば，国際裁判における証明責任分配の理論的根拠は，裁判手続において権利救済の実現を求める主体が応分の負担を負うべきという受益者負担の観念に求めることができる(531)。換言すれば，権利救済という裁判目的を実現するための手段として証明責任論が肯定され，権利救済のための手段であるが故に，それを求める当事者に応分の負担が求められると考えるわけである。民事裁判における証明責任分配の理論的根拠については多様な見解が存在するため(532)，単純な比較は困難であるものの，少なくとも先に紹介したような，民事裁判が国家的制度であることに由来する基礎づけは国際裁判の場合にはなじみにくく，基本的には主観的権利救済のための手段とそれに対応する応分の負担を基礎として構成する必要があると考えられる。

◇2　証明責任分配の再構成

　従来，国際裁判における証明責任論は「ごく一般的な原則を除いては，未発達の状態(533)」と診断されていたように，事実の真偽不明という心証を敢えて開示する例(534)や，証明責任分配の根拠を掘り下げて論じる例は多くは無かった。例

---

(531)　*Voir aussi,* Ali Z. MAROSSI, "Shifting the Burden of Proof in the Practice of the Iran-United States Claims Tribunal", *Journal of International Arbitration,* vol. 28, no. 5 (2011), p. 434.

(532)　Leo ROSENBERG, *supra* note (526), SS. 93-97.

(533)　杉原高嶺『国際司法裁判制度』（有斐閣，1996年）221頁。

(534)　国際裁判所がその判決理由中に心証を開示した稀有な例が米国＝ベネズエラ混合請求委員会の判断例である。不当逮捕拘禁に基づく賠償請求事案において，申立人による領事接見の要求が拒絶されたか否かの事実が争われた本件で審判人バージ（C.A.H. Berge）は，正式に拒絶されたのではなく単に決定が遅延したにとどまる可能性に留意した上で，「疑わしきは罰せず（*in dubio pro reo*）」の格言に従って請求を棄却した。*Gage Case,* undated, *R.I.A.A.,* vol. 9, p. 229. ここで審判人は，拒絶の事実の有無につき「疑わしき」という心証に陥ったことを明らかにした上で，その心証状態における判断指針を同格言に求めた点で稀有な事例と評価しうる。もっとも，刑事裁判を想起させる同格言の援用が適切か否かは別途問題となる。*Voir aussi,* Opinion dissidente du Dr B. ECER, *C.I.J. Recueil 1949,* pp. 120, 124, 129.

162

◇第4章◇　紛争処理モデルに基づく証拠法論の再構成

えば，古典的な外交的仲裁に属する船舶の接触事故に起因する損害賠償事案であり，衝突された船舶の過失の有無が争われた Queen 号事件（1872年仲裁判断）において，仲裁人は，今日でも時折引用される[535]次のような概括的な定式を明示したのみで，申立国であるスウェーデン＝ノルウェー（当時同君連合）の請求を棄却している。「この問いを検討するにあたっては，申立人（[le] réclamant）が自らの主張の証拠を提出する責任を負うという，あらゆる国家の制定法によって承認された判例上の一般原則，判例法理に従わねばならない[536]」。この定式に見られるように，特段理由を掘り下げることなく一般原則を根拠として「申立人（le réclamant）」や「原告（le demandeur）」が，「証明する責任」や「証拠を提出する責任」を負うとするのが，初期の国際仲裁における基本的な説明フォーマットである[537]。また，そうした一般論を明示することなく，端的に，証明責任を負う当事者が証明しなかったが故に請求を棄却すると判断する類型もある。すなわち，特定の事実につき一方当事者が証明責任を負うことを暗黙の前提に，当該当事者が「証明する責任を果たさなかった」「提出した証拠が不十分」といった評価を根拠として請求を退ける運用フォーマットである[538]。例えば，戦時中の船舶破壊行為に対する損害賠償が求められた事案（1926年判断）で，米独請求委

---

(535)　*E.g., Salini Costruttori S.p.A. and Italstrade S.p.A. v. Hashemite Kingdom of Jordan*, ICSID Case No. ARB/02/13, Award（31 January 2006), para. 71 [Gilbert GUILLAUME, Bernardo CREMADES, Sir Ian SINCLAIR].

(536)　証拠として提出された被衝突船舶の航海日誌が，必要な様式性を欠いていたことを理由とする。*Affaire du Queen（Brésil/Suède-Norvège）*, la sentence du 26 mars 1872, *R.A.I.*, tome 2, pp. 708-710 [Mathias de CARVALHO E VASCONCELLOS].

(537)　*E.g., Affaire Dundonald（Brésil/Grande-Bretagne）*, la sentence du 6 octobre 1873, *R.A.I.*, tome 3, pp. 450, 461 [le baron CAVALCHINI, M. PARTRIDGE]; *Firme Ruinart Père et Fils c. Franzmann*, Tribunal arbitrale mixte franco-allemand, la sentence du 27 mai 1927, *R.D.T.A.M.*, tome 7, p. 601 [C. BOTELLA（président）, de VALLES, R. HŒNE]; *Banque d'Orient c. Gouvernement turc*, Tribunal arbitrale turco-grec, la sentence du 9 février 1928, *R.D.T.A.M.*, tome 7, p. 973 [M. le Baron de NORDENSKJŒLD（président）, Ahmed RÉCHID, H. KYRIACOPOULOS]; *Lehigh Valley Railroad Co., et al.（United States）v. Germany*, Decision of 29 July 1935, *R.I.A.A.*, vol. 8, p. 222 [Robert J. OWEN]; *voir aussi, Arbitrage dans le différend entre l'Autriche et le Hongrie au sujet de la frontière près du « l'Œil de la mer » au titra*, sentence arbitrale du 13 septembre 1902, *R.D.I.L.C.*, tome 8（1906）, p. 200 [WINKLER, TCHORZNICKI, LEHOZCKY].

163

◆ 第2部 ◆ 証拠法論の再構成

員会の審判人は次のように述べている。「証拠を全体として評価した結果，審判人は，Avon〔注：破壊された船舶の名称〕が戦争行為の結果として消失したことにつき申立人が証明する責任を果たさなかったと結論付ける(539)」。

こうした全般的状況を踏まえつつも，国際裁判における証明責任分配は，以下に見るように，やはり紛争処理とりわけ権利救済という裁判目的に即して展開していると分析することが可能である。

分配のメルクマール：紛争主題と事実の性質

まず，「証明責任は原告が負う（*onus probandi actori incumbit*）」の格言に言う「原告」とは，訴訟手続上の形式的地位を指すのではなく，請求の実質に鑑みて判断される「真の請求者（the real claimant)」を意味すると換言される(540)。この点，合意付託事案では原告・被告の区別が無いというオーデル川国際委員会事件（PCIJ 1929年命令）の一節は，陳述機会の平等性に関する言明であり(541)，証明責任分配とは無関係である(542)。また，領事裁判権に関する地域的慣習の存否が争われたモロッコ米国民権利事件（ICJ 1952年判決）は，付託合意締結が頓挫した後にフランスが一方的に提訴した事案であるところ，米国はこれを奇貨として手続上の原告であるフランスが証明責任を負うとの主張を展開し(543)，フランスはこ

---

(538) *E.g., Affaire Alsop et Cie (2ᵉ demande)*, Commission mixte de Lima du 27 novembre 1863, *R.A.I.*, tome 2, p. 271 (note 1), *Moore*, vol. 2, p. 1628; *Case Heirs of Jean Maninat*, France-Venezuela Mixed Claims Commission, Judgment of 31 July 1905, *R.I.A.A.*, vol. 10, p. 77; *Affaire des propriétés religieuses (France, Royaume-Uni, Espagne c. Portugal)*, sentence du 4 septembre 1920, *R.S.A.*, tome 1, pp. 18, 20, 29, 32, 36, 42, 44, 48, 50, 52, 55 [Elihu ROOT, A. F. de SAVOMIN LOHMAN, C. H. LARDY]; *Règlement des prestations effectuées dans la Ruhr et dans les têtes de pont de Dusseldorf et de Duisburg (Allemagne c. France)*, sentence du 21 septembre 1927, *R.S.A.*, tome 2, p. 819 [J.A.N. PATIJN]; *Affaire Chevreau (France c. Royaume-Uni)*, sentence du 9 juin 1931, *R.S.A.*, tome 2, p. 1133 [F.V.N. BEICHMANN].

(539) *Waterman A. Taft et al. (U.S.A.) v. Germany*, Decision of 31 August 1926, *R.I.A.A.*, vol. 8, p. 6 [Umpire: Edwin B. PARKER].

(540) Bin CHENG, *supra* note (284), p. 332.

(541) *La compétence de la Commission internationale de l'Oder*, ordonnance du 15 août 1929, C.P.J.I., série A, n° 23, p. 45.

(542) *Affaire Chevreau (France/Royaume-Uni)*, sentence du 9 juin 1931, *R.S.A.*, tome 2, pp. 1124-1125 [F.V.N. BEICHMANN].

◇ 第 4 章 ◇　紛争処理モデルに基づく証拠法論の再構成

れに異議を唱えた[544]。裁判所はこの点，先に検討した庇護事件判決を引用しつ
つ，米国が主張していた領事裁判権を認める慣習の証拠が不十分であると判断し
ており，手続上は被告である米国が当該慣習の存在につき証明責任を負うとの立
場を論理的前提としている[545]。

　そこで，いかなる基準から「原告」あるいは「真の請求者」が同定されるのか
が問題となるところ，国際司法裁判所が示すメルクマールは「紛争の主題及び性
質」と「事実の性質」であり，紛争の内実に踏み込んで分配を決する契機を用意
している。すなわち裁判所は，アマドゥ・サディオ・ディアロ事件（2010年本案
判決）で次のように述べている。「証明責任の決定は，実際には，裁判所に係属
する紛争の主題及び性質（l'objet et de la nature de chaque différend）に依存し，裁
判を行うために立証を要する事実の性質（la nature des faits）に応じて変化す
る[546]」。この命題は，多様な国際紛争の中でも比較的類型的に把握することが
できる国家責任追及事案，反訴が提起される場合，正当化事由が援用される場合，
領域紛争について，それぞれ以下のように敷衍することができる。

国家責任追及事案

　まず，国家責任追及事案においては，国際違法行為の存在，行為帰属，損害の
発生，そして違法行為と損害の間の因果関係につき，いずれも原則として申立国
が証明責任を負う。責任追及の目的は，損害を被ったとされる申立人・申立国の
主観的権利救済であることから，裁判手続の受益者である申立人・申立国が，自
らの提起した請求の要件を基礎づける事実につき証明責任を負うとの原則が帰結
するわけである。

　例えば，ポルトガル＝ドイツ仲裁廷はいわゆるナウリラ事件（1930年第2判断）
において次のように一般的に定式化している。「証明責任はポルトガルが負う。
申立国は，次に掲げる請求の各要素を証明しなければならない。a）国際法に違

---

(543)　Counter-Memorial of the United States, *I.C.J. Pleadings,* vol. I, pp. 262, 406.

(544)　Réplique du gouvernement de la République française, *C.I.J. Mémoires,* vol. II,
　　　 p. 10; *voir aussi,* Mémoire du gouvernement de la République française, *C.I.J.
　　　 Mémoires,* vol. I, pp. 29–30.

(545)　*I.C.J. Reports 1952,* p. 200.

(546)　*Ahmadou Sadio Diallo (République de Guinée c. République démocratique du
　　　 Congo),* fond, arrêt du 30 novembre 2010, *C.I.J. Recueil 2010,* p. 660, para. 54.

◆ 第2部 ◆ 証拠法論の再構成

反し，損害を惹起せしめた行為の存在，*b*）当該行為がドイツ国あるいはドイツ官憲によってなされた事実，*c*）当該行為の日付，*d*）損害の額(547)」。国際投資仲裁でも同様の判断が蓄積しており，投資受入国の違法行為(548)や損害の発生(549)などの根拠となる事実につき投資家側が証明しなければならない(550)。こうした一般的定式(551)を前置していない場合でも，例えば，ホルジョウ工場事件（1928年賠償判決）において一定の損害につき証拠不十分を理由として賠償請求国ドイツの申立を棄却するとき，PCIJ は，ドイツが証明責任を負うとの立場を前提にしていると見ることができる(552)。なお，債務不履行請求として構成する場合にも同様に，債権国が，相手国における債務の存在及び債務額について証明責任を負う(553)。この点，国際法上，過失にまつわる問題は1次規則に包摂して議論することが通常であるためか，債務不履行構成（民法415条）と不法行為構成（民法709条）の相違に起因するような証明責任分配の相違は，国際判例においては見られない。

このような，申立人・申立国ばかりが証明責任を負うとの帰結は，裁判を通じ

---

(547) *Sentence arbitrale définitive du 30 juin 1930 concernant la responsabilité de l'Allemagne en raison des actes commis postérieurement au 31 juillet 1914 et avant que le Portugal ne participât à la guerre, R.S.A.,* tome 2, p. 1040 [Alois de MEURON, Robert GUEZ, Robert FAZY].

(548) *Asian Agricultural Products Ltd.（AAPL）v. Sri Lanka,* ICSID Case No. ARB/87/3, Final Award（27 June 1990）, para. 56 [Ahmed Sadek EL-KOSHERI, Samuel K.B. ASANTE, Berthold GOLDMAN].

(549) *S.D. Myers v. Canada,* First Partial Award（13 November 2000）, para. 316 [J. Martin HUNTER, Bryan P. SCHWARTZ, Edward C. CHIASSON]; *Archer Daniels Midland v. Mexico,* ICSID Case No. ARB(AF)/04/5, Decision on the Requests for Supplementary Decision, Interpretation and Correction of the Award（10 July 2008）, para. 38 [Bernardo M. CREMADES, Arthur W. ROVINE, Eduardo SIQUEIROS T.].

(550) 中島啓「国際投資仲裁における証拠法論：公法訴訟類推論の見地から」国際法研究（信山社）2号（2014年）93頁。

(551) *Voir aussi, Dispute over Inter-entity Boundary in Brcko Area,* Award of 14 February 1997, *I.L.M.* vol. 36, p. 403 [Presiding Arbitrator: Robert B. OWEN].

(552) *Usine de Chorzów（demande en indemnité）,* fond, arrêt du 13 septembre 1928, C.P.J.I. série A, n° 17, p. 56.

(553) *Affaire des "Cargaisons déroutées"（Grèce/Royaume-Uni）,* sentence arbitrale rendue le 10 juin 1955, *R.S.A.,* tome 12, p. 70 [René CASSIN].

◇ 第 4 章 ◇　　紛争処理モデルに基づく証拠法論の再構成

た私権の実現が「不当な困難を覚えることなく」可能であることに国家の公共の
利益を見出す民事裁判観念においては批判的に捉えられることもある[554]。しか
し，そうした私権と公益の結びつきに類する構造を観念し難い国際裁判において
はひとまず，一方当事者の権利救済という裁判目的に照らして証明責任分配を構
成する必要があるわけである。その結果，申立人・申立国が基本的に証明責任を
負うこととなるとはいうものの，あらゆる関連事実につき詳細に再現することが
求められるのではなく，権利救済という裁判目的に必要な限りで証明しなければ
ならないことのみが帰結する。例えば，ジェノサイド条約適用事件（2015年）で
ICJ は，組織的な殺戮が発生した特定地域に関する申立を具体例に検討の射程を
限定するとし，犯罪行為の包括的なリストを作成する必要は無いと述べており，
犯罪の客観的構成要件から主観的要件（ジェノサイドの特別の意図）を推認しうる
かが最大の争点となるジェノサイド条約上の義務の性質を踏まえて事実認定の射
程を限定している[555]。また，「衡平と善」に依拠した事例ではあるものの，鉄
道建設契約の違反に起因する英国企業とコロンビア政府の間の仲裁（1899年仲裁
判断）において[556]，仲裁廷は，自らの任務は賠償全体の概算総額（une somme
ronde）の算定にあるが故に，申立人企業が投下した資本の「各項目の子細な証
明を要求することは不要」であることを強調しており[557]，申立人救済という仲
裁手続の目的実現に必要な限りに証明対象たる事実を限定している。

　以上のように分析される原則論は，次の 2 点において発展的に展開する契機を
備えている。第 1 に，国際裁判においても何らかの公益の実現が志向される訴訟
類型の場合には，そうした公益実現という裁判目的に即して，証明責任分配の根
拠そのものが変質する可能性がある。この点は第 3 部において検討する。第 2 に，
当事者を超えた公益を観念せずとも，以上の証明責任分配を修正する原理を二辺
的法律関係の中に見出すこともできる。例えば，責任追及要件のうち損害額の算
定について，被告の違法行為の結果として原告は提訴するに至ったわけであるか

─────────────

(554)　Leo ROSENBERG, *supra* note (526), SS. 91-92.

(555)　*C.I.J. Recueil 2015,* para. 203.

(556)　Sentence arbitrale relative au chemin de fer d'Antioquia, prononcée à Berne, le
17 octobre 1899, *Pasicrisie,* p. 544. 第 1 部において検討した1896年コロンビア＝英国
仲裁条約に基づく仲裁である。

(557)　*Pasicrisie,* p. 553.

◆第2部◆　証拠法論の再構成

ら，前提となる違法行為についてはともかく，賠償額の算定が困難であることに起因するリスクは加害者たる被告に転換すべきとの立場がある(558)。こうした理論的基礎づけに基づく証明責任の「転換」論は，以上に見た証明責任分配の基本原則に対する例外というよりは，むしろ権利救済という国際裁判の目的を事案の性質に即して貫徹したことの結果であると位置付けることが可能である。そのため，そうした議論の可能性については，第3部ではなく，本節第3項において引き続き詳述していく。

反訴請求

次に，裁判手続上の被告が反訴を提起し，裁判手続上の原告の国際違法行為の宣言を求めたりその責任追及を行う場合，反訴提起国がその成立要件を基礎づける事実につき証明責任を負う(559)。裁判手続上の形式的地位は証明責任分配と無関係であるところ，こうした反訴請求は反訴提起国の主観的権利救済を目的とするものであることから，反訴提起国がいわば「真の請求者」であることが帰結し，先に検討した責任追及事案における証明責任分配の説明がそのまま当てはまる(560)。

例えば，庇護事件においてペルーは，先に検討した通りコロンビアによる一方的庇護決定に拘束される旨の確認判決を求められた立場であったところ，コロンビアによるそうした外交的庇護が地域的な庇護関連条約の違反を構成する旨の宣言を求める反訴を提起した(561)。これに対してコロンビアは，反訴請求の場合には「例外的状況に置かれた被告は原告となる（*reus in excipiendo fit actor*)」の法格言を援用しつつ，証明責任分配に関して両当事者の地位が逆転すると主張したところ，ペルーは特段これを争わなかった(562)。そして裁判所は，ペルーが条約違反の前提となる事実（アヤ・デ・ラ・トーレ氏の行為の普通犯罪該当性）を証明しな

---

(558)　Mark KANTOR, *Valuation for Arbitration: Compensation Standards, Valuation Methods and Expert Evidence* (Kluwer Law International, 2008), pp. 111-112; *voir aussi, Pasicrisie*, p. 553.

(559)　Brusil Miranda METOU, *Le rôle du juge dans le contentieux international* (Bruylant, 2012), p. 259.

(560)　*Croatie c. Serbie, C.I.J. Recueil 2015*, para. 176.

(561)　*C.I.J. Recueil 1950*, p. 271.

(562)　CR/1950, *C.I.J. Mémoires*, p. 151 [M YEPES, la Colombie].

◇第4章◇　紛争処理モデルに基づく証拠法論の再構成

かったことを根拠として，反訴請求を棄却しており(563)，反訴を提起したペルー
が証明責任を負うことを論理的前提としている。また，コンゴ領域武力活動事件
(ICJ 2005年判決) において被告ウガンダは，ウガンダ領域内の反政府勢力への原
告コンゴ民主共和国 (DRC) による支援が国際法に違反することの確認を求める
反訴を提起したところ，裁判所はその一部につき，「提出された証拠に照らすと，
ザイール政府〔現・DRC〕の不作為が『許容』や『黙認』に相当すると結論する
ことはできない」と述べて請求を棄却しており(564)，反訴を提起したウガンダが
関連事実の証明責任を負うとの前提に立っている(565)。

正当化事由

　何らかの義務違反の認定を前提とした上で，それを例外的に正当化する事由が
用意されている場合，そうした正当化事由の成立要件を根拠づける事実について
は，当該事由を援用する側が証明責任を負うとされることが多い。責任追及事案
は二辺的紛争として観念され，そうした二辺的法律関係を前提とするならば，法
秩序が用意した正当化事由を援用する側こそが当該事由の受益者と見ることがで
きるからである。この点，慣習法上の違法性阻却事由を定式化したとされる国家
責任条文第5章の諸規定につき，特別報告者クロフォードは，責任追及事案の二
辺的性質に着目しつつ次のように注釈している。「国家責任をめぐる二辺的な紛
争では，責任を証明する負担は原則として原告国が負う。しかし，〔…〕責任を
回避するために第5章の規定の事態に依拠する場合には，この地位は逆転し，自

---

(563)　*C.I.J. Recueil 1950*, pp. 281-282.

(564)　*Armed Activities on the Territory of the Congo* (*Democratic Republic of Congo
　　　 v. Uganda*), Judgment of 19 December 2005, *I.C.J. Reports 2005*, p. 175, para. 301.

(565)　この点，コイマンス (Pieter Kooijmans) 判事は，「警戒する義務を負う国家
　　　〔DRC〕がその義務を完遂する努力を行ったこと〔…〕を示さなければならない」と
　　　述べ，「DRCは，反乱団体による越境攻撃を防ぐ有効な措置を実施したことの証拠を
　　　提出しなかった」ことを根拠に，反訴請求を認容すべきだったと批判している。
　　　Separate Opinion of Judge KOOIJMANS, *I.C.J. Reports 2005*, p. 325, paras. 82-83;
　　　voir aussi, Anna RIDDELL and Brendan PLANT, *supra* note (6), p. 88. つまりコイ
　　　マンスは，反訴を提起されたDRCこそが自らの義務遵守につき証明責任を負うとの
　　　前提に立つわけであるが，そうした分配の根拠を敷衍しているわけではないため，反
　　　訴請求に関する証明責任分配について本書と立場を異にするものであるのかは判別し
　　　難い。

169

◆ 第 2 部 ◆　証拠法論の再構成

らの行為の正当化あるいは免責を求める国家がその負担を負う⁽⁵⁶⁶⁾」。

　例えば，中立国ポルトガルの船舶のドイツによる破壊行為の違法性が争われた事件において，ポルトガル＝ドイツ仲裁廷（1930年仲裁判断）は次のように述べ，正当化事由を援用したドイツが証明責任を負うことを前提としている。「中立国捕獲物の掌握者は，〔1909年海戦法規に関するロンドン宣言48条に倣って〕原則として当該捕獲物を港に引致しなければならない。捕獲物を破壊する権限を例外的に行使する場合には，〔同宣言〕49条⁽⁵⁶⁷⁾が言う緊急状態にあったことを証明しなければならない⁽⁵⁶⁸⁾」。

　もっとも，以上のような責任追及の二辺的性質が証明責任分配の根拠であるとすれば，そうした紛争処理にとどまらない公益が追求される類型の国際裁判においては，正当化事由の扱いについてもやはり必然的に異なる扱いがなされることが予想される。このことは，第 3 部において詳述する。

領域紛争

　主として責任追及事案を念頭に置いた以上の検討は，基本的には領域紛争の場合にもあてはまる。すなわち端的に，ある係争領域の自らへの帰属を主張する当事国が，自らの領域主権を基礎づける「証拠としての権原（*title-preuve*⁽⁵⁶⁹⁾）」の存在につき証明責任を負う。ただし領域紛争に関しては，両当事国が係争領域への各々の主権の存在を主張し，2 つの訴訟物につき同時並行的に審理するという性質に起因する誤解が少なからず見られる。

　第 1 に，領域紛争の場合には，いわば両当事国が同時に「真の請求者」である

（566）　James CRAWFORD, *The International Law Commission's Articles on State Responsibility: Introduction, Text and Commentaries* (Cambridge University Press, 2002), p. 162.

（567）　ロンドン宣言49条は次のように規定している。「例外として，〔…〕48条の遵守が交戦国軍艦の安全（safety）あるいはその当時の任務の成功（success of the operations）に危険（danger）を及ぼしかねない場合には，交戦国軍艦によって捕獲された中立国船舶は破壊されうる」。

（568）　*Affaire Cysne（Portugal/Allemagne）*, sentence du 30 juin 1930, *R.S.A.*, tome 2, p. 1056 [Alois DE MEURON, Robert GUEX, Robert FAZY].

（569）　「証拠としての権原」の語法については，Marcelo G. KOHEN, *Possession contestée et souveraineté territoriale* (PUF, 1997), pp. 128-134; 許淑娟『領域権原論』（東京大学出版会，2012年）22-24頁。

◇第4章◇　紛争処理モデルに基づく証拠法論の再構成

ことから,「証明責任が分割される[570]」とか「証明責任の排除[571]」がなされるとの説明が加えられることがある。確かにこの点,英仏海峡チャネル諸島とフランス本土の間に位置するマンキエ諸島およびエクレオ諸島の帰属が英仏間で争われた事件（1953年判決）で,国際司法裁判所は次のように述べている。「同一の領域に対して主権を主張しているという両当事国の立場に鑑み〔…〕裁判所は,各当事国は自らが主張する権原及び依拠する事実を証明しなければならないと考える[572]」。しかし,このことが意味するのは,英国の領域主権の根拠となる各種事実（証拠としての権原）の存在は英国が証明責任を負い,フランスの領域主権の根拠となる各種事実（証拠としての権原）の存在はフランスが証明責任を負うということのみであり[573],それら個々の事実について証明責任論の妥当が排除されているわけではない。証明責任分配は,「証拠としての権原」という具体的事実について観念されるのであって,マンキエ諸島・エクレオ諸島に対する観念的な領域主権あるいは「源としての権原（*titre-source*[574]）」そのものについて証明責任が「分割」されているわけではない。

　第2に,領域紛争においては比較的低い証明度が妥当しているとの説明がされることもあるが[575],これも誤りである。確かに,双方の権原を基礎づける各種事実が出揃った後に裁判所が行うのは,いずれの当事国が「より説得的な権原の証拠（the more convincing proof of title）」を提出したかの判断であり[576],対立する主張の「相対的強さ（relative strength）」が領土帰属の帰趨を決する[577]。しか

---

(570)　Chittharanjan F. AMERASINGHE, *Evidence…, supra* note (97), pp. 66-67.

(571)　深坂まり子「国際司法裁判における証明責任（2・完）」上智法学論集53巻1号（2009年）102-106頁。

(572)　*The Minquiers and Ecrehos Case,* Judgment of 17 November 1953, *I.C.J. Reports 1953,* pp. 52.

(573)　Anna RIDDELL and Brendan PLANT, *supra* note (6), p. 90.

(574)　「源としての権原」の語法については,Marcelo G. KOHEN, *supra* note (569), pp. 128-134; 許淑娟・前掲注 (569) 22-24頁。

(575)　*E.g.,* Katherine DEL MAR, "The International Court of Justice and Standards of Proof", Karine BANNELIER *et al.* (eds.), *The ICJ and the Evolution of International Law: The Enduring Impact of the Corfu Channel Case* (Routledge, 2012), pp. 101-104.

(576)　*I.C.J. Reports 1953,* p. 52.

(577)　*I.C.J. Reports 1953,* p. 67.

◆第 2 部◆　証拠法論の再構成

し，ここで裁判所が比較するのは，英国の領域主権を示す「証拠としての権原」の総体と，フランスの領域主権を示す「証拠としての権原」の総体であり，個々の「証拠としての権原」の存在証明が低い証明度の充足で足りると述べているわけではない。

　このように，領域紛争に妥当する証明責任論も，先にみてきた二辺的紛争処理・権利救済を目的とする裁判類型と基本的には同様であり，一部の論者が示唆するように，領域紛争に特有の証明責任論が発展してきているわけではないと分析される。

◆　第 2 項　証明責任の転換論

　以上のように，国際裁判における証明責任分配は，二辺的紛争処理とりわけ一方当事者の権利救済という裁判目的に即して展開している。その結果，特に責任追及事案においてそうであったように，救済を求めて提訴した側が多くの事項につき証明責任を負うことが帰結する。しかしこうした法状況は，証拠資料の物理的な偏在や要証事実の性質次第では，申立人・原告が過大な主張立証負担を負うこととなり，権利救済という裁判目的の実現が阻まれかねないという逆説に陥る可能性を伴う。こうした問題意識から，いわば権利救済という裁判目的を貫徹するための例外的な手段として，証明責任の「転換」論が説かれるわけである。その意味で，証明責任分配の基本原則と，例外としての転換論は，権利救済という裁判目的から統合的に把握することができる。

　この点，すでに述べた通り，民事裁判の場合には，権利者が不当な困難を覚えることなくその権利救済を要求しうることに公共の利益があるとの観念を根拠として，一方に偏ることのない証明責任の「適切賢明なる分配」を説く立場が見られる[578]。しかし，基本的には当事国の同意によって基礎づけられる国際裁判制度においては，同様の意味での公益の存在を当然に観念しうるとは言い難い。それ故，証明責任の転換論を通じた申立人・原告を救済すべき必要性と同時に，そうした必要性に基づく他方当事者への証明責任の転換を承認する許容性を併せて模索しなければならない。この点，裁判実践において援用されてきた論拠は，適用される実体法規の要請（1.），事実誤認の悪影響の非等価性（2.），証拠アクセ

---

　(578)　Leo ROSENBERG, *supra* note (526), S. 92.

◇第4章◇　紛争処理モデルに基づく証拠法論の再構成

スの容易性（3.）であり，以下，順に検討していく。

◇ 1　実体法規定に基づく転換

　まず，仲裁手続における証明責任の転換を念頭に置いた明示規定を置く条約が少ないながら存在する。第2次大戦後の対イタリア平和条約（1947年）は，大戦中にイタリアが連合国領域から持ち去った財産の返還義務を定め（75条），イタリア国内に所在する連合国及びその国民のすべての法的権利及び利益について，イタリア参戦以前の状況に原状回復することをイタリアに義務付け（78条1項），それが履行されない場合に損害賠償義務を定めた（78条4項）。より具体的には，大戦中にイタリアが連合国領域から持ち去った財産の中で，「特定可能な財産」であり，かつ「強制あるいは強要」により持ち去られたものについて，イタリアが原状回復義務を負うとされる（75条2項）。この点，先に検討した証明責任分配の原則論を踏まえれば，救済を求める立場にある側が「特定可能な財産」「強制または強要」という2つの要件事実を証明しなければならないことが帰結し，とりわけ第2の要件が持ち去りの態様の立証を求めている点で，申立国に酷な内容を備えているようにも読める。しかしこの点，同条約は逆の明示規定を備えており，「財産が強制ないし強要により持ち去られたわけではないことを証明する責任はイタリア政府が負う」とし（75条7項），被申立国イタリアへの証明責任の転換を予定していた。

　実際，イタリアより返還された機関車車両等の修繕費用をフランスが自国国営鉄道会社に代位して請求した事案（仏伊調停委員会 1953年判断）において[579]，調停委員会は[580]，「特定可能な財産」要件に関しては申立国であるフランスが証明責任を負うとする一方，懸案の「強制ないし強要」要件については，その存在は推定されるとの立場から，機関車の持ち去りが「強制ないし強要」の結果ではないことをイタリアが証明しなければならないとし，結論としてフランスの請求を認容した[581]。第2次大戦の早い段階（1940年）で仏伊間は休戦状態にあり，鉄道運行が限定的に再開されていた事実に鑑みるならば，問題の仏機関車は「強

---

(579)　懸案の車両は既に返還済みであったが，後にその修繕に瑕疵が発見されたために，フランスがイタリアに対して修繕費用等を請求した事案である。*French State Railway Claim*, 10 March 1953, *I.L.R.*, vol. 20 (1953), p. 482 [BOLLA, PERIER DE FERRAL, SORRENTINO].

173

◆第 2 部◆　証拠法論の再構成

制ないし強要」ではなく通常の商業的交通の結果としてイタリア国内に所在する
に至ったという筋書きも排除しえない(582)。にもかかわらず，委員会がそうした
可能性を検討することなく，端的にイタリアの証明責任を根拠として判断するに
至ったのは，ひとえに平和条約75条 7 項の存在に由来するものと考えられる(583)。
その意味で，対イタリア平和条約75条 7 項は，戦争に起因する私人損害の原状回
復という調停委員会の制度目的を踏まえ，それを貫徹するために例外的に証明責
任の転換をあらかじめ想定した例と位置付けることが可能である。

　こうした証明責任転換論は，平和条約の規定振りというかたちで被申立国の同
意が介在している点に，その許容性を見出すことができる。実際，委員会は，こ
うした明示規定を根拠としない証明責任転換や推定には慎重であり(584)，先例も

---

(580)　本条約に基づく補償請求に関する紛争を処理する機関は「調停」委員会と名付
　　けられたものの (83条 1 項，*Voir, United Nations Treaty Series*, vol. 49, p. 126; *A.J.I.L.*
　　Supplement, vol. 42 (1948), p. 47)，その任務の内実はむしろ仲裁であったと分析され
　　る。 Plinio BOLLA, « Quelques considerations sur les commissions de conciliation
　　prévues par article 83 du traité de paix avec l'Italie », *Symbolae Verzijl : Présentées*
　　au professeur J.H.W. Verzijl à l'occasion de son LXX-ième anniversaire (Martinus
　　Nijhoff, 1958), p. 76; Ignaz SEIDL-HOHENVELDERN, "General Principles of Law as
　　Applied by the Conciliation Commission Established under the Peace Treaty with
　　Italy of 1947", *A.J.I.L.*, vol. 53 (1959), p. 854; Ignaz SEIDL-HOHENVELDERN,
　　"Conciliation Commissions Established Pursuant to Art. 83 of Peace Treaty with
　　Italy of 1947", Rudolf BERNHARDT (ed.), *Encyclopedia of Public International*
　　Law, vol. I (Elsevier, 1992), p. 726.
(581)　*French State Railway Claim, I.L.R.,* vol. 20, p. 488.
(582)　*French State Railway Claim, I.L.R.,* vol. 20, pp. 488-489.
(583)　*Voir aussi, Différend « Barque Sphinx »,* Décision n° 7 du 20 novembre 1948,
　　La Commission de Conciliation franco-italienne, *R.S.A.,* tome 13, p. 60.
(584)　例えば，グライナー事件（米伊調停委員会 1959年判断）は，戦時中に徴発され
　　た申立人の積荷財産についての損害賠償を求めた事案であるが，申立人財産の一部に
　　ついてイタリアは自らの責任を自認していた。そこで申立人は残部請求について，イ
　　タリアが自認した積荷と同一の船舶に積載され同一の地点で荷卸された事実がある以
　　上，同様に戦争の結果として収用・破壊されたことが推定されると主張した。しかし
　　調停委員会は，こうした推定の必然性を否定し，米国の請求を棄却している。*Greiner*
　　Claim, Decision no. 189 of 12 February 1959, *I.L.R.,* vol. 30 (1966), pp. 454-456
　　[SORRENTINO, MATTURRI]. 確かに，一部収用の事実から残部収用の事実が論理
　　必然的に導かれるわけではないが（*Voir,* Mojtaba KAZAZI, *supra* note (93), pp. 268
　　-269），しかし前者が存在する場合に後者が存在する蓋然性は必ずしも否定しえず，

174

◇ 第 4 章 ◇　紛争処理モデルに基づく証拠法論の再構成

限られている[585]。そこで[586]，そうした成文規定が存在しない場合に，他のい
かなる根拠から証明責任の転換を説くことができるかが次に問題となる。

そうした蓋然性を根拠とした推定の可能性はアプリオリには否定し難い（中島啓「推
定」・前掲注（160）70-86頁参照）。こうした態度からは，あくまで証拠に基づいて
事実認定を積み重ねていくのが本委員会の基本姿勢であり，救済確保を志向して推定
を認めることには慎重な姿勢を見て取れる。例えば，グラニエロ事件（米伊調停委員
会 1959 年判断）でも，申立国に対して「明白かつ説得的な証明（clear and
convincing proof）」という比較的高い証明度を設定した上で，証拠不十分により請求
を棄却している。*Graniero Claim*, Decision no. 186 of 20 January 1959, *I.L.R.*, vol. 30
(1966), p. 453 [SORRENTINO, MATTURRI]. この点，「反証責任（burden of rebuttal）
の転換」とか「一応の証明」といった表現が登場する判断例もあるが，判断理由を全
体として読む限り，これは申立国提出の証拠の乏しさ（申立人自身の宣誓供述書と伝
聞的な証拠のみ）故に請求を棄却するほか無いことを強調する修辞にとどまる。
Batchelder Claim（*The Kirinkuoiska and the Thele*）, Decision no. 25 of 26 July 1954,
I.L.R., vol. 22 (1955), pp. 864-866 [SORRENTINO, MATTURRI].

(585)　第 1 次世界大戦後の対ハンガリー平和条約（トリアノン条約）により設立され
た混合仲裁廷において，損害発生時点の証明が困難であることを理由に簡潔に証明責
任を被申立国ハンガリーへと転換した例が存在するが，推論が簡潔であるため，混合
仲裁廷の判断の当否を分析することは困難である。*Motte c. Etat hongrois*, Tribunal
arbitral mixte hungaro-belge, sentence du 22 juin 1927, *R.D.T.A.M.*, tome 7, p. 823
[R. GUEX, A. ROLIN, B. DE ZOLTAN, J. STEVENS].

(586)　イタリア調停委員会の事実認定に関しては，本文で検討した事例よりもグラン
ト・スミス事件（英伊調停委員会 1952 年判断）の方が有名である。しかし，その判
断正文（仏語）が非公開であるに加え，一般に流布している『国際仲裁判断集
(R.I.A.A.)』と『国際法判例集（I.L.R.）』に所収の 2 つの英訳の間には無視し難い差
異があることから，本書ではこれを正面からは扱わない。本件の争点は，英国私人所
有の船舶の滅失がイタリアの戦争行為の結果であるという因果関係の有無であり，調
停委員会は結論として，被申立国イタリアに証明責任を分配したものと理解される。
問題はその理由付けであり，I.L.R. 所収の英訳によれば，委員会は，因果関係が存在
する蓋然性があるとの心証を形成したために，そうでないことにつき「イタリア政府
が証明しなければならなかった」と単に過去形で述べたに過ぎないように読める。他
方，R.I.A.A. 所収の英訳では，因果関係の証明責任を申立国に課すことが「人間的見
地から考え難い（it could not be humanly conceived）」ことを証明責任分配の根拠と
する 1 文があり，証明責任分配の理論的根拠について，本判断の 2 つの英訳からは断
定し難い面が残るわけである。*Grant-Smith Case*（*the Gin and Angostura*）, Decision
no. 2 of 4 March 1952, *R.I.A.A.*, vol. 14, pp. 14-18; *I.L.R.*, vol. 22 (1955), p. 972
[HANNAFORD, SORRENTINO, BOLLA].

◆第2部◆　証拠法論の再構成

◇ 2　事実誤認の悪影響の非等価性

　事実不明瞭の場合にも判決主文に到達しなければならないことが証明責任論の理論的根拠であるならば，それを達成する手段としての証明責任の分配とは，同時に，事実不明瞭に起因する誤認リスクの当事者間における分配を意味する[587]。それ故，事実誤認によって引き起こされる悪影響の在り方が，証明責任の分配を決するに際しての根拠として挙げられることがある。換言すれば，ある係争事実の存否が不明瞭に陥った場合に，（実際には存在しないのに）その存在を肯定する事実誤認の悪影響と，（実際には存在したのに）その存在を否定する誤認の悪影響を比較した上で，より大きな悪影響を回避する形での証明責任分配を帰結せしめる功利主義的な議論である[588]。

　例えば，UNCITRAL 仲裁手続規則に基づく投資仲裁事例である Chevron & Texaco v. Ecuador（2008年中間判断）において，被申立国エクアドルは，申立人による仲裁手続への提訴の経緯が濫用的であることを根拠として，仲裁廷の管轄権を否定する権利濫用の抗弁を提起した[589]。これに対して仲裁廷は，事実誤認に基づく管轄権の否定が申立人の救済の契機の否定に直結するのに対し，事実誤認に基づく管轄権の肯定は本案審理への移行を帰結するのみであり，被申立国としては本案段階で改めて当該議論を仲裁費用の配分問題として提起することが可能であることに着目した上で，権利濫用を基礎づける事実の存在につきエクアドルに証明責任を分配している[590]。

◇ 3　証拠アクセスを根拠とする証明責任転換

　第3は，証拠との距離あるいは証拠アクセスの容易性を根拠とする議論である[591]。この論拠は，以上に検討した2つの根拠に比べて少なくとも理論上は汎

---

(587)　Luigi FUMAGALLI, *supra* note (417), p. 137.

(588)　Henrik HORN and Joseph H.H. WEILER, "European Communities – Trade Description of Sardines: Textualism and its Discontent", Henrik HORN and Petros C. MAVROIDIS (eds.), *The WTO Case Law of 2002* (Cambridge University Press, 2005), p. 268.

(589)　*Chevron Corporation and Texaco Petroleum Company v. The Republic of Ecuador,* PCA Case No. 34877, Interim Award (1 December 2008), paras. 125–131 [Karl-Heinz BÖCKSTIEGEL, Charles N. BROWER, Albert Jan VAN DEN BERG].

(590)　*Ibid.*, paras. 141, 144.

◇ 第 4 章 ◇ 紛争処理モデルに基づく証拠法論の再構成

用性が高いこと，また国際紛争では実際に証拠の偏在に直面することが少なくないことを背景として，証明責任の転換論の根拠として比較的頻繁に援用されてきている。例えば，コルフ海峡事件において英国は，やや曖昧な表現を用いつつ次のように述べている。「事の性質上，特定の事項に関する知見及びその認識手段が一方当事者に偏在している場合には，法は少なくとも真実負担（onus of truth）を〔…〕転換することによって他方当事者を援助するだろう(592)」。

しかしこの点，証拠アクセスの困難性から原告を救済すべき必要性は承認されやすい一方，その帰結としてなぜ被告が証明責任を負わねばならないのか，証拠との距離がなぜ被告に負担を強いる根拠となりうるかが定かでないため，こうした主張が認められる契機は限られている。以下，国際判例の俎上に上った具体的争点に即して検討していく。

国籍証明と証拠アクセス

外交的保護権行使の場合など，被害者私人が責任追及国の国籍を有していることが国際請求の前提要件である場合，当該私人が自国国籍を有することについて，責任追及国が証明責任を負う(593)。しかし，被害者私人が加害国の国籍も有する二重国籍者の可能性がある場合，加害国国籍の存在は加害国以外の国籍国による外交的保護権の行使を制約しうることから(594)，その存在につき加害国が証明責任を負うのか，それともその不存在につき責任追及国が証明責任を負うのかが問題となる。

この点，米国で死刑判決を受けたメキシコ人50人以上に対して米国政府当局が

（591） Monica P. McCABE, "Arbitral Discovery and the Iran-United States Claims Tribunal Experience", *International Lawyer,* vol. 20, no. 2 (1984), p. 530.

（592） *C.I.J. Mémoires,* vol. III, pp. 221–222 [Sir Hartley SHAWCROSS]; *voir aussi,* Dissenting Opinion of Judge CANÇADO TRINDADE, *Croatie c. Serbie, C.I.J. Recueil 2015,* para. 122.

（593） *Case Heirs of Jean Maninat,* French-Venezuelan Mixed Claims Commission, Opinion of Umpire, 31 July 1905, *R.I.A.A.,* vol. 10, p. 77; *Pablo Nájera（France）v. United Mexican States,* Decision No. 30-A, 19 October 1928, *R.S.A.,* tome 5, p. 484; *Chemin de fer Panevezys-Saldutiskis,* C.P.J.I. série A/B, nº 76, arrêt du 28 février 1939, pp. 16–17; *voir aussi, "Grand Prince" Case（Belize v. France）,* ITLOS Case No. 8, Prompt Release, Judgment of 20 April 2001, para. 67.

（594） 2006年外交的保護条文 7 条。

◆ 第 2 部 ◆ 　証拠法論の再構成

領事通報権の告知を懈怠したことが領事関係条約に違反するかが争われたアヴェナ事件（ICJ 2004年判決）において，被告となった米国は，問題となる私人の大半が米国籍も有する二重国籍者であるとして請求の受理可能性を争い，当該私人が米国籍を有していないことについて原告メキシコが「証拠提出責任（burden of evidence）」を負うとの議論を展開した(595)。証明責任とは区別される概念として提示されたこの「証拠提出責任」の意義は，当該私人の国籍に関連する個人情報（父母の氏名，生年月日，出生地，住所，婚姻の事実など）の多くがメキシコの手中にあるとの事情を斟酌すべきという点にあり，証拠アクセスの難易度を踏まえた証明責任転換論の一類型と位置付けられる(596)。この点裁判所は，こうした立論を否定するメキシコの主張を容れつつも(597)，一般論的には，証拠アクセスの難易度を勘案する余地を残した説示を示している。

> 「当該情報がメキシコの手の内にあることを根拠として，メキシコがそれを提出しなければならないとの議論を容れることはできない。米国は，当該情報を充分に特定して照会を求め，そして墨当局がこれを拒絶したあるいは応答しなかったことを証明しなければならなかった。〔…〕よって裁判所は，〔問題の墨国民が同時に米国民であるとの主張につき〕米国が証明責任を果たさなかったと結論する(598)」（傍点中島）。

立証不十分という審理手続上の結果を根拠として事実不明瞭の不利益負担を一方当事者に帰せしめる通常の証明責任論に対し，アヴェナ判決は，証明責任を負う米国が最善の立証を尽くしていなかったという行為態様を根拠として抗弁を棄却している。つまり，仮に米国が最善の立証活動を尽くしていたとすれば，立証が失敗に終わったとしても，米国は証明責任に基づく判断の不利益負担から免れえた可能性があることを前提としているわけである(599)。それ故，被害者の国籍

---

(595) 　CR 2003/26, p. 39, para. 4.11 [Mr. SANDAGE].

(596) 　CR 2003/26, p. 39, para. 4.11 [Mr. SANDAGE]. 米国の立論構成では，この「証拠提出責任」は通常の証明責任とは観念的に区別されているものの，その区別が証明責任分配・転換の根拠の相違を踏まえただけであるのか，あるいはそれ以上の含意を備えるものであるのかについては敷衍されていない。

(597) 　CR 2003/28, p. 17, para. 33 [Mr. BABCOCK].

(598) 　*Avena and other Mexican Nationals,* Judgment of 31 March 2004, *I.C.J. Reports 2004,* pp. 41-42, para. 57.

(599) 　深坂まり子・前掲注（95）192-193頁。

◇第4章◇ 紛争処理モデルに基づく証拠法論の再構成

の存否という先決問題につき，相手方政府当局の協力拒絶の結果という限定的な範囲ではあるものの，本判決は証明責任の転換論に類する論理構成によって証拠アクセスの難易度を勘案する契機を承認した例であり，原告の救済という裁判目的に即した証明責任論と位置付けることが可能である。

実体義務の性質と証拠アクセス

先決問題に関する事実の証明責任分配に際して証拠アクセスの難易度を勘案しうるのであれば，本案および賠償額算定の局面でも勘案しえないかが問題となる。この点，ディアロ事件本案判決（ICJ 2010年）では，被告コンゴ民主共和国（DRC）によるディアロ氏の身柄拘禁の国際法違反の申立を審理する前提として，そもそもの身柄拘禁の期間が事実問題として争われた。すなわち原告ギニアは，行政文書上に記載のある収監記録（1995年11月5日）と釈放記録の日付（1996年1月10日）を根拠に，同氏はその全期間（66日）にわたって拘禁されていた旨主張した。対する被告DRCは，同氏を収監直後（1995年11月7日）に釈放し，その後翌年1月初頭に再び逮捕してその直後（1996年1月10日）に再び釈放したため，拘禁期間は合計で10日弱程度であったと主張した[600]。この点裁判所は，「仮にDRCの主張〔…〕が真だとすれば，当該出来事の真実性を証明する行政文書その他証拠資料を被告が提出し得なかったことは理解し難い[601]」ことを根拠として，責任を追及するギニアではなく，加害国DRCに証明責任を分配し，その不証明から拘禁期間を66日と認定した[602]。他ならぬ裁判所の自己理解（2012年賠償判決）において，本説示は「特定の事実の証明に関して被告がより良い立場にある場合」における証明責任の分配であり[603]，証拠アクセスの難易を根拠とした証明責任転換の契機を正面から肯定した例と捉えることが可能である。

ただし裁判所は，証拠アクセスの難易から直ちに証明責任の転換を導出したわけではなく，被告による違反が争われる義務が一定の公文書の作成と管理を前提とする内容を備えるものであったことを併せて強調している点に注意する必要が

---

(600) *C.I.J. Recueil 2010*, p. 661, para. 58.

(601) *C.I.J. Recueil 2010*, pp. 659-661, paras. 51-52, 58.

(602) *C.I.J. Recueil 2010*, p. 662, para. 59.

(603) *Ahmadou Sadio Diallo*, indemnisation, arrêt du 19 juin 2012, *C.I.J. Recueil 2012*, p. 332, para. 15.

◆ 第 2 部 ◆　証拠法論の再構成

ある。

> 「特に本件のように，私人が公権力による一定の手続保障を得られなかったことが
> 申し立てられる場合には，〔…〕公権力は通常，手続に従い法が要請する保障を与
> えたことを書証の提出により証明することが可能である。〔…〕それは，問題とな
> る義務の性質に大きく依存し，一定の義務は文書の作成を前提とする(604)」（傍点
> 中島）。

つまり裁判所は，DRC 当局によるディアロ氏の処遇に関する証拠資料へのア
クセスへの難易度を根拠として直ちに証明責任の転換を肯定したわけではなく，
被拘禁者の身柄の取扱いに関する適正手続保障義務が一定の記録を公文書として
残すことを規範的に要求しているがために，被告 DRC への証明責任の転換を導
いたと考えられるわけである。事実，裁判所は，そうした文書作成を前提としな
い類型の義務（非人道的処遇禁止）違反の申立については，実務的にはおそらくよ
り証明困難と見られるにもかかわらず，原則論に立ち戻って原告ギニアに証明責
任を分配し，請求を棄却している(605)。

証拠アクセスを根拠とする証明責任転換論の限界

以上の検討を踏まえると，証拠アクセスの難易度がそれ自体として直ちに証明
責任の転換を導出すると考えることは難しく(606)，実体義務の性質など，何らか
の別途の根拠から被告が証明責任を負うことを積極的に基礎づける許容性の探求
が必要であることが分かる。事実，証拠アクセスや証明の困難性を根拠とした証
明責任転換論が功を奏していない事案類型のいくつかは，この許容性の欠如に由
来するものと説明することができる。

例えば，国際環境法における予防原則の内容は論者により様々であるものの，
多くの場合，科学的不確実性（事実不明瞭）の不利益負担を転換する論理を含ん
でいる。すなわち，他国の活動が越境損害をもたらすと主張する側の国家（潜在
被害国）が当該活動の有害性につき証明責任を負うのではなく，活動実施国（潜

---

(604)　*C.I.J. Recueil 2010*, pp. 660-661, paras. 54-55.

(605)　*C.I.J. Recueil 2010*, p. 671, paras. 88-89.

(606)　証拠アクセスの困難性から証明責任の転換を導出したとも読める古い仲裁事例
　　　が僅かながら存在するものの，判断推論が非常に簡潔であるため，その意義を特定す
　　　ることは困難である。*Alsop Claims* (*Chile/U.S.A.*), Award of 5 July 1911, *R.I.A.A.*,
　　　vol. 11, p. 374 [George V, King of Great Britain].

◇第4章◇　紛争処理モデルに基づく証拠法論の再構成

在加害国）がその無害性につき証明責任を負うとの議論である[607]。しかし，環境保護の重要性のみを根拠として証明責任の転換を説く主張は，価値政策判断の次元で国家の経済発展の要請と衝突し，議論は平行線を辿る。そこで裁判実務では，証拠アクセスの難易が補足的に挙げられることがある。例えば，核実験事件判決の再検討請求事件（1995年命令）で原告ニュージーランドは，予防原則の成立を説くと同時に「関連事実の大半が活動計画国〔フランス〕の手の内にある」という事情を証明責任転換論の根拠として付加しており[608]，パルプ工場事件の原告アルゼンチンも，予防原則に加え[609]，懸案の工場が被告ウルグアイ側に所在していることに由来する証拠アクセスの困難性を証明責任の転換の根拠として付加していた[610]。しかし裁判所はこれまでのところ，こうした主張を容れていない。すなわち，「アルゼンチンが提起した証明責任の転換論〔…〕について，裁判所は，たとえ予防的アプローチが条約規定の解釈適用に有意であるとしても，そのことからそれが証明責任の転換として作用することは導かれないと考える[611]」と。このように，証拠アクセスの難易はそれ自体としては必ずしも証明責任転換を導出しえない以上，これによって予防原則の規範的性質の脆弱性を埋め合わせることは難しいわけである。それ故，こうした法状況をなお打開しようとするならば，被告が証明責任を負うという帰結を基礎づける許容性を別途模索するか，あるいは，そもそも二辺的紛争処理というパラダイムそれ自体からの脱却を企てることが必要である。この後者については，第3部において検討を進めていく。

---

(607)　Pascale MARTIN-BIDOU, « Le principe de précaution en droit international de l'environnement », *R.G.D.I.P.*, tome 103 (1999), pp. 655-656.

(608)　Aide-mémoire of New Zealand, 5 September 1995, paras. 37-38; *voir aussi*, CR 1995/19, p. 47, para. 64 [Mr. McGRATH]; CR 1995/21, p. 60 [Mr. McGRATH]; Dissenting Opinion of Judge WEERAMANTRY, *Demande d'examen de la situation au titre du paragraphe 63 de l'arrêt rendu par la Cour le 20 décembre 1974 dans l'affaire des* Essais nucléaires (Nouvelle-Zélande c. France), ordonnance du 22 septembre 1995, *C.I.J. Recueil 1995*, pp. 342-344.

(609)　Mémoire de la République argentine, le 15 janvier 2007, para. 5.15.

(610)　CR 2009/20, p. 11, paras. 15-19 [M. PELLET].

(611)　*C.I.J. Recueil 2010*, p. 71, para. 164.

◆第2部◆　証拠法論の再構成

◆ 第3節 ◆　推定構造論

　第1部において検討したように，ヴィテンベルクをはじめとする証拠法論の先駆が理論的支柱として据えてきたのが，「推定（la présomption; inference）」の語において緩やかに括られる論理法則であり，既知の事実（un fait connu; le fait de base）から未知の事実（un fait inconnu）を導く推論である[612]。すなわち，争いのある事実（未知の事実）について直接的な証明ができなくとも，関連する他の事実（既知の事実）からその存否内容を推論することを論理的に基礎づけることによって，係争事実の認定に代えようとする議論である[613]。証拠法解釈運用の裁判目的依存性を説く本書の観点からは，こうした推定は，領域主権の排他性に由来する証拠の偏在を克服し，もって原告の権利救済という裁判目的に資する手段として再構成しうる契機を秘めている。そこで本節では，こうした観点から，国際裁判における推定を実体法規に由来する法的推定（第1項）と否定的推論（第2項）に大別した上で，それぞれの意義について検討していく。

◆ 第1項　法的推定

法的推定の具体例

　実体国際法規それ自体が明示的に推定を命じていると解しうる例も少なからず存在する[614]。例えば，外交的保護権行使に際して，損害を被った自然人の国籍の損害発生時点から国際請求の提起時点までの継続を要求する外交的保護条文草案（2006年）5条1項は，両日付における国籍の存在をもって，期間内の国籍の「継続性が推定される（Continuity is presumed）」旨規定している[615]。その趣旨は，

---

(612)　Mojtaba KAZAZI, *supra* note（93）, p. 239; Gérard NIYUNGEKO, *supra* note（5）, p. 104; Thomas FRANCK and Peter PROWS, *supra* note（408）, p. 200; Brusil Miranda METOU, *supra* note（559）, p. 279; Pablo José SANDONATO DE LEÓN, *Les présomptions judiciaires en droit international public*（Genève : Institut de hautes études internationales et du développement, thèse, 2013）, p. 95.

(613)　中島啓「推定」・前掲注（160）62-63頁。

(614)　Pablo José SANDONATO DE LEÓN, *supra* note（612）, pp. 81-82.

(615)　*Report of the International Law Commission*, 58th session（U.N. Doc. A/61/10, 2006）, p. 17.

182

◇第4章◇　紛争処理モデルに基づく証拠法論の再構成

期間内におけるあらゆる時点での国籍の保持という状態を証明することは困難であることへの対処と説明され[616]，私人あるいはその国籍国の権利救済という外交的保護の制度目的に即した規定振りと分析しうる。また，WTOの補助金協定6.1条は，一定の場合に[617]，他の加盟国の利益に対する「著しい害」が存在するものとみなす（deemed to exist）とし，補助金交付国がそうした影響の不存在を証明しない限り（同6.3条），本推定が維持される旨規定している。本規定の意義については議論の余地があるものの，ウルグアイ・ラウンドにおける議論状況を踏まえるならば，救済手続発動要件である「著しい害」の証明が困難であることへの対処と理解することが可能であり[618]，その限りにおいて，他国の補助金措置によって悪影響を被った申立国の救済の契機の確保を目的とするものであると考えられる。

国家行為の合法性推定

　こうした個別具体的な明示規定の他に，より一般的な法的推定の典型として，「国家行為の合法性推定（*omnia rite acta præsmuntur*）」が挙げられてきた[619]。すなわち，国際仲裁の場において，「国家は合理的であり，軽率でないことについて一般に有利に推定される[620]」ため，公務員の公的行為の合法性[621]，戦争行為の合法性[622]，国内裁判所の行為の合法性[623]など[624]が推定されるとの判断である。これを消極的に換言し，「〔権利〕濫用は推定されない[625]」あるいは

---

(616)　*Ibid.*, p. 36.

(617)　次の4つの場合を規定する。「補助金の総額が産品の価格の5％を超える場合」「補助金がいずれかの産業の営業上の損失を補填するものである場合」「補助金がいずれかの企業の営業上の損失を補填するものである場合」「債務の直接的な免除」。

(618)　Michelle T. GRANDO, *supra* note (5), p. 101.

(619)　*E.g.*, *Case of Stratton & Black*, 26 May 1876, United States-Mexico Claims Commission of 1868, *Moore*, vol. 3, p. 3138 [Umpire THORNTON]; *Christern & Co. et al. Cases*, Germany-Venezuela Mixed Claims Commission, undated, *R.I.A.A.*, vol. 10, p. 367 [Umpire DUFFIELD]; *Valentiner Case*, Germany-Venezuela Mixed Claims Commission, undated, *R.I.A.A.*, vol. 10, p. 405 [Umpire DUFFIELD].

(620)　*Bembelista Case*, Netherlands-Venezuela Mixed Claims Commission, undated, *R.I.A.A.*, vol. 10, p. 718 [Umpire Frank PLUMLEY]; *voir aussi*, *Heirs of Jules Brun Case*, France-Venezuela Mixed Claims Commission, Opinion of the Umpire of 31 July 1905, *R.I.A.A.*, vol. 10, p. 41 [Umpire Frank PLUMLEY].

◆第2部◆　証拠法論の再構成

「〔国際義務の〕違反は推定されない(626)」と定式化した例もある。

しかし，こうした「国家行為の合法性推定」論は，実は裁判規範として独自の意義を持ち合わせてはいない。というのは，責任追及事案においては申立人・原告が加害国の責任を基礎づける各種の要件事実につき証明責任を負うとの原則論を踏まえるならば，「国家行為の合法性推定」は，この原則論に何らの変更を加えていないためである(627)。その意味で，法的推定の典型例として位置付けられてきた「国家行為の合法性推定」は，二辺的紛争処理という裁判目的に即した証明責任分配の内容を間接的に再確認するにとどまる命題と理解される(628)。

---

(621)　*Frierdich and Company Case*, France-Venezuela Mixed Claims Commission, Opinion of the Umpire of 31 July 1905, *R.I.A.A.*, vol. 10, p. 53 [Umpire Frank PLUMLEY]; *Brewer, Moller & Co. Case*, German-Venezuela Mixed Claims Commission, undated, *R.I.A.A.*, vol. 10, p. 423 [Umpire DUFFIELD].

(622)　*Guerrieri Case*, Italy-Venezuela Mixed Claims Commission, undated, *R.I.A.A.*, vol. 10, p. 583 [Umpire: Jackson H. RALSTON].

(623)　*Frierdich and Company Case*, *R.I.A.A.*, vol. 10, pp. 53-54.

(624)　*Affaire des biens britanniques au Maroc espagnol*（*Espagne c. Royaume-Uni*）, sentence du 1ᵉʳ mai 1925, réclamation 28, Tanger, Chevaux — Haj Mohamed Harrej, *R.S.A.*, tome 2, p. 699 [arbitre: Max HUBER].

(625)　C.P.J.I. série A, nᵒ 7, p. 30; *Zones franches de la Haute-Savoie et du pays de Gex*（*deuxième phase*）, ordonnance du 6 décembre 1930, C.P.J.I. série A, nᵒ 24, p. 12.

(626)　*Aegean Sea Continental Shelf Case*（*Greece v. Turkey*）, Interim Measures of Protection, Order of 11 September 1976, *I.C.J. Reports 1976*, p. 13, para. 41.

(627)　*E.g.*, *Frierdich and Company Case*, *R.I.A.A.*, vol. 10, p. 52.

(628)　もっとも，「国家行為の合法性推定」あるいはそれに類する説示を数多く観察できるベネズエラ混合請求委員会（1902-1905年）の判断例の中には，国際法適用の局面における国家平等を再確認する狙いを垣間見ることができる例がある。すなわち，19世紀末のベネズエラ内乱に起因する外国人損害の賠償請求を処理する本委員会では，ベネズエラ正統政府の責任に加え，革命団体の行為に対する正統政府の責任が数多く争われた。この点，正統政府は革命団体の行為につき原則として責任を負わないというのが当時の通説判例（無責任原則）であったところ（Edwin M. BORCHARD, *The Diplomatic Protection of the Citizens Abroad or the Law of International Claims* (The Banks Law Publishing Co., 1919), pp. 229-232），イタリア人サムビアジオ（Salvatore Sambiaggio）のベネズエラに対する損害賠償請求の成否が争われた事案（1903年判断）において，申立国イタリアは，「革命の頻発するベネズエラには同原則は妥当しない」との主張を展開した（*Sambiaggio Case*, Italy-Venezuela Mixed Claims Commission, *R.I.A.A.*, vol. 10, p. 523 [Umpire: Jackson H. RALSTON]）。判

184

◇ 第 4 章 ◇　紛争処理モデルに基づく証拠法論の再構成

◆ 第 2 項　否定的推論

　法的推定が実体国際法の規定振りに事実推認の根拠を見出すのに対し，否定的推論はすでに詳述した通り，裁判手続上の具体的な主張立証状況を踏まえ，ある係争事実について原告が疎明したと評価しうる場合に，相手方に反証の提出を要請した上で，その不十分あるいは不提出を併せて斟酌し，結論として原告に有利な事実認定を帰結せしめる法理である（第 1 章第 2 節参照）。反証の不存在・不足を不利に斟酌する可能性を肯定することで証拠提出を促す点で，否定的推論は，強制執行力を欠く国際裁判制度において裁判所が採りうる数少ない間接強制の契機の 1 つであり[629]，その運用次第では，証拠の偏在という困難に直面した原告を救済する手段として位置付けることが可能である。この点，国際法曹協会

断理由中に引用されている仲裁先例（*The Montano Case*, United States-Peru Mixed Claims Commission of 1863, *Moore*, vol. 2, p. 1631）に鑑みると，イタリアの狙いは，国際法適用の不平等の正当化にあったと理解される。すなわち無責任原則は，革命という非常事態を極めて例外的な現象と捉えた上で，そうした例外的な事態が発生した場合には，相互主義を基礎として外国人損害発生のリスクを甘受することにその成立基盤が見出される（*Voir aussi*, W. E. HALL, *Treatise on International Law* (3rd ed., Clarendon Press, 1890), p. 219; Edwin M. BORCHARD, *supra* note (628), p. 230）。この観点からは，政情不安定な19世紀の南米諸国の場合，革命が頻発するために外国人損害の発生はむしろ常態であるため，政情が比較的安定的な西欧諸国としては，損害を相互に受忍する基盤を欠くと考える余地がある。イタリアはこうした見地から，南米諸国との関係では無責任原則が妥当しないと考えることで，発生した損害に対するベネズエラ正統政府の責任の射程を拡大しようとしたものと理解される。しかし審判人ラルストン（Jackson H. Ralston）は，無責任原則は「確立した推定（settled presumption）」であるとしてイタリアの主張を退け（*Sambiaggio Case*, *R.I.A.A.*, vol. 10, p. 518），他の事案において，この無責任原則を「国家行為の合法性推定」として再定式化している（*Guerrieri Case*, *R.I.A.A.*, vol. 10, p. 583）。その帰結は，革命団体の行為につき正統政府が責任を負うのは正統政府が相当注意を欠いていた場合に限られ，その欠如の証明責任は申立国が負うとの立場である（*Cases of Revesno, Bignoso, Stiz, Marchiero, and Fanti*, Italy-Venezuela Mixed Claims Commission, undated, *R.I.A.A.*, vol. 10, pp. 582-583 [Umpire: Jackson H. RALSTON]; *voir aussi*, Edwin B. BORCHARD, *supra* note (628), pp. 232-233）。このように，具体的帰結としては証明責任分配の原則論に立ち戻るに過ぎない「国家行為の合法性推定」は，19世紀末の外交的保護の文脈で提起された国際法適用の不平等を説く議論に直面した審判人ラルストンが，国家平等という原則論をもってこれを否定するという文脈の中に置くことで，その歴史的意義を読み解くことが可能である。

◆ 第 2 部 ◆　証拠法論の再構成

(International Bar Association: IBA) が作成した「国際仲裁における証拠調べに関する規則」は，次のように規定している（2010年規則 9 条 5 項；1999年旧規則 9 条 4 項）。

> 「提出要請に異議を唱えなかった文書につき充分説明することなくこれを提出しなかったか，あるいは仲裁廷より提出を命ぜられた文書を提出しなかった場合には，仲裁廷は，当該文書が当該当事者の利益にとって否定的（adverse）であろうことを推論できる（may infer）」（傍点中島）。

作業部会が作成した注釈によれば，商事仲裁実務において，否定的推論は「日常的に（routinely）」行われているとされる[630]。他方，各種国際裁判制度の手続規則（ハーグ条約；ICJ 規程・規則；WTO 紛争解決了解；ICSID 条約・仲裁手続規則）には同様の条項は存在せず，むしろ明示的な表現は慎重に回避されてきた経緯がある（第 2 章参照）。このことを踏まえれば，IBA 規則を時折採用する投資仲裁手続を含め，国際裁判においていかなる根拠から否定的推論を発動しうるのか，とりわけ，原告の疎明を契機として被告が反証を要求されるのはなぜか，そして反証が不十分である場合にその事実を原告に有利に斟酌しうるのかはなぜかを突き詰める必要がある（IBA 規則は，発動の裁量性 'may' を規定するのみである）。

この点，ヴィテンベルクの場合には，証明責任を負わない当事者が「証明協力義務」を負うことを措定した上で，その「違反」に対する「制裁」として，否定的推論が広範に基礎づけられていた。しかしすでに検討したように，国際裁判における「証明協力義務」の妥当を一般的に想定することは困難である。以下に見るように，否定的推論の発動は，個別具体的な主張立証状況に照らして，蓋然性と経験則に基づき，提出されない証拠資料が保持者に不利な内容を備えていることを合理的に推認しうる場合に限定されている（1.）。ただし，国際司法裁判所の判例は仲裁とはやや異なる展開を見せているため，別途の検討を要する（2.）。

---

(629)　*Waste Management, Inc. v. United Mexican States,* ICSID Case No. ARB(AF)/00/3, Procedural Order concerning Disclosure of Documents, 1 October 2002, para. 6 [President: James CRAWFORD].

(630)　IBA Working Party, *Commentary on the New IBA Rules of Evidence in International Commercial Arbitration* (2000), p. 36.

◇ 第 4 章 ◇　紛争処理モデルに基づく証拠法論の再構成

◇ 1　蓋然性に基づく否定的推論

　特定の重要証拠資料が一方当事者の排他的支配下に置かれているといった証拠の偏在状況に直面した場合，あるいは国籍の継続のように事物の性質上その証明が困難な「悪魔の証明(*probatio diabolica*)」に直面した場合など[631]，否定的推論を導くべき必要性は比較的容易に肯定することが可能である[632]。問題は，原告がそうした困難に直面したからと言って，なぜ被告が手持ちの証拠資料を開示しなければならないかという意味での許容性である。

　この点，上述の IBA 規則の基礎となった商事仲裁実践に目を向けると，否定的推論はあくまで仲裁人の自由心証の枠内における論理経験則の問題として限定的に基礎づけられるとされる。例えば，ワインクメル (Jeffrey Waincymer) は次のように説明している。

　　「否定的推論は懲罰的行為 (punitive action) ではなく，適切な状況において合理的かつ論理的に導かれる推論である。この区別は決定的である。というのは，懲罰が，不提出という明白な事実に対する単なる反応だからである。否定的推論は，不提出の非合理性に関する判断プロセスを要するものであり，加えて，〔提出されなかった〕文書がいかなる情報を備えていたか，あるいは出廷しなかった証人がいかなる証言をもたらしたであろうかにつき，証拠不提出から特定の見立てを正当化する論理的推論をも要するものである[633]」。

　このように，当該事案の性質あるいは仲裁手続における主張立証の具体的状況に照らして，提出されなかった証拠資料の内容を論理的に推認しうることを要求している。仲裁手続上，商取引上対等な当事者の一方に「懲罰」を課する根拠は見出し難いことから，仲裁人の自由心証の枠内で論理法則に従って可能な限りに

---

(631)　*Robert John Lynch (Great Britain) v. United Mexican States,* Decision No. 1 of 8 November 1929, *R.I.A.A.,* vol. 5, pp. 18-19 [A.R. ZIMMERMAN, Artemus JONES, Benito FLORES (dissenting)].

(632)　*Voir aussi, Janin c. Etat allemand,* Tribunal arbitral mixte franco-allemand, le 4 février 1922, *R.D.T.A.M.,* tome 1, p. 777 [ASSER, BONDI, MAURICE GANDOLPHE, SIMON, SIREY]; *Compagnie pour la construction du chemin de fer d'Ogulin à la frontière, S.A. c. Etat serbe-croate-slovène,* le 12 juillet 1926, *R.D.T.A.M.,* tome 6, p. 509 [G. van SLOOTEN, B. de ZOLTAN, D. ARANDJELOVITCH].

(633)　Jeffrey WAINCYMER, *Procedure and Evidence in International Arbitration* (Wolters Kluwer Law & Business, 2012), p. 775.

◆第2部◆　証拠法論の再構成

おいて，否定的推論による申立人の権利救済の途を開いていると考えられるわけ
である。例えば，「仮に一方当事者が保有している関連文書につき，その提出要
請に応じない場合，当該文書には『当該当事者に不利な事実が記載されているで
あろう』という推認が成立する」という蓋然性に基づく議論であり(634)，仲裁手
続上の当事者の振る舞いから，論理法則を頼りに，問題となる証拠資料の内容に
接近する推論である(635)。

　例えば，NAFTA 第11章に基づく投資仲裁事例である Marvin Roy Feldman v.
Mexico（2002年仲裁判断）において，被申立国メキシコは，内国民待遇義務違反
申立における待遇の差異の要件を論じる文脈で，申立人の保有会社と競合するメ
キシコ会社との間で後者に有利な待遇の差異は無かったことを示す証拠を保有し
ている旨を示唆した。にもかかわらず，メキシコは，最終的に当該文書を提出し
なかったことから，仲裁廷は，「被申立国の証拠不提出から推論することは完全
に合理的である」として，待遇の差異要件を基礎づける事実の存在を肯定し
た(636)。逆に，厳密には提出拒絶ではなく調査困難を理由として提出されなかっ
た証拠資料に関する例ではあるものの，領土・島・海洋境界紛争事件（1992年判
決）で ICJ 特別裁判部は，提出されなかった証拠資料が「仮に提出されたならば，
一方当事者の請求を支持したであろうという推定を適用することはできない」と
述べており(637)，問題となる証拠資料の内容に一定の蓋然性をもって接近しうる
ことを一般に推定の内容としているものと考えられる。

　このように否定的推論は，個別具体的事情に照らして論理法則に従って証拠資
料の内容を蓋然的に推認しうる範囲で基礎づけることが可能である(638)。こうし

---

(634)　Separate Opinion of Judge FITZMAURICE, *Barcelona Traction, Light and
　　　Power Company Limited (*nouvelle requête: 1962*), deuxième phase, arrêt du 5
　　　février 1970, *C.I.J. Recueil* 1970, p. 98, para. 58; Separate Opinion of Judge JESSUP,
　　　C.I.J. Recueil 1970, p. 215, para. 97.

(635)　中島啓「推定」・前掲注（160）74頁。

(636)　*Marvin Feldman v. Mexico*, ICSID Case No. ARB(AF)/99/1, Award (12
　　　December 2002), para. 178 [Konstantinos D. KERAMEUS, Jorge COVARRUBIAS
　　　BRAVO, David A. GANTZ].

(637)　*Land, Island and Maritime Frontier Dispute* (*El Salvador/Honduras: Nicara-
　　　gua Intevening*), Judgment of 11 September 1992, *I.C.J. Reports 1992*, p. 351,
　　　para. 63.

◇第4章◇　紛争処理モデルに基づく証拠法論の再構成

た本書の立場は、「制裁」あるいは「懲罰」を理論的根拠とする従来の理解に比べると、否定的推論の発動範囲を極めて限定的に捉えるものである。しかし、国際紛争処理を共同体利益の総和を高めるものではなく、二辺的な法律関係の確認に尽きるものとして捉える限り、一方当事者の救済に資する可能性のある証拠資料の提出を他方当事者に要求しうる場面は自ずと限られる[(639)]。一方当事者への証拠資料の偏在は、裁判外における通常の生活活動の帰結であるに過ぎず、裁判における「不当な優位性[(640)]」であると直ちに見ることは難しいわけである。それ故、否定的推論をなお広く基礎づけようとするのであれば、蓋然性ではなく「制裁」あるいは「懲罰」に類する理論的根拠を措定しうる国際裁判の制度目的を探究する必要がある。こうした可能性については、第3部において詳述していく。

---

(638)　Julien CAZALA, *supra* note（523）, p. 66; Markus BENZING, "Evidentiary Issues", *I.C.J. Commentary 2012*, p. 1251.

(639)　トルコ官憲による申立人たるギリシャ市民の銀行貸金庫の収奪に起因する損害賠償が争われた事案において、申立人は、銀行が作成した調書（procès-verbal）の複写を提出することで、収奪された財産の内容の証明を試みた。ギリシャ＝トルコ混合仲裁廷（1928年判断）は、申立人の提出した書証は複写であること、そして被申立国トルコがその原本を保有していることに鑑みて、トルコに対して当該調書の原本（もしくはその認証謄本）の提出を要請したところ、トルコは、そうした文書を提出する義務を手続上負わない旨主張して要請を拒絶した。そこで混合仲裁廷は、トルコが反証を行わなかったことを根拠に、「申立人が提出した複写を正しいものとみなす理由がある」と結論付けた。本判断は、被申立国が証拠提出要請に応じなかったことを決定的理由として申立人が主張する事実を認定した数少ない国際判例の1つとして理解されてきたものの、本書の分析によれば、本判断は次の2点において本件固有の文脈を備えている。第1に、申立人が提出した複写は収奪された財産の詳細にリスト化した目録であり、仲裁廷はこうした複写それ自体の信憑性をある程度承認したものと見受けられる。第2に、こうした判断を基礎づけるための法源として仲裁廷が援用したのは被申立国トルコの民事訴訟法であり、文書開示の命令を受けた当事者が正当な理由なくそれを拒む場合には、裁判所は他方当事者が援用した文書の内容を信頼しうると規定していた。*Aristotelis A. Megalidis c. Etat turc*, Tribunal arbitral turco-grec, le 7 juin 1928 et le 26 juillet 1928, *R.D.T.A.M.*, tome 8, pp. 389, 391, 394-395. 以上の点で、否定的推論を発動したと考えられる本判断の射程は、実は非常に狭いものと分析される。

(640)　Durward V. SANDIFER, *supra* note（17）, p. 460.

◆第2部◆　証拠法論の再構成

◇ 2　国際司法裁判所における展開

ICJ 規程49条は，裁判所の証拠提出要請を当事者が拒絶した場合，「裁判所は
その旨留意する（elle en prend acte）」と規定している[641]。この条項は，第1部
で検討したハーグ条約（1899年条約44条；1907年条約69条）の規定振りを踏襲するも
のであることから，否定的推論への依拠を一般論として承認するものとの解釈も
ある[642]。他方，国際仲裁における判例状況とは異なり，国際司法裁判所ではこ
れまでのところ，否定的推論に依拠したと解しうる判例は存在しない。しかし，
本書執筆時点（2015年8月）における最新の判例において，「証明協力義務」の妥
当を肯定するかのように理解しうる判例が忽然と登場するに至った。そこで以下
では，その意義と射程を明らかにする狙いから，国際司法裁判所における否定的
推論をめぐる議論の系譜を跡付けることとする。

XCU 提出問題：コルフ海峡事件

国際司法裁判所において否定的推論への依拠が最初に正面から議論されたのは，
アルバニア領海を航行中の英国軍艦が触雷し大破したことに起因するコルフ海峡
事件（1949年本案判決）である。アルバニアは，英国軍艦によるアルバニア領海の
航行がそもそも同国の主権を侵害するものであるとの違法宣言判決を求めたとこ
ろ，裁判過程において軍艦の航行を命じた海軍機密文書「XCU」の存在が浮上
したことから[643]，アルバニアは英国に対し，規程49条に基づいて当該文書の提
出を要請した。その際アルバニアは，否定的推論という表現こそ用いていないも
のの[644]，英国軍艦の航行の違法性を基礎づける事実につき自らが証明責任を負
うことを前提としつつ[645]，英国は真実探求に協力する道義的義務（l'obligation
d'honneur）を負うという[646]，米墨一般請求委員会のパーカー事件判断を想起さ

---

(641)　なお国際海洋法裁判所の場合，裁判所による証拠提出要請に当事国が応じな
かった場合に，裁判所がこれに「留意する」旨の規定は存在しない。ITLOS 規則77
条1項（ITLOS/8, 17 March 2009）参照。

(642)　Christian J. TAMS, "Article 49", *I.C.J. Commentary 2012*, p. 1284.

(643)　'XCU' とは，「コルフ演習（'Exercise Corfu'）」を意味するとされる。*C.I.J.
Mémoires, Détroit de Corfou*, vol. IV, p. 563 [Sir Eric BECKETT].

(644)　*C.I.J. Mémoires, Détroit de Corfou*, vol. III, p. 302 [M. Kahreman YLLI].

(645)　Duplique du Gouvernement albanais, *C.I.J. Mémoires, Détroit de Corfou*, vol.
II, p. 314.

190

◇第4章◇　紛争処理モデルに基づく証拠法論の再構成

せる表現で英国の提出義務を強調した。これに対して英国は，国家安全保障という公益を根拠とした文書秘匿を主張した[647]。文書提出要請に応じない場合には否定的推論が導かれうる場合があることを前提としつつも，本件では提出しないことに正当な理由があるとの反論である[648]。もっとも，歴史研究が示すように，懸案の「XCU」が「アルバニアの反応を試す（to test the Albanian reactions）」ことを航行の目的として記載していたことからすれば[649]，通航の無害性を否定する方向で斟酌されることへの危惧が，まさに文書不提出の背景であったと考えられる[650]。とはいえ裁判所は，次のような説示を経て，英国が「XCU」を提出しなかったことから具体的な帰結を導くことは無い旨結論した。

　　「これらの文書は提出されず，代理人は海軍機密と主張し，証人は当該文書に関する尋問に回答しなかった。その結果，当該海軍命令の真の中身を知る由は無い。しかしながら裁判所は，この命令文書の提出拒絶から，実際に発生した事実とは異なる結論を導くことはできない[651]」（傍点中島）。

　本件における裁判所のこうした対応は，職権主義的な証拠調べを志向する立場からは否定的に評価される傾向にある[652]。しかし，傍点強調部分が示すように，裁判所が，否定的推論の発動を否定したというより，端的に，その必要が無いと判断したと理解するのが自然である。すなわち裁判所は，機銃砲口の向きといった外形的客観的要素を根拠に，英国軍艦の航行の無害性を肯定する結論にすでに到達しており[653]，そうであるがために，「XCU」の不提出から「実際に発生した事実とは異なる結論を導くことはできない」と述べたわけである[654]。したがって本判決は，国際司法裁判所において否定的推論の依拠可能性が初めて論じ

---

(646)　*C.I.J. Mémoires, Détroit de Corfou*, vol. III, p. 302 [M. Kahreman YLLI]; *C.I.J. Mémoires, Détroit de Corfou*, vol. IV, p. 687 [M. Pierre COT].

(647)　*C.I.J. Mémoires, Détroit de Corfou*, vol. IV, p. 564 [Sir Eric BECKETT].

(648)　*C.I.J. Mémoires, Détroit de Corfou*, vol. IV, p. 564 [Sir Eric BECKETT].

(649)　Anthony CARTY, "The Corfu Channel Case‐and the Missing Admiralty Orders", *L.P.I.C.T.*, vol. 3 (2004), pp. 1‐9, 30, 34.

(650)　W. Michael REISMAN and Christina SKINNER, *supra* note (34), pp. 66‐70.

(651)　*C.I.J. Recueil 1949*, p. 32.

(652)　*E.g.*, Neill H. ALFORD, *supra* note (106), p. 86.

(653)　*C.I.J. Recueil 1949*, p. 31.

(654)　Anna RIDDELL and Brendan PLANT, *supra* note (6), pp. 210‐211.

191

◆ 第 2 部 ◆ 証拠法論の再構成

られた例ではあるものの，その説示からは，否定的推論の意義や具体的射程に関する裁判所の理解を読み取ることはできない。

ジェノサイド条約適用事件（ボスニア提訴）における再燃

コルフ海峡事件判決の後，国際司法裁判所において否定的推論が再び論じられたのはジェノサイド条約適用事件（ボスニア提訴）である。すなわち，原告ボスニアは，被告セルビアによる条約違反の証明に必要な証拠資料がセルビア領域内に偏在していることに由来する主張立証活動の困難を背景に[655]，規程49条に基づく文書提出をセルビアに対して求めるよう，裁判所に要請した[656]。とりわけ念頭に置かれたのが，ユーゴスラビア（当時）最高国防評議会（Supreme Defence Council）関連の資料であり，軍事機密を理由として[657]多くの箇所が墨塗り状態で提出されていた議事録等につき，墨塗り前の状態での再提出を求めた。その意義としては，虐殺の実行犯であるスルプスカ共和国軍（Vojska Republike Srpske: VRS）その他民兵組織に対する具体的な指揮命令態様が明らかとなり，行為帰属の争点に関連する事案解明に大いに資する可能性がある点，そして最高国防評議会はユーゴスラビアの意思決定機関の中枢であることから，そうした機関の議事録に当該国家に不利益な叙述を見出せれば，その証拠価値は高く評価しうる点が挙げられる[658]。そこでボスニアは，セルビアが本文書の提出要請に応じない場合には，裁判所は否定的推論を導くべき旨主張した[659]。しかし裁判所は，原告が旧ユーゴ国際刑事裁判所（ICTY）の膨大な訴訟記録に依拠できたことを根拠として提出要請を行わず[660]，結論的に否定的推論も導かなかった[661]。

---

(655)　Memorial of the Republic of Bosnia and Herzegovina (15 April 1994), pp. 213–217.

(656)　*I.C.J. Reports 2007* (*I*), p. 57, para. 44.

(657)　CR 2006/43, pp. 27–28, paras. 57–58 [Mr. OBRADOVIĆ].

(658)　*Voir*, Dermot GROOME, "Adjudicating Genocide: Is the International Court of Justice Capable of Judging State Criminal Responsibility?" *Fordham International Law Journal*, vol. 31 (2008), pp. 926–927.

(659)　CR 2006/3, pp. 26–27, paras. 18–21 [M. FRANCK].

(660)　*I.C.J. Reports 2007* (*I*), p. 57, para. 44.

(661)　Anna RIDDELL, "Report on the Oral Proceedings in the Application of the Convention on the Prevention and Punishment of the Crime of Genocide: Selected Procedural Aspects", *Leiden J.I.L.*, vol. 20 (2007), p. 434.

◇ 第 4 章 ◇　紛争処理モデルに基づく証拠法論の再構成

「この点原告は，とりわけ容易にアクセス可能な ICTY の訴訟記録から膨大な書証
を有しており，裁判所はこれを十二分に用いてきた。〔…〕裁判所は，原告による
当該文書の複写の提出要請には応じなかったものの，裁判所はそこから自ら推論す
ることは自由であるという原告による示唆への留意（note）は怠らなかった(662)」
（傍点中島）。

　この点，ICTY の訴訟記録が豊富であることを根拠として評議会議事録の提出
を不要とする推論には一見して論理の飛躍があり，批判が寄せられている(663)。
第 1 に，評議会議事録は ICTY の訴訟記録を構成しているとはいえ，一般に公
開されているわけではない以上（墨塗りの部分は ICTY の裁判官および検察官等限ら
れた関係者のみが閲覧可能），ボスニアにとって「容易にアクセス可能」であった
とは言い難い(664)。第 2 に，懸案の VRS その他民兵組織に対する指揮命令関係
について，裁判所は「原告〔ボスニア〕が証明しなかった」ことを根拠としてセ
ルビアへの行為帰属を否定している以上(665)，ボスニアの主張立証において同議
事録が不要であったとは言い難い(666)。第 3 に，裁判所は，ICTY 訴訟記録への
アクセスの他に提出要請を行わなかった根拠を挙げておらず，例えばセルビアが
援用した軍事機密という文書の性質については一切触れていない。当該議事録は
本書執筆時点でなお未公開であるため，その提出が判決にどのような影響を与え
たかは憶測(667)の域を出ないものの，以上の経緯からは，否定的推論を導くこと
への国際司法裁判所への何らかの躊躇を推測することができるのかもしれな
い(668)。

---

(662)　*I.C.J. Reports 2007* (*I*), p. 129, para. 206.

(663)　Dissenting Opinion of Vice-President AL-KHASAWNEH, *I.C.J. Reports 2007* (*I*),
　　　　p. 255, para. 35.

(664)　Anna RIDDELL and Brendan PLANT, *supra* note (6), p. 217.

(665)　*I.C.J. Reports 2007* (*I*), p. 214, para. 413.

(666)　*Voir*, Richard J. GOLDSTONE and Rebecca J. HAMILTON, "*Bosnia* v. *Servia*:
　　　　Lessons from the Encounter of the International Court of Justice with the
　　　　International Criminal Tribunal for the Former Yugoslavia", *Leiden J.I.L.*, vol. 21
　　　　(2008), pp. 108-109.

(667)　*Voir*, Marlise SIMONS, "Genocide Court Ruled for Serbia without Seeing Full
　　　　War Archive", *The New York Times* (Late Edition, 9 April 2007).

(668)　Markus BENZING, "Evidentiary Issues", *I.C.J. Commentary 2012*, p. 1251;
　　　　Christian J. TAMS, "Article 49", *I.C.J. Commentary 2012*, p. 1284 (note 45).

◆ 第 2 部 ◆ 証拠法論の再構成

証明協力義務の再誕？

否定的推論に実際に依拠することには躊躇が見られる一方で，裁判所は，一般論としては否定的推論を導きうることを承認している。すなわち，先に検討したジェノサイド条約適用事件（ボスニア提訴）で裁判所は，規程49条に基づく文書提出を行わなかった一方で，「そこから自ら推論することは自由であるという原告による示唆への留意は怠らなかった[669]」と述べており，かなり婉曲な表現ではあるものの，否定的推論を導きうる可能性を一般論としては承認したものと理解しうる。

そして裁判所はその後，こうした否定的推論の理論的根拠として，かつてのヴィッテンベルクの証拠法論やパーカー事件判断に見られた「証明協力義務」に類する観念を突如として承認した。まず，パルプ工場事件（2010年判決）において裁判所は，原告アルゼンチンが証明責任を負うとの原則論に触れた直後に，「このことは，被告が自ら保有する証拠資料で，裁判所による紛争処理に貢献しうるものを提出することでこれに協力してはならないことを意味するものではない[670]」と述べている。証明責任分配が事実不明瞭リスクの配分ルールに過ぎないことからすれば，被告が自由に事案解明に協力しうることは，原告が証明責任を負うことと何ら矛盾しない。むしろ，係争対象たる工場が被告ウルグアイ側河岸に所在していたという事案の性質に鑑みれば，こうした協力の契機の確認には，証拠調べの局面における当事者間の協力関係を醸成することによる紛争処理の間接的な促進という狙いを見て取ることもできるかもしれない。

いずれにせよ問題は，後続するジェノサイド条約適用事件（クロアチア提訴2015年判決）において，このパルプ工場事件判決が「証明協力義務」を肯定したかのような一節として読み替えられたことである。

「ある事実を主張する当事者が原則として証明責任を負うとして，このことは，他方当事者が『保有する証拠資料で，裁判所による紛争処理に貢献しうるものを提出すること』を通じた協力義務（devoir de coopérer）から当該他方当事者を解放するものではない[671]」（傍点中島）。

---

(669) *I.C.J. Reports 2007* (*I*), p. 129, para. 206.

(670) *C.I.J. Recueil 2010*, p. 71, para. 163.

(671) *C.I.J. Recueil 2015*, para. 173.

194

◇第4章◇　紛争処理モデルに基づく証拠法論の再構成

このように国際司法裁判所は，被告による事案解明への協力の契機を「協力義務」として突如として再定式化するに至った。しかし本件においては，原告クロアチアが要請していた多くの文書の提出にセルビアが応じていたことから[672]，裁判所は，懸案の「協力義務」から何らの具体的帰結も導かなかった。むしろ，クロアチアが証明責任を負う事実に関して，裁判所はセルビアに説明を求めることはできない旨を強調し[673]，責任追及事案における通常の証明責任論の妥当を前提としている。その意味で，本判決に関する限り，ICJ 判例の中に忽然と姿を現した「協力義務」は，パーカー事件判断における「証明協力義務」と同様，傍論的な位置付けが与えられるにとどまり，敢えてこうした言及がなされた理由は定かではない。今後の判例の展開が注目されるものの，本書執筆時点までの判例を踏まえる限り，国際司法裁判所における否定的推論の契機は，国際仲裁と基本的には同様に，提出されなかった証拠資料の内容を論理法則に従って蓋然的に推認しうるという限定的な範囲で認められているものと結論付けられる。

◆ 第4節 ◆ 証明過程論

当事者間の直接的な紛争処理の実現に向けた補助的側面的支援こそが国際裁判の在り方として想定されるならば，職権主義的な証拠調べよりは，むしろ当事者主義的な証拠調べを基調とすべきことが帰結する（第1項）。こうした当事者主義的な運用は，あくまで紛争処理という裁判目的を実現するための手段として観念されるがために適切と評価しうるわけであり，そうした目的との連関を欠く当事者主義的運用は，当事者たる主権国家への単なる従属であり，不適切であるとの規範的評価が導かれる（第2項）。

◆ 第1項　当事者主義的証拠調べ

一般に，国際裁判の証拠調べは，証拠資料の収集提出，証拠能力（admissibility）の評価，そして証拠価値（probative value）の評価という3段階に区別して論じられる[674]。このうち，最後の証拠価値の評価については，近代以降の裁判制度に

---

(672)　*C.I.J. Recueil 2015,* paras. 13, 173.

(673)　*C.I.J. Recueil 2015,* para. 175.

195

◆ 第2部 ◆ 証拠法論の再構成

における法定証拠主義から自由心証主義への変遷を背景として(675)，国際裁判においても自由心証主義が妥当し，基本的には裁判官の自律的な領域であるとの理解が確立している(676)。これに対し，証拠資料の収集提出の局面は当事者主義を基調として運用され（1.)，その結果，そうした過程を経て提出された証拠資料の証拠能力は基本的に尊重されるべきことが帰結する（2.)。

◇ 1 証拠資料の収集提出

国際裁判所は，裁判所規程・規則上は証拠資料の収集に関して様々な権限を行使しうることが想定されているものの，実際には，それらを積極的に行使してきているわけではない(677)。こうした運用は批判的に捉えられることが少なくない一方，本書の観点からはむしろ，紛争処理という目的を実現するために当事者主義的な証拠調べの運用を敢えて採用してきているものと理解される。この点，各種の権限のうち，当事者に証拠資料の提出を要請する権限については，その不遵守の帰結である否定的推論の観点からすでに検討済みである（本章第3節参照）。また，裁判官自身による現地調査および国際機関への情報提供要請については，これまでの利用例は限定的であるため，本書の問題関心との関係では有意な分析結果は得られない。そこで以下では，比較的実行が蓄積している鑑定人嘱託制度に検討の焦点を絞り，職権的な運用が頻繁に提案されているにもかかわらず，あくまで当事者主義的な運用が維持されている背景に接近する。

職権的鑑定人嘱託の裁量的性質

鑑定人（experts）とは，専門的な知見の提供を目的として裁判手続に関わる専門家であり，損害賠償額の算定を行うに際しての会計専門家や，資源環境や食品衛生をめぐる紛争における科学者などがその例である。ICJ規程上は鑑定意見（expert opinion）の他に調査（enquiry）という手段が予定され（規程50条），専門的

---

(674) Paul S. REICHLER, "Problems of Evidence...", *supra* note (54), p. 47.

(675) Georges RIPERT, *supra* note (472), pp. 645-646; Chaïm PERELMAN, *Logique juridique..., supra* note (73), p. 163.

(676) Jean-Flavien LALIVE, *supra* note (28), p. 103; C.P.J.I. série A, n° 7, pp. 72-73; *I.C.J. Reports 1986,* p. 40, para. 60; Appellate Body Report, *Japan—Measures Affecting the Importation of Apples,* WT/DS245/AB/R, adopted 20 December 2003, para. 361.

(677) Phillip LANDOLT, *supra* note (23), p. 173.

◇ 第 4 章 ◇　紛争処理モデルに基づく証拠法論の再構成

知見を提供する前者と事案に関連する具体的事実を調査報告する後者というように理論上は区別可能である。しかし，実際上の相違は曖昧であるに加え[678]，裁判所自身の主導による証拠収集の契機を分析するというここでの問題関心からは，両者を区別する意義は小さい。そこで，以下では両者をまとめて便宜的に鑑定人の名の下で検討していくこととする。

　この点，紛争当事者は，鑑定人を自由に選任し，その意見を裁判所に提出することができる（ICJ 規則57，63，64条）。その位置づけは必ずしも明確ではないものの，非法的知見を裁判所にもたらすという観点から，鑑定人は単なる証拠資料の一部にとどまらず，裁判所の事実認定を補助する役割が期待されるものと解されている[679]。もっとも，こうした建前は何らの実際上の担保によって保証されたものではなく，中立性を纏って出廷した鑑定人が，実際には雇われた「殺し屋」として依頼主に有利に意見陳述を行うのではないかという疑念を払拭する術は制度的に用意されているわけではない[680]。

　そこで，紛争当事者ではなく，裁判所自らの選任による鑑定人の利用が注目されるところ，ICJ 規程50条は「裁判所はいつでも〔…〕鑑定を嘱託しうる（may [...] entrust）」と裁量的に規定していることから，積極的な鑑定人嘱託権限の行使を通じた事案解明を期待する立場もある[681]。しかし国際裁判所は，こうした嘱託権限を必ずしも積極的に行使してきているわけではない[682]。例えば，河川環境汚染に関する科学的知見の評価が問題となったパルプ工場事件で国際司法裁判所は，実体義務の違反に関しては原告アルゼンチンの申立を全て立証不十分として棄却したにもかかわらず，規程50条に基づく鑑定人嘱託の権限を行使しなかった[683]。事案の複雑性を理由として鑑定人嘱託が一方当事者あるいは一部の

---

(678)　Christian J. TAMS, "Article 50", *I.C.J. Commentary 2012*, p. 1289.

(679)　Markus BENZING, "Evidentiary Issues", *I.C.J. Commentary 2012*, p. 1258.

(680)　Joost PAUWELYN, "The Use of Experts in WTO Dispute Settlement", *I.C.L.Q.*, vol. 51 (2002), p. 334.

(681)　Caroline E. FOSTER, *Science and the Precautionary Principle in International Courts and Tribunals: Expert Evidence, Burden of Proof and Finality* (Cambridge University Press, 2011), p. 134; Caroline E. FOSTER, "New Clothes for the Emperor? Consultation of Experts by the International Court of Justice", *Journal of International Dispute Settlement*, vol. 5, no. 1 (2014), pp. 139-173.

(682)　Cesare P.R. ROMANO, "The Role of Experts...", *supra* note (30), p. 182.

◆ 第2部 ◆ 証拠法論の再構成

裁判官より提案された場合でも，裁判所は必ずしも嘱託権限を行使するわけではないことから[684]，そうした事案の性質が直ちに鑑定人嘱託を導くわけではないことを窺い知ることができる。こうした実務には批判的な見方もあるが[685]，中立公平な立場にあるはずの裁判所が職権的な事案解明によって一方当事者に肩入れしてしまうことは，当事者間の二辺的紛争処理という裁判目的を踏まえればむしろ慎重であるべきことが帰結するため，本書の観点からは実務の現状はむしろ肯定的に評価される。ICJ に比べれば積極的に鑑定人が利用されている WTO 紛争処理制度の場合でも，DSU13条に基づき情報提供を要請するパネルの「権利（right）」は「裁量的権限（discretionary authority）」であると換言され[686]，そうした権限は，あくまで当事国によって提出された証拠と議論の理解と評価を補助するために行使するものであり，申立国の請求を基礎づけるためではないことに注意が払われている[687]。

協力関係を前提とした鑑定人嘱託

では，裁判所による鑑定人嘱託が一方当事者への肩入れとなってしまいかねないとすれば，いかなる場合であれば，その権限行使を正当化しうるかが問題となる。この点，国際司法裁判所は，ニカラグア事件において，ニカラグアの近隣諸国や欠席中の米国の領域内での調査実施を要する以上は有用な調査は見込めないことを嘱託権限不行使の理由として挙げており[688]，関係国による協力の見込みを重要なメルクマールの1つとしていると見ることができる[689]。

例えば，コルフ海峡事件で裁判所は，英国軍艦の損壊状況等に関する鑑定意見を求める命令を発したところ[690]，アルバニア政府を経由して当該鑑定人の報告

---

(683) *Voir*, Joint Dissenting Opinion of Judges AL-KHASAWNEH and SIMMA, *C.I.J. Recueil 2010*, pp. 25-27, paras. 3-17.

(684) *I.C.J. Reports 1986*, p. 40, para. 61; Dissenting Opinion of Judge SCHWEBEL, *I.C.J. Reports 1986*, p. 322, para. 132; *I.C.J. Reports 1992*, p. 400, para. 65.

(685) Caroline E. FOSTER, *Science...*, *supra* note (681), p. 111.

(686) Appellate Body Report, *Argentina—Measures Affecting Imports of Footwear, Textiles, Apparel and other Items*, WT/DS56/AB/R, adopted 22 April 1998, para. 84.

(687) Appellate Body Report, *Japan—Measures Affecting Agricultural Products*, WT/DS76/AB/R, adopted 19 March 1999, para. 129.

(688) *I.C.J. Reports 1986*, p. 40, para. 61.

(689) Christian J. TAMS, "Article 50", *I.C.J. Commentary 2012*, p. 1297.

◇ 第 4 章 ◇　紛争処理モデルに基づく証拠法論の再構成

書を入手した訴外ユーゴスラビア政府の所見によれば，同報告書は極めて不完全なものであり，以後の裁判所の判断を毀損しかねないものと評価されていた[691]。そこでユーゴスラビアは裁判所に対し，自国領域内での嘱託鑑定人の調査に協力する旨の書簡を提出した[692]。その後裁判所は，軍艦の損壊状況を調査するために再び鑑定人を嘱託した上で[693]，得られた報告書を賠償算定判決の基礎とした[694]。本件は，責任を追及される立場にあったアルバニアが賠償算定段階に至って手続への欠席を通知しており[695]，代わってアルバニアと関係の深い当時の隣国ユーゴスラビアが裁判所に協力を申し出た点で特殊な事例ではあるものの，関係国の協力が鑑定人嘱託の実効性を担保する上で不可欠であることを示している。すなわち，そうした協力を見込めない状況で鑑定人を嘱託したとしても，判決形成に際して有意な調査報告は見込めないばかりか，関係国の反発を招き，紛争処理にかえって悪影響を及ぼしかねないと判断されるわけである。そのため，裁判所による鑑定人嘱託は，裁判所規程上は裁量的権限として予定され，職権主義的な証拠調べの契機を承認していると見ることも可能ではあるものの，実際には，関係国の協力が見込まれる場合にのみ嘱託するかたちで，当事者主導の紛争処理過程を補完するものとして運用されている[696]。

協力関係を促進する鑑定人嘱託

　他方，一定の協力関係が見込まれる場合には，裁判所自らの嘱託ではなく，当事者に鑑定人の選任を促すことで，当事者間の紛争処理に最大限側面的な支援を

---

(690) *Corfu Channel*, Order of 12 December 1948, *I.C.J. Reports 1948*, p. 124.

(691) *C.I.J. Mémoires, Affaire du détroit de Corfou*, tome V, p. 254.

(692) *C.I.J. Mémoires, Affaire du détroit de Corfou*, tome V, p. 254; *voir aussi*, Gillian M. WHITE, "The Use of Experts by the International Court", Vaughan LOWE and Malgosia FITZMAURICE (eds.), *Fifty Years of the International Court of Justice* (Cambridge University Press, 1996), p. 530.

(693) *Corfu Channel*, Order of 19 November 1949, *I.C.J. Reports 1949*, p. 237.

(694) *Détroit de Corfou*, fixation du montant des réparations dues, arrêt du 15 décembre 1949, *C.I.J. Recueil 1949*, p. 244.

(695) *I.C.J. Reports 1949*, p. 238.

(696) *Délimitation de la frontière maritime dans la région du golfe du Maine (Canada/ Etats-Unis d'Amérique)*, nomination d'expert, ordonnance du 30 mars 1984, *C.I.J. Recueil 1984*, p. 166.

◆第 2 部◆　証拠法論の再構成

施そうとすることもある。例えば，ブルキナファソ＝マリ国境紛争事件において
両当事国は，その付託合意において，境界画定（la délimitation）に引き続く技術
的な境界設定（la démarcation）の段階を念頭に，「境界設定作業を補助する 3 名
の鑑定人の選任」を求めていたところ，特別裁判部は，こうした鑑定人が規程50
条に基づくものではないことに留意しつつ，次のように述べて，その嘱託が最終
的な紛争処理に貢献することを根拠に鑑定人嘱託命令（1987年）を発した。すな
わち，「裁判部によるこうした権限行使の目的は，判決履行を通じた紛争の終局
的解決に当事者が到達することを可能とする点にあり，裁判所規程上も，確立し
た判例上も，これを妨げるものは存在しない(697)」と。また，シンガポールによ
るジョホール海峡埋め立て工事の実施に端を発する事件（国際海洋法裁判所 2003年
仮保全措置命令）で，原告マレーシアは，当初は埋め立て工事の差止めを求めて
いたところ(698)，シンガポールが口頭弁論中に態度を軟化させたことを踏ま
え(699)，独立の専門家グループによる共同調査の実施を提案し，シンガポールは
これを受け入れた(700)。そこで裁判所は，仮保全措置命令として，埋め立て工事
の影響評価を任務とする「独立専門家グループの速やかな設置」を目的として協
議を行うよう，両当事国に命じた(701)。同命令に基づいて設置された独立専門家
グループは，命令の約 1 年後に最終報告書を提出したところ，両当事国はそこに
含まれる勧告が紛争の有効的かつ終局的な処理の基礎となることで合意したた
め(702)，手続は終結するに至った(703)。類似の処理は仲裁事例にも見られる(704)。

---

(697)　*Différend frontalier*（*Burkina Faso/République du Mali*），désignation d'experts，
　　　 ordonnance du 9 avril 1987, *C.I.J. Recueil 1987*, pp. 7-8.

(698)　*Request for Provisional Measures*（4 September 2003），para. 13(a).

(699)　ITLOS/PV.03/05（27 September 2003），pp. 37-38 [Mr. KOH, Singapore].

(700)　ITLOS/PV.03/05（27 September 2003），p. 39 [Mr. KOH, Singapore].

(701)　*Land Reclamation by Singapore in and around the Straits of Johor*（*Malaysia v.
　　　 Singapore*），ITLOS Case No. 12, Provisional Measures, Order of 8 October 2003,
　　　 para. 106(1)(a).

(702)　*Land Reclamation by Singapore in and around the Straits of Johor*（*Malaysia v.
　　　 Singapore*），Settlement Agreement（26 April 2005），*R.I.A.A.*, vol. 27, p. 142.

(703)　*Land Reclamation by Singapore in and around the Straits of Johor*（*Malaysia v.
　　　 Singapore*），Award on Agreed Terms（1 September 2005），*R.I.A.A.*, vol. 27, pp. 140
　　　 -141 [M.C.W. PINTO, Kamal HOSSAIN, Bernard H. OXMAN, Ivan SHEARER,
　　　 Arthur WATTS].

◇第4章◇　紛争処理モデルに基づく証拠法論の再構成

　こうした鑑定人制度の応用的な利用もまた，あくまで紛争当事国の見解の合致を契機として開始するものであり，かつ裁判所予算からの支出ではなく当事国のコスト負担に基づく点で（ICJ規則68条参照），極めて当事者主義的な運用と見ることが可能である。そこにおける裁判所の役割は，技術的な事項に関する共同調査の枠組みを定式化し，紛争当事国間における恒常的な接点を設けることを通じて，最終的な紛争処理に側面的な支援を行うという(705)，裁判プロセスの中で醸成された紛争当事国間における協力の契機を拡充することに求められる。その意味で，国際裁判の鑑定人嘱託制度は，関係国の協力関係の枠内で裁判所に技術的専門的な知見を提供するのみならず，協力関係の存在を契機としてそうした関係性をさらに促進するものとして運用されていると分析することが可能である。このように，一定の協力関係がすでに存在することを前提とした運用であることを踏まえれば，そうした見込みを踏まえることなく，端的に技術的専門的な知見を補充するために職権主義的に鑑定人を嘱託すべきとの議論は，紛争処理に向けた協力関係醸成の契機を失わしめかねない点で，慎重にならざるを得ない。

◇　2　証拠能力の評価

　こうした当事者主義的なプロセスを経て収集され提出された証拠資料は，裁判における証拠方法たる資格を備えているかという意味での証拠能力の有無が，証拠価値の評価に先立ってまず問われることとなる。この点，国際裁判においては，証拠能力に関する制約が（特に陪審制を前提とする英米法上の証拠法に比べて）非常に少ないことが知られている(706)。その理由は，主権国家たる当事者への裁判所の敬譲（deference）であると説明され(707)，裁判所に証拠を提出する当事国の「権利」と，それを例外的に否定する裁判所の「裁量」という関係で論理構成されてきた(708)。しかし，本書の観点からは，証拠能力に関する制約が少ないこと

---

(704)　*Arbitration regarding the Iron Rhine*（*"Ijzeren Rijn"*）*Railway between the Kingdom of Belgium and the Kingdom of the Netherlands,* Award of 24 May 2005, *R.I.A.A.,* vol. 27, p. 120, para. 235 [Rosalyn HIGGINS, Guy SCHRANS, Bruno SIMMA, Alfred H.A. SOONS, Peter TOMKA].

(705)　Chester BROWN, *supra* note（84），p. 117.

(706)　Jean-Flavien LALIVE, *supra* note（28），p. 102; Keith HIGHET, *supra* note（120），p. 358.

(707)　Anna RIDDELL and Brendan PLANT, *supra* note（6），p. 151.

◆ 第2部 ◆ 証拠法論の再構成

も，少ないながら存在する制約事由の存在理由も，いずれも紛争処理への側面的
支援を目的とした当事者主義的運用の帰結として統合的に把握される。国際裁判
の文脈で証拠能力の有無が争われる証拠方法の典型は，時機に遅れて提出された
証拠，違法収集証拠，外交交渉記録の3類型であり，前2者については本書第3
部にて検討する。そこで以下では，紛争処理という裁判目的に照らして外交交渉
記録の証拠能力を否定する判例法理の意義を検討していく。

先行する外交交渉記録の証拠能力

外交交渉を通じた紛争処理は，両当事者相互の妥協の帰結として実現するもの
であることから，当事者としては法的基礎をそれなりに見込める請求であっても，
一定の譲歩の余地を念頭に置いた上で交渉に挑むという戦略を採りうることとな
る。つまり，交渉中になされる提案や意見交換は，裁判における法的な請求とは
異質な政策的考慮に基づくものであり，その意味で，先行する外交交渉と後続の
裁判手続は，一連の紛争処理過程でありながら，異なる論理が支配する別個の局
面として把握される。この場合において，交渉の場で表明した見解が裁判手続で
自らの立場を制約する証拠として援用される可能性があるとするならば，交渉段
階でのインフォーマルな妥協の提案を行う誘因を減殺するという意味で，交渉を
通じた紛争処理を硬直化させてしまう虞が生じる。そうした帰結を防ぐ目的から，
先行する外交交渉中になされた発言や提案を記録した文書の証拠能力は，両当事
国の法的見解を示す証拠を構成しないものとして，基本的に否定すべきことが帰
結するわけである[709]。

実際，付託合意中にそうした趣旨の規定が盛り込まれる例がある。すなわち，
メイン湾事件（ICJ 特別裁判部 1984年判決）のカナダ＝米国付託合意（1979年）5条
1項は次のように規定していた。「いずれの当事国も，1969年以来の交渉あるい
は議論の中でなされた，海洋境界画定紛争の処理に関する提案やそれへの反応の
性質あるいは内容に関する証拠資料または議論を提出してはならず，またいかな
る態様においてもそれらを公開してはならない[710]」。実体的権利義務関係につ
いて当事者は自由に処分可能であることを前提とすれば，当該法律関係を根拠づ

---

(708)　Durward V. SANDIFER, *supra* note (17), pp. 184-185.

(709)　Mojtaba KAZAZI, *supra* note (93), pp. 196-202; Robert PIETROWSKI, *supra*
note (279), pp. 403-404; Anna RIDDELL and Brendan PLANT, *supra* note (6), p. 154.

◇ 第 4 章 ◇　紛争処理モデルに基づく証拠法論の再構成

ける事実の主張立証方法に制約を課すことも基本的には自由であることが帰結する。その意味で，本付託合意は，当事者主義的な証拠調べの下で有効な証拠制限契約に類するものと捉えることが可能である。この点，サンピエール島及びミクロン島沖の境界画定を仲裁に付託するためにフランスとカナダの間で締結された合意（1989年）は，他方当事国の同意を条件として外交交渉記録の提出を許容し，そうした合意が無い場合には提出を禁止するというかたちで，当事者間合意により柔軟に証拠能力の有無が変動する契機を導入した点で(711)，当事者主義的性質を一層色濃く体現している。

　もっとも国際裁判所は，そうした明示の合意が無い場合であっても，先行する外交交渉の記録を原則として排除する傾向にある。すなわち，ホルジョウ工場事件（1928年賠償判決）において PCIJ は，先行する本案判決（上部シレジア事件）後に当事国間でなされた外交交渉中に一旦は賠償額につき合意に至ったことを念頭に，次のような一般論から当該合意を考慮しないと結論した。「裁判所は，当事国が直接交渉中に行った宣言，自認あるいは提案は，当該交渉が完全な合意に達しなかった場合には，考慮できない(712)」。本説示（ホルジョウ定式）はその後，「一般的かつ健全な実行（common and laudable practice）」と評され(713)，国際慣習法上の規則として確立しているものと認識されている(714)。紛争処理過程への悪影響の回避を目的とするものであることから，国家間の裁判のみならず，私人対国家の仲裁事例にも同様の判例法理が見られる(715)。

---

(710)　*C.I.J. Mémoires, Délimitation de la frontière maritime dans la région du golfe du Maine,* tome I, p. 14.

(711)　Article 7(6) of the *Agreement Establishing a Court of Arbitration for the Purpose of Carrying Out the Delimitation of Maritime Areas between France and Canada,* 30 March 1989, *I.L.M.,* vol. 29, p. 5.

(712)　*Usine de Chorzów (demande en indemnité),* C.P.J.I. série A, n° 17, fond, arrêt du 13 septembre 1928, p. 51.

(713)　*I.C.J. Reports 1992,* pp. 405-406, para. 73.

(714)　*Maritime Delimitation and Territorial Questions between Qatar and Bahrain,* Jurisdiction and Admissibility, Judgment of 1 July 1994, *I.C.J. Reports 1994,* pp. 125-126, para. 40.

(715)　*Pepsico, Inc. v. The Government of the Islamic Republic of Iran,* Award No. 260181, 11 October 1986, *Iran-United States Claims Tribunal Reports,* vol. 13, p. 28; *International Schools Services, Inc. v. The Islamic Republic of Iran, National*

203

◆ 第 2 部 ◆　証拠法論の再構成

領域紛争における「証拠としての *effectivités*」との区別

　こうした証拠能力に関する一連の判例理解との関係で混乱を招いているのがブルキナファソ＝マリ国境紛争事件（1986年判決）である。本件では，旧フランス植民地の最小行政単位であるセルクルの長（*commandant de cercle*）の間で一部係争領域（Soum 池周辺）の「大半（la grande partie）」が上部ボルタ（現ブルキナファソ）に属することで合意がなされていたところ[716]，マリは，こうした下部機関レベルでの合意は境界画定を担当する常設の合同機関によって追認されていないことを根拠に，無意味（non réalisé）であると主張していた[717]。しかし特別裁判部は，上記のホルジョウ工場事件判決に明示的に言及しつつも，懸案の下部機関レベルでの合意文書を「事実（certain faits）」として斟酌できるとの立場を示した[718]。そのため，本判決と先のホルジョウ定式との整合性が問われているものの[719]，両判決はそもそも異なる問題関心に由来するものとみるのが適当である。

　すなわち本件は，植民地時代の行政区画線に独立後の国境線としての地位を承認する *uti possidetis* 原則を適用法規とする事例であるため，問題の焦点は，独立の瞬間における領域状況の再現にあった[720]。この前提に立つと，下位行政機関レベルでの合意は，植民地行政区画線につき担当行政官がどのように認識していたかを示す証拠を構成しうることが帰結する。担当行政官の主観的認識が直接に領域権原を基礎づけるわけではないものの，そうした認識は，旧行政区画線の状況という事実問題を解明するための証拠となると論理構成される点で（証拠としての *effectivités*[721]），紛争主題と有意な関係性を持つわけである。事実，特別裁判部は，Soum 池が境界を構成するという行政官の認識を当該合意文書から明

　　Defense Industries Organization, Award No. 2901231, 29 January 1987, *Iran-United States Claims Tribunal Reports*, vol. 14, p. 77.

(716)　*C.I.J. Recueil 1986*, pp. 631-632, para. 146.

(717)　*Mémoire du Mali* (3 octobre 1985), p. 7.

(718)　*C.I.J. Recueil 1986*, p. 632, para. 147.

(719)　Mojtaba KAZAZI, *supra* note (93), p. 199; Anna RIDDELL and Brendan PLANT, *supra* note (6), p. 155.

(720)　「*uti possidetis* 原則は〔…〕当時存在していた領域の状況を『写真（[l']instantané）』に収める。*uti possidetis* 原則は領域権原を凍結し，時計を止め，そして時を遡らせない」。*C.I.J. Recueil 1986*, p. 568, para. 30.

(721)　*C.I.J. Recueil 1986*, pp. 586-587, para. 63; 許淑娟・前掲注（569）235頁。

◇ 第 4 章 ◇　紛争処理モデルに基づく証拠法論の再構成

確に読み取る一方[722]，より具体的な境界線の所在は読み取れないとして，別途衡平に依拠して池を二等分しており[723]，合意文書の証拠能力を肯定した上で証拠評価の次元で問題を処理している。つまり，本件におけるこうした先行合意の扱いは，適用法規たる *uti possidetis* 原則が，下位行政機関の主観的認識を区画線の所在に関する証拠として斟酌する契機を承認したことの帰結であり，外交交渉を通じた紛争処理の硬直化防止を目的とする一連の判例法理とは次元を異にするものとして位置付けられる。

◆ 第 2 項　証拠調べにおける裁判所の当事者への従属性

　以上のように，国際裁判所には証拠調べに関する権限が比較的広範に用意されているにもかかわらず，実際には当事者主義を基調として運用されている。こうした実務は，二辺的紛争処理という裁判目的に照らしてはじめて正当化されるわけであり，そうした目的との連関を踏まえない受身的な態度は，当事者主義というより，当事者に対する裁判所の単なる従属性として否定的に評価される。そうした実務は多いわけでは無いものの，以下では，本書が掲げる裁判目的実現手段説が，国際判例を分析整理するための説明概念であるのみならず，その妥当性を規範的に評価するための準則を提供するものであることを示す観点から，南西アフリカ事件における証拠調べの在り方を再検証する。

◇ 1　南アフリカの訴訟遅延策

　南西アフリカ事件とは，南西アフリカ（現ナミビア）の委任統治地域（国際連盟時代の制度）から信託統治地域（国際連合における制度）への地位の移行を，受任国である南アフリカ連邦（現南アフリカ共和国）が拒絶し，連盟の解散に伴い信託統治制度が消滅したと考えて同地域を植民地として扱い，占拠し続けていたことが国際義務違反であるとして，エチオピアとリベリアが国際司法裁判所に提訴した事案である。先決的抗弁判決（1962年）により裁判所の管轄権は肯定され，本案審理に進んだものの，その結果は第 2 段階判決（1966年）として原告適格を否定するものであった。その背景に，両判決間における裁判所構成の変化があること

---

　(722)　*C.I.J. Recueil 1986,* p. 632, para. 147.

　(723)　*C.I.J. Recueil 1986,* p. 633, para. 150.

◆ 第 2 部 ◆　証拠法論の再構成

はよく知られている（1964年に選挙[724]）。しかし，本書の観点から問題となるの
は，原告適格に関する裁判所の判断が下される前年になされた，裁判所の「当事
者主義」的な証拠調べ運用の当否である。以下では，裁判所が置かれた文脈を明
らかにする観点から，まず原告による請求の具体的内容を確認し，それを受けて
被告南アフリカがいかなる訴訟戦術で対応したかを整理する[725]。

アパルトヘイト政策それ自体を問う原告の申立

南西アフリカを実質的に自国領として支配していた南アフリカは，当時のアパ
ルトヘイト政策を同地域でも実施してきた。この点を問題視した原告は当初，南
アフリカによるアパルトヘイト政策の実施は，被統治領域住民の「物質的精神的
福祉及び社会的進歩」を最大限促進する委任状上の義務（福祉促進義務）に違反
すると主張し[726]，アパルトヘイト政策の具体的な態様を問題視していた[727]。
しかし原告の主張はその後，アパルトヘイト政策「それ自体（*per se*）」が委任状
に違反するとの主張へと変遷した[728]。現代的に換言すれば，国内法の国際法整
合性を問う事案において，具体的な「法の実施（law *'as applied'*）」から抽象的な
「法それ自体（law *'as such'*）」を問題視する主張への展開である。その背景に，ア
パルトヘイト政策そのものの糾弾という政策的狙いを推測することも可能である
が，その訴答からは，膨大な証拠調べを回避しようとする訴訟戦略を読み取るこ
とができる。すなわち，アパルトヘイト政策の実施を焦点とするならば，南西ア
フリカ統治の実情を詳細に解明しなければならないのに対し，アパルトヘイト政
策それ自体を焦点とするならば，基本的に同政策の根拠となる国内法文書のみを
前提として，南西アフリカ委任状はアパルトヘイト政策の禁止を含むという抽象

---

(724)　*Cf.* Shabtai ROSENNE, *Law and Practice...*, vol. IV (4ᵗʰ ed.), *supra* note (114), p. 1709.

(725)　ここでの問題関心から重要な争点は，連盟規約22条の違反と委任状 2 条 2 項の違
反に関する 2 つの申立であるが，両規定の内容およびそれに基づく当事国の主張内容
はかなり重複するため，以下では委任状 2 条 2 項を中心に検討する。なお，膨大かつ
大きく変遷する両当事国の訴答の全体像を把握するためには，口頭手続の序盤でフィッ
ツモリス（Gerald Fitzmaurice）判事が両当事国に提起した質問が手掛かりとなる。
I.C.J. Pleadings, vol. VIII, p. 30 [Questions by Judge Sir Gerald FITZMAURICE].

(726)　Memorial of Ethiopia, *I.C.J. Pleadings*, vol. I, pp. 161–162, paras. 187–190.

(727)　*Voir*, Memorial of Ethiopia, *I.C.J. Pleadings*, vol. I, p. 161, para. 189.

(728)　*I.C.J. Pleadings*, vol. IX, p. 84 [Mr. Ernest A. GROSS].

◇第4章◇　紛争処理モデルに基づく証拠法論の再構成

的な法律論を中心とした主張が可能となるからである[729]。

被告の訴訟戦術

事実，南アフリカは，こうした「規範と準則（their norm and their standards）」に基づく主張を踏まえてもなお，原告は事実調査の煩から逃れられないと主張しており[730]，原告の主張の変遷の背景に証拠調べを回避する狙いを読み取ったものと理解される。南アフリカは，アパルトヘイト禁止規範が「普遍的に受け入れられた（universally accepted）」ものであるという原告の訴答の表現に着目し，そうした受容度の普遍性もまた「1つの事実問題（a question of fact）」であると主張した[731]。すなわち，そうした禁止規範は，学術著作や各国政府の実行から抽出されるものであり，その意味で「政治学及び社会科学」の領域に属する問題と観念されるため，そうした規範の存否内容を問うためには「政治学及び社会科学」の専門家及び実務に携わる人物を幅広く召喚する必要があると主張し，南アフリカ出身の専門家のみならず，欧州や英国，米国の専門家の名前を鑑定人候補者リストに数多く連ねて提出した[732]。このように主張することで，南アフリカは，アパルトヘイト政策の「実施」を問うにせよ「それ自体」を問うにせよ，膨大な数の鑑定人の召喚および証人尋問を要するとの立場を維持しようとしたわけである。その背景には，膨大な証拠調べを予定することで手続を引き延ばし，訴訟を遅延させる狙いを見て取ることができる[733]。

---

(729)　Louis FAVOREU, *supra* note (116), pp. 258-259; Elizabeth S. LANDIS, "The South West Africa Cases: Remand to the United Nations", *Cornell Law Quarterly*, vol. 52, no. 5 (1967), pp. 641-647.

(730)　*I.C.J. Pleadings,* vol. IX, p. 103 [Mr. D.P. de VILLIERS].

(731)　*I.C.J. Pleadings,* vol. IX, p. 102 [Mr. D.P. de VILLIERS].

(732)　*I.C.J. Pleadings,* vol. IX, pp. 102-103 [Mr. D.P. de VILLIERS].

(733)　Louis FAVOREU, *supra* note (116), p. 256. 原告側代理人グロスは，事件記録の肥大化を「原告にとって依然明らかでないいくつかの要因」によると述べ，婉曲に被告の態度を批判している。*I.C.J. Pleadings,* vol. IX, p. 24 [Mr. Ernest A. GROSS]. もちろん，南アフリカが公然と自らの思惑を公にするわけがない以上は断定し難いものの，同時代の評釈において，訴訟遅延が南アフリカにとって好都合であったと思われる要因が複数指摘されている。第1に，弁護団を自国の弁護士のみで構成した南アフリカに対し，エチオピア及びリベリアの弁護団は米国の国際法専門家により構成されていたため，時間稼ぎは原告にとって弁護士費用を含めた訴訟費用の点で大きな痛手となりえた。第2に，手続が長期化する間に南アフリカが経済的にも軍事的にも発展

◆第2部◆　証拠法論の再構成

◇ 2　裁判所による「当事者主義」的な証拠調べ

このように両当事国の思惑が交錯する中，裁判所は，基本的には一見「当事者主義」的に証拠調べを運用することに努めたようにも見えるものの，少なからぬ点において[734]，それは南アフリカの訴訟戦略を利することとなったものと分析しうる。

手続き簡素化提案の却下

まず，南アフリカが膨大な数の証人尋問および鑑定人嘱託を求めたのに対し，原告は，その一部について，証言録取書（depositions）を提出する方式による手続の簡素化を求めた。その理由は，尋問が必要とされる事項について，南アフリカがその長大な訴答書面の中ですでに議論を展開している以上，重ねて証人尋問を行うことは不要と考えたためである[735]。これに対して南アフリカは，証人を口頭で（*viva voce*）尋問することによってこそ裁判所は証人の人格を踏まえた適切な評価が可能であるとして，法廷における口頭での尋問することにこだわった[736]。この点，裁判所は，紛争当事国は裁判所に証拠を提出する「権利」があるとの原則論から簡潔に，南アフリカの提案する証人尋問を実施することを決定した。

「裁判所規程及び規則は，争訟手続の当事者に対して証人及び鑑定人を召喚することですべての証拠を提出する権利を想定しており，当該権利の行使は〔…〕当事者に委ねられなければならない。したがって裁判所は，両原告の要請を認めることはできない[737]」（傍点中島）。

を遂げれば，南アフリカに不利な判決が下されたとしても端的に無視することができる。第3に，手続が冗長に長期化するほど，原告の主張に対する裁判所の共感が薄まっていくものと見込まれる。*Voir*, Elizabeth S. LANDIS, *supra* note（729），p. 651（note 148）.

（734）　もっとも，南アフリカによる現地調査の実施要請は却下している。*I.C.J. Pleadings*, vol. VIII, p. 98; *South West Africa Cases*, Order of 29 November 1965, *I.C.J. Reports 1965*, pp. 9-10. その決定に理由は付されていないものの，以下で見る南アフリカの訴訟戦略に鑑みるならば，少なからぬ裁判官がこれに賛成したことがむしろ注目される（南西アフリカ地域及び南アフリカにつき8対6，その他アフリカ諸国につき9対5）。Durward V. SANDIFER, *supra* note（17），p. 348.

（735）　*I.C.J. Pleadings*, vol. IX, pp. 24, 63 [Mr. Ernest A. GROSS]; Louis FAVOREU, *supra* note（116），pp. 265-266.

（736）　*I.C.J. Pleadings*, vol. IX, p. 120 [Mr. D.P. de VILLIERS].

◇ 第 4 章 ◇　紛争処理モデルに基づく証拠法論の再構成

　先に検討したように，国際裁判においては証拠能力に対する制約は非常に少なく，このことは裁判所に証拠を提出する紛争当事国の「権利」と表現されてきた。しかし本件の場合，原告は，被告によるそうした「権利」の行使はそもそも不必要との理解から，自らによる反対尋問を放棄してまで時間の節約を図ろうとしていた[738]。こうした訴訟経済の考慮に一切言及しないまま，裁判所は，以後 2 か月にわたる延べ38人の証人および鑑定人の尋問を行うことを決定した。対峙する要請に配慮しないままに一方当事国の提案を受け入れる裁判所の態度は，紛争処理を意図した当事者主義的な証拠調べの運用というよりは，当事国に対する従属性を体現したものと分析することが適切である[739]。

鑑定証人の扱い

　そして，そうした尋問手続に向けて南アフリカが準備した人物の中には，証人と鑑定人の双方の資格において宣誓（ICJ 規則64条参照）を行った者（Dr. Werner Eiselen, アフリカ言語学・文化人類学者）が含まれていた[740]。この点，証人が個人的に了知した具体的事実に関する証言と，鑑定人による専門的意見とでは，それぞれ法廷にもたらされる知見の性質を異にすることから，こうした人物については，証人としての尋問と鑑定人としての尋問は別個に区別して行うのが先例である[741]。本件の場合，バントゥー系民族の生活状況に関する「直接的な知見（an intimate knowledge）」の獲得とその支援に全生涯を捧げてきた[742]とされる当該人物の尋問を通じた南アフリカの立証趣旨は，原告が主張するような人種差別禁止の「規範と準則」が当時存在し，南西アフリカに適用されるのか否かを明らかにすることにあった。とりわけ，異なる住民集団を抱える同地域は分離して発展を遂げるという当時の政策に照らし，なおそうした規範を適用することの合理性を問うものと説明されていたところ[743]，原告側代理人グロス（Ernest A. Gross）は，この立証趣旨との関係で当該人物の証言がいずれの性格を備えるものとして

---

(737)　*I.C.J. Pleadings*, vol. VIII, p. 42.

(738)　*I.C.J. Pleadings*, vol. IX, p. 24 [Mr. Ernest A. GROSS].

(739)　Anna RIDDELL and Brendan PLANT, *supra* note (6), pp. 280-281.

(740)　*I.C.J. Pleadings*, vol. X, p. 88 [Mr. EISELEN].

(741)　*C.I.J. Mémoires, Détroit de Corfou*, vol. III, p. 616.

(742)　*I.C.J. Pleadings*, vol. X, p. 89 [Mr. EISELEN].

(743)　*I.C.J. Pleadings*, vol. X, p. 88 [Mr. MULLER].

◆ 第2部 ◆ 証拠法論の再構成

提出されているのかが明らかでないとして，尋問を遮る形で異議を申し立てた[744]。しかし，裁判所長スペンダー（Percy Spender）は，先例に捉われることなく[745]，原告の懸念は裁判所による証拠価値の評価の問題として対応可能であるとして，南アフリカの尋問方法を尊重した。

> 「鑑定人として証拠を提供する人物が，事実と，当該事実に対する意見の双方を扱うのは不可避である。〔…〕さらに，偶然にも政府高官である事実をもってある人物が鑑定人として証拠を提供し得ないという理由は無い。このことは，当該証拠の価値に影響しうるものの，しかしそれは証拠能力には影響しない[746]」。

同一人物が証人および鑑定人という別個の資格で裁判所に出廷しうること自体は実務的に確立しており[747]，裁判所も後に「鑑定証人（témoins-experts）」と呼称している[748]。しかし，原告の異議の趣旨は，鑑定証人という人証の第3類型そのものを否定することではなく，立証趣旨との関係で性格付けが明らかにされないままに尋問が続けられることそれ自体を問題視する点に求められる[749]。原告としては，南アフリカの尋問態様が訴訟遅延策の1つとなっていると考えたものと推測される。したがって，採取された証言の信憑性や鑑定意見の価値を裁判所が最終的に自律的に評価すれば足りるという回答は，原告が提起した問題に正面から答えておらず，紛争処理を志向した当事者主義運用というよりは，当事国に対する従属性を体現したものと分析することが適切である。

伝聞証拠排除法則

さらに，そうした「鑑定証人」の1人，南西アフリカで発行されていたドイツ語日刊紙の編集者とされる人物（Mr. Kurt Dahlmann）が，その尋問の中で，南西アフリカ最初の非白人系政党結成に尽力したとされる別の人物（Mr. Karina）の心理的動機に触れたとき，原告側代理人グロスは再度異議を申し立てた。その根拠は，いわゆる伝聞証拠排除法則に類するものであり，他者の心理状況を別の人物が証言するというのであれば，当該他者の心理状況を個人的に知り得た根拠を

---

(744) *I.C.J. Pleadings,* vol. X, pp. 104-105, 123 [Mr. Ernest A. GROSS].

(745) Louis FAVOREU, *supra* note (116), pp. 263-256.

(746) *I.C.J. Pleadings,* vol. X, p. 123 [President SPENDER].

(747) Markus BENZING, "Evidentiary Issues", *I.C.J. Commentary 2012,* p. 1258.

(748) *C.I.J. Recueil 2010,* p. 72, para. 167.

(749) *I.C.J. Pleadings,* vol. X, p. 105 [Mr. Ernest A. GROSS].

◇ 第 4 章 ◇　紛争処理モデルに基づく証拠法論の再構成

具体的に明らかにする必要があるとの主張である[750]。しかしスペンダーは，鑑定証人に関する扱いとほぼ同様，裁判所による証拠価値の評価の問題として原告の懸念に対応可能であるとして，グロスの異議申立に留意したのみで，南アフリカによる尋問の継続を承認した。

> 「国内裁判所であれば当然ながら通常，貴殿の異議申立は根拠があろう。〔しかし〕本裁判所は，国内裁判所に適用される厳格な証拠規則に拘束されず，証人の証拠が裁判所に心理的確信を充分にもたらすものでなければ，当然裁判所は評議において然るべく扱うこととなる[751]」。

このように，南アフリカの訴訟戦略に対する裁判所の対応は，基本的に，原告が提起する異議申立に留意しつつ，裁判所自身による自律的な証拠評価の問題として先送りするというものであった[752]。この点，訴訟の結論という観点から静態的に捉えるならば，裁判所による最終的な証拠評価が適正に行われる限り，証拠能力の間口が広いことに由来する弊害は少ない。しかし，本件原告が抱いた懸念は，こうした対応によって証拠調べの俎上に上る証拠方法が膨張すること，これに比例して当事者が尽くすべき攻撃防御の範囲が拡大することである。実際，先に述べたように，原告は，当初は南アフリカの「鑑定証人」に対する自らの反対尋問の権利を放棄することで，時間の節約を図ろうとしていたものの[753]，その後転じて詳細な反対尋問を行うに至っている[754]。

当事者主義と従属性の間

こうした運用に関してスペンダーは，両当事国はそもそも委任状の解釈を巡って対立しており，何が関連する事実かはおよそ適用法規に依存する以上，評議段階まで確定的な判断はできず，したがって証拠調べを継続すべきという説明を与えていた[755]。積極的には釈明権を行使せず，主導権を当事者に委ねる点で当事者主義的な運用とも見られるものの，既述の通り，それは少なからぬ側面で南ア

---

(750)　*I.C.J. Pleadings,* vol. XI, p. 459 [Mr. Ernest A. GROSS]. グロスはニューヨーク州弁護士である。

(751)　*I.C.J. Pleadings,* vol. XI, p. 460 [President SPENDER].

(752)　*I.C.J. Pleadings,* vol. XI, pp. 460–461 [President SPENDER].

(753)　*I.C.J. Pleadings,* vol. IX, p. 24 [Mr. Ernest A. GROSS].

(754)　*Voir,* Elizabeth S. LANDIS, *supra* note (729), pp. 651–652.

(755)　*I.C.J. Pleadings,* vol. X, p. 139 [President SPENDER].

◆第2部◆　証拠法論の再構成

フリカの訴訟遅延策を利する結果となった。しかも，そうした運用は，本件南アフリカの訴訟戦略という特殊事情に還元しきれない問題点を内包している。

　第1に，裁判所による「当事者主義」的運用は，当事国間の対立的な関係性をそのまま証拠調べに反映させることとなった。合意付託に基づく国際裁判では通常，当事国間の協力関係は最低限維持された状態で紛争が付託されることから，そうした協力関係の存在を念頭に，それを促進するという当事者主義的な手続運用の成立基盤を見出しうる。これに対し，アパルトヘイト政策を糾弾する原告と，これを回避しようとする南アフリカの間に同様の意味での協力関係を見出すことは困難である。こうした文脈における「当事者主義」的運用は，様々な証拠調べの方法を積極的に提案した南アフリカに主導権を与え，その戦略を利する結果となったものと分析しうる。東西冷戦下で裁判所の政治的利用が微増した当時の文脈，そして一方的提訴事案が増加する1970年代以降を見据えるならば，問題の根源を本件南アフリカの態度のみに求めることはできない。

　第2に，「当事者主義」的運用のコロラリーとして，裁判所は必ずしも積極的な争点整理を試みておらず，議論の混沌状態を存続させることとなった。この点，外国人損害賠償のような従来の国際裁判の典型事例では，事実認定に関して争いがあっても，そもそも何について証明すべきかという，攻撃防御の目標となる要件事実（請求国国籍の有無，損害発生時期，損害と国家行為の因果関係など）につき当事者間での了解の齟齬が生じることは少なかった。これに対して本件では，鑑定証人の尋問の過程で原告側代理人が繰り返し異議を申し立てていたことが示すように，そもそも何が証明されるべき事実であるのかにつき，当事国間で確たる共通了解が形成されていたとは言い難い。国際司法裁判所の管轄権があらゆる国際法の解釈適用に及びうる以上，こうした事態の原因を，委任状という本件適用法規の特殊性に還元することはできない。

　第3に，こうした裁判所の「当事者主義」的運用は，最終的に下される結論との関係では手続保障の観点から問題が残る。周知の通り，裁判所は最終的に原告適格の欠如を根拠として訴えを却下した。その結論自体の是非はいずれにせよ，この争点は延べ99会期にわたる口頭手続の中で攻撃防御が尽くされていない事項であり[756]，不意打ち感が否めないからである。「当事者主義」的に運用する

---

　(756)　Elizabeth S. LANDIS, *supra* note (729), pp. 627-628.

◇ 第 4 章 ◇　紛争処理モデルに基づく証拠法論の再構成

結果，裁判所の心証形成という訴訟の最終目標と証拠調べのプロセスとが断絶してしまうならば，そもそもなぜ「当事者主義」であるべきなのかが問われなければならなかったはずである。

＊　　　　　＊　　　　　＊

　以上のように，南西アフリカ事件の証拠調べの在り方には問題が残る。国際司法裁判所に対する諸国の失望や不信感をもたらしたきっかけとして1966年の本件第 2 段階判決が象徴的に位置付けられるとすれば[757]，それに先立つ1965年の口頭手続は，国際裁判実務に携わる法律家の間に驚嘆や混乱をもたらしたものと位置付けられよう[758]。こうした否定的評価は，従来の客観的真実発見説において職権主義的構想がそれ自体として自己目的化していたのと同様に，本件において「当事者主義」的な運用それ自体が半ば自己目的化していたと分析しうることに基づく。国際裁判における事実認定は，当該裁判における目的を実現するための手段であるという命題からすれば，当事者主義か，職権主義か，あるいはその中庸か，国際裁判の証拠調べの在り方としていずれかがアプリオリに正しいわけではない。証拠法運用は，裁判所を取り巻く様々な状況の影響を踏まえた微調整を経つつも，基本的には，裁判目的を実現するためにはいかなる在り方が適切であるかを問うものでなければならない。この観点から，本書第 2 部の結論である証拠法論の当事者主義的な再構成は，二辺的紛争処理という国際裁判の主たる目的を踏まえた結果として位置付けられる。そのような裁判目的との連関を意識しない証拠法運用は，たとえ当事者主義的運用という結果の点で軌を一にするとしても，場合によっては否定的な評価が導かれる。

　と同時に，本書の理論枠組みは，二辺的紛争処理とは異なる裁判目的が希求される場合には，当事者主義とは異なる証拠法運用の在り方が規範的に基礎づけられる契機を承認するものである。そこで第 3 部では，こうした証拠法運用の展開可能性について，国際法規律の拡充深化とそれに伴う国際裁判所の増大多様化を背景として，検討していくこととする。

---

　(757)　奥脇直也「現代国際法と国際裁判の法機能」・前掲注 (70) 29頁。

　(758)　*E.g.*, Philip C. JESSUP, "Foreword", in Durward V. SANDIFER, *Evidence before International Tribunals* (Revised ed., University Press of Virginia, 1975), pp. vii-xii; Elizabeth S. LANDIS, *supra* note (729), p. 628.

第 3 部

証拠法論の展開
──公法訴訟モデルによる再びの職権主義的構想──

◆ 第 3 部 ◆ 証拠法論の展開

　実体法平面では国際法の「断片化」が危惧される21世紀初頭[759]，手続法平面では逆に各種国際裁判所に横断的な「共通法（a common law）」の生成が説かれている[760]。証拠法に限って見ても，例えば「慣習証拠法[761]」や「レクス・エビデンティア（*lex evidentia*）」といった表現[762]で，国際裁判所に横断的な規則の成立が説かれてきた。確かに，手続規則の共通性は裁判実務に携わる法律家にとっては実際上好ましいかもしれないが，様々な機能や制度目的を備えた司法機関の必要性が認識された結果が国際裁判所の増大多様化であることと，証拠法解釈運用の裁判目的依存性という本書の基本命題を照らし合わせれば，そうした結論の過度な一般化には慎重にならざるを得ない。もっとも，そうした多様化は必ずしも無秩序を意味するわけではなく，国際法の現代的展開を背景とした緩やかな類型的把握が可能である。そこで第 3 部では，そうした状況を「紛争処理モデルの証拠法論」から「公法訴訟モデルの証拠法論」への重畳的な拡張と捉えた上で，国際裁判の証拠法論の展開を跡付ける。まず，分析概念である「公法訴訟」の意義を明らかにした上で（第 5 章），国際判例のいかなる展開がそうした側面を備えているのかを検討する（第 6 章）。

◇第5章◇　国際裁判の公法訴訟モデル

第5章　国際裁判の公法訴訟モデル

　公民権運動や環境保護，消費者保護といった社会運動の高まりと，これに対応するための社会立法が整備される過程にあった1970年代の米国において，国際法学者シェイス（Abraham Chayes）は，連邦裁判所の民事事件の性格変容を「公法訴訟モデル（public law litigation model）」の出現として概念規定し，通常の民事訴訟観念との対比においてその意義を説いた[763]。すなわち，通常の民事訴訟は，紛争当事者がその二辺関係において過去の出来事に関する救済を争うという自己完結的なエピソードとして観念される[764]。判決の影響は当事者限りであることから，主張立証に関する負担は基本的に当事者が負い，当事者が手続進行を主導し，事実審裁判所の役割は受動的なものとして理解される[765]。これに対し，公法訴訟モデルの民事事件では，紛争当事者の関係性は二辺関係に還元しきれない複雑な様相を呈し（例：クラスアクション），過去志向の賠償ではなく，差止めを含めた将来志向かつ当事者関係を超えた救済策が求められる[766]。そこにおいて解明すべき事実は，紛争を惹起せしめた個別具体的な過去の事実（"adjudicative" fact）にとどまらず，現行の公共政策の社会的妥当を基礎づけ，あるいはその修正を要求するいわゆる立法事実（"legislative" fact）に及ぶ[767]。その結果，裁判官には，ディスカバリ（証拠開示手続）の制度運用を含め，事実認定における積極

---

(759)　*E.g.*, Study Group of the ILC, Finalized by Martti KOSKENNIEMI, *Fragmentation of International Law: Difficulties Arising from the Diversification and Expansion of International Law*（A/CN.4/L.682, 13 April 2006）.

(760)　Chester BROWN, *supra* note（84）.

(761)　Durward V. SANDIFER, *supra* note（17）, p. xiv.

(762)　Charles N. BROWER, "The Anatomy of Fact-Finding before International Tribunals: An Analysis and a Proposal concerning the Evaluation of Evidence", Richard B. LILLICH（ed.）, *Fact-Finding before International Tribunals*（Transnational Publishers, 1992）, p. 150.

(763)　Abram CHAYES, "The Role of the Judge in Public Law Litigation", *Harvard Law Review*, vol. 89（1976）, pp. 1281, 1288.

(764)　*Ibid.*, pp. 1282-1283.

(765)　*Ibid.*, pp. 1286-1288.

(766)　*Ibid.*, p. 1302.

(767)　*Ibid.*, p. 1297.

217

◆第3部◆　証拠法論の展開

的な役割が期待される(768)。

　こうしたシェイスの公法訴訟モデルは，立法行政府の対応の遅れを司法府が補完するという，当時の米国連邦政府における微妙な権限バランス状況を背景として説かれたものであり(769)，その意義は当時の米国の社会的文脈を踏まえずには汲み尽くせない。しかし，公共政策領域の拡大を背景として民事訴訟の性格変容を説くそのモチーフは，二辺的利害関係の調整から公益追及へと目的を拡大する現代国際法における国際裁判の在り方を問う(770)上でも有用な出発点を提供すると考えられる(771)。何より，そうした裁判制度の性格変容を事実認定の在り方という具体的実務的な次元にまで落とし込んで論じた点は，事実認定の裁判目的依存性を基本命題とする本書の問題関心と軌を一にするものである。

　そこで第3部では，シェイスのモデルを検討の出発点として借用し，国際裁判の証拠法論の展開を展望する。それは一言でいえば，従前の「紛争処理モデルの証拠法論」から「公法訴訟モデルの証拠法論」への拡張的展開である。公法訴訟モデルが紛争処理モデルに置き換わったのではなく，紛争処理モデルを基調としつつ，そこに公法訴訟モデルが徐々に付加されていく過程として観念される。もっとも，「紛争処理」が実定法文書に基礎を置き個別の証拠規則の解釈適用を方向づける規範的概念でもあるのに対し，ここでいう「公法訴訟」は，二辺的な利害関係の調整に還元しきれないという意味での公益を追求する国際裁判の動向を把握するための分析概念としてのみ位置付けられる。すなわち，本書における公法訴訟モデルとは，紛争処理モデルと対比的に説明するための上位概念であり，公益に根差した証拠法解釈運用の総体を指し示す記述的概念であるにとどまる。同様に，本書における「公益」とは，共通利益，一般的利益，普遍的利益などの語で表現される二辺関係を超えた利益を「紛争処理」との対比で説明するための

---

(768)　*Ibid.*, p. 1298.

(769)　*Ibid.*, p. 1313.

(770)　Markus BENZING, "Community Interests in the Procedure of International Courts and Tribunals", *L.P.I.C.T.*, vol. 5 (2006), pp. 369-408.

(771)　シェイスの議論を踏まえた国際法学の論考として, Harold H. KOH, "Transnational Public Law Litigation", *Yale Law Journal*, vol. 100 (1991), pp. 2347-2402; William BURKE-WHITE and Andreas VON STADEN, "Private Litigation in a Public Law Sphere: The Standard of Review in Investor-State Arbitrations", *Yale J.I.L.*, vol. 35 (2010), pp. 283-346.

◇ 第 5 章 ◇ 国際裁判の公法訴訟モデル

上位概念であり，それ自体は証拠法の解釈を具体的に方向付ける規範的性質を持たない。したがって，いかなる国際裁判制度のいかなる事件類型が「公法訴訟」として把握され，そこに見出される公的性質がいかなる形で証拠法の解釈運用を規範的に基礎づけるのかが問題となる。そこで以下では，WTO 紛争処理制度（第 1 節），国際投資協定に基づく投資家対国家の仲裁制度（第 2 節），国際司法裁判所（第 3 節）という個別の国際裁判制度に関して，「公法訴訟モデルの証拠法論」を展開せしめうる原理をそれぞれ明らかにする。

◆ 第 1 節 ◆ 協定遵守状態を確保する制度： WTO 紛争処理手続

◆ 第 1 項　GATT から WTO へ

1947 年 GATT の下での紛争処理パネルに持ち込まれた事案と比べて，1995 年に設立された WTO の紛争処理制度に付託される事案が極めて複雑難解であることはすでに共通認識となっている[772]。例えばパウェリン（Joost Pauwelyn）は，「争いの無い事実の束（"cluster of undisputed facts"）」に基づく認定が可能であったという旧 GATT パネル慣行に関する回顧[773]を WTO 設立から僅か 3 年後に「遠い昔」と表現し，WTO 紛争処理パネルの審理手続は証拠資料で溢れていると評している[774]。

こうした状況は少なくとも，WTO における規律対象の拡大，措置を実施する加盟国の学習状況，そして紛争処理手続への上訴制度の導入という 3 点から説明可能である。すなわち第 1 に，GATT から WTO 体制への移行により規律対象が大幅に拡大深化し，科学技術に関わる複雑な貿易関連措置が紛争処理手続に持ち込まれるようになった[775]。とりわけ，貿易の技術的障害に関する協定（TBT

---

(772)　Michelle T. GRANDO, *supra* note（5），p. 1.

(773)　Christopher THOMAS, "Litigation Process under the GATT Dispute Settlement System: Lessons for the World Trade Organization?" *Journal of World Trade,* vol. 30 （1996），p. 71.

(774)　Joost PAUWELYN, "Evidence, Proof, and Persuasion in WTO Dispute Settlement: Who Bears the Burden?" *J.I.E.L.,* vol. 1, no. 2（1998），p. 227.

219

◆ 第3部 ◆ 証拠法論の展開

協定）や衛生検疫措置に関する協定（SPS協定）が規律対象とする措置は，工業製品の技術的規格や食品衛生学といった専門的・科学的知見に深く根差したものであることから，パネルは，法に基づく裁定機関としてそうした複雑な措置の内容をどのように把握するか，措置の基礎にある科学的・技術的知見そのものに争いがある場合にどのように対応するかという問題に直面している[776]。第2に，措置を実施する国内の法律行政文書のみをもってWTO協定違反を認定しうるような露骨な差別的措置は今日では影を潜めた結果[777]，技術事項に深く関わらない通常の貿易紛争でも，輸出量や価格，産品の形状といった具体的事実に踏み込む必要性が認識されるようになっている[778]。第3に，上訴機関（Appellate Body: 上級委員会）の存在が，原審パネルにおける事実認定の精緻化を促している側面がある。すなわち，上級委員会の権限は法解釈に限定され（DSU17.6条），証拠の信憑性判断や証拠価値の評価といった事実問題については上訴できない一方，認定された事実がWTO協定に整合的か否かという法的性質決定（a legal characterization issue）は，法律問題として上級委員会の審査に服する[779]。加えて，証拠評価自体はパネルの裁量に属する事実問題であるものの，パネルによる証拠評価がその裁量の枠内でなされたか否かは上級委員会の審査に服する[780]。このように，パネルの事実認定は一定の範囲で上級委員会の審査に服することから，パネルは，一審で終結する他の国際裁判類型に比べて，上訴を見据えてより精緻な理由付けを事実認定に施さなければならない立場にある。

---

(775) William J. DAVEY, "Foreword", in Michelle T. GRANDO, *supra* note (5), pp. v-vi.

(776) Yuka FUKUNAGA, "Standard of Review and 'Scientific Truths' in the WTO Dispute Settlement System and Investment Arbitration", *Journal of International Dispute Settlement,* vol. 3, no. 3 (2012), pp. 559-560.

(777) Michelle T. GRANDO, *supra* note (5), pp. 1-2.

(778) Joost PAUWELYN, "Evidence...", *supra* note (774), p. 227; David COLLINS, "Institutionalized Fact-finding at the WTO", *University of Pennsylvania Journal of International Economic Law,* vol. 27 (2006), p. 380.

(779) Appellate Body Report, *EC—Measures Concerning Meat and Meat Products* (*Hormones*), WT/DS26/AB/R, WT/DS48/AB/R, adopted 13 February 1998, para. 132.

(780) Appellate Body Report, *United States—Definitive Safeguard Measures on Imports of Wheat Gluten from the European Communities,* WT/DS166/AB/R, adopted 19 January 2001, para. 151.

◇第5章◇　国際裁判の公法訴訟モデル

◆ 第2項　WTO 紛争処理制度と公法訴訟モデル

このように，WTO 紛争処理制度は事実認定に関する様々な課題に直面しており，すでに多くの学術的著作が蓄積している[781]。目に見えて課題が山積しているためか，WTO 紛争処理制度のそもそもの制度目的が事実認定の在り方をいかに規定するかという，本書が関心を寄せる根本的な問いは，実はこれまであまり自覚的に顧みられてきていない。もちろん，制度趣旨に立ち返りさえすればあらゆる問題が論理演繹的に解決されるわけではなく，個々の事案に即した運用レベルで当面は対応可能と見られる部分もあれば[782]，DSU の改正を待つほかない制度的欠陥も存在し[783]，問題解決の処方箋は多様である。にもかかわらず，本書がそうした問題関心をなお維持するのは，裁判目的に立ち返ることで，WTO 紛争処理制度における証拠法論上の少なくともいくつかの重要争点をめぐる混乱を解消することができると考えるためである。とりわけ，疎明に基づく証明責任の転換論および否定的推論に関しては，WTO 判例上はほぼ確立しているにもかかわらず，なお批判的な見方が少なくない。しかしこの点，紛争処理制度の目的に立ち返ると，これらの判例法理はむしろ正当化しうるものであることが結論さ

---

(781)　*E.g.,* Michelle T. GRANDO, *supra* note（5）; Joseph NGAMBI, *supra* note（5）.

(782)　DSU13条は，適当と認めるいかなる個人又は団体に対しても情報及び技術上の助言の提供を要するパネルの「権利」を規定しており，パネルは同条を駆使して様々な情報を事案に応じて収集している。*Voir,* Joost PAUWELYN, "The Use of Experts...", *supra* note（680）, pp. 325-364.

(783)　上級委員会は，パネルの判断を破棄したとしても，自ら代わって事実認定を行うことはできないのみならず，パネルに事実認定のやり直しを求めるべく差し戻すこともできない。そのため，パネルの事実認定が不十分な場合には，上級委員会としては，いわば判断不能のまま結審せざるを得ない。*E.g.,* Appellate Body Report, *EC and Certain Member States—Measures Affecting Trade in Large Civil Aircraft,* WT/DS316/AB/R, adopted 1 June 2011, paras. 1098, 1101, 1104. そのため，事実問題に関する破棄差戻しの権限を上級委員会に認めるかたちでの DSU 改正が提案されているが，ドーハラウンド交渉の停滞に伴い，本書執筆時点において議論に進展は見られない。*Voir,* Joost PAUWELYN, "Appeal without Remand: A Design Flaw in WTO Dispute Settlement and How to Fix It", website of International Centre for Trade and Sustainable Development（1 May 2007）, at <http://www.ictsd.org/themes/research/appeal-without-remand-a-design-flaw-in-wto-dispute-settlement-and-how-to-fix-it>.

221

◆第3部◆　証拠法論の展開

れる。そこで以下では，第6章における判例分析に先立ち，WTO紛争処理制度がいかなる目的を備えるものとして把握すべきであるのかについて，従前の議論状況を踏まえつつ明らかにしておく。

WTO紛争処理制度の目的

　上級委員会の元委員アビ＝サーブによれば，WTO紛争処理制度を個別具体的な紛争の解決のみを目的とする主観訴訟として捉えるか，それを超えた適法状態の維持（affermir la légalité）をも志向する客観訴訟として捉えるかは，証拠調べの問題を含めた法的判断の基底をなす問いである[784]。すなわち，WTO体制は，関税その他貿易障害を削減し，差別的な待遇を除去することによって「生活水準の向上」「完全雇用の確保」「実質所得及び有効需要の確保」「世界の資源の完全な利用の発展」「物品の生産および交換の拡大」といった加盟国に共通する利益[785]を増進しようとするものであり（1947年GATT前文；1994年WTO設立協定前文），比較優位説の経済理論に基づいて加盟国全体としての富の最大化を目指す制度設計になっている[786]。そしてWTOの紛争処理制度は，こうした多角的貿易体制に「安定性および予見可能性を与える中心的な要素」であり（DSU3.2条），「加盟国の権利と義務の間において適正な均衡が維持されるために不可欠」であると性格規定されていることから分かるように（DSU3.3条），妥結された協定上の市場アクセス状態の確保に主眼が置かれている。換言すれば，WTOの紛争処理制度は，個別具体的な貿易の結果を保護するというより，抽象的に合意された競争条件に対する期待（expectation）の保障を目的としているわけである[787]。過去に発生した損害の払拭よりも，全ての加盟国がその履行につき利益を持つ貿易条件を将来に向けて制度的に保障する点で公序設定的であり[788]，その維持そ

---

(784)　Georges ABI-SAAB, « Commentaire », Hélène RUIZ FABRI et Jean-Marc SOREL (sous la direction de), *La preuve devant les juridictions internationales* (Éditions A. Pedone, 2007), pp. 97, 99.

(785)　小寺彰『WTO体制の法構造』（東京大学出版会，2000年）92頁。

(786)　Nicholas DIMASCIO and Joost PAUWELYN, "Nondiscrimination in Trade and Investment Treaties: Worlds Apart or Two Sides of the Same Coin?" *A.J.I.L.*, vol. 102 (2008), p. 54.

(787)　Appellate Body Report, *Japan—Taxes on Alcoholic Beverages*, WT/DS8/AB/R, WT/DS10/AB/R, WT/DS11/AB/R, adopted 1 November 1996, p. 16; Joseph NGAMBI, *supra* note (5), p. 106.

222

◇第5章◇　国際裁判の公法訴訟モデル

のものを目的とする点で客観訴訟的と理解される[789]。公法訴訟モデルの1類型としてWTO紛争処理制度を捉える本書の理解は，こうした立場に連なるものである。

敬譲と説明責任：紛争処理制度と加盟国の関係性

ただし，客観的な適法状態の維持を目的とするとはいえ，具体的に合意された貿易条件の維持を日々担うのはあくまで加盟国の関連当局であり，WTO紛争処理制度による実際の関与は，あくまで他の加盟国による紛争の付託があった場合に限られる。そしてWTO協定上，加盟国は，貿易を規律する権限の一部をWTOへと移譲しつつ，その余の権限についてはなお保持し続けるものとして観念される[790]。ここから，貿易関連措置を実施する加盟国と，パネル・上級委員会との間のアンビバレントな関係性が導かれる。すなわち一方で，貿易条件の維持という任務を担う第一義的な主体は加盟国であり，パネルはその実施措置を事後的に審査する立場に置かれることから，措置を実施する加盟国の判断にパネルが一定の敬譲（deference）を払うことを通じた権限バランスの維持が志向される。他方，加盟国に留保された権限の性質理解については様々な捉え方がありうるものの，本書としては，WTO協定の規律が及ばない国家の裁量と観念しうる領域の他に，WTO協定の規律の枠内において積極的に承認された政策遂行の幅（policy space）が存在すると理解する。そして，ひとたび措置が紛争処理制度に持ち込まれると，加盟国は，後者の領域に属する権限の行使に関しては，それがWTO協定の承認する政策領域の幅に収まるものであるかという意味での合理性につき，強制管轄権を備えるパネル・上級委員会の審理手続において説明を求められる立場に置かれる。パネル・上級委員会は，貿易レジームの第一次的な担い手である加盟国の判断に敬譲を払いつつも，その具体的措置を事後的に審査する立場にあるからである。

以上のような，加盟国の説明責任とパネルの敬譲の組合せを通じた抑制均衡（check and balance）のメカニズムは，従来，パネルが採用すべき審査基準

---

(788)　伊藤一頼「WTOにおける紛争処理の意義と限界」国際問題597号（2010年）35-36頁。

(789)　Georges ABI-SAAB, « Commentaire », *supra* note（784），p. 99.

(790)　Appellate Body Report, *EC—Hormones, supra* note（779），para. 115.

223

◆ 第 3 部 ◆ 　証拠法論の展開

(standard of review) の問題として論じられてきた[791]。しかし，WTO 紛争処理制度による加盟国措置の審査基準論として論じられる素材の大半は，実は事実問題に関するものであり[792]，その意味で証拠法論の射程に収まる問題でもある。むしろ，WTO 協定解釈の統一性維持に関心を持つ紛争処理制度としては，加盟国の協定解釈に敬譲を払うべき場面は，僅かな例外[793] を除いて観念されない[794]。その結果，加盟国の説明責任とパネルの敬譲の在り方をめぐる従来の議論の多くは，審査基準論のみならず（あるいは審査基準論を通じて）証拠法論をも規定していると考えられる。こうした観点から，第 6 章では WTO 紛争処理制度における証拠法論の展開を具体的に検討していくのであるが，WTO 紛争処理制度を公法訴訟として捉えるこうした見方に類する考え方は，実は投資法分野においても数多く見られる。そこで次に，国際投資仲裁制度をいかなる意味で公法訴訟と捉えることが可能であり，それがいかなる意味で証拠法論の展開に影響を与えうるかを明らかにしていく。

◆ 第 2 節 ◆ 　グローバル行政空間における司法審査： 　　　　　　　　国際投資仲裁

　国際投資仲裁は，投資協定という国際条約に制度的基礎を置く一方，その手続は国際商事仲裁に引きつけた形で運用されるというハイブリッドな性質を備える[795]。これを反映して，投資仲裁における証拠法もまた，商事仲裁に引き付ける形で理解され，運用される傾向にある[796]。事実，投資仲裁の手続規則として

---

(791)　Matthias OESCH, *Standards of Review in WTO Dispute Resolution*（Oxford University Press, 2003）.

(792)　Jan BOHANES and Nicholas LOCKHART, "Standard of Review in WTO Law", Daniel BETHLEHEM, Donald McRAE, Rodney NEUFELD and Isabelle VAN DAMME（eds.）, *The Oxford Handbook of International Trade Law*（Oxford University Press, 2009）, pp. 388-421.

(793)　すなわち，アンチダンピング協定17.6条であり，国内当局による措置が WTO 協定の「許容される（permissible）」解釈に基づくものである場合に，パネル・上級委員会は当該措置を WTO 協定整合的と判断すべきことの意義につき，Steven CROLEY and John H. JACKSON, "WTO Dispute Procedures, Standard of Review, and Deference to National Governments", *A.J.I.L.*, vol. 90（1996）, pp. 198-201.

(794)　Jan BOHANES and Nicholas LOCKHART, *supra* note（792）, pp. 387-388.

◇第5章◇　国際裁判の公法訴訟モデル

は国際商事仲裁を念頭に作成された規則（UNCITRAL, ICC, SCC, LCIA等の手続規則）が利用されており（ICSID仲裁の場合にはICSID仲裁規則），加えて，国際法曹協会が作成した「国際商事仲裁における証拠取得規則」（1999年）が，少なからぬ仲裁手続において採用されてきた[797]。そこで同協会は，規則の表題から「商事」の語を削除し，投資仲裁手続における利用も想定する形で改訂（2010年）を行った[798]。もっとも，この2010年改正は1999年以後の新たな実務動向を踏まえた微調整にとどまり[799]，表題の変更の背景に，投資仲裁での利用を見据えた規則の本質的な変化を読み取ることはできない。その意味で改正規則は，商事仲裁の延長線上に投資仲裁を捉える理解を前提としていると見ることができる[800]。

　こうした投資仲裁制度は，仲裁条項を備える投資保護協定の広がりと[801]，投

---

(795)　Zachary DOUGLAS, "The Hybrid Foundations of Investment Treaty Arbitration", *B.Y.I.L.*, vol. 74 (2003), pp. 151-289.

(796)　手塚裕之「立証関係」小寺彰編『国際投資協定：仲裁による法的保護』（三省堂，2010年）260頁。

(797)　Nathan D. O'MALLEY, "The Procedural Rules Governing the Production of Documentary Evidence in International Arbitration: As Applied in Practice", *L.P.I.C.T.*, vol. 8 (2009), p. 32; *e.g., Noble Ventures v. Romania*, ICSID Case No. ARB/01/11, Procedural Order no. 1 (3 June 2003), para. 2 [Karl-Heinz BÖCKSTIEGEL, Jeremy LEVER, Pierre-Marie DUPUY]; *Methanex v. United States of America*, Final Award (3 August 2005), Part II, Chapter B, para. 10, Part II, Chapter C, para. 21 [V.V. VEEDER, J. William F. ROWLEY, W. Michael REISMAN]; *Canadian Cattlemen for Fair Trade v. United States of America*, Procedural Order No. 1 (20 October 2006), para. 6 [Karl-Heinz BÖCKSTIEGEL, James BACCHUS, Lucinda A. LOW]; *Grand River v. United States of America*, Award (12 January 2011), para. 32 [Fali S. NARIMAN, James ANAYA, John R. CROOK]; *Churchill Mining and Planet Mining v. Indonesia*, ICSID Case Nos. ARB/12/14 and 12/40, Procedural Order No. 5 (19 March 2013), paras. 4, 7 [Gabrielle KAUFMANN-KOHLER, Michael HWANG, Albert Jan VAN DEN BERG].

(798)　1999 IBA Working Party and 2010 IBA Rules of Evidence Review Subcommittee, *Commentary on the Revised Text of the 2010 IBA Rules on the Taking of Evidence in International Arbitration* (2010), p. 2, disponible sur : <http://www.ibanet.org/Publications/publications_IBA_guides_and_free_materials.aspx>.

(799)　*Ibid.*

(800)　Nathan D. O'MALLEY, *Rules of Evidence in International Arbitration: An Annotated Guide* (Informa, 2012), p. 47, paras. 3.52, 3.53.

225

◆第3部◆ 証拠法論の展開

資家による一方的提訴 (saisine unilatérale) に基づく仲裁管轄の成立を肯定した AAPL v. Sri Lanka 仲裁判断 (1990年) 以降[802]，非常に活発に利用されてきており[803]，対外投資の保護という観点からは比類なき成功を収めたといえる。しかしそれは同時に，仲裁制度の存在が国家の政策遂行の幅を狭めているとの批判や，私的な仲裁制度が国家の公共政策を裁断することそのものに対する根本的な疑義を伴うものであり，国際投資仲裁は，成功と同時に「正当性の危機[804]」を迎えるというアンビバレントな事態に陥ることとなった。事実，一部国家による ICSID 条約からの脱退や投資協定の終了，条約規定の見直しといった「反動 (backlash)」から[805]，国際投資法は新たな局面へと展開しつつある。

　この点，現状の変革とは別途，現行の仲裁制度を前提に，投資受入国の国内公共政策をいかにして尊重するかが模索される。既存の制度の枠内において対立する利益に配慮する契機が見出せるならば，仲裁制度自体も維持されることで，長期的には投資保護にも資すると考えられるためである。こうした観点から注目されるのが，国際投資仲裁を商事仲裁の延長ではなく，国内の公法訴訟の類推にお

---

(801)　2014年末時点で，国際投資協定の数は延べ3271に上る。UNCTAD, *World Investment Report 2015: Reforming International Investment Governance* (United Nations, 2015), p. 106.

(802)　Geneviève BURDEAU, « Nouvelles perspectives pour l'arbitrage dans le contentieux économique interéssant les états », *Revue de l'arbitrage* (1995 - n° 1), pp. 12-14; Jan PAULSSON, "Arbitration Without Privity", *ICSID Review – F.I.L.J.*, vol. 10 (1995), pp. 232-257.

(803)　2014年末時点で，判明している投資仲裁事例の数は延べ608に上る。UNCTAD, *World Investment Report 2015, supra* note (801), p. 112.

(804)　Charles H. BROWER, "Structure, Legitimacy, and NAFTA's Investment Chapter", *Vanderbilt Journal of Transnational Law*, vol. 36 (2003), pp. 37-94; Ari AFILALO, "Towards a Common Law of International Investment: How NAFTA Chapter 11 Panels Should Solve Their Legitimacy Crisis", *Georgetown International Environmental Law Review*, vol. 17 (2004), pp. 51-96; Susan D. FRANCK, "The Legitimacy Crisis in Investment Treaty Arbitration: Privatizing Public International Law through Inconsistent Decisions", *Fordham Law Review*, vol. 73 (2005), pp. 1521-1625; Charles N. BROWER and Stephen W. SCHILL, "Is Arbitration a Threat or a Boon to the Legitimacy of International Investment Law?" *Chicago J.I.L.*, vol. 9 (2008), pp. 471-498.

(805)　Michael WAIBEL *et al.* (eds.), *The Backlash against Investment Arbitration: Perceptions and Reality* (Kluwer Law International, 2010).

226

◇ 第5章 ◇ 国際裁判の公法訴訟モデル

いて捉えることで，投資保護に対峙する国家の公的規制権限を仲裁廷の場で正面から論じるための理論的基礎の構築を目指す議論である。こうした論陣を便宜的に「公法訴訟類推論」として括り，その構想の基本的なモチーフを抽出するならば，本書が掲げる「公法訴訟モデルの証拠法論」の理論的基礎の1つとして位置付けることができると考えられる。もっとも，公法訴訟たる性質の根拠を設立文書という実定法に求めることができる WTO 紛争処理制度とは異なり，公法訴訟類推論に基づく投資仲裁制度のパラダイム転換の試みは，これまでほぼ学説が牽引してきている。そこで本節では，これまでの議論状況を概観した上で（第1項），その特質を証拠法論との関係において抽出する（第2項）。

◆ 第1項 「正当性の危機」と公法訴訟類推論

2000年代前半に噴出した「正当性の危機」を前にして，公法訴訟類推論は，まず現行制度の大胆な改革を提唱する議論として立ち現れた。しかしその後は，既存の仲裁制度の枠内において同様の帰結を解釈論的に導こうとする立場が趨勢である。こうした展開の基礎としてしばしば参照されるのが，資源投資法分野の第一人者ヴェルデ（Thomas Wälde）の個別意見である。

司法審査としての投資仲裁制度：仲裁人ヴェルデの個別意見

Thunderbird v. Mexico 仲裁判断（2006年仲裁判断）に付されたヴェルデ個別意見は，後に登場する「比較公法アプローチ」においてはその着想の下地と位置づけられるように[806]，公法訴訟類推論の基本構造を端的に表現している。彼によれば，対等な当事者間の紛争を処理する商事仲裁とは異なり，投資仲裁における投資家は，主権に由来する国家の規制権限行使に晒される脆弱な立場にある[807]。それ故，投資仲裁は，商事仲裁とは異なり，国家行為についての司法審査制度として捉えられるべきと主張する。

> 「投資家対国家の仲裁は，WTO 紛争処理パネル及び上級委員会や欧州・米州人権裁判所，欧州司法裁判所のような国際的司法審査にせよ，政府内の公的機関による侵害を訴える個人の紛争を扱う国内行政裁判所にせよ，政府行為に関する司法審査

---

(806) Stephan W. SCHILL, "Preface", Stephan W. SCHILL (ed.), *International Investment Law and Comparative Public Law* (Oxford University Press, 2010), p. ix.

(807) *International Thunderbird Gaming Corporation v. United Mexican States*, Award (26 January 2006), Separate Opinion of Thomas WÄLDE, para. 12.

◆ 第 3 部 ◆ 証拠法論の展開

（judicial review）の類推がより適切である(808)」。

こうした制度理解を前提とする彼の個別意見は，仲裁判断とは真逆の結論に到
達し，証明責任の分配に関して，投資家に有利な解釈論を提示する（第 6 章第 2
節第 2 項参照）。その意味で，ヴェルデの個別意見は当該事案における投資家の保
護を主に念頭に置いたものと理解される。しかし，本来的に私的な制度である仲
裁を「司法審査」という公法上の概念で捉えることには，被申立国の権限行使の
審査を通じた申立人の救済の契機と同時に，これに対峙する国家の公権力行使の
正当性をいかに判断するかという問題意識が正面から含意される。こうした両面
性こそが，「正当性の危機」を前に立ち現れた公法訴訟類推論の特質であるが，
その初期の議論は現行制度の改革提言を伴うラディカルな形で登場した。

投資法制度改革の企て：国際投資裁判所構想

すなわち管見の限り，投資仲裁を公法訴訟の類推で捉える議論をモノグラフと
して包括的に提示した最初の論者はヴァン・ハルテン（Gus Van Harten）であり，
ヴェルデと同様，投資仲裁を公法上の司法審査制度として捉えようとする立場で
ある(809)。彼によれば，投資家と国家の関係は，投資家が投資受入国の公権力行
使に服するという点で垂直的であり，水平的に観念される私人間関係・国家間関
係とは質的に異なる法的関係である。すなわち，「投資協定仲裁は，公法上の制
度として，対等な法人間の相互関係ではなく，国家と投資家の間の規制的な関係
性を扱う。つまり他の国際仲裁類型とは異なり，規制領域に対する包括的な権限
が私的な仲裁人に付与されるのである(810)」と。かくして彼は，仲裁制度の私的
性格とそこで扱われる事項の公的性格の間の齟齬を炙り出し(811)，投資仲裁をグ
ローバル行政法論(812)に引きつけ，その一種として理解する(813)。

---

(808) *Ibid.*, para. 13.

(809) Gus VAN HARTEN, *Investment Treaty Arbitration and Public Law* (Oxford University Press, 2007), p. 152.

(810) *Ibid.*, p. 45.

(811) 「〔各種の制度的欠陥は〕国際仲裁と公法の不幸な結びつきの結果である」。 *Ibid.*, p. 153.

(812) *Voir*, Benedict KINGSBURY, Nico KRISCH and Richard B. STEWART, "The Emergence of Global Administrative Law", *Law and Contemporary Problems*, vol. 68, no. 3/4 (2005), pp. 15-61.

◇ 第 5 章 ◇ 　国際裁判の公法訴訟モデル

　こうした現状分析から導かれる結論は，投資紛争についての包括的な管轄権を
備える国際投資裁判所の設立構想を提言する形で結ばれる[814]。この点，ICSID
仲裁に上訴制度を導入する ICSID 事務局の案（2004年）に慎重論が優勢であった
のと軌を一にして[815]，彼の提言は同時代的には実現可能性などの点で否定的に
受け止められていた[816]。しかし時代が下ると，投資保護に関する権限を付与さ
れた欧州連合（2009年リスボン条約）において「単一の常設裁判所」の創設に向け
た方向性の是非が議論されるに至っており[817]，本書執筆時点において，こうし
た制度改革構想の位置付けは再び流動化しつつある。

制度内在的な調整：比較公法アプローチ

　もっともこの点，「正当性の危機」の中心的争点が国家の公的規制権限の浸食
（への懸念）にあったことを想起するならば，常設の裁判所か仲裁制度かという制
度構想とは別途，現行の投資仲裁制度を所与の前提とした上で，投資協定および
各種仲裁手続規則の解釈論として，投資の保護と国家の公的規制権限の適切なバ
ランスを追求する可能性が模索される。こうした観点から登場したのが，「比較
公法アプローチ（comparative public law approach）」を標榜する立場であり，亡き
ヴェルデの遺志を継ぐシル（Stephan W. Schill）がその代表的論者の１人と位置付

---

(813)　Gus VAN HARTEN and Martin LOUGHLIN, "Investment Treaty Arbitration
　　　as a Species of Global Administrative Law", *E.J.I.L.,* vol. 17, no. 1 (2006), pp. 121-
　　　150.

(814)　Gus VAN HARTEN, *Public Law…, supra* note (809), pp. 180-184; Gus VAN
　　　HARTEN, "A Case for an International Investment Court", *Society of International
　　　Economic Law Inaugural Conference Working Paper,* no. 22/08 (2008), disponible
　　　sur : <http://ssrn.com/abstract=153724>.

(815)　玉田大「投資仲裁における上訴メカニズム」『投資協定仲裁研究会報告書：平成
　　　21年度』（公正貿易センター，2010年）82頁。公法訴訟類推論に親和的なヴェルデも，
　　　上訴制度導入案には与しない。Thomas WÄLDE, "Alternatives for Obtaining
　　　Greater Consistency in Investment Arbitration: An Appellate Institution after the
　　　WTO, Authoritative Treaty Arbitration or Mandatory Consolidation?" *Transnation-
　　　al Dispute Management,* vol. 2, no. 2 (2005), p. 72.

(816)　Charles N. BROWER and Stephan W. SCHILL, *supra* note (804), pp. 489-495.

(817)　European Commission, *Investment in TTIP and beyond – the Path for Reform:
　　　Enhancing the Right to Regulate and Moving from Current ad hoc Arbitration
　　　towards an Investment Court* (Concept Paper, May 2015), pp. 11-12, disponible sur :
　　　<http://trade.ec.europa.eu/doclib/docs/2015/may/tradoc_153408.PDF>.

◆ 第 3 部 ◆ 証拠法論の展開

けられる。その構想の要点は，前述のヴァン・ハルテンとは異なり，制度自体を改革することなく現行の投資仲裁制度に調整を加えることで問題の解決は可能と考え，そうした調整を可能とするための処方箋として，「比較公法アプローチ」に基づく投資協定の保護水準規定や仲裁手続規則の解釈論的視座を提供することにある(818)。

> 「比較公法（行政法，憲法，国際法）は，国際投資法にまつわる諸問題を考える上で標準となる方法論を構成するものである。それは，曖昧な投資保護水準の解釈に加え，投資家対国家の紛争処理制度の制度手続的構造に関する懸案にも対応するものである(819)」。

公法訴訟類推論は，投資仲裁を憲法上の財産権保障や，行政法上の法治行政原理の保障に相当する局面として捉え，商事仲裁モデルからの脱却を志向する(820)。こうしたパラダイム転換を制度内在的に達成するために，国内公法の知見を幅広く国際投資法に取り込もうとするのが「比較公法アプローチ」の企てである。では，国際投資法を「公法」，そして投資仲裁制度を「公法訴訟」と捉えることにより，具体的にいかなる帰結が導かれるのか。証拠法論への影響を念頭に，次にこの点を整理しておく。

◆ 第 2 項 公法訴訟類推論の特質

公法訴訟類推論が参照する国内公法訴訟（行政事件訴訟）の訴訟手続は，行政訴訟の特性を踏まえつつ，基本的には民事訴訟の例による（行訴 7 条参照）。これと同様に，投資仲裁の手続も基本的に商事仲裁に倣うのが実務であり，商事仲裁の運用から出発すること自体が問題視されることは少ない(821)。だとすれば，投資仲裁における証拠法論は，対等な私人間の商事仲裁に妥当する証拠規則を出発点とした上で，投資仲裁の公的性質を根拠とした修正がどのようにして可能か，

---

(818) Stephan W. SCHILL, "International Investment Law and Comparative Public Law - an Introduction", Stephan W. SCHILL (ed.), *International Investment Law and Comparative Public Law* (Oxford University Press, 2010), pp. 3-37.

(819) *Ibid.*, p. 24.

(820) *Ibid.*

(821) *Voir*, Stephan W. SCHILL, "Crafting the International Economic Order: The Public Function of Investment Treaty Arbitration and Its Significance for the Role of the Arbitrator", *Leiden J.I.L.*, vol. 23 (2010), p. 423.

230

◇第5章◇ 国際裁判の公法訴訟モデル

という視座から論じることが適切である。こうした視座は，「紛争処理モデルの証拠法論」を基礎としつつ，そこに重畳的に「公法訴訟モデルの証拠法論」の形成を観念する本書の基本命題とも軌を一にする。

では，修正原理として措定される投資仲裁の公的性質とは何か。この点，貿易法分野では既述の通り，加盟国が譲許した貿易条件に対する抽象的期待を客観的に維持することを通じた多角的貿易体制の維持という公益が，具体的に認識され承認されてきた。これとの比較において，投資法分野では，そこで追求されるべき公益の内容が具体的に特定されてきているとは言い難い[822]。このことは，「公法訴訟モデルの証拠法論」の展開における貿易分野と投資分野の微妙な温度差を説明する変数を構成する一方，実践としてパラダイム転換を推し進めようとする公法訴訟類推論の現状における弱点と位置付けられる。もちろん，多くの論者がグローバル行政法論を参照していることからも分かるように，グローバル行政空間[823]における司法審査制度の確立というようなイメージは共有されてはいるものの[824]，それは，パラダイム転換を基礎づける1つの確たる統合原理の論理演繹的帰結というよりは，相互に関連しつつも異なる公益に基づく様々な解釈論が折り重なった結果として浮かび上がった像として捉える方が正確である。証拠法論との関係では，以下の3点が重要である。

垂直関係における武器対等の実現

第1に，垂直関係における武器対等の実現を通じた申立人の救済である。公法訴訟類推論は，投資家と国家の公法上の垂直性な法関係を強調する。この垂直性は，仲裁手続においては投資受入国の行為や損害を立証するための証拠の被申立国側への偏在，あるいは訴訟資源の非対称性に由来する証拠アクセスの不均衡として立ち現れる[825]。それ故，公法訴訟類推論は，仲裁廷による職権的な証拠調べを通じたその是正を説くに至る。

証拠の偏在は投資家対国家の紛争に限った問題ではないものの，第2部で検討

---

(822)　*Voir*, Andreas KULICK, "Book Review of Stephan W. Schill (ed.), International Investment Law and Comparative Public Law", *E.J.I.L.*, vol. 22 (2011), p. 920.

(823)　Benedict KINGSBURY, Nico KRISCH and Richard B. STEWART, *supra* note (812), pp. 25-27.

(824)　Gus VAN HARTEN and Martin LOUGHLIN, *supra* note (813), pp. 145-148; Stephan W. SCHILL, "Introduction", *supra* note (818), pp. 10-23.

◆ 第3部 ◆ 証拠法論の展開

した「紛争処理モデルの証拠法論」の場合には，当事者関係は対等かつ水平なものとして観念される結果，一方当事者を救済するために他方当事者に証拠開示の負担を求める根拠が乏しかった。これに対し，「公法訴訟モデルの証拠法論」では，垂直的かつ非対称的な権力関係として当事者関係を把握する結果，投資受入国による公権力行使の適切性に関して説明責任を求める一環として，手持ちの証拠を開示する要求が基礎づけられるのではないかが問題となる。

客観法秩序の維持と発展

第2に，投資協定の蓄積と最恵国待遇条項を通じてネットワーク化した国際投資法秩序[826]そのものの維持及び発展である。公法訴訟類推論は，投資仲裁をグローバルガバナンスの一種と規定し，二辺的な紛争処理・権利救済を超えて，対外投資保護に関する国際公秩序という公共財を生み出すものとして理解する[827]。そうした公共財たる客観法秩序の維持と発展を目的として，仲裁廷が下す判断に法創造機能を期待するに至る。

「紛争処理モデルの証拠法論」では，紛争処理との関係では法創造という裁判目的には付随的な地位が与えられるとどまり，そのことが証拠法の解釈運用にも反映されていた。これに対し，「公法訴訟モデルの証拠法論」では，法創造にも確たる裁判目的の1つとしての地位を承認することで，それを積極的に促すかたちでの証拠法解釈運用を帰結することができるのではないかが問題となる。

公権力行使の制約と正当化

第3に，投資受入国の公権力行使の正当化である。仲裁廷は，投資家による救済の申立てを判断する過程で，投資受入国の公的規制権限行使の国際法上の合法性を審査する。公法訴訟類推論の最大の特徴は，投資仲裁におけるこの後者の側

---

(825) Howard M. HOLTZMANN, "Fact-Finding by the Iran-United States Claims Tribunals", Richard B. LILLICH (ed.), *Fact-Finding before International Tribunals* (Transnational Publishers, 1992), pp. 118-119; Concurring Opinion of Richard M. MOSK, *Cal-Maine Foods, Inc. v. Republic of Iran and Sherkat Seamourgh Company, Inc.*, Case no. 340, signed 31 May 1984, *Iran-United Claims Tribunal Reports,* vol. 6 (1984-II), p. 65.

(826) Stephan W. SCHILL, *The Multilateralization of International Investment Law* (Cambridge University Press, 2009).

(827) Stephan W. SCHILL, "Crafting...", *supra* note (821), pp. 413-416.

◇ 第5章 ◇　国際裁判の公法訴訟モデル

面が，投資受入国の公的規制権限を国際的に制約するのみならず，場合によって
は投資家に対する公権力の行使を正当化するという二面性を備えるものとして捉
える点にある[828]。

　「紛争処理モデルの証拠法論」の場合，申立人の権利救済が裁判目的として観
念される結果，違法行為の事実や損害発生，両者の間の因果関係などは基本的に
申立人が証明しなければならなかった。これに対し，「公法訴訟モデルの証拠法
論」の場合，投資受入国の権力行使の妥当性は，投資家の賠償請求を根拠づける
要件事実の1つにとどまらず，まさにそれ自体が審理の主題を構成するものとし
て把握される。その結果，投資仲裁手続は，投資受入国が自らの行為について説
明責任を果たす場としても観念され，そうした契機を確保する形での証拠法解釈
を導くことができるのではないかが問題となる。

◆ 第3節 ◆　準公共財としての国際司法裁判所

　「国際法上のあらゆる問題」につき管轄権を肯定しうる国際司法裁判所の場合
（ICJ規程36条2項），潜在的には，以上のような公法訴訟的な展開に至る可能性を常
に秘めていたということはできるかもしれない。実際，本書執筆時点において萌
芽的にではあるものの，裁判所はそうした方向に舵を切り始めている（第1項）。
と同時に，係属事案の増加に伴って裁判所は証拠調べを積極的に指揮するように
なってきていることから，裁判制度の効率的な運営という，出廷当事国の利益に
還元しきれないという意味での公益の位置付けも併せて明らかにしておく必要が
ある（第2項）。

◉ 第1項　国際司法裁判所における公法訴訟の可能性

　拷問等の重大人権侵害を命じた元チャド大統領の身柄引渡しが争われた事件
（2012年判決）において，国際司法裁判所は，拷問禁止条約上の義務の遵守を条約
当事国の共通利益として捉え，全ての当事国が違法状態の停止を違反国に求める
ことができると解釈し，原告ベルギーの請求の受理可能性を肯定した[829]。拷問
禁止条約という個別条約の義務が当事国間対世的義務（*obligations erga omnes*

---

　(828)　Stephan W. SCHILL, "Introduction", *supra* note (818), p. 34.

233

◆第3部◆　証拠法論の展開

partes）であるとの判断を根拠とする点で，委任状の性質を前提とした南西アフリカ事件判決からの判例変更と見るべきかは議論の余地があるものの，被害国の損害払拭に還元されない公益実現の契機が実際に承認された点で，本件は1つの画期をなす。こうした判断が証拠法論に与える影響としては，南極海捕鯨事件（2014年判決）で示された審査基準論の中にその萌芽を見出すことが可能である。すなわち判決推論上，被告であるはずの日本が，調査捕鯨に対する特別許可の発行という行為の合理性につき説明を求められる立場に置かれ，その不足を根拠として条約義務違反が認定されている。この点，「紛争処理モデルの証拠法論」を前提とするならば，原告である豪州こそが日本の国際義務違反を基礎づける事実につき証明責任を負うはずであるところ，なぜ証明責任論ではなく審査基準論を前提とすると，こうした帰結を正当化しうるのか，そもそも証明責任論と審査基準論はいかなる関係にあるのかが問題となる。

　加えて，国際司法裁判所は2000年代中頃に，他の国際裁判所や国際機関が先行して行った事実認定に大きく依拠する事実認定の手法を定式化している。実務的には，他の機関が行った事実認定を利用しない手は無いように思われる一方で，関連する事実を裁判所は自らの手で認定するという直接主義の建前との整合性が問題となる。その際，同一の事態に対して複数の国際機関が同時並行的に対応している場合に，国際司法裁判所は，より広い視野から自らが担うべき任務を他の機関との関係においていかに規定するかが問われている。

◆ 第2項　裁判制度の効率的運営

『主権国家尊重と逼迫した法廷運営』

　1990年代以降の係属事案数の増大の結果，国際司法裁判所の証拠調べの在り方は，当事国に「従順（complaisance）」な従来の姿勢から，当事国の立証活動を「統制（control）」する方向へと変容してきた[830]。1つの事案のみを扱う仲裁とは異なり，常設の裁判所の場合，限られた訴訟資源とスケジュールの中で多数の紛争が係属する状態が常態化すると，1つの事案の審理の遅れが他の事案の進行に悪影響を及ぼしかねないことから，裁判制度の効率的運営が強く求められる。

---

(829)　*L'obligation de poursuivre ou d'extrader*（*Belgique c. Sénégal*），arrêt du 20 juillet 2012, *C.I.J. Recueil 2012*, p. 449, para. 68.

(830)　Anna RIDDELL and Brendan PLANT, *supra* note（6），pp. 23-25.

◇第5章◇　国際裁判の公法訴訟モデル

他方，係属事案数の増加それ自体は二辺的紛争の処理という裁判目的を変質せしめるものではない。むしろ，そうした裁判目的を実現するために当事者主義的な証拠調べの運用が選択されてきた。こうした経緯に鑑みれば，裁判制度の効率的な運営という要請が，そうした従来の運用を部分的にではあれ修正する根拠として適切か否かが問題となる。

　こうした観点から注目されるのが，『主権国家尊重と逼迫した法廷運営』と題されたヒギンズ（Rosalyn Higgins）の論考である[831]。2001年公刊の同論考に示された ICJ 審理手続に関する多くの改善案は，ヒギンズが裁判官として在籍していた時期（1995-2009年）に実現するに至っていることから（第6章第4節参照），同論考は，「従順」から「管理」へと変容した ICJ 審理実務の背景に彼女の影響力を見出す根拠として読み解かれている[832]。事実，当初は個別意見にとどまった証拠法に関する彼女の見解が，所長期に多数意見を構成するに至るという変遷が見られるように[833]，当時の裁判所内部におけるヒギンズの発言力の高まりを推察できる。

---

(831)　Rosalyn HIGGINS, "Respecting Sovereign States and Running a Tight Courtroom", Rosalyn HIGGINS, *Themes and Theories: Selected Essays: Speeches, and Writing in International Law*, vol. 2 (Oxford University Press, 2009), pp. 1081-1093; *I.C.L.Q.*, vol. 50 (2001), pp. 121-132.

(832)　例えばクルック（John R. Crook）は，裁判所の事実認定が透明性を増す傾向を指摘した上で，その傾向とヒギンズ所長期（2006-2009年）の時期的な一致は「おそらく偶然ではない」と述べている。John R. CROOK, *supra* note (120), pp. 329-330; *voir aussi*, Anna RIDDELL and Brendan PLANT, *supra* note (6), pp. 24-25.

(833)　いわゆる証明度（standard of proof）の問題について，国際司法裁判所は必ずしも一般的定式を示さないのが従来の実務であった。例えば，オイル・プラットフォーム事件（2003年判決）では，自衛権による武力行使の正当化を主張する米国に対してその証明責任を分配した上で，特段証明度を示すことなく「証拠は〔…〕不十分である」「証拠は〔…〕米国の主張を十分に支持していない」等とのみ述べて，米国の主張を退けた。*I.C.J. Reports 2003*, pp. 189, 190, 198, paras. 57, 61, 76. ヒギンズは，こうした多数意見の推論に対し，いかなる基準に照らして不十分と判断されたのかが判別しえないと批判し，事実認定の透明性という観点から，要求される証明度を具体的に示すべきと主張する。Separate Opinion of Judge HIGGINS, *I.C.J. Reports 2003*, pp. 233-234, paras. 30-34; *voir aussi*, Separate Opinion of Judge BUERGENTHAL, *I.C.J. Reports 2003*, p. 286, para. 41. こうしたヒギンズの見解は，彼女が所長を務めた時期のジェノサイド条約適用事件（2007年判決）において多数意見の地位を占めるに至り，非難の重大性を変数とする段階的な証明度を定式化してい

◆ 第3部 ◆ 証拠法論の展開

従属の文化からの脱却

ヒギンズの議論は，紛争処理と効率的運営を2つの並列的な裁判目的として捉えるのではなく，紛争処理という究極目的に資するための手段として裁判制度の効率的運営を位置付けた上で，効率的運営のための手段として「管理」の契機を導入するものと理解しうる。

ヒギンズによれば，国際裁判所の増大多様化現象は，専門家や非国家主体の国際裁判への関与という現実世界の需要の結果であるものの，それは直接には ICJ に役割の変容を求めるものではない[834]。ICJ の役割は，あくまで ICJ という1つの国際裁判所にニーズを見出す国家という「顧客」への最大限有効に対応することであると考え[835]，国際法の断片化や判決の矛盾抵触への危惧を背景に構想された国際裁判所の階層秩序化（ICJ を頂点とする）や，一般国際法上の問題に関する ICJ の先決裁定手続導入案[836]には与しない[837]。むしろ，ICJ に係属する事件数が急増する現状に鑑み，そうした顧客の満足を維持するためには，裁判所内部に見られる「文化」の変容こそが課題であると考える。

> 「私は，〔…〕主権国家という地位に由来する，紛争当事者に対する不当な敬譲（undue deference）から脱却すべき時であると考える。裁判所は，その顧客対応に通底する法文化を変容させることではじめて，自らの手続に対する適切な管理を獲得できるであろう[838]」。

る。*I.C.J. Reports 2007* (*I*), pp. 129-130, paras. 208-210; *voir aussi*, Rosalyn HIGGINS, "Concluding Remarks on Fact-Finding in Interstate Disputes", *ASIL Proceedings*, vol. 106 (2012), pp. 241-242.

(834)　Rosalyn HIGGINS, "A Babel of Judicial Voice? Ruminations from the Bench", Rosalyn HIGGINS, *Themes and Theories: Selected Essays, Speeches, and Writngs in International Law*, vol. 2 (Oxford University Press, 2009), p. 1264 [Keynote Address at the 18ᵗʰ Annual Meeting of the International Law Association (British Branch), London, 4 March 2006].

(835)　Rosalyn HIGGINS, "Respecting...", *supra* note (831), p. 1083.

(836)　*Voir*, Gilbert GUILLAUME, "The Future of International Judicial Institutions", *I.C.L.Q.*, vol. 44, no. 4 (1995), p. 848; Gilbert GUILLAUME, "Advantages and Risks of Proliferation: A Blueprint for Action", *Journal of International Criminal Justice*, vol. 2 (2004), p. 300.

(837)　Rosalyn HIGGINS, "A Babel...", *supra* note (834), p. 1264.

(838)　Rosalyn HIGGINS, "Respecting...", *supra* note (831), p. 1085.

◇第5章◇　国際裁判の公法訴訟モデル

　ヒギンズは，こうした裁判所内部の「文化」を，国家の同意を基礎とする国際
裁判の現実の反映として受け止めつつも[839]，「この生来的な現実を超えて，国
家主権に更なる『付加価値』を見出す理由は無い」とする[840]。すなわち，裁判
所による国家への敬譲は，裁判管轄権の成立を国家の同意に求める点で十分果た
されると考え，「一度その同意が与えられれば〔…〕国家は裁判における通常の
当事者とな」り，「以後，手続を管理するのは裁判所である[841]」との論理構成
に基づき，裁判所が審理手続への統制を強める契機を肯定する。

準公共財としての国際司法裁判所

　このような，国家の同意を段階的に捉えることで管轄権の成否とは区別される
審理手続の局面での裁判所の管理の契機を見出すヒギンズの議論は，第1部で検
討したヴィテンベルクの職権主義的構想と表面的には軌を一にするようにも見え
る。しかし，国際裁判官の権限拡充を企図したヴィテンベルクとは異なり，ヒギ
ンズの関心はあくまで裁判制度の効率的運用に尽きる。後述（第6章第4節第1項）
するように，裁判所は，改善策の一環としてインフォーマルな実務指針（Practice
Direction）を相次いで策定し，当事国に期待する訴訟活動の相場観を文書として
示してきた。こうした手法は，裁判手続の効率的運営に資すると考えられる一方，
裁判所が潜在的に行使しうる裁量の幅をあらかじめ狭めているとも理解できる点
で，職権主義的構想とは必ずしも連結しない。ヒギンズにおいて，ICJ の究極目
的は顧客たる主権国家のニーズに応え続けることであり，その意味で「紛争処理
モデルの証拠法論」を基本的には維持している。その上で，裁判手続の効率的な
運営を，そうしたニーズに応えるための手段として位置付けるわけである。すな
わち，限られた訴訟資源の中で運営されつつも，潜在的には全加盟国による利用
が常に開かれている ICJ は，同時利用者数の増加によって各利用者が享受する便
益が減少（例えば，訴訟遅延による終局判決獲得の遅れや，時機に適った紛争処理の実現
など）してしまうという意味で，準公共財たる性質を備えていると考えられる。
裁判所の利用が散発的であった時期には，こうした性質を念頭に置く必要はあま
り無かったものの，係属事案数の増加を所与とする今日では，個々の利用者が享

---

(839)　Rosalyn HIGGINS, "Respecting...", *supra* note (831), p. 1092.
(840)　Rosalyn HIGGINS, "Respecting...", *supra* note (831), p. 1093.
(841)　Rosalyn HIGGINS, "Respecting...", *supra* note (831), p. 1093.

◆ 第 3 部 ◆　証拠法論の展開

受しうる便益を最大限維持するために，準公共財たる ICJ の効率的な運用が求められているわけである。つまり，裁判制度の効率的な運営という，それ自体としては出廷当事国の利益に還元しきれない公益の追求は，それが究極的には紛争処理の実現に資すると想定されるが故に，規範的に正当化されるものと捉えられる。

　その点で，裁判制度の効率的運営という公益は，厳密には，先に検討してきた他の公益とは異なる次元に位置付けられるものの，二辺的紛争当事者関係にとどまらない論拠によって，当事者主義を基調とする国際裁判の証拠調べに職権主義的な契機を導入しようとする点では軌を一にする。そこで次章ではこの点も併せて，「公法訴訟モデルの証拠法論」の可能性と展開を国際判例の分析を通じて具体的に検討していく。

◇第6章◇　公法訴訟モデルに基づく証拠法論の展開

第6章　公法訴訟モデルに基づく証拠法論の展開

　紛争処理モデルから公法訴訟モデルへの拡張的展開という枠組みをもって国際裁判の証拠法論の展開を跡付ける本書の試みは，契約類推から法の支配へという現代国際法の規律内容の拡充と性格変容を測るための小さなリトマス試験紙と位置付けうるかもしれない。もっとも，そうしたパラダイムの転換を推進する原理は，アプリオリに存在するわけでも真空地帯に突如として出現するわけでもなく，個別具体的な実践を通じた議論の蓄積の結果として徐々に共通了解として収斂するものである。その意味で，個々の解釈実践の場面は，国際裁判あるいは国際法における妥当なパラダイムの選択をめぐる試行錯誤のプロセスとして捉えられる。したがって，既存のパラダイムとの不整合性を理由に新奇な規範的主張を一蹴するのではなく，そうした主張がいかなる背景と理論的根拠をもって提起されたものであるかを分析することを通じて，その可能性と限界を精査することが，省察的実践プロセスの中に組み込まれた学説に求められる創造的な役割である。こうした観点から，本章では，公法訴訟モデルの証拠法論の展開を跡付ける。

◆ 第1節 ◆　証明対象論

◆ 第1項　公法訴訟モデルの証明対象論

　紛争処理モデルの証拠法論では，慣習法の認定や条約の解釈といった「法」の存否内容に関する問題も，時に証明対象として観念され，証明責任を当事者に分配することを通じた事案処理がなされてきた。これは，国際法解釈を委ねられた裁判所が，法定立者たる当事国にその意味内容を提示する機会を与えた（にもかかわらず証明しなかった）という，手続保障の要素をも法解釈の正しさを補強する材料の1つとして用いるテクニックであり，国際法の任意法的理解（意思主義的構成）を前提とした，証明対象論の当事者主義的運用と位置付けられる。これによると，裁判所による適用法認定や法解釈は当事者の主張立証状況に依存する結果，当該判決を超えた一般的含意が読みとりにくくなる。その点で，法創造という国際裁判の制度目的の付随的性質が反映されていると見ることができる。

239

◆第3部◆ 証拠法論の展開

これに対し，公法訴訟モデルの証拠法論は，国際判決に法創造機能を見出すの
みならず，法創造機能を積極的に担うべきと主張する。ここでいう法創造とは，
裁定機関に傍論の展開を奨励したり，裁定機関が既存の条約や慣習法に存在しな
かった新たな要素を付加することを正面から承認する議論（司法立法）ではなく，
あくまで既存法の意味内容を裁判のプロセスにおいて具体化することを意味する。
すなわち裁判においては，一般的な法命題が個別状況において具体化した結果と
して個別法規範（une norme individuelle）が形成される(842)。この個別法規範は，
当該個別状況に置かれた具体的事件を処理するのみならず，同様の個別状況を背
景とする将来の事件において同様の個別法規範が形成されうることを合理的に予
期させるという意味で創造的であり，法秩序に明確性と予見可能性をもたらす点
で公益を実現するものと位置付けられる。例えば，投資仲裁に関する公法訴訟類
推論は，投資仲裁判断の蓄積が，将来の事案における投資協定解釈に対する規範
的期待を創出し，その規範的期待がさらに将来における投資協定締結・改訂交渉
にも影響を与える点に着目し，アド・ホックに設立される投資協定仲裁をグロー
バルガバナンスのメカニズムの一翼を担う制度と捉える(843)。仲裁判断の中にも
これに親和的な立場は存在し，例えば，Saipem v. Bangladesh において仲裁廷
（2007年管轄権決定）は次のように述べている。「個々の条約の特性と現実の事件の
事情を踏まえつつ，〔仲裁廷は〕投資法の調和的な発展に貢献し，法の支配の確
実性に対する国家と投資家の共同体の正当な期待（legitimate expectations）に応え
る任務を負う(844)」。また，WTO 紛争処理制度は，WTO 諸協定上の加盟国の権
利義務関係を追加削減できない一方，WTO 諸協定の現行の規定を「明らかにす
る（to clarify）ことに資するものである」と性格規定されている（DSU3.2条）。そ
の意味は，採択されたパネル・上級委員会の報告書が，個別の紛争処理を超えて，
WTO 諸協定の解釈に関する加盟国の正当な期待を創出するという意味での「既
得事項（acquis）」を構成することである(845)。

実際，こうした意味での法創造が制度目的の1つとして据えられたと考えられ

---

(842) Paul GUGGENHEIM, *supra* note (112), p. 162.

(843) Stephan W. SCHILL, "Introduction", *supra* note (818), pp. 17-23.

(844) *Saipem S.p.A. v. Bangladesh*, ICSID Case No. ARB/05/7, Decision on Jurisdiction and Recommendation on Provisional Measures (21 March 2007), para. 67 [Gabrielle KAUFMANN-KOHLER, Christoph H. SCHREUER, Philip OTTON].

◇ 第 6 章 ◇ 公法訴訟モデルに基づく証拠法論の展開

る WTO 紛争処理制度においては，WTO 諸協定の解釈について紛争当事国に証明責任を課すことで法解釈を事案限りに個別化するような推論は見当たらない。上級委員会はむしろ，途上国への一般的特恵供与を認める授権条項の証明責任分配が論じられた EC・特恵関税事件（2004年採択）において，「jura novit curia 原則に従い，EC には授権条項の個々の条項に帰せしめられる法解釈を提示する責任は無い」と述べ[846]，WTO 諸協定の解釈については紛争当事国の証明責任を観念しない立場を示唆している。

◆ 第 2 項　国際投資仲裁における証明対象論をめぐる応酬

他方，国際投資仲裁では，仲裁廷による法解釈を個別化する狙いから「法」についても証明責任を観念する紛争処理モデルの証拠法論（第 4 章第 1 節参照）が維持されている（1.）。こうした実務は，法創造の契機を抑制する点で公法訴訟類推論の立場からは否定的に捉えられるものの（2.），これまでのところ，そうした批判は実務上受け入れられてきていない（3.）。

◇ 1　国際慣習法変化の証明責任

北米自由貿易協定（NAFTA）の1105条は，外国人投資家に公正衡平待遇を与える締約国の義務を次のように規定している。「各締約国は，国際法に従い（in accordance with international law）公正で衡平な待遇及び十分な保護と安全を含む待遇を他の締約国の投資家による投資に与える」。周知の通り，本条がいう「国際法」をめぐっては，かつて，「国際法」である以上は外国人保護に関する慣習法上の最低基準にとどまるとする理解（最低基準説）と，強固な経済関係の構築を目指す NAFTA において規定されたのだから最低基準以上の内容を備えるはずだとする理解（独立基準説）が対立していた[847]。そして2000年代前半，独立基準説を明言した仲裁判断に対し[848]，NAFTA 加盟国が「解釈覚書」として最

---

(845)　Appellate Body Report, *Japan—Taxes on Alcoholic Beverages, supra* note (787), p. 14; Appellate Body Report, *United States—Final Anti-dumping Measures on Stainless Steel from Mexico*, WT/DS344/AB/R, adopted 20 May 2008, para. 160.

(846)　Appellate Body Report, *EC—Conditions for the Granting of Tariff Preferences to Developing Countries*, WT/DS246/AB/R, adopted 20 April 2004, para. 105.

(847)　Ioana TUDOR, *The Fair and Equitable Treatment Standard in the International Law of Foreign Investment* (Oxford University Press, 2007), p. 43.

241

◆ 第 3 部 ◆ 証拠法論の展開

低基準説を打ち出し仲裁判断を批判したことを契機として[849]，最低基準説に立つ仲裁判断が支配的となり，以来，論争は沈静化していた。しかし，慣習法はその性質上，時代の変遷に応じて変化発展する可能性を秘めている[850]。そのため，1105条が送致する「国際法」が国際慣習法上の最低基準であるとしても[851]，その「最低基準」が時代を経て高水準に発展している，と主張する余地が残る。実際，カナダ法人（金採鉱業）である申立人が米国政府を相手取って NAFTA 投資章違反を訴えた事案である Glamis Gold v. USA において，申立人は，1105条が慣習法を参照している以上はその基準は発展的で動態的であるとし[852]，投資協定や仲裁判断の蓄積を踏まえ，今日の最低基準は，かつては存在しなかった義務内容（透明性要請等）を含むに至っていると解釈し[853]，そのように発展した最低基準に照らすと米国の行為は同条に違反すると主張した。

こうした議論は，実体法的見地からすれば，かつての保護水準論争（条約解釈論）が新たな姿（慣習法認定論）で顕在化したものでしかない。しかし，従来の論争と異なるのは，本件被申立国が，国際慣習法の「変化」を証明対象として観念し，申立人がその証明責任を負うとの議論を提起したことである[854]。すなわち米国は，伝統的な最低基準の定式（いわゆる Neer 基準[855]）を慣習法規則の内容

---

(848)　*Pope & Talbot Inc v. Canada,* Award on the Merit of Phase Two (10 April 2001), para. 115 [Lord DERVAIRD, Benjamin J. GREENBERG, Munay J. BELMAN].

(849)　NAFTA Free Trade Commission, *Notes of Interpretation of Certain Chapter 11 Provisions* (31 July 2001), para. 2.

(850)　OECD, "Fair and Equitable Treatment Standard in International Investment Law", *OECD Working Papers on International Investment,* no. 2004/3 (2004), pp. 11 -12.

(851)　Proceedings of Glamis Gold v. United States. Transcript of the Hearing of the Merits – Day One (12 August 2007), 36 [Mr. GOURLEY, Claimant]; Transcript of the Hearing of the Merits – Day Six (17 August 2007), 1390 [Mr. CLODFELTER, Respondent], disponible sur : <http://www.state.gov/s/l/c10986.htm>.

(852)　Memorial of Claimant Glamis Gold Ltd. (5 May 2006), p. 289, para. 518.

(853)　Transcript of the Hearing of the Merits – Day One (12 August 2007), p. 40 [Mr. GOURLEY, Claimant].

(854)　*Ibid.,* p. 222.

(855)　*L.F.H. Neer and Pauline Neer (U.S.A.) v. United Mexican States,* 15 October 1926, *R.I.A.A.,* vol. 4, pp. 60-66.

◇第6章◇　公法訴訟モデルに基づく証拠法論の展開

として前提とした上で[856]，投資仲裁判断それ自体は慣習法を形成する国家実行たりえないとの理解から[857]，申立人は自らが主張する高水準の慣習法の存在を証明していないと主張した[858]。そして仲裁廷（2009年仲裁判断）も，この米国の主張を容れ，申立人が慣習法の変化につき証明責任を果たしていないが故に，1105条が指す国際法は伝統的な最低基準を指すと理解した上で，申立人の請求を棄却した[859]。

「申立人が主張するように，仮に国際慣習法の最低待遇水準が Neer 事件で示された水準以上のものへと移行したならば，現在の水準を証明する責任は申立人が負う。仲裁廷は，国際慣習法における変化を証明することが困難であると了解する。〔…〕こうした慣習の変化の証明の困難故に，〔慣習法成立の2要件は〕本規定に与えられる〔…〕保護を実際上凍結するのである[860]」。

米国は，本判断に先立つ NAFTA 仲裁でも，1105条の内容を規定する国際慣習法の内容を証明する責任を投資家側に課す立論を展開してきた[861]。管見の限り，Glamis Gold 判断はこの米国の証明対象論に明示的に与した最初の仲裁判断である[862]。そうした判断を可能とした本件固有の事情としては，申立人自身，自らが慣習法変化の証明責任を負うことを争っていなかった点が挙げられ[863]，仲裁廷はこの点につき当事者間で合意が成立していたと判断したものと理解する余地もある。

他方，仲裁廷は，慣習法の変化を証明対象と観念することで，現在の国際慣習法の判定という困難な任務を回避し，自らの判断の個別化を志向したとの分析も

---

(856)　Counter-Memorial of Respondent United States of America（19 September 2006), pp. 220-221.

(857)　Rejoinder of Respondent United States of America（15 March 2007), p. 151.

(858)　*Ibid.*, pp. 151-153.

(859)　*Glamis Gold v. U.S.A., supra* note（432), paras. 614, 627.

(860)　*Glamis Gold v. U.S.A., supra* note（432), paras. 601-605.

(861)　Rejoinder of the United States on *Mondev*（1 October 2001), pp. 15-16; Rejoinder of the United States on *ADF*（29 March 2002), pp. 31-32.

(862)　*Voir,* Margaret Clare RYAN, "*Glamis Gold, Ltd. v. The United States* and the Fair and Equitable Treatment Standard", *McGill Law Journal*, vol. 56（2011), pp. 951-952.

(863)　Reply Memorial of Claimant Glamis Gold Ltd.（15 December 2006), p. 141, para. 234.

243

◆第3部◆　証拠法論の展開

可能である。すでに検討した通り，「当事者が証明しなかった」ことを法解釈の根拠とすれば，仲裁廷が示す法解釈は当該事案における当事者の個別具体的な主張立証活動の反映ということとなり，当該仲裁手続における主張立証状況を離れた一般的含意を読み解くことが難しくなるからである。この点，本件仲裁廷は，「国際商事仲裁同様の事案限りの任務（case-specific mandate）」を担うものとして自己規定し[864]，仲裁判断相互の整合性を確保する必要は無い旨強調していることから[865]，慣習法の変化を証明対象として観念した仲裁廷の手法は，紛争処理モデルの証拠法論に基づく従来の証明対象論の枠内において位置付けることが可能である。

◇2　公法訴訟モデルにおける証明対象論の修正の試み

　商事仲裁の延長線上に投資仲裁制度を位置付けることで当事者主義を基調とする従前の証明対象論を導いた本仲裁判断は，推論内在的にはそれ自体として首尾一貫している。しかし，公法訴訟類推論は，投資仲裁を商事仲裁との類推で捉える前提を共有しないことから，Glamis Gold 仲裁判断を否定的に評価する。なぜなら，同判断の推論は，保護水準の認定を仲裁手続上の当事者の主張立証状況に係らしめたために，将来の同種の事案に対する解釈指針を提供しない点で，国際投資法秩序の規律内容に明確性と予見可能性をもたらすという仲裁制度の重要な目的に資するものでないからである。こうした観点から，シルは，「裁判官は法を知る（jura novit curia）」のだから当事者は法については当事者の証明責任は観念されないという理解を前提とすることで，Glamis Gold 仲裁判断の証明対象論を批判する。

　　「仲裁廷による国際最低水準の規範内容の分析は，仲裁廷が採用する手続枠組みに照らして問題がある。〔…〕すなわち，国際慣習法上何が要求されているかにつき，〔…〕申立人に証明責任を課すことを正当化するのは困難である。こうした証明責任分配の背後にある私法的な理論的根拠は，ホスト国と〔…〕投資家の間における情報の非対称性に鑑みるならば説得的ではない。また，そうしたアプローチは，〔…〕『私的投資保護の公的制度』を設立するという NAFTA 第11章の理解とも矛盾する。むしろ仲裁廷は iura novit curia 原則を適用し，〔…〕今日における国際最低水準の内容を承認すべきだった。投資家対国家紛争処理制度の特性の1つは，仲

---

(864)　*Glamis Gold v. U.S.A., supra* note（432），paras. 3, 6–8.

(865)　*Glamis Gold v. U.S.A., supra* note（432），para. 3.

◇第6章◇　公法訴訟モデルに基づく証拠法論の展開

裁判断それ自体が，公正衡平待遇を含め，投資法の諸原則がいかに適用されるかについての投資家及び国家の期待を創出することにある[866]」。

第2部において検討したように，「裁判官は法を知る」ことの法的帰結は，判決形成に際して裁判官は当事者の法的立論構成に拘束されないということのみであり，「法」について当事者の証明責任を観念する推論を必ずしも排除しないどころか，実務的にはそうした手法が広くみられる。それ故，同格言に依拠したシルの批評は，二辺的紛争処理に還元しきれない法創造という公益の実現を仲裁制度の目的の1つとして措定し，仲裁廷による法解釈の在り方を覊束するための手段として *jura novit curia* の法格言を再構成したものと位置付けることが可能である。それは，制定法解釈や制定法の違憲審査に際しての判断材料たる立法事実について，裁判官は職権主義的に探知すべきとするシェイスの公法訴訟モデルと緩やかに軌を一にする議論である。

◇3　公法訴訟モデルの拒絶

もっとも，こうした公法訴訟モデルに基づく証明対象論修正の試みは，その後の仲裁事例において受け入れられてきているわけではない。外国人待遇に関する慣習法上の最低基準の変化を一般的に同定することの困難性も相まってか[867]，その後の NAFTA 仲裁事例において，慣習法上の最低基準の変化はむしろ一貫して証明対象として観念されている[868]。例えば，Apotex v. USA において，カナダ法人である申立人（医薬品輸入販売業）が，1105条が送致する慣習法上の最低

---

(866)　Stephan W. SCHILL, "Glamis Gold Ltd v. United States", *A.J.I.L.*, vol. 104 (2010), p. 258.

(867)　Glamis v. USA 同様，Merrill & Ring Forestry v. Canada では，1105条の「国際法」の解釈として申立人が高水準の保護を主張し，被申立国は低水準の保護を主張していた。しかし仲裁廷（2010年仲裁判断）は，懸案の慣習法認定には立ち入らず，保護水準がいずれにせよ NAFTA 上の義務違反を認定するためには損害発生が必須の要件であるとの前提から，損害の発生が証明されていないことを根拠に，申立人の請求を棄却した。本判断において注目されるのは，懸案の慣習法上の保護水準に関して当事者間のみならず仲裁人の間でも見解の相違があったことが明らかにされた点である。*Merrill & Ring Forestry v. Canada*, Award (31 March 2010), paras. 219, 243, 246, 266 [Francisco ORREGO VICUÑA, Kenneth W. DAM, J. William RAWLEY]. そのため，本仲裁判断の推論の背景には，困難な慣習法認定を回避する狙いを如実に見て取ることができる。荒木一郎「判批」JCA ジャーナル57巻11号（2010年）33頁。

◆ 第 3 部 ◆ 証拠法論の展開

基準の内容として，今日では裁判上の適正手続に加えて行政処分に先立つ適正手続の要請をも含むに至っていると主張したところ(869)，米国はこれまで通り，そうした慣習法規則の存在を証明する責任は投資家側が負うとの原則論を維持し(870)，本件申立人によるその不証明を指摘した(871)。そこで申立人は，慣習法の存在についての証明責任は自らが負うこと自体は前提としつつも(872)，仲裁手続において当事者が証明すべき慣習法規則の粒度（level of granularity）なる概念を導入し，自らの立証負担の軽減を試みた。すなわち，仲裁手続において，医薬品輸入規制という個別の文脈を具体的に念頭に置いた上でそれを規律する慣習法成立の 2 要件を特定的に証明する必要はなく，本件をも柔軟に規律対象に含みうる一般的な規則を証明すれば十分であるとの主張である(873)。申立人が念頭に置いたのは，「外国人の権利または責任について判断する裁判もしくはその他の手続は公平でなければならない」とする対外関係法第 2 リステイトメント（アメリカ法律協会 1965 年）の規定であり，同規定の成立をもって慣習法の存在自体は所与とした上で，同項の「手続」が取締行政上の意思決定をも含むことを解釈論として導こうとしたものと理解される(874)。しかし仲裁廷（2014 年仲裁判断）は，外国人が外国で製造した医薬品の当該外国人による輸入に影響を与える規制当局の

---

(868) *Cargill, Incorporated v. Mexico,* ICSID Case No. ARB(AF)/05/2, Award (18 September 2009), para. 273 [Michael C. PRYLES, David D. CARON, Donald M. McRAE]; *Chemtura Corporation v. Canada,* Award (2 August 2010), paras. 111-116, 123, 137-138, 143, 162, 211, 219, 224, 225 [Gabrielle KAUFMANN-KOHLER, Charles BROWER, James CRAWFORD]; *Grand River Enterprises Six Nations v. United States of America,* Award (12 January 2011), paras. 190, 199-201, 207, 209 [Fali S. NARIMAN, James ANAYA, John R. CROOK].

(869) Memorial of Claimants Apotex Holdings Inc. and Apotex Inc. (30 July 2012), p. 135, paras. 458, 459.

(870) Counter-Memorial on Merits and Objections to Jurisdiction of Respondent United States of America (14 December 2012), p. 180, para. 354.

(871) Transcript of Hearing on Jurisdiction and the Merits-Day 5 (22 November 2013), 1454, 1464, 1466, 1491.

(872) Reply of Claimants Apotex Holdings Inc. and Apotex Inc. (24 May 2013), pp. 132, 138, paras. 396, 398, 409.

(873) Transcript of Hearing on Jurisdiction and the Merits-Day 6 (25 November 2013), 1607.

(874) Memorial of Claimants, *supra* note (869), pp. 136-143, paras. 460-469.

◇ 第 6 章 ◇　公法訴訟モデルに基づく証拠法論の展開

決定に対する手続保障という特定された文脈を念頭に，その慣習法の証拠が示されていないことを根拠として，申立人の主張内容を退けた[875]。その前提にあるのは，申立人が挙げた第 2 リステイトメントの規定はあくまで司法裁判における手続保障を想定したものであり，裁判外における取締行政上の意思決定プロセスを想定したものではないとの理解であり[876]，立ち戻るべき原則を措定し，それとは異質の例外的内容を備えた法命題の存在を主張する側に証明責任を分配する紛争処理モデルの証明対象論の論理構造を見て取ることができる。

　以上のように，NAFTA1105 条が送致する慣習法変化の認定に際して，仲裁廷は一貫して投資家側に証明責任を分配している[877]。注目すべきは，そもそも投資家側が，慣習法理論に微調整（仲裁判断を国家実行と捉えたり，「粒度」概念を導入するなど）を加えることで主張立証の負担を実質的に軽減しようとしているにもかかわらず，自らが証明責任を負うこと自体は争っていないことである。こうした戦術が自覚的なものであるのか否かは判別し難いものの，Daimler Financial Service AG v. Argentina（仲裁判断取消決定 2015 年）において，適用法規たるドイツ＝アルゼンチン投資協定の解釈問題（本投資協定の MFN 条項が紛争処理条項をも対象とするか）について原審仲裁廷が申立人に証明責任を分配したとの理解に基づき申立人が仲裁判断の取消しを請求したように[878]，国際法規則の存在について当事者の証明責任は観念されないとの立場を前提としえないわけではない。したがって，本書執筆段階までの分析としては，公法訴訟類推論に基づく証明対象論修正の試みは受け入れられてきてはいない一方で，そもそも国際法の存否内容に関して当事者の証明責任は観念されないとの立論が正面から提起された場合

---

(875)　*Apotex Holdings Inc. and Apotex Inc. v. United States of America,* ICSID Case No. ARB(AF)/12/1, Award (25 August 2014), paras. 9.17, 9.27, 9.40 [V.V. VEEDER, J. William ROWLEY, John R. CROOK].

(876)　*Ibid.,* para. 9.22.

(877)　曖昧な表現ではあるものの，慣習法上の収用（NAFTA1110 条）に関しても類似の判断が見られる。*Cargill v. Mexico, supra* note (868), para. 372.

(878)　*Daimler Financial Services AG v. Argentine Republic,* ICSID Case No. ARB/05/1, Decision on Annulment (7 January 2015), paras. 233, 280-281 [Eduardo ZULETA, Florentino FELICIANO, Makhdoom Ali KHAN]. 特別委員会は，申立人の前提的立場の当否に触れることなく，そもそも仲裁廷は懸案の MFN 条項の解釈につき申立人に証明責任を分配しているわけではないとの判断から，取消請求を棄却している。

◆ 第 3 部 ◆ 証拠法論の展開

に，仲裁廷がどのような自己理解を前提としてそうした議論を受容あるいは拒絶するかについては，なお国際判例の展開を注視していく必要があると結論される。

◆ 第 2 節 ◆ 証明責任論

紛争処理モデルの証拠法論では，権利救済という裁判目的を実現するための手段として証明責任論が肯定され，権利救済のための手段であるがために，それを求める当事者に応分の主張立証の負担が求められる。その結果，裁判を通じて救済を求める原告側が多くの事項について証明責任を負うことが帰結し，証明責任の転換論を通じた原告の負担軽減は，限られた場面においてしか認められていない。

これに対し，公法訴訟モデルの証拠法論では，被告側への証明責任の転換がより積極的に主張される。それは，権利救済あるいは二辺的紛争処理を超えて，被告国による規制権限行使の事後審査そのものに国際裁判の制度目的が据えられることの帰結である。すなわち，ある統治機関による権限行使が他の機関による審査に服することを統治のメカニズムとしての説明責任（accountability）の内容の一部と考えるならば[879]，公法訴訟モデルの証拠法論における証明責任の転換とは，被告国による権限行使についての国際裁判所に対する申し開き[880]（account）の機会を確保するという意味での説明責任のメカニズムと位置付けられるからである（第 1 項）。こうした観点から証明責任の転換論が主張される場合，それは国際裁判制度についての妥当なパラダイムをめぐる論争が証明責任論へと投影されたものとして見ることができる（第 2 項）。もっとも，裁判を通じた説明責任の確保を貫徹しようとするならば，証明責任転換という紛争処理モデルの証拠法論の法律構成を借用するよりも，審査基準論（standard of review）という公法訴訟に

---

(879) 国際組織のアカウンタビリティーに関する概念定義の一部を借用した。International Law Association, *Accountability of International Organizations: Final Report at Berlin Conference* (2004), p. 5. 英語の 'accountability' は本来，こうした定義にとどまらない広がりを持つ概念ではある。しかし，本書において同概念を参照する際には，申し開きの要求という，邦語の「説明責任」の語感において十分把握可能な意味のみを参照するため，通例に倣って「説明責任」の訳語を充てることとする。

(880) 「申し開き」の語法については，蓮生郁代「アカウンタビリティーと責任の概念の関係」（阪大）国際公共政策研究15巻 2 号（2011年）6-8頁。

◇第6章◇ 公法訴訟モデルに基づく証拠法論の展開

由来する概念を借用することがより直截的であることから，証明責任（の転換）
論と審査基準論の関係を整理しておく必要がある（第3項）。

◆ 第1項 説明責任を確保するための証明責任転換論

WTO紛争処理制度における証明責任論は，初期の2つの上級委員会報告書に
示された定式がその後のほとんどの報告書において一貫して参照されており，実
質的に判例として確立している（1.）。にもかかわらず，そこで示された定式が
具体的に何を意味するかについては，パネルの理解が錯綜しているのみならず，
同定式はそもそも証明責任分配規則として不適切であるとの批判がある（2.）。
この点，貿易条件に対する客観的期待の維持というWTO紛争処理制度の目的に
立ち戻るならば，否定的に捉えられがちな同定式は，むしろ紛争処理制度の目的
に資する手段として積極的に擁護しうることが帰結する（3.）。

◇1 EC・ホルモン定式

まず，米国・シャツブラウス輸入措置事件（1997年採択）で上級委員会は，証
明責任は，一方当事者から他方当事者へと「転換」するものであると定式化した。

> 「〔…〕申立国か被申立国かを問わず，ある事実を主張する当事者がその証拠の提出
> につき責任を負う。また，〔…〕申立国か被申立国かを問わず，特定の請求または
> 抗弁の認容を求める当事者がその証明責任を負う。仮に当該当事者がその請求が真
> であるとの推定を惹起するに十分な証拠を提出したならば，その責任は他方当事者
> へと転換し（shifts to），当該当事者はこの推定を覆す（rebut）十分な証拠を提出し
> ない限り，敗訴する[881]」（傍点中島）。

そして上級委員会は，EC・ホルモン牛肉輸入措置事件（1998年採択）において，
このことを疎明（*prima facie* case）という表現で敷衍した。

> 「最初の責任（[t]he initial burden）は申立国が負い，被申立国の側におけるSPS
> 協定の不適合性，より正確には，申し立てられたSPS措置の不適合性を疎明（*pri-
> ma facie* case）しなければならない。疎明がなされると，証明責任は被申立国へと
> 移動し（move to），主張された不適合性を反駁ないし反証（counter or refute）しな
> ければならない。〔…〕疎明は，被申立国により有効な反証が無い場合に，疎明し
> た申立国に有利な判断を法律問題として（as a matter of law）要求するものであ

---

(881) Appellate Body Report, *United States—Measure Affecting Imports of Woven
Wool Shirts and Blouses from India*, WT/DS33/AB/R, adopted 23 May 1997, p. 14.

◆ 第3部 ◆ 証拠法論の展開

る[(882)]」（傍点中島）。

このように，申立国による「疎明」の結果として証明責任が「転換」し，被申立国がこれに反駁ないし反証しない限り，パネルは申立国の請求を認容するというのが，WTO 紛争処理手続における証明責任論の基本命題である（以下，EC・ホルモン定式）。この定式は，通常の申立に加えて，履行確認パネル（紛争解決了解21.5条申立）でも妥当する[(883)]。

◇2 議論の錯綜

このような EC・ホルモン定式は，証明ではなく疎明を申立国に求め，その疎明を契機として証明責任が他方当事国に転換すると論理構成する点で，「証明責任は原告が負う（*onus probandi actori incumbit*）」の法格言の下で理解される紛争処理モデルの証明責任論とは異質な内容を備えている。この点，同定式の成立の背景には初期の事案における米国の訴訟戦術の影響を見出しうるところ，米国は申立国として提訴する際[(884)]にも，被申立国として自らの措置を擁護する際[(885)]にも同定式の原型とみられる議論を展開しており，その実務上の帰結は一見する限りでは判別し難い。その結果，同定式をめぐっては多様な理解が示されており，

---

(882)　Appellate Body Report, *EC—Hormones, supra* note (779), paras. 98, 104.

(883)　Appellate Body Report, *Canada—Measures Affecting the Importation of Milk and the Exportation of Dairy Products, Second Recourse to Article 21.5 of the DSU,* WT/DS103/AB/RW2, WT/DS113/AB/RW2, adopted 17 January 2003, para. 66; David UNTERHALTER, "The Burden of Proof in WTO Dispute Settlement", Merit E. JANOW *et al.* (eds.), *The WTO: Governance, Dispute Settlement, and Developing Countries* (Juris Publishing, Inc., 2008), p. 548.

(884)　日本・第2次酒税事件（1996年採択）で米国（申立国）は，内国民待遇義務（GATT 3条）違反の認定には措置の効果に加え被申立国の国内産業保護の意図を証明しなければならないとの前提（目的効果説）に立ちつつ，その証明の困難性を理由として，当該措置がおそらく保護を意図して実施されたものであろうという意味での疎明で足りると主張した。Panel Report, *Japan—Taxes on Alcoholic Beverages,* WT/DS8/R, WT/DS10/R, WT/DS11/R, circulated 11 July 1996, paras. 4.32, 6.16-6.17. その狙いは明らかに，協定違反を主張する自らの主張立証負担を実質的に軽減せしめる点にあった。本件パネルは，GATT 3条違反の分析枠組みとしての目的効果説自体を否定し，米国の主張を容れなかったものの，米国は，SPS協定という別の適用法規を前提とする EC・ホルモン牛肉輸入措置事件における申立国として同様の主張を行い，その結果，EC・ホルモン定式として結実するに至ったという経緯を見て取ることができる。

250

◇ 第 6 章 ◇　公法訴訟モデルに基づく証拠法論の展開

議論は未だ錯綜状態にある。

証拠提出責任説

　まず，英米法上の証拠提出責任概念に引き付けて EC・ホルモン定式を理解する立場がある。証拠提出責任とは，陪審制の存在を前提とした英米法上の概念であり，事件の審理が裁判官から陪審へと移行する基準と説明される。すなわち，証明責任を負う原告が疎明した場合には陪審審理が開始するが，そもそも疎明にすら至らない場合には陪審審理を行うことなく，裁判官が原告敗訴の評決を指示する。つまり，疎明の法的効果は陪審員による事実審理の開始にとどまり，最終的な事実認定は全提出証拠と弁論の全趣旨に照らして陪審員によってなされる。証拠提出責任概念が規律するのは前者のみであり，後者は通常の証明責任が規律

（885）　米国・下着等輸入制限事件（1997年採択）では，米国が発動した数量制限が繊維協定（ATC）6条の定める経過的セーフガードの要件を充足しているか否かが争われたところ，被申立国米国は，米国が繊維協定に違反したことを申立国コスタリカがまず疎明しなければならないと主張した（Panel Report, *United States—Restrictions on Imports of Cotton and Man-Made Fibre Underwear*, WT/DS24/R, circulated 8 November 1996, para. 5.41）。すなわち，旧 GATT パネルの慣行上，数量制限の一般的禁止に対する例外（GATT11.2(c)(i) 条）を援用するセーフガード発動国にその要件事実の証明責任が課されていたことから（R.S.J. MARTHA, "Presumption and Burden of Proof in World Trade Law", *Journal of International Arbitration*, vol. 14 (1997), p. 93），経過的セーフガードを定める ATC 6条の要件充足性の証明責任は米国が負うとの判断が見込まれる。加えて，本件では ATC の実施監視機関の審査においては米国の数量制限は ATC 6条の要件を具備していないと判断されていた事情があり，旧 GATT 的な証明責任分配を前提とすると米国敗訴の虞が高く，米国としては，ATC 下でのセーフガードの扱いを旧 GATT パネルの慣行から区別することで，自らの措置を正当化するための論理が必要だったわけである（高島忠義「WTO における立証責任の分配」国際法外交雑誌105巻 1 号（2006年）113頁）。この点，本件パネルは，セーフガードの原則禁止（2.4条）との関係で経過的セーフガードの存在が「例外」であるとの理解から，発動国である米国がその要件充足性につき証明責任を負うことを帰結せしめたものの（Panel Report, *US—Underwear, supra* note (885), para. 7.16），ほぼ同様の ATC 事案である米国・シャツブラウス輸入措置事件において上級委員会は，繊維貿易規律における ATC の過渡的性格と，そこにおいて経過的セーフガード制度が WTO 加盟国の権利義務の根幹を構成していることを根拠に，申立国インドに証明責任を分配せしめた（もっとも上級委員会は，インドは米国の違反を十分に証明したと判断し，証明責任は米国に転換したと考えた上で，米国が反証を行っていないことを根拠に，パネルによる違反認定を支持した）。Appellate Body Report, *US—Shirts and Blouses, supra* note (881), pp. 16-17.

251

◆ 第 3 部 ◆　証拠法論の展開

する(886)。このように，裁判官と陪審員という審理の段階制を前提とした概念で
あるにもかかわらず，証拠提出責任概念に引き付けて EC・ホルモン定式を理解
したと分析しうるパネル判断が存在する。例えば，米国・オムニバス歳出法事件
（2001年報告書配布）でパネルは，推定（疎明）の成立を前提条件として全ての証拠
調べを行うかのような審理の段階性を想定している。

> 「申立側当事者 EC は，米国の措置が TRIPS 協定下の義務に違反するとの推定を惹
> 起するに十分な議論と証拠を提出しなければならない。EC がそうした推定を惹起
> せしめることによって，パネルの任務は，米国の措置が TRIPS 協定の諸規定に不
> 整合的と説得されたかにつき，入手可能な議論と証拠の衡量により判断することと
> なる(887)」（傍点中島）。

しかし一般に，WTO のパネル審理において，こうした手続の段階性は条文上
も実務上も想定されていないため(888)，証拠提出責任に類する考え方を導入する
こと自体，意味をなさないのではないかとの疑問が生じる(889)。本件パネルが独
自にそうした段階的審理手続を採用したのかは定かではないものの，いずれにせ
よ上級委員会は，証拠調べの段階制を前提とする証明責任理解を明示的に退けて
おり(890)，この立場は維持し難い。

事実上の主張立証の負担転換説

次に，EC・ホルモン定式において「転換」するのは事実上の主張立証の負担

---

(886)　中島啓「証明責任」・前掲注（521）763-764頁。

(887)　Panel Report, *United States—Section 211 Omnibus Appropriations Act of 1998*, WT/DS176/R, circulated 6 August 2001, para. 8.19; *voir aussi*, Panel Report, *Argentina—Measures Affecting the Export of Bovine Hides and the Import of Finished Leather*, WT/DS155/R, adopted 16 February 2001, paras. 11.12-11.13.

(888)　Yasuhei TANIGUCHI, "Understanding the Concept of *Prima Facie* Proof in WTO Dispute Settlement", Merit E. JANOW *et al.* (eds.), *The WTO: Govanance, Dispute Settlement, and Developing Countries* (Juris Publishing, Inc., 2008), pp. 565-566, 568, 571.

(889)　Michelle T. GRANDO, *supra* note (5), pp. 113-114.

(890)　Appellate Body Report, *Korea—Definitive Safeguard Measure on Imports of Certain Dairy Products*, WT/DS98/AB/R, adopted 12 January 2000, para. 145; Appellate Body Report, *Thailand—Anti-Dumping Duties on Angles, Shapes and Sections of Iron or Non-Alloy Steel and H-Beams from Poland*, WT/DS122/AB/R, adopted 5 April 2001, para. 134.

◇ 第 6 章 ◇　公法訴訟モデルに基づく証拠法論の展開

に過ぎないと理解する立場がある。すなわち大陸法的な理解では，証明責任は審理手続の途中で決して相手方に「転換」しないことから，EC・ホルモン定式において「転換」するのは本来の意味での証明責任ではなく，個別具体的な主張立証状況に応じた事実上の主張立証の負担であると理解することで，従前の証明責任観念との整合性を維持するわけである[891]。すなわち，韓国・乳製品輸入確定セーフガード事件（1999年報告書配布）においてパネルは，EC・ホルモン定式を念頭に置いた上で次のように述べている。

> 「証明責任は法律問題として申立側 EC が負い，パネル手続を通じて転換しない。〔…〕パネルは手続終結時点において，EC の請求が根拠を備えているかを判断するために，両当事者より提出された証拠と議論を評価するのである[892]」（傍点中島）。

この立場は，証明責任は手続の最中に「転換」しえないとの理解をアプリオリに前提とするものである。しかし，そうした従前の国際裁判における証明責任概念，あるいは比較法分析等により得られた証明責任概念が，WTO 紛争処理制度でも当然に妥当するとの前提は必ずしも自明ではない。管見の限り，手続の最中に証明責任は転換しないことを明示したパネル判断はむしろ本件が唯一であり，EC・ホルモン定式の確たる地位に影響を与えているとは言い難い。むしろ，本件パネル自身，EC による疎明に対し，被申立国韓国が「有効に反駁する（effectively refute）立場にある」と述べており[893]，「転換」という表現を避けつつも，EC・ホルモン定式の枠組み自体は維持しているように見受けられる。そこで，「転換」という表現を採用するにせよしないにせよ，EC・ホルモン定式によっていかなる帰結が具体的に導かれるのかを明らかにする必要がある。

真の証明責任転換説

この点，EC・ホルモン定式における「疎明」を WTO 紛争処理制度における証明度として理解する立場がある。すなわち，国際裁判において妥当する証明度としては，「合理的疑いを超えた証明」「明白かつ説得的な証明」「証拠の優劣」

---

(891)　E.g., Yasuhei TANIGUCHI, *supra* note (888), p. 567.

(892)　Panel Report, *Korea—Definitive Safeguard Measure on Imports of Certain Dairy Products*, WT/DS98/R, circulated 21 June 1999, para. 7.24.

(893)　*Ibid.*, para. 7.24.

◆ 第3部 ◆ 証拠法論の展開

といった基準が示されてきたところ，「疎明」はそのいずれよりも低い基準であり，WTO協定違反を主張する申立国が担うべき主張立証活動は比較的軽度で足りるとの理解である。そして，WTO紛争処理制度における証拠法論の専門家グランド（Michelle T. Grando）の分析によれば，申立国による「疎明」の結果として被申立国に証明責任を「転換」するEC・ホルモン定式は，被申立国に対し，申立国による本証に対する反証にとどまらず，本証を否定する証明（disprove）を求めているものと解される[894]。

例えば，TRIPS協定上，特許は全ての発明に対して与えられなければならないが，特許法が未整備の途上国には一定の猶予期間が認められると同時に（65.4条），猶予期間内に仮出願制度を設けることが義務付けられるところ（70.8条），インド・医薬品特許事件において，内政上の理由から特許法改正が遅れていたインドは，制定法ではなく行政通達によって仮出願を受理することで，TRIPS協定上の義務を遵守してきたと主張した。しかし，インド旧特許法は，当該事件で問題となる医薬品に使用される物質については特許の対象とならないと強行規定で明記していたことから，パネル（1997年報告書配布）は，行政通達と制定法の優先関係につき「合理的疑い（reasonable doubts）」が残るとの心証を明らかにした[895]。その上で，「〔申立国〕米国は〔…〕証拠と議論を首尾よく提出した。したがって〔…〕当該請求が誤りであることを証明する（disprove the claim）証拠と議論を提出する責任がインドに転換する[896]」と説示し，結論として被申立国インドのTRIPS協定違反を認定した。つまり，TRIPS協定違反を基礎づける国内法状況につき「合理的疑い」が残るという心証を，申立国米国ではなく被申立国インドに不利に扱ったわけである。インドは，こうした観点から，パネル判断には証明責任規則の違背があるとして上訴した。しかし上級委員会は，そうしたパネル判断をむしろ積極的に支持し，インドの上訴を棄却した。

「インドは，パネルが述べた『合理的疑い』を誤解している。パネルは，証明責任がインドに転換する前の段階で，米国に対して単に『合理的疑い』の惹起を要求したのではなかった。むしろ，適切に米国に疎明を要求し，インドによる反対の証拠

---

(894) Michelle T. GRANDO, *supra* note (5), p. 119.

(895) Panel Report, *India—Patent Protection for Pharmaceutical and Agricultural Chemical Products*, WT/DS50/R, circulated 5 September 1997, paras. 7.29, 7.31, 7.38.

(896) *Ibid.*, para. 7.40.

254

◇第6章◇　公法訴訟モデルに基づく証拠法論の展開

と議論を調べた後に，〔…〕懸案の『行政通達』が特許法の強行規定に優越することにつき『合理的疑い』を抱いたと結論づけたのである[897]」（傍点中島）。

　すなわちEC・ホルモン定式によれば，申立国に求められるのはあくまで「疎明」にとどまるが，申立国による「疎明」の成功は必ずしも「合理的疑い」の払拭を意味しない。むしろ，「疎明」によって証明責任を負うに至った被申立国インドこそが，行政通達が制定法に優越することを積極的に証明し，その意味で「合理的疑い」を払拭しなければならない立場にあるというわけである。このことを理論的に換言すれば，申立国によるWTO協定違反の「疎明」が成立した場合，被申立国は，協定違反という本証に対する反証を行えば足りるのではなく，協定整合性を基礎づける反対命題を証明しなければならない。これが，WTOにおける証明責任「転換」の意味であり，グランドは，被申立国に対して協定整合性を基礎づける証明を要求する点で，手続の最中に真の証明責任転換（[a] 'real' shift of burden of proof）が生じているものと分析するわけである[898]。

　その上で彼女は，こうした内容を備えるEC・ホルモン定式を真正面から批判する。なぜなら，「証拠の優劣」よりもさらに低い「疎明」という証明度によってWTO協定違反の認定が可能であるということは，申立国の主張が真であることの可能性（*possibility*）さえ示されれば足りる点で，いわば疑わしきを被申立国の不利に扱うことを意味するからである[899]。換言すれば，EC・ホルモン定式は申立国に肩入れした証明責任分配であり[900]，応訴する立場であるはずの被申立

---

(897)　Appellate Body Report, *India—Patents, supra* note（441），para. 74.

(898)　Michelle T GRANDO, *supra* note（5），pp. 120-121.

(899)　Michelle T GRANDO, *supra* note（5），pp. 125-126, 131.

(900)　本書の問題関心はEC・ホルモン定式の規範的妥当性にあるため，その検討結果は直接にはWTO紛争処理制度の定量分析には結びつかない。しかしこの点，2004年末までの統計分析ではあるが，WTOパネル・上級委員会手続における申立国の「勝率」は80%を超えると指摘されている。John MATON and Carolyn MATON, "Independence under Fire: Extra-legal Pressures and Coalition Building in WTO Dispute Settlement", *J.I.E.L.*, vol. 10, no. 2（2007），pp. 328-329. もちろん，この数字は直ちに紛争処理制度の不公平性を意味するわけではなく，例えば，潜在申立国が勝訴を見込める事案に限定して提訴しているといった介在事情も想定しうる。Michelle T GRANDO, *supra* note（5），p. 131. 他方，通常の民事訴訟と比べて高い申立国側の勝率の背景は実証分析の対象となっている。Keisuke IIDA, "Why Does the World Trade Organization Appear Neoliberal? The Puzzle of the High Incidence of Guilty

◆第 3 部◆　証拠法論の展開

国に過大な負担を課するものとして理解される[901]。そのためグランドは，EC・ホルモン定式の廃止を主張し，対等な紛争当事者関係を前提とする「証拠の優劣」を証明度とした上で，本書第 4 章で検討したような通常の証明責任論の採用を提言する[902]。

◇3　説明責任を確保するための証明責任転換

　本書は，以上に紹介したグランドによる EC・ホルモン定式の分析を基本的に共有するものである。そして，EC・ホルモン定式が被申立国を不当に不利に扱うものであるという彼女の批判は，「紛争処理モデルの証拠法論」を前提として WTO 紛争処理制度の証拠法運用を把握しようとする限り，首尾一貫しているものと考える。しかし，貿易条件に対する抽象的な期待の保護という制度目的を想起するならば，訴えられた立場にある被申立国が大きな主張立証の負担を負わねばならないという EC・ホルモン定式の法的帰結は，むしろそうした制度目的を実現する手段として合目的的に捉えることができるというのが本書の立場である。

2 つの証明対象：事実と請求

　まず，議論の出発点をなす EC・ホルモン定式に立ち戻ると，上級委員会は，個別具体的な「事実」と，手続上の法的議論としての「請求・抗弁」という 2 つの次元で別個の証明責任を観念していることが分かる。

> 「申立国か被申立国かを問わず，ある事実（a fact）を主張する当事者がその証拠の提出につき責任を負う。また，〔…〕申立国か被申立国かを問わず，特定の請求または抗弁（a particular claim or defence）の認容を求める当事者がその証明責任を負う。仮に当該当事者がその請求が真であるとの推定を惹起するに十分な証拠を提出したならば，その責任は他方当事者へと転換し，当該当事者はこの推定を覆す十分な証拠を提出しない限り，敗訴する[903]」（傍点中島）。

　　Verdicts in WTO Adjudication", *Journal of Public Policy,* vol. 23, no. 1（2003），pp. 1–21.

（901）　Michelle T GRANDO, *supra* note（5），pp. 125–127.

（902）　Michelle T. GRANDO, *supra* note（5），pp. 149–150; *voir aussi,* James Headen PFITZER and Sheila SABUNE, "Burden of Proof in WTO Dispute Settlement: Contemplating Preponderance of the Evidence", *ICTSD Issue Paper,* no. 9（2009），pp. 1, 25–26.

（903）　Appellate Body Report, *US—Shirts and Blouses, supra* note（881），p. 14.

◇ 第 6 章 ◇　公法訴訟モデルに基づく証拠法論の展開

　この点，証明責任は基本的に法律要件を根拠づける事実について観念され，法律問題それ自体を証明するわけではないという通念的理解からすれば，2つの次元で証明責任を観念するEC・ホルモン定式の独自性はさらに際立つ。こうした観点から，WTO協定違反という法的評価の証明を当事国に求めるEC・ホルモン定式を批判し，証明責任は協定違反を基礎づける要件事実についてのみ観念することが適当であるとの提言が早い段階から主張されていた[904]。しかし，こうした提言にも関わらず，上級委員会は2つの証明責任論の区別をむしろ自覚的に維持している。例えば，日本・リンゴ輸入措置事件（2003年採択）では次のように述べている。

　「関連協定の規定との不整合性（inconsistency）を疎明しなければならないとの原則と，ある事実（a fact）を主張する当事者はその証拠の提出につき責任を負うとの原則を区別することが重要である。実際，この二つの原則は別個（distinct）である。〔…〕事実の主張に関しては『証明責任の転換』は無く，日本が主張する事実の証拠を提出する責任は日本のみが負う。更に，日本の措置が十分な科学的証拠無く維持されていること〔すなわち，SPS協定2.2条違反〕につき疎明してはじめて，パネルは日本の反駁を検討するのである[905]」（傍点中島）。

　このように上級委員会は，「事実」と「請求・抗弁」という2つの次元で証明責任を観念し，各々について異なる分配規則を想定している。まず，「事実」に関しては，その存在を主張する側が証明責任を負うとの定式を前提に，この証明責任は「転換」しないと念押ししている。したがって，少なくとも基本命題に関する限り，「事実」に関するWTO紛争処理制度における証明責任論は紛争処理モデルの証拠法論を前提としていると考えられる。その結果，疎明を契機とした証明責任の被申立国への転換という懸案のEC・ホルモン定式は，「事実」ではなく「請求・抗弁」について観念されていることが分かる。そして本書の理解によれば，この第2の証明責任論は，貿易条件に対する期待の保護というWTO紛争処理制度の目的に立ち返ることではじめて規範的に正当化しうる。

説明責任確保のメカニズムとしてのEC・ホルモン定式
　現実の国際貿易はWTO全加盟国の間で均質均等に行われているわけではない

（904）　Joost PAUWELYN, "Evidence...", *supra* note（774）, p. 242.
（905）　Appellate Body Report, *Japan—Measures Affecting the Importation of Apples*, WT/DS245/AB/R, adopted 10 December 2003, para. 157.

257

◆ 第 3 部 ◆　証拠法論の展開

ことから，特定国の貿易措置によって影響を被る加盟国は自ずと限られるため，ほとんどの場合，紛争処理手続はそうした影響を実際に被ったと考える他の加盟国の申立によって開始する。とはいえ，パネル・上級委員会の報告を採択する紛争処理機関（DSB）の勧告・裁定は，被申立国の措置によって申立国が被った過去の損害の払拭ではなく，当該違反状態の将来に向けた是正という，被申立国が予め合意した貿易条件に対するWTO全加盟国の期待の回復という公益実現に向けられる。この点，紛争処理モデルの証拠法論の場合，多くの事項について原告側に証明責任が分配される根拠は，原告側こそが裁判制度の受益者であり，そうであるが故に応分の負担を求められることに求められる。これに対し，WTO紛争処理制度における申立国は，仮に勝訴したとしても一加盟国としてその公益を反射的に享受するに過ぎない点で，制度設計上，同様の意味での受益者たる性質を備えているとは言えない[906]。むしろ申立国は，公益実現を目的としながらも検察的制度ではなく対審手続を導入したWTO紛争処理制度において，公益実現のために手続開始の引き金を引く独特の（*sui generis*）主体として観念することが適切である。

　こうした理解を前提とすると，被申立国によるWTO協定違反という法的評価に関する申立国の「疎明」は，申立国自身の侵害利益回復を実現するための応分の負担というよりは，むしろ，被申立国が紛争処理手続の場において自らの措置の妥当性について説明責任を果たす手掛かりを提供するものと位置付けられる[907]。すなわち，紛争処理手続の目的が貿易条件に対する加盟国の期待の確保にあるとすれば，パネル審理の主眼は，被申立国の措置のWTO協定整合性の確認に向けられる。しかし，紛争処理手続が対審構造を前提とする以上，一加盟国による提訴が無ければ手続は開始しえず，被申立国の措置を法的に評価するため

---

(906)　上級委員会は，国際司法裁判所における「訴えの利益」概念のWTO紛争処理制度における妥当を否定している。Appellate Body Report, *EC—Regime for the Importation, Sale and Distribution of Bananas*, WT/DS27/AB/R, adopted 25 September 1997, paras. 132-135.

(907)　紛争処理手続と加盟国の権限行使の関係性を，WTO体制という貿易レジームの内部秩序における説明責任の確保メカニズムとして捉える議論はすでに存在する。Benedict KINGSBURY, Nico KRISCH and Richard B. STEWART, *supra* note (812), pp. 43-44. したがって本文における検討は，こうした着想の意義を証拠法論という具体的な次元で検証するものとも位置付けられる。

258

◇ 第 6 章 ◇　公法訴訟モデルに基づく証拠法論の展開

の手掛かりも提供され得ない(908)。そのため上級委員会は，提訴に踏み切った加盟国に被申立国による WTO 協定違反の「疎明」のみを要求しつつ，それによって「請求・抗弁」に関する証明責任が被申立国へと「転換」するとの定式を打ち立てることによって，被申立国による弁明正当化に審理の焦点を当てる仕組みを導入したと分析することが可能である。つまり EC・ホルモン定式は，対審構造という制度設計と公益追求という制度目的のギャップを埋め合わせるために編み出された判例法理と捉えることが可能である。そこにおいて，被申立国が法的議論である「請求・抗弁」について証明責任を負うということは，口頭弁論終結時点における不説得のリスクを負うに加え，問題となる貿易措置についての正当性を紛争処理手続の場においてパネル・上級委員会に説得しなければならないという意味での説明責任を負うことを意味する。ここにおいて，申立国が行うべき主張立証活動が「疎明」で足りるのは，それが申立国自身の被侵害利益を回復する根拠としてではなく，被申立国が説明責任を果たすための手掛かりとして要求されるからであり，その意味で申立国を不当に利するものではない。EC・ホルモン事件において上級委員会も，EC による SPS 協定違反が申立国である米国とカナダによって疎明されてはじめて証明責任が EC へと転換し，申立国の請求を否定する（disprove）ための証拠と議論を EC が提出しなければならないという順序を想定しており(909)，被申立国が自らの措置についての説明責任を果たすための手掛かりとして，申立国による疎明を位置づけているものと理解しうる。

説明責任を求める裁判規範：農業協定10.3条

　こうした理解は，EC・ホルモン定式という判例法理のみならず，WTO 協定に埋め込まれた証明責任分配とも整合的に理解される。すなわち，輸入国国内産業に打撃を与える等の歪曲効果を備える輸出補助金は WTO 法上規制対象であり，農産物の場合には，譲許表に明示した水準を超えた補助金交付は禁止される（農

---

(908)　申立国が享受しうる救済が遵守状態回復の反射的利益に過ぎないとしても，加盟国は，無効化侵害の救済方法としてそうした反射的利益の享受でも十分と考えるがために提訴するものと考えられる。その意味で，WTO 紛争処理制度は，被申立国の協定違反を主張立証するインセンティブがいずれかの加盟国に存在する限りにおいて，そのインセンティブを利用することで協定遵守の確保という公益を実現するための手続が発動する制度設計になっているものと捉えられる。

(909)　Appellate Body Report, *EC—Hormones, supra* note（779），para. 109.

259

◆ 第3部 ◆ 証拠法論の展開

業協定3.3条）。この点，紛争処理モデルの証明責任論を前提とすれば，約束水準を超えた輸出補助金の存在について申立国が証明責任を負い，EC・ホルモン定式を前提とすれば，申立国が「疎明」する責任を申立国が負うはずである[910]。しかし，農業協定10.3条は，「証明責任を申立国から被申立国へと転換する[911]」特別の規則を採用しており[912]，約束水準を超えた数量については補助金交付が推定され[913]，不存在の証明がなされない限り，WTO協定に非整合的な補助金として扱う旨規定している[914]。すなわち，「削減に関する約束の水準を超えた輸出された数量について輸出補助金が交付されていない旨を主張する加盟国は，当該数量についていかなる輸出補助金〔…〕も交付されていないことを証明しな・・・・・・・・・・・・・・・・ければならない」と（傍点中島）。つまり，申立国による証明どころか疎明を待たずして，補助金措置を実施する被申立国はWTO協定整合性について証明責任を負う仕組みとなっているわけである。

　こうした証明責任転換の根拠として，米国・外国販売会社税制事件（1999年配布）のパネルは，「申立国は一般に違反の疎明に必要な情報へのアクセスを有していないこと[915]」という，証拠アクセスの不均衡性の是正を挙げている。しかし，第4章において検討した通り，証拠アクセスを根拠とする証明責任転換論は，申立国側の救済の必要性を基礎づけることはできても，被申立国側がなぜ代わって証明責任を負わねばならないかという許容性の基礎づけが困難という限界がある。上級委員会も，他の国際裁判所と同様，証明責任の分配に際して証明の困難性を必ずしも重視していない[916]。

---

(910)　Appellate Body Report, *United States—Subsidies on Upland Cotton*, WT/DS267/AB/R, adopted 21 March 2005, para. 645.

(911)　Panel Report, *Canada—Measures Affecting the Importation of Milk and the Exportation of Dairy Products*, WT/DS103/R, WT/DS113/R, circulated 17 May 1999, para. 7.33.

(912)　Appellate Body Report, *Canada—Measures Affecting the Importation of Milk and the Exportation of Dairy Products—Second Recourse to Article 21.5 of the DSU*, WT/DS103/AB/RW2, WT/DS113/AB/RW2, adopted 17 January 2003, para. 69.

(913)　Appellate Body Report, *US—Upland Cotton, supra* note (910), para. 652.

(914)　Appellate Body Report, *Canada—Dairy* (*DSU Art. 21.5 II*), *supra* note (912), para. 74.

(915)　Panel Report, *United States—Tax Treatment for "Foreign Sales Corporation"*, WT/DS108/R, circulated 8 October 1999, para. 7.142.

◇第6章◇　公法訴訟モデルに基づく証拠法論の展開

　この点，10.3条は輸出国に何らの実体義務も課さず，輸出補助金に関する特殊な証明方法を規定するのみである(917)。そして，紛争処理手続を通じた申立国の救済は反射的利益でしかなく，手続の制度目的があくまで被申立国の貿易措置のWTO協定整合性の維持にあることを想起すれば，同条は，紛争処理手続の俎上において輸出国（潜在被申立国）が証明責任を負うことを予め明示することによって，輸出国が3.3条を遵守するインセンティブを設ける趣旨であると解釈される(918)。上級委員会も，カナダ・乳製品輸出措置の第2次履行確認事件（2003年採択）で次のように述べている。

　　「この通常の原則の転換は，被申立国に対して輸出補助金の証拠に関するあらゆる疑義の帰結を負担せしめるものである。それ故10.3条は，3.3条に基づく数量約束の遵守を加盟国が証明しうる立場に身を置くインセンティブとして機能する(919)」（傍点中島）。

　このように，農産物輸出補助金規律という文脈においては，WTO協定の遵守確保という公益が証明責任分配の直接の根拠として位置付けられている。上級委員会はその際，口頭手続終結時点での不明瞭リスクの分配のみならず，パネル審理に際しての被申立国による主張立証活動の充実そのものを重視しており，輸出補助金という貿易措置のWTO整合性に関する説明責任の確保メカニズムを10.3条に見出したものと分析しうる。その意味で，農業協定10.3条は，EC・ホルモン定式が体現する証明責任論と軌を一にする。証明責任分配を明示的に定める10.3条のような規定はWTO協定の中でも例外的ではあるものの，加盟国が予め合意した貿易条件の維持という紛争処理制度の目的を想起し，そうした公的な制度目的に即して証明責任分配を基礎づける点で，公法訴訟モデルの証拠法論を明示的に体現する規定と見ることができる。

---

(916)　Appellate Body Report, *EC—Trade Description of Sardines*, WT/DS231/AB/R, adopted 23 October 2002, para. 281.

(917)　Appellate Body Report, *Canada—Dairy* (*DSU Art. 21.5 II*), *supra* note (912), para. 69.

(918)　Michelle T. GRANDO, *supra* note (5), p. 203; 石川義道「WTO紛争解決手続における立証責任概念の検討：農業協定第10条3項の分析を通じて」横浜国際社会科学研究12巻4・5号（2008年）123頁。

(919)　Appellate Body Report, *Canada—Dairy* (*DSU Art. 21.5 II*), *supra* note (912), para. 74.

261

◆ 第3部 ◆ 証拠法論の展開

「特定」責任の再転換：一般的例外規定

説明責任の確保メカニズムとして証明責任の転換論を構成する結果，申立国による「疎明」は，申立国の被侵害利益の回復のための応分の負担というよりは，被申立国による申し開きの手掛かりの提供という意味が与えられることが帰結した。同様の論理構成は，GATT20条の一般的例外該当性の判断に際しての代替手段の「特定」についても妥当する。

内国民待遇や数量制限の禁止といったGATTの基本原則の違反を，一般的例外規定によって正当化しようと試みる場合，同規定を援用する被申立国がその要件充足性を証明する責任を負う[920]。この帰結自体は，紛争処理モデルの証拠法論からも，説明責任の確保メカニズムとして証明責任論を捉える以上の議論からも導くことが可能である。問題は，一般的例外規定の要件の1つである「代替手段の不存在」について，あくまで被申立国が証明しなければならないのではなく，想定しうる代替手段を「特定」する責任を申立国がまず負うとする判例法理をいかに理解するかである。すなわち，GATT20条(b)の要件充足性の証明責任を被申立国が負うとの原則論を維持しつつ，「被申立国が採りうる他の代替可能な措置を特定する（identify）責任は申立国が負う[921]」との命題である。

この点，GATT20条とほぼ同様の法構造を備えるサービス貿易協定（GATS）14条の要件該当性が争われた米国・越境賭博サービス規制措置事件（2005年採択）において，上級委員会は，次のような3段階からなる判断枠組みを定式化した。第1に，問題となる貿易措置がGATS14条の必要性要件を充足していることにつき，まず被申立国（米国）が疎明しなければならないものの，この際，代替手段の不存在の証明までは求められない[922]。第2に，被申立国によるそうした必要性要件該当性の疎明の後に，申立国（アンティグア・バーブーダ）が，WTO協定整合的な代替手段の存在を「特定」しなければならない[923]。その上で第3に，そうした申立国による「特定」がなされた後に，被申立国は，当該代替手段が

（920）　E.g., Panel Report, *EC—Measures Affecting Asbestos and Asbestos-Containing Products*, WT/DS135/R, circulated 18 September 2000, para. 8.79.

（921）　Appellate Body Report, *Brazil—Measures Affecting Imports of Retreaded Tyres*, WT/DS332/AB/R, adopted 17 December 2007, para. 156.

（922）　Appellate Body Report, *United States—Measures Affecting the Cross-Border Supply of Gambling and Betting Services*, WT/DS285/AB/R, adopted 20 April 2005, para. 310.

◇ 第 6 章 ◇　公法訴訟モデルに基づく証拠法論の展開

「合理的に利用可能」でないことを証明しなければならない[924]。こうした「特定」責任の転換の根拠として上級委員会が示すのは，端的に，被申立国の負担軽減である。

> 「〔…〕被申立国は，合理的に依拠可能な代替手段が存在することを示す責任を負うわけではない。特に，より貿易制限的でない代替手段をすべて特定し，そのいずれもが欲する目的を達成しないことを示す必要はない。WTO協定は，そのような非実際的で多くの場合不可能な責任を想定していない[925]」（傍点中島）。

論理的には無限に想定しうる代替手段がおよそ全て依拠しえないことを厳密に証明するのはほぼ不可能であることから，検討すべき代替手段をあらかじめ限定する必要性自体は容易に理解しうる。問題は，申立国が代替手段の存在を「特定」する責任を負うべき根拠は何かである。この点，紛争処理モデルの証拠法論を前提に，被侵害利益の回復を求める申立国が応分の主張立証の負担を負うべきとする論理構成も考えられないわけではない。しかし，申立国の被侵害利益の回復を主目的として据えるならば，なぜWTO協定違反を「疎明」すれば足りるのかという疑問が生じるのと同様，なぜ代替手段の存在を「特定」するだけで足りるのかが説明し難い。したがって，被申立国が自らの貿易措置の正当性について説明責任を果たす手掛かりとして申立国による「疎明」が位置付けられたのと同様，申立国による代替手段の「特定」もまた，被申立国が自らの貿易措置の正当性について説明責任を果たすための手掛かりを提供するものと捉えることが適当である。すなわち，紛争処理手続を開始した申立国は，被申立国が問題の措置についての説明責任を果たすために，検討に値すると考えられる代替手段を「特定」する負担のみを負うのである。

「特定」責任の再転換：授権条項

こうした説明責任のメカニズムを念頭に置くと，いわゆる授権条項（enabling clause）に関する複雑な証明責任分配も整合的に把握することができる。

授権条項とは，最恵国待遇義務（GATT1条）の存在に関わらず（notwithstanding），

---

(923)　ただし，米国・賭博サービス事件報告書では，「特定」ではなく「提起（raise）」の表現が用いられている。*Ibid.*, para. 311.

(924)　*Ibid.*

(925)　*Ibid.*, para. 309.

263

◆ 第 3 部 ◆ 証拠法論の展開

開発途上国の市場アクセスを促進することを目的として，途上国の産品を有利に
扱う措置を認める規定である(926)。本来であればGATT違反の措置が授権条項
によって正当化されると論理構成されるため，一般的例外規定の場合と同様，被
申立国が要件充足性につき証明責任を負うことが帰結する(927)。しかしこの点，
授権条項が予定する多くの加重要件の全てについて措置実施国に証明責任を課す
ると同国にとって多大な負担となり，途上国向け特恵措置の実施を奨励する同条
項の趣旨を損ないかねない(928)。そこで上級委員会は，被申立国が証明責任を負
うとの原則論は維持しつつも，被申立国が要件充足性を証明すべき条項を申立国
が特定しなければならないとの立場を示している。

> 「あくまで被申立国が特恵スキームと授権条項の要件の整合性について防御，証明
> しなければならないものの，被申立国がそうした防御を行うべき範囲（the
> parameters）を申立国が画定（define）しなければならない(929)」。

ここで申立国は，協定違反を基礎づける事実について証明する責任を負うので
はなく，「申立の法的基礎」を「特定する（identify）」責任のみを負う(930)。そし
て，かようにして特定された授権条項の要件充足性についてのみ，被申立国が証
明責任を負うわけである(931)。ここでも，特恵制度の正当性について被申立国が
説明責任を果たすための手掛かりとして申立国の「特定」責任が観念されており，
WTO紛争処理制度の主眼が協定遵守確保に置かれていること，そしてそれを貫
徹するために説明責任のメカニズムが証明責任論の中に埋め込まれていることが
分かる。

---

(926)　Appellate Body Report, *EC—Tariff Preferences*, *supra* note (846), para. 110.

(927)　Appellate Body Report, *EC—Tariff Preferences*, *supra* note (846), para. 105.

(928)　Appellate Body Report, *EC—Tariff Preferences*, *supra* note (846), paras. 113-114.

(929)　Appellate Body Report, *EC—Tariff Preferences*, *supra* note (846), para. 114.

(930)　Appellate Body Report, *EC—Tariff Preferences*, *supra* note (846), para. 115.

(931)　Appellate Body Report, *EC—Tariff Preferences*, *supra* note (846), para. 115.

◇ 第 6 章 ◇ 　公法訴訟モデルに基づく証拠法論の展開

◆ 第 2 項 　説明責任を確保するための証明責任転換論の展開と拒絶

　紛争処理モデルから公法訴訟モデルへの発展をこのように見出しうる WTO 紛
争処理制度の場合とは異なり，国際投資仲裁における証明責任論は，その基本命
題に関する限りは紛争処理モデルを基調としている。第 1 に，ICSID 仲裁の場合，
ICSID 仲裁規則が証明責任規定を備えていないため，従前の国際判例を参照し，
「証明責任は請求者が負う (*onus probandi actori incumbit*)」の法格言を前提とする
のが通例である(932)。第 2 に，非 ICSID 仲裁の場合には，商事仲裁向けに作成
された UNCITRAL 仲裁手続規則が採用されることが多く，「各当事者は，各々
の請求または抗弁の根拠として依拠する事実について証明する責任を負う」との
規定（1976年規則24条；2010年規則27条）が前提とされる(933)。Chevron & Texaco
v. Ecuador の仲裁廷（2008年中間判断）によれば，より具体的には，特定の権利
に基づいて請求を行う当事者が，当該請求を基礎づける要件について証明責任を
負い，そうした請求の法的効果を排除する抗弁を提起する当事者が，当該抗弁を
基礎づける要件について証明責任を負う(934)。その結果，実際上，仲裁制度を通
じて金銭的救済を得る投資家側が多くの主張立証活動を要求され，被申立国の違

---

(932)　E.g., *AAPL v. Sri Lanka, supra* note (548), para. 56; *Tradex Hellas S.A. v. Albania,* ICSID Case No. ARB/94/2, Award (29 April 1999), para. 74 [Karl-Heinz BÖCKSTIEGEL, Fred F. FIELDING, Andrea GIARDINA]; *Middle East Cement Shipping and Handling Co. S.A. v. Egypt,* ICSID Case No. ARB/99/6, Award (12 April 2002), para. 90 [Karl-Heinz BÖCKSTIEGEL, Piero BERNARDINI, Don WALLACE, Jr.]; *Tokios Tokelés v. Ukraine,* ICSID Case No. ARB/02/18, Award (26 July 2007), para. 121 [Michael MUSTILL, Daniel M. PRICE, Piero BERNARDINI]; *Alpha Projektholding GmBH v. Ukraine,* ICSID Case No. ARB/07/16, Award (8 November 2010), para. 236 [Davis R. ROBINSON, Yoram A. TURBOWICZ, Stanimir A. ALEXANDROV].

(933)　E.g., *International Thunderbird Gaming Corporation v. United Mexican States,* Award (26 January 2006), para. 176 [Albert Jan VAN DEN BERG, Agustín Portal ARIOSA, Thomas W. WÄLDE]; *Chevron and Texaco v. Ecuador,* Interim Award, *supra* note (589), para. 139; *Jan Oostergetel v. Slovak Republic, supra* note (451), para. 146.

(934)　*Chevron and Texaco v. Ecuador,* Interim Award, *supra* note (589), para. 138; *Pac Rim Cayman v. El Salvador,* ICSID Case No. ARB/09/12, Decision on the Respondent's Jurisdictional Objections (1 June 2012), paras. 2.11–2.14 [V.V. VEEDER, Guido Santiago TAWIL, Brigitte STERN].

265

◆第3部◆　証拠法論の展開

法行為(935)や損害の発生(936)などを基礎づける事実につき証明責任を負う。

　しかし，公法訴訟類推論は，こうした原則論に修正を加える。すなわちWTO
における証明責任論と同様，投資仲裁制度を，投資受入国が自らの規制権限行使
について説明責任を果たす場としても捉え，そうした機能を導くために複雑な証
明責任分配を帰結せしめようとするのである。以下では，内国民待遇義務（1.），
および緊急避難・例外規定（2.）に関する仲裁判断とそれをめぐる論争を素材
として，証明責任分配をめぐる個別具体的な解釈論争が，投資仲裁制度に関する
妥当なパラダイムをめぐる論争の構図を反映するものであることを明らかにする。

◇1　内国民待遇義務違反の審査における「貿易法方式」

　NAFTA1102条は，自国民投資家と「同種の状況（in like circumstances）」にあ
る外国人投資家に対してより不利でない待遇（内国民待遇）を与えることを加盟
国に義務付ける。紛争処理モデルの証拠法論を前提とすれば，投資受入国による
同条違反の認定を求める投資家が，内国民と自らが「同種の状況」にあるにもか
かわらず「より不利な待遇」を受けたことにつき証明責任を負うことになる(937)。
しかし，NAFTA仲裁事例は，これらの客観的要素に加えて投資受入国の規制
目的（主観的要素）の扱いを論じており，その際，WTO紛争処理手続における類
似の判断枠組みを踏まえた証明責任論を展開するものがある一方，そうした立場
を正面から否定する例も存在し，仲裁判断は分岐している。

投資仲裁の証明責任論への「貿易法方式」の導入

　公法訴訟類推論の観点から1102条が注目されるのは，同条の議論に際して，投
資受入国の公共政策（環境保護政策）の正当性をどのように読み込むかが問われ
るためである。例えば，S.D. Myers v. Canada において，申立人（廃棄物処理事
業）は，カナダの輸出禁止措置により事業（カナダ国内で発生する特定廃棄物の米国
での処理）が成立しなくなったとして1102条違反を訴えたのに対し，カナダは，

---

(935)　*AAPL v. Sri Lanka, supra* note（548），para. 56.

(936)　*S.D. Myers v. Canada, supra* note（549），para. 316;　*Archer Daniels Midland v. Mexico, supra* note（549），para. 38.

(937)　*ADF Group v. USA*, ICSID Case No. ARB（AF）/00/1, Award（9 January 2003），para. 157 [Florentino P. FELICIANO, Armand DE MESTRAL, Carolyn B. LAMM]; *United Parcel Service of America Inc. v. Canada*, Award on Merits（24 May 2007），para. 84 [Kenneth KEITH, Ronald A. CASS, L. Yves FORTIER].

◇ 第 6 章 ◇　公法訴訟モデルに基づく証拠法論の展開

同措置は環境保護を目的とした正当な公共政策であると抗弁した。ここで仲裁廷（2000 年本案部分判断）は，WTO 上級委員会における「同種の産品（like products）」認定に関する判断[938]を参照し，内国民待遇違反の判断が非貿易的関心事項に基づく公共的措置の正当性との関係で判断されていることに着目した上で[939]，非経済事項を考慮する立場を示した[940]。これを証明責任の分配へと具体化させたのが Pope & Talbot v. Canada であり，仲裁廷（2001年仲裁判断第 2 段階）は次のように述べている。

　「仲裁廷はまず第 1 段階として，同一の産業あるいは経済セクターにおける〔…〕外国投資に与えられる待遇と国内投資に与えられる待遇とを比較する。しかし，この第 1 段階で終わりではない。待遇における差異は，① 外国企業と国内企業を表面的にも実際上も区別せず，また，② NAFTA の投資自由化という目的を不当に損なわないという，理性的な政府の政策との合理的な連関（a reasonable nexus）が存在しない限り，1102条 2 項に違反するものと推定される[941]」。

仲裁判断の推論はなお慎重であるものの，WTO 判例を念頭に置きながら判断過程を階層化していることを根拠に，後続判例および学説は，本仲裁判断が次のような証明責任分配を示したと理解している。すなわち第 1 に，申立人がまず自らと同一セクターに属する内国企業との待遇の間に差異が存在することを証明しなければならないが，この証明がなされると内国民待遇義務の違反が「推定」される。その結果，第 2 に，そうした差異が正当な規制目的に基づくものであることを，被申立国が証明しなければならない[942]。

　すでに検討した通り，WTO パネル・上級委員会では，被申立国の措置が WTO 協定に違反することを申立国が疎明することで，証明責任は被申立国へと

---

(938)　Appellate Body Report, *Japan—Tax on Alcoholic Beverages, supra* note（787），pp. 20-24.

(939)　*S.D. Myers v. Canada, supra* note（549），para. 245.

(940)　「仲裁廷は，1102条の『同種の状況』の解釈に際しては NAFTA の法的文脈に現れる一般原理を考慮しなければならず，そこには環境事項や，環境関心により正当化されない貿易歪曲を回避する必要性が含まれる。また，この『同種の状況』の評価に際しては，公共の利益を保護するために差異ある待遇を与える政府規制を正当化する状況を考慮しなければならない」。*S.D. Myers v. Canada, supra* note（549），para. 250.

(941)　*Pope & Talbot v. Canada,* Award on Merits Phase Two（10 April 2001），paras. 76, 78 [Lord DERVAIRD, Benjamin J. GREENBERG, Munay J. BELMAN].

267

◆第3部◆　証拠法論の展開

「転換」し，被申立国が自らの措置の正当性をむしろ積極的に証明しなければならない（本節第1項参照）。Pope & Talbot 仲裁判断は，こうした証明責任論とパラレルに理解しうるものであることから，投資仲裁の証明責任論に「貿易法方式（trade-law method）」を導入したものと評されている[943]。その実際上の帰結は，申立人の主張立証負担の軽減である。特に，待遇の差異という客観的要素から違反が推定されるため，被申立国の差別的意図を申立人が証明する必要が無い点で，負担は著しく軽減する。ただしそのことは，主観的要素が義務違反の判断枠組みから放逐されることを意味しない。協定違反の推定を受けた被申立国が，そうした差異ある待遇を設けるに至った措置の目的の正当性を証明しなければならないためである。すなわち，1102条には主観的要素を明示的に要求する文言は存在しないものの，同条は，合理的な国内政策目的を遂行する過程で外国企業に偶発的な負担を強いてしまうことを一定の範囲で法的に許容するものであるとの解釈を前提に，「投資受入国は，自らの法令，政策及び置かれた状況に照らして，当該一見したところの差別的措置が，その内実においては1102条が規定するそうした『内国民待遇』規範に適合的であるという主張を特定し，そして立証する立場にある[944]」と考えるわけである。

　この議論は，主観的要素を経由して被申立国の規制目的の正当性を問う契機を仲裁手続上導入するものであり，その意味で，国内公共政策の正当性についての説明責任を被申立国に求めるものと評価しうる。すなわち，WTO における特殊な証明責任論が，加盟国による協定遵守の確保を通じた貿易条件への抽象的期待の確保という公的な制度目的の帰結として理解されるのと同様，投資仲裁への「貿易法方式」の導入は，仲裁手続の俎上における説明責任の確保を通じた投資受入国の規制権限行使に対する統制の試みと捉えられ，投資家の個別具体的な救

---

(942)　*Marvin Feldman v. Mexico, supra* note（636），paras. 177, 184; Separate Opinion of Thomas WÄLDE, *Thunderbird v. Mexico, supra* note（807），para. 105; Aristidis TSATSOS, "Burden of Proof in Investment Treaty Arbitration: Shifting?" *Humbolt Forum Recht,* vol. 6（2009），S. 98, para. 21.

(943)　*Ibid.,* S. 97, para. 19.

(944)　*William Ralph Clayton, William Richard Clayton, Douglas Clayton, Daniel Clayton and Bilcon of Delaware Inc. v. Government of Canada,* PCA Case No. 2009 -04, Award on Jurisdiction and Liability（17 March 2015），para. 723 [Bruno SIMMA, Donald McRAE, Bryan SCHWARTZ].

◇第6章◇　公法訴訟モデルに基づく証拠法論の展開

済を超えた，対外投資保護に関するグローバルガバナンス構築の企ての一端をなすものと位置付けられるわけである[945]。

「貿易法方式」の否定

「貿易法方式」の実際上の帰結が申立人側の負担軽減であることから，申立人としては，これに即して，差別的な規制措置の正当性の証明責任は被申立国が負うとの立論を展開することが自然である[946]。ところが，Methanex v. USA の仲裁廷（2005年仲裁判断）は，そうした「貿易法方式」をそもそも退け，「同種の状況」に加えて主観的要件（規制目的の不当性：国内産業保護の意図）をも申立人が証明しなければならないとした[947]。すなわち，「Methanex は，1102条3項に基づく請求を基礎づけるためには，カリフォルニア州が外国投資家を差別することによる国内投資家の保護を意図していたこと，そして Methanex と国内投資家とが同種の状況に置かれていたことを，累積的に（cumulatively）証明しなければならない[948]」と。しかし他方で，国家の規制目的（主観的要素）を第三者が認知することは本来的に困難であることから[949]，その証明を申立人に要求すると，投資協定の違反認定は著しく困難となるという別の不都合が生じる[950]。そこで，Thunderbird v. Mexico の仲裁廷（2006年仲裁判断）は，そもそも NAFTA1102条の条文自体が主観的要素を明示していないことを根拠として，端的にこれを除外

---

(945)　GATT20条のような一般的例外規定を備える投資協定は少ない。Raúl Emilio VINUESA, "National Treatment, Principle", *Max Planck Encyclopedia of Public International Law* (last updated, April 2011), para. 66. そのため，義務違反の認定に際して規制目的の正当性をいかに扱うかというここでの問題は，NAFTA 以外の投資協定の解釈に際しても浮上しうる。他方，公共政策遂行を理由として取られる措置を「より不利な待遇」の定義から除外する文言を備える投資協定（2003年ドイツ＝中国 BIT3条及びその付属書）の場合には，そうした規定振りを手がかりとして，被申立国への証明責任の分配を解釈論的に導くことが可能と考えられる。もっとも，本条は無差別原則に対する例外ではなく義務の「除外」であるとの理解から，証明責任はなお申立人が負うとする見解もある。Bradly J. CONDON, "Treaty Structure and Public Interest Regulation in International Economic Law", *J.I.E.L.*, vol. 17（2014），p. 341. ただしその場合に，申立人が証明すべき対象は何であるのかは特定されていない。

(946)　Reply of Claimant Methanex Corporation to U.S. Amended Statement of Defense（2004），p. 94, para. 188.

(947)　*Methanex v. U.S.A., supra* note（797），Part IV, Chapter B, para. 37.

(948)　*Methanex v. U.S.A., supra* note（797），Part IV, Chapter B, para. 12.

◆第3部◆　証拠法論の展開

するに至った。

> 「UNCITRAL 規則24条1項に従い，証明責任は Thunderbird が負う。この点
> Thunderbird は，同種の状況にある墨国民に対してメキシコが与える待遇よりも自
> らの投資が享受する待遇が低いことを証明しなければならない。そうしたより低い
> 待遇が国籍を理由とするものであることが別途（separately）示されることは，
> Thunderbird に期待されない。NAFTA1102条は，そうした証明を要求していな
> い(951)」（傍点部分は原文では下線）。

　本件では，当事者双方が主観的要素も必要との前提で主張立証していたこ
と(952)，そして「貿易法方式」に即して差別的な措置の「正当な理由」の証明を
被申立国に要求するヴェルデの個別意見を踏まえるならば(953)，本仲裁判断は，
被申立国に規制措置の目的を問う「貿易法方式」を自覚的に退けたものと読み解
くことができる。

　内国民待遇に関するこうした貿易法と投資法の差異化の傾向は(954)，抽象的な
貿易条件の維持を目的とする貿易法とは異なり，投資法の目的は個々の投資家の
個別具体的な損害払拭にあるという，制度目的の相違に由来するものとして説明
される(955)。このことを敷衍すると，差別的な措置が採られた動機に関わらず被

---

(949)　そこで，外形的要素から客観的に認識可能な措置の目的（purpose）と，その
　　　背後にある主観的な意図（intent）を区別し，無差別原則違反を問うためには前者の
　　　証明で十分とする考え方もある。Jorge E. VIÑUALES, *Foreign Investment and the
　　　Environment in International Law* (Cambridge University Press, 2012), p. 333.

(950)　Rudolf DOLZER and Christoph SCHREUER, *Principles of International Invest-
　　　ment Law* (2nd ed., Oxford University Press, 2012), pp. 203-204.

(951)　*Thunderbird v. Mexico, supra* note (933), paras. 176-177. 仲裁廷は，結論的に
　　　1102条違反の申立を棄却している。*Thunderbird v. Mexico, supra* note (933),
　　　paras. 178-183.

(952)　*Thunderbird v. Mexico, supra* note (933), paras. 169-174.

(953)　Separate Opinion of Thomas WÄLDE, *Thunderbird v. Mexico, supra* note
　　　(807), paras. 2, 105.

(954)　*Occidental Exploration and Production Company v. Republic of Ecuador,*
　　　LCIA Case No. UN3467, Final Award (1 July 2004), para. 176 [Francisco ORREGO
　　　VICUÑA, Charles N. BROWER, Patrick Barrera SWEENEY]; *Bayindir Insaat
　　　Turizm Ticaret Ve Sanayi A.S. v. Islamic Republic of Pakistan,* ICSID Case No.
　　　ARB/03/29, Award (27 August 2009), para. 389 [Gabrielle KAUFMANN-KOHLER,
　　　Franklin BERMAN, Karl-Heinz BÖCKSTIEGEL]; Jorge E. VIÑUALES, *Foreign
　　　Investment..., supra* note (949), p. 319.

◇第6章◇　公法訴訟モデルに基づく証拠法論の展開

申立国の責任が惹起するのは[956]，合意された投資保護協定の保護水準（1102条に主観的要素にかかる文言は無い）に照らして投資を保護するための制度として投資仲裁を捉えるからであるとの説明に至る。だとすれば，紛争処理モデルの証拠法論への回帰を意味する「貿易法方式」の否定は，仲裁手続を投資受入国に説明責任を求める公的制度としてではなく，あくまで投資保護を目的とした二辺的紛争処理制度として捉える理解を維持するものと位置付けられる。

◇2　緊急避難の証明責任論：債務再編国の説明責任

　アルゼンチン政府による国家債務不履行の宣言（2001年）と，債務再編に伴う各種経済政策の実施以降，無数の外国人投資家がアルゼンチンに対して損害賠償請求を提起し，投資仲裁だけでも40を超える事件が係属するに至った[957]。この点，現在（2015年8月）までに下されている仲裁判断は，何らかの投資保護協定上の義務違反を認定する点でほぼ一致している。しかし周知の通り，アルゼンチンは，慣習法上の緊急避難（state of necessity）および投資協定の例外規定（米＝亜BIT11条[958]）に基づく免責を一貫して主張している。この抗弁をめぐって仲裁判断は分裂しており，その中心的争点の1つに証明責任論がある。

アルゼンチン債務危機と投資仲裁における緊急避難の援用

　すなわち一方で，CMS v. Argentina で仲裁廷（2005年仲裁判断）は，アルゼンチン政府の各種行為が自国利益を守る「唯一の手段」（国家責任条文25条1項(a)）とはいえず[959]，また，アルゼンチン自身が緊急状態の発生に「寄与」（同25条2

（955）　Nicholas DIMASCIO and Joost PAUWELYN, *supra* note（786）, pp. 69-70; Bradly J. CONDON, "Treaty Structure…", *supra* note（945）, pp. 340-341.

（956）　*Corn Products International, Inc. v. United Mexican States,* ICSID Case No. ARB(AF)/04/1, Decision on Responsibility（15 January 2008）, paras. 138, 142 [Christopher J. GREENWOOD, Andreas F. LOWENFELD, J. SERRANO DE LA VEGA].

（957）　経緯につき多くの論考があるが，例えば以下を参照。Paola Di ROSA, "The Recent Wave of Arbitrations against Argentina under Bilateral Investment Treaties: Background and Principal Legal Issues", *University of Miami Inter-American Law Review,* vol. 36（2004）, pp. 44-49.

（958）　「本条約は，公序の維持，国際平和又は安全の維持回復に関する義務の履行，又は自身の不可欠な安全保障上の利益の保護のために必要な措置をいずれかの当事国が採ることを排除しない」。

271

◆第3部◆　証拠法論の展開

項 (b)）したため[960]，緊急避難の成立要件を充足していないと判断し，抗弁を棄却した[961]。本判断は，違法性阻却事由につき援用国がその証明責任を負うとする国家責任条文の注釈に忠実に即していることから[962]，緊急避難の成立要件充足性の証明責任を被申立国が負うとの前提に立つものと理解される[963]。これに対し，LG&E v. Argentina の仲裁廷（2006年責任決定）は，問題の措置（ガス料金固定策）は危機に際して必要であったとした上で，「申立人は，そうした措置が危機を即座には軽減しないであろうことにつき，何らの理由も示さなかった」と述べており[964]，より制限的でない代替手段の存在の証明責任を申立人に求めたものと理解される[965]。加えて，「仲裁廷は〔…〕アルゼンチンが直面した深刻な危機の原因に同国が寄与したことにつき証明していない」と述べており[966]，「寄与」の存在を証明する責任を申立人が負うとの前提に立っている。

　このように，CMS 判断が緊急避難要件充足性の厳格な証明責任を被申立国に課したのに対し，LG&E 決定は証明責任を申立人に転換する判断を示したため，仲裁判断は分裂状態にある。しかも，いずれの仲裁判断も比較的簡潔に結論に到達してしまうため，判断理由のみから対立の根源に迫ることには限界がある。そこで以下では，一連の対アルゼンチン投資仲裁に提出された国際法学者の鑑定意見書を手掛かりとして[967]，証明責任論を巡る対立の本質への接近を試みる。すなわち，投資家側を弁護するアルヴァレス（José E. Alvarez）の意見書が投資仲裁をもっぱら投資保護のための制度として捉えるのに対し，アルゼンチンを擁護し

---

(959)　*CMS Gas Transmission v. Argentina*, ICSID Case No. ARB/01/08, Award (12 May 2005), paras. 323-324 [Francisco ORREGO VICUÑA, Marc LALONDE, Francisco REZEK].

(960)　*Ibid.*, paras. 328-329.

(961)　*Ibid.*, para. 331.

(962)　James CRAWFORD, *Commentaries, supra* note (566), p. 162. 本書第4章第2節も参照。

(963)　Stephan W. SCHILL, "International Investment Law and the Host State's Power to Handle Economic Crisis: Comment on the ICSID Decision in LG&E v. Argentina", *Journal of International Arbitration*, vol. 24 (2007), pp. 278, 280.

(964)　*LG&E Energy v. Argentina*, ICSID Case No. ARB/02/01, Decision on Liability (3 October 2006), para. 242 [Tatiana B. DE MAEKELT, Francisco REZEK, Albert Jan VAN DEN BERG].

(965)　Stephan W. SCHILL, "Host State's Power…", *supra* note (963), p. 280.

(966)　*LG&E v. Argentina, supra* note (964), para. 256.

272

◇第6章◇　公法訴訟モデルに基づく証拠法論の展開

たスローター（Anne-Marie Slaughter）とバークホワイト（William Burke-White）の連名による意見書は公法訴訟類推論を基礎として構成されており，仲裁判断の分裂は，やはり投資仲裁制度の性質理解の相違を反映するものであることが浮かび上がる[968]。

投資保護を阻害する緊急避難

アルヴァレスの鑑定意見書が挙げる根拠のうち[969]，議論の核心を構成するものは緊急避難の濫用防止であり，そうした抗弁を冷遇（disfavour）するために「抗弁を援用する側に厳格な証明責任が課される」と主張する[970]。要するに，投資保護の重要性を根拠として抗弁の機能範囲を縮小する論理であり，本書の理解では，アルヴァレス鑑定意見書の要点はこの点に尽きる。すなわち，「仮に国家が外国投資を保護する義務の放棄を正当化するために単なる経済的窮境を援用できるのであれば，BITの趣旨目的自体が骨抜きにされるであろう[971]」と。投

---

(967)　本書執筆時点において，CMS v. Argentina, LG&E v. Argentina に提出された意見書は未公開であることから，以下では，両判断とともに比較的早い段階に仲裁判断が下された *Sempra Energy International v. Argentina*, ICSID Case No. ARB/02/16 に提出された鑑定意見書をを素材とする。<http://italaw.com/cases/1002>.

(968)　国家責任条文25条（が反映する慣習法）と米＝亜 BIT11条の適用関係について，アルヴァレス意見書は，米＝亜 BIT11条を解釈するに際しての「関連規則」（条約法条約31条3項(c)）として国家責任条文25条（が反映する慣習法）を参照する。これに対し，スローターとバークホワイトの意見書は，両者が別個であるとの立場を維持しつつ，仮に米＝亜 BIT11条の解釈に慣習法が反映されるとしてもアルゼンチンの行為は慣習法上の緊急避難の要件を充足する，との命題を正面から論証しようとする。Opinion of José E. ALVAREZ（12 September 2005）, para. 52; Witness Statement of Anne-Marie SLAUGHTER and William BURKE-WHITE（2 December 2005）, para. 3. つまり，両鑑定意見書の主眼は共にアルゼンチンの抗弁を認容すべきか否かの実質論にあり，その限りで両者は共に米＝亜 BIT11条を慣習法に接近させている。この点，両者が全く別個の内容を備えることを前提とすれば，その適用順序がまず問題となりうるのであり，実際，Sempra v. Argentina 仲裁判断の取消請求手続で特別委員会（2010年決定）は，原審における適用順序の誤りが明白な権限踰越（取消事由）を構成すると判断している。*Sempra Energy International v. Argentina*, ICSID Case No. ARB/02/16, Decision on Annulment（29 June 2010）, paras. 186-223 [Christer SÖDERLUND, David A.O. EDWARD, Andreas J. JACOVIDES]; 濵本正太郎「判批」JCA ジャーナル57巻10号（2010年）28-29頁。ここでの問題関心は，上述の実質論とその背後にある投資仲裁の性格理解にあるため，適用順序論には深く立ち入らない。

273

◆第3部◆　証拠法論の展開

資仲裁の目的を投資保護に求める結果，これを阻害する緊急避難の機能範囲を限定的に理解し，それ故に援用国に厳格な証明責任を課す。アルヴァレス意見書は，緊急避難の性質を内在的に特定し，そこから機能範囲や証明責任分配を導くものではなく，投資保護の実体義務の観点から抗弁の機能範囲を外在的に抑え込むものと分析しうる。そこでは，投資保護がほぼ専らの法的関心事となり，緊急避難は一応用意されたオプトアウトの可能性にとどまり，これを基礎づける論拠は積極的には用意されない。

とはいえ，こうした理解から導かれる証明責任分配は，責任追求型紛争の二辺的性質を根拠に，抗弁事由を基礎づける事実の証明責任は抗弁を援用する側が負うとする国家責任条文の注釈が想定する証明責任論(972)を忠実に再現するものである点で，紛争処理モデル証拠法論に即したものと位置付けられる。すなわち，投資家と国家の二辺的紛争処理制度として投資仲裁を理解することで，国家側が緊急避難の抗弁につき証明責任を負うことを導き，かつ投資保護に主眼が置かれる制度と措定することで，投資受入国が「厳格な」証明責任が課されると解釈するわけである(973)。それ故，アルヴァレス意見書に反論するためには，投資仲裁の制度目的そのものの変質を試みなければならない。それが，公法訴訟類推論に

---

(969)　本文で検討するものの他には，証拠との距離が挙げられる。すなわち緊急避難を援用する被申立国こそが，事態の緊急性や採用した手段の必要性，当該手段の唯一性といった諸要件を証明するに適した立場にあるという主張である。Opinion of ALVAREZ, *supra* note (968), para. 55. しかし，証拠アクセスの考慮が証明責任分配に与える影響は紛争処理モデルの証拠法論でも限定的であり（本書第4章第2節参照），ICSID 仲裁でも否定されている。*Azurix Corp. v. Argentina,* ICSID Case No. ARB/01/12, Decision on Annulment (1 September 2009), para. 215 [Gavan GRIFFITH, Bola AJIBOLA, Michael HWANG].

(970)　Opinion of ALVAREZ, *supra* note (968), paras. 8, 55 (note 58).

(971)　Opinion of ALVAREZ, *supra* note (968), para. 64.

(972)　James CRAWFORD, *Commentaries, supra* note (566), p. 162. 本書第4章第2節も参照。

(973)　もっとも仲裁廷は，違法性阻却事由としての緊急避難は退けつつ，危機的状況を賠償算定の段階で考慮する枠組みを示しており，具体的な結論レベルで妥当なバランスを図ろうとする姿勢を見ることはできる。*CMS v. Argentina, supra* note (959), para. 394; *Sempra Energy International v. Argentina,* ICSID Case No. ARB/02/16, Award (28 September 2007), para. 397 [Francisco ORREGO VICUÑA, Marc LALONDE, Sandra Morelli RICO]; Ioana TUDOR, *supra* note (847), pp. 225-227.

◇第6章◇　公法訴訟モデルに基づく証拠法論の展開

根差したスローターとバークホワイトの鑑定意見書である。

投資保護に対峙する公共政策

　スローターとバークホワイトの意見書の命題は，「証明責任は，『必要な』措置に異議を申し立てる者〔すなわち投資家〕が負い，これを擁護する者〔すなわち投資受入国〕が負うのではない」というものである[974]。ただし，抗弁の証明責任は被申立国が負うとの原則論は争わず，その一部が申立人に転換するとの構成をとる。すなわち，「緊急避難を援用する国家が，重大かつ差し迫った危険を証明すれば，証明責任は申立人に転換し，より制限的でない，合法な措置の存在を証明しなければならない[975]」と。これは，被申立国による必要性の疎明を契機として申立国に代替手段の「特定」責任が発生するというWTO判例と同様の論理構造であり（本節第1項参照），代替手段の「特定」にとどまらず，その「証明」責任を申立人に求める点でより徹底したものである[976]。こうした証明責任分配の根拠が，緊急避難（を読み込んだ米＝亜BIT11条）の保護法益を投資保護と衡量する枠組みである。

> 「アルヴァレス教授は，国家の安全保障上の現実的必要性と外資を誘致する経済的希求の間で衡量を採る試みの正当性自体を否定してしまう。彼の見解では，米国投資家の利益を害するあらゆる米＝亜BITの解釈が，条約の趣旨目的を毀損することとなってしまう[977]」。

　こうした議論を基礎づけるのが，公法訴訟類推論である。バークホワイトは，事後の論考において，投資家の賠償請求を投資受入国の公共政策に対する不服申立として理解し，投資仲裁を商事仲裁とは質的に異なる公法訴訟として捉えるべき旨主張する[978]。その狙いは，投資保護と対峙する投資受入国の公共政策の正当性を承認した上で，両者の適切なバランスを実現することにある[979]。もとより，国内措置を単純に追認し，利益のバランスを国家側に傾け直すことそのものではなく，公共政策の正当性についての説明責任を投資受入国に求めるプロセス

---

(974)　Statement of SLAUGHTER and BURKE-WHITE, *supra* note (968), para. 45.

(975)　Statement of SLAUGHTER and BURKE-WHITE, *supra* note (968), para. 49.

(976)　*Voir aussi*, Witness Statement of Anne-Marie SLAUGHTER and William BURKE-WHITE (31 July 2006), to *El Paso Energy International v. Argentine Republic*, ICSID Case No. ARB/03/15, para. 74.

(977)　Statement of SLAUGHTER and BURKE-WHITE, *supra* note (968), para. 51.

◆第3部◆　証拠法論の展開

の制度的な保障こそが，国家政策の規制と正当化の両面に関わろうとする公法訴
訟類推論の最大の関心である。その意味で，欧州人権裁判所の「評価の余地」論
の投資仲裁への導入に関わる次の説明は，証明責任論にも通底するものと理解さ
れる。

> 「評価の余地論は，国家をして自らが選択した政策遂行を許容するものであるが，
> 監督機能を担う国際仲裁廷に対して〔国家が〕その選択を正当化することを求める。
> これは，国家に対してなぜ投資家の利益を損なう必要があったのか〔…〕の説明を
> 求めるものである(980)」(傍点中島)。

被申立国が証明責任を負うとの原則論を維持することで公共政策に対する説明
責任を投資受入国に求める契機を温存させつつ，「代替手段の存在」の証明責任
を申立人に転換することで国家の負担を軽減する複雑な証明責任分配は，投資保
護と国家主権の調整という原理衡量的な任務を与えられた国際投資法の反映であ
り，それを仲裁制度において実現するための手段として位置付けることができる。

その後の仲裁判断

以上のように，投資仲裁の制度目的についての見解の相違を反映するかたちで，
緊急避難の証明責任の在り方をめぐる理解は分裂状況にある。仲裁判断のその後
の動向は，CMS 判断の系譜に属する仲裁判断が多数であり(981)，全体的な状況
としては紛争処理モデルの証拠法論が維持されている一方，LG&E 決定の証明
責任論に親和的な仲裁判断も僅かながら存在する(982)。また，米＝亜 BIT11条に
相当する規定を備えない英＝亜 BIT に基づく投資仲裁事例において，当該事件
における緊急避難適用の分析に関しては被申立国が証明責任を負うと結論しつつ

---

(978)　William BURKE-WHITE and Andreas VON STADEN, "The Need for Public
　　　Law Standards of Review in Investor-State Arbitrations", Stephan W. SCHILL (ed.),
　　　International Investment Law and Comparative Public Law (Oxford University
　　　Press, 2010), pp. 690, 693–694.

(979)　William BURKE-WHITE and Andreas VON STADEN, "Investment Protection
　　　in Extraordinary Times: The Interpretation and Application of Non-Precluded
　　　Measures Provisions in Bilateral Investment Treaties", *Virginia J.I.L.*, vol. 48
　　　(2008), pp. 401–402; William BURKE-WHITE and Andreas VON STADEN, "Private
　　　Litigation…", *supra* note (771), pp. 283–346.

(980)　William BURKE-WHITE and Andreas VON STADEN, "Investment Protection…",
　　　supra note (979), 407–408.

◇第6章◇　公法訴訟モデルに基づく証拠法論の展開

も，LG&E 決定の推論は慣習法と米＝亜 BIT11条との重畳適用関係に基づくものであったと理解することで，LG&E 決定を維持したまま仲裁判断相互の整合性を確保しようとする例もある[983]。それ故，公法訴訟類推論の企ては，投資仲裁制度に関するパラダイム転換を推し進める原理として，なお実践に働きかけ続けている段階にあるものと捉えられる。

◆ 第3項　証明責任論と審査基準論の関係

もっとも，公法訴訟モデルの証拠法論の中核に説明責任のメカニズムがあるとするならば，それは証明責任の転換という論理構成によるほか，国内公法訴訟における審査基準論の概念を借用する論理構成も考えられる。実際，公序設定的機能を併せ持つ WTO 紛争処理制度においては，審査基準論はすでに精緻に発展している（1.）。そこで，証明責任転換論と審査基準論の異同を明らかにしておく必要がある（2.）。

◇1　審査基準論の沿革と発展

WTO における審査基準論の沿革

審査基準論とは一般に，裁判所が他の国家機関による意思決定について行う事後審査の密度（intensity）に関するものと説明される[984]。その代表例の1つが，

---

(981)　*E.g., Total S.A. v. The Argentine Republic*, ICSID Case No. ARB/04/01, Decision on Liability (27 December 2010), paras. 221-224 [Giorgio SACERDOTI, Henri C. ALVAREZ, Luis Herrera MARCANO]; *Impregilo S.p.A. v. Argentina*, ICSID Case No. ARB/07/17, Award (21 June 2011), para. 345 [Hans DANELIUS, Charles N. BROWER, Brigitte STERN]; *EDF, SAUR and León Participaciones v. Argentina*, ICSID Case No. ARB/03/23, Award (11 June 2012), para. 1171 [William W. PARK, Gabrielle KAUFMANN-KOHLER, Jesús REMÓN].

(982)　米＝亜 BIT11条を解釈するに際しての「関連規則」（条約法条約31条3項(c)）として国家責任条文25条を参照した上で，「寄与」要件について申立人に証明責任を課す立場として，*El Paso Energy International Company v. The Argentine Republic*, ICSID Case No. ARB/03/15, Award (31 October 2011), paras. 626, 650 [Lucius CAFLISCH, Piero BERNARDINI, Brigitte STERN]。もっともその根拠は，米＝亜 BIT11条適用との関係では「寄与」が抗弁として援用されているためという形式論理にとどまる。

(983)　*National Grid plc v. Argentina Republic*, Award (3 November 2008), paras. 254, 260-261 [Andrés Rigo SUREDA, Alejandro Miguel GARRO, Judd L. KESSLER].

◆ 第 3 部 ◆ 証拠法論の展開

米国連邦最高裁判所における Chevron U.S.A. v. Natural Resources Defense Council（1984年判決）であり，行政庁が示した制定法解釈について，それが許容しうる（permissible）ものあるいは合理的（reasonable）なものと評価しうる場合に，連邦裁判所としては，仮に自ら当該制定法を解釈したならば異なる結論に到達したであろうとしても行政庁が示した解釈を尊重する，との判例法理である[985]。規律事項に関する行政庁の専門性や立法府の民主的正統性を根拠として，それら他の国家機関の意思決定に対する敬譲を示しつつ，「許容性」あるいは「合理性」という限定的な範囲で司法審査の俎上に乗せることで意思決定についての説明責任を確保し，もって国家機関相互の抑制と均衡を図ろうとするメカニズムである[986]。

上記の Chevron 定式をそのまま国際平面で受容するかはともかく[987]，こうした行政訴訟における審査基準論の考え方を取り入れたのが WTO 紛争処理制度である。すなわち，ウルグアイ・ラウンドに際して米国代表が，国内規制当局の意思決定と WTO パネルの権限の関係性を考える上では同判例法理が参考になる旨強調したところ，他の交渉国の反対に遭ったことから，妥協案として，アンチダンピング（AD）協定についてのみ明示規定が挿入されることとなった[988]。アンチダンピング税を含めた貿易救済制度は，救済措置の発動に先立って定められた手続規則に従い，国内規制当局が綿密な事実調査を実施して発動要件充足性を判断することが義務付けられる[989]。そして，こうした国内当局による事実認定

---

(984) Jan BOHANES and Nicholas LOCKHART, *supra* note (792), p. 379.

(985) *Chevron U.S.A., Inc. v. Natural Resources Defense Council, Inc.,* 467 U.S. 837, 843 (note 11).

(986) Jan BOHANES and Nicholas LOCKHART, *supra* note (792), p. 380.

(987) *Voir,* Steven P. CROLEY and John H. JACKSON, "WTO Dispute Procedures, Standard of Review, and Deference to National Governments", *A.J.I.L.,* vol. 90 (1996), pp. 202-211.

(988) Steven P. CROLEY and John H. JACKSON, "WTO Dispute Panel Deference to National Government Decisions: The Misplaced Analogy to the US Chevron Standard of Review Doctrine", Ernst-Ulrich PETERSMANN (ed.), *International Trade Law and the GATT/WTO Dispute Settlement System* (Kluwer Law International, 1997), pp. 194-197; Matthias OESCH, "Standards of Review in WTO Dispute Resolution", *J.I.E.L.,* vol. 6, no. 3 (2003), pp. 645-646.

(989) Michelle T. GRANDO, *supra* note (5), pp. 234.

◇第6章◇　公法訴訟モデルに基づく証拠法論の展開

が AD 協定に整合的かを判断する上で，パネルは，国内当局が「適切な手続に従って入手した事実」のみに依拠することができ，独自に証拠収集を行うことはできない（AD 協定17.5(ii)条）。その結果，パネルの任務は，国内当局の事実認定が「適切 (proper)」か否か，そして事実評価が「公平かつ客観的 (unbiased and objective)」であったか否かの審査に限定され[990]，パネルは自ら新規に事実認定を行うことはできない（同17.6(i)条前段）。そして，国内当局の事実認定がかように適切・公正・客観的と判断される場合には，「パネルが異なる結論に達したとしても，その評価を覆してはならない」（同17.6(i)条後段）。つまり，アンチダンピング措置の事実認定に関して，パネルは原審ではなく，国内調査当局の事実認定の合理性を事後的に審査する役割を担うわけである。上級委員会は，パネルの任務である「事実の客観的評価」概念（DSU11条）を経由して，セーフガード措置[991]及び相殺関税措置[992]についても同様の判断枠組みを採用している。

先行する事実認定の事後審査のメカニズム

そして上級委員会によれば，貿易救済措置の文脈におけるパネルの「事実の客観的評価」とは，権限ある国内当局が必要事項を全て考慮したかをまず確認した上で（a 'check list' approach[993]），それらの事実が救済措置の発動決定をどのように根拠づけているかという理由付けを審査することである。すなわち，「パネルは，それら事実がどのように〔貿易救済措置発動という〕意思決定を根拠づけるかについて，当該当局が理由付けを伴う適切な説明 (*a reasoned and adequate explanation*) を示したか否かを審査しなければならない[994]」（傍点部分は原文ではイタリック）。このように，加盟国の意思決定に対するパネルの敬譲とは，WTO 法

---

(990)　Appellate Body Report, *United States—Investigation of the International Trade Commission in Softwood Lumber from Canada, Recourse to Article 21.5 of the DSU by Canada,* WT/DS277/AB/RW, adopted 9 May 2006, para. 93.

(991)　Appellate Body Report, *United States—Transitional Safeguard Measure on Combed Cotton Yarn from Pakistan,* WT/DS192/AB/R, adopted 5 November 2001, paras. 78-80.

(992)　Appellate Body Report, *United States—Countervailing Duty Investigation on Dynamic Random Access Memory Semiconductors* (*DRAMS*) *from Korea,* WT/DS296/AB/R, adopted 20 July 2005, paras. 174-179, 188.

(993)　Jan BOHANES and Nicholas LOCKHART, *supra* note (792), pp. 403-404.

279

◆ 第3部 ◆ 証拠法論の展開

の規律が及ばない留保領域の承認ではなく，貿易救済措置に関して加盟国に第一次的な規律権限が配分されると考えた上で，加盟国はその権限をどのように行使したかについて説明しなければならないという説明責任を通じた協定遵守のメカニズムと捉えられるわけである(995)。申立国の請求よりも，被申立国のWTO協定運用の妥当性を評価することに関心を置く点で，審査基準論は，申立国の侵害利益の回復にとどまらない，被申立国の措置のWTO協定遵守状態の確保という共通利益の実現という紛争処理制度の目的を反映したものと位置付けられる。

国内当局が示す理由付けの審査

もっとも，以上のような貿易救済措置に関する説明責任のメカニズムは，国内当局による事前の事実認定が協定上予定されているが故に可能となるものであるため，通常の貿易制限措置については基本的には想定しえない(996)。すなわち，貿易措置に実施に際して，加盟国は，輸入産品について無差別待遇を付与し，差別的な措置を導入する際には例外事由を充足するといった実体義務を負うものの，貿易救済措置とは異なり，国内当局が予め事実認定を行った上で措置実施要件の充足性を明らかにしておくという手続的義務が課されているわけではないからである(997)。先行する事実認定を想定しえない以上，パネル自身が第一審として問題となる貿易措置につき自ら事実認定を行うほかなく(998)，したがって審査基準論を通じた事後審査を通じた説明責任のメカニズムを観念することができない。そうした中で数少ない（管見の限り，紛争処理手続で審理された申立の中で唯一の）例外がSPS協定5.1条であり(999)，上級委員会は，同条が一定のリスク評価に「基づいて（based on）」SPS措置を実施することを加盟国に要求していることに着目

---

(994) Appellate Body Report, *United States—Safeguard Measure on Imports of Fresh, Chilled or Frozen Lamb from New Zealand and Australia*, WT/DS177/AB/R, WT/DS178/AB/R, adopted 16 May 2001, para. 103.

(995) Jan BOHANES and Nicholas LOCKHART, *supra* note (792), pp. 380, 408-409.

(996) Claus-Dieter EHLERMANN and Nicolas LOCKHART, "Standard of Review in WTO Law", *J.I.E.L.*, vol. 7, no. 3 (2004), pp. 513-519.

(997) Jan BOHANES and Nicholas LOCKHART, *supra* note (792), pp. 409, 414.

(998) Claus-Dieter EHLERMANN and Nicolas LOCKHART, *supra* note (996), p. 518; Jan BOHANES and Nicholas LOCKHART, *supra* note (792), p. 414.

(999) Claus-Dieter EHLERMANN and Nicolas LOCKHART, *supra* note (996), p. 515; Jan BOHANES and Nicholas LOCKHART, *supra* note (792), p. 411.

◇ 第 6 章 ◇　公法訴訟モデルに基づく証拠法論の展開

し，加盟国自身によるリスク評価に際しての理由付けに審査にパネルの任務が限定されるとしている。

　「パネルの審査権限は，WTO 加盟国によるリスク評価が正しいか否かの決定ではなく，当該リスク評価が一貫した理由付けと傾聴すべき科学的証拠（coherent reasoning and respectable scientific evidence）によって根拠づけられており，その意味で客観的に正当化しうるか否かを決定するものである⁽¹⁰⁰⁰⁾」（傍点中島）。

　このように，SPS 措置に関して例外的⁽¹⁰⁰¹⁾に審査基準論が観念されるのは，貿易救済措置と同様に，WTO 協定の第一義的な運用として加盟国自身による事前の意思決定が想定されているがために，国内当局が示す理由付けの審査にパネルの任務を限定することが可能となるからである。こうした論理構造は，WTO の審査基準論と比較されることの多い欧州人権裁判所の「評価の余地」論⁽¹⁰⁰²⁾においても同様であり，欧州人権条約上の人権保護の任務を第一義的に担うのは加盟国であることを前提に，それに補完的（subsidiary）な役割を担う欧州人権裁判所においては，問題となる措置を正当化するために国内制度が与えた理由付けを事後的に審査するという判断枠組みが導かれている⁽¹⁰⁰³⁾。

(1000)　Appellate Body Report, *United States—Continued Suspension of Obligations in the EC—Hormones Dispute,* WT/DS320/AB/R, adopted 14 November 2008, para. 590; Appellate Body Report, *Canada—Continued Suspension of Obligations in the EC—Hormones Dispute,* WT/DS321/AB/R, adopted 14 November 2008, para. 591.

(1001)　この点，GATT20条(b)の必要性要件に関して，ある貿易措置が当該要件を充足するか否かを評価するに際して適用される基準（the applicable standard）が論じられることがあるが，これは文脈上，GATT20条の解釈と当該措置へのあてはめに関する表現であり，審査基準論とは無関係である。*Voir,* Appellate Body Report, *EC—Measures Affecting Asbestos and Products Containing Asbestos,* WT/DS135/AB/R, adopted 5 April 2001, para. 170.

(1002)　「審査基準」の語が英米法を起源とするのに対し，「評価の余地」の語はフランス行政法に由来する。Lukasz GRUSZCZNSKI and Wouter WERNER, "Introduction", Lukasz GRUSZCZNSKI and Wouter WERNER (eds.), *Deference in International Courts and Tribunals: Standard of Review and Margin of Appreciation* (Oxford University Press, 2014), p. 3. こうした両概念の相違は，それ自体として検討課題となりうるものの，本書の問題関心の限りでは両概念の用法は重複するため，以下では審査基準の語を主としつつ互換的に用いる。

(1003)　*The Case of Handyside v. United Kingdom,* Application no. 5493/72, Judgment of 7 December 1976, paras. 48, 50.

281

◆ 第 3 部 ◆ 証拠法論の展開

◇2 証明責任論と審査基準論の関係

審査基準論の限界を補完する証明責任転換論

審査基準論が説明責任を通じて協定遵守の確保を図ろうとするものであるなら
ば，先に検討した EC・ホルモン定式は，審査基準論を観念しえない規律領域に
おいて，審査基準論とは異なる論理構成で説明責任を確保することで，同様の目
的実現を志向する判例法理と捉えられる。すでに述べた通り，通常の貿易措置に
関しては，加盟国当局による事実認定と理由付けを期待することはできない。そ
こでパネル・上級委員会は，パネル審理以前ではなく，パネル審理の過程におい
て被申立国に説明責任を求めるメカニズムを導入することで，協定遵守確保とい
う WTO 紛争処理制度の目的実現を図ろうとしたわけである。したがって，説明
責任を通じた貿易条件の維持という WTO 紛争処理制度の目的の観点からは，証
明責任転換論は審査基準論と相互補完的な関係にあると見ることができ，国内規
制当局による事前の事実認定の有無を基準として，両者の棲み分けをある程度明
確に整理することができる。

こうした用語法を前提とすると，国際投資仲裁に関して審査基準論の導入案が
学説上有力に主張されているにもかかわらず[1004]，仲裁実務において同概念に
明示的に依拠した例がこれまで存在しないのは[1005]，投資仲裁の公的性質の否
定というよりはむしろ，投資協定上，貿易救済制度と同様の意味での事前の事実
認定や説明の義務を見出すことが難しいためと分析しうる。この点，先に検討し
た通り，証明責任の転換論を通じた説明責任確保という公法訴訟モデルの証拠法
論の萌芽を投資仲裁判断の中にも垣間見ることが可能であり，その意味で，投資
仲裁について公法訴訟のパラダイムを推し進めようとするならば，少なくとも現

[1004] *E.g.*, William BURKE-WHITE and Andreas VON STADEN, "The Need for
Public Law Standards of Review…", *supra* note（978），pp. 689-720; Stephan W.
SCHILL, "Deference in Investment Treaty Arbitration: Re-Conceptualizing the
Standard of Review", *Journal of International Dispute Settlement,* vol. 3, no. 3（2012），
pp. 577-607; Valentina VADI and Lukasz GRUSZCZYNSKI, "Standards of Review
in International Investment Law and Arbitration: Multilevel Governance and the
Commonweal", *J.I.E.L.*, vol. 16, no. 3（2014），pp. 613-633.

[1005] Caroline HENCKELS, "Balancing Investment Protection and the Public
Interest: The Role of the Standard of Review and the Importance of Deference in
Investor-State Arbitration", *Journal of International Dispute Settlement,* vol. 4, no. 1
（2013），pp. 201-203.

◇第6章◇　公法訴訟モデルに基づく証拠法論の展開

状においては，審査基準論よりも証明責任転換論に依拠した論理構成の方が首尾
一貫したものと言いうるのかもしれない。

南極海捕鯨事件判決の審査基準論をめぐる混乱

WTO紛争処理制度の実行に基づく以上の概念整理を前提とすると，ICJにお
ける審査基準論の用語法をめぐる議論の混乱を整理し，その意義を特定すること
が可能となる。

南極海捕鯨事件（2014年3月31日判決）においてICJは，審査基準論を用いて捕
鯨実施国日本の国際義務（国際捕鯨取締条約：ICRW）違反を認定した。ICJが審査
基準の概念に明示的に依拠したのは本件が最初であるものの，判決推論上，裁判
所は同概念を特段定義することなく，それが「客観的なもの（objective one）」で
あることを強調したのみで，各判断要素の検討に移行している[1006]。そのため，
本判決の理解をめぐっては混乱が見られる。とりわけ，日本の義務違反という結
論に疑義を呈する立場は，判決が示した審査基準論とは証明責任の転換であると
換言し，被告であるはずの日本が証明責任を負うこととなった（あるいは端的に重
い主張立証負担を負わねばならなくなった）との理解から，多数意見の不当性を説く
傾向にある[1007]。例えば，反対意見を付した小和田判事は，「判決は〔…〕許可
発行国が証明する責任を負うかの如き態様において客観的合理性の基準を適用し
ているように見受けられる」との理解から，本来ならば日本ではなく原告豪州が，
日本の捕鯨活動を「『合理的な』科学調査活動とみなし得ないことにつき証明し
なければならない」として，多数意見を批判している[1008]。

しかし判決自体は，証明責任やそれに類似する語を用いておらず，また証明責
任論に関する基本原則を判例法理として示した先例（第4章第2節参照）への言及
も無い。このことに鑑みれば，判決が示した審査基準論は，証明責任（の転換）

(1006)　*Whaling in Antarctic, I.C.J. Reports 2014,* para. 67.

(1007)　Opinion dissidente de M. le juge ABRAHAM, *I.C.J. Reports 2014,* paras. 21,
31; Separate Opinion of Judge XUE, *I.C.J. Reports 2014,* para. 15; 森下丈二「南極海
鯨類捕獲調査と国際司法裁判所判決（ICJ）について」日本水産学会誌81巻1号（2015
年）148頁；*voir aussi,* 佐藤哲夫「捕鯨事件にみる国際組織の創造的展開」柳井俊二・
村瀬信也編『国際法の実践：小松一郎大使追悼』（信山社，2015年）157-158，166-
168，170頁。

(1008)　Dissenting Opinion of Judge OWADA, *I.C.J. Reports 2014,* paras. 43-45.

◆ 第 3 部 ◆ 証拠法論の展開

論とは区別して理解するのが自然である。もちろん，批判的見解の矛先が，そう
した法律構成そのものではなく，被告側がむしろ重い主張立証負担を負わねばな
らないという具体的帰結に向けられていることからすれば，判決が前提とした審
査基準論は，こうした批判に応える内容を備えたものと分析しうる。

紛争処理モデルの証明責任論を基礎づけるための審査基準論の片面的援用

日本は訴答書面の段階から，審査基準の概念[1009]（当初の用語法は評価の余
地[1010]）を用いて立論を構成したが，その狙いは，科学調査を目的とした致死的
採取方法の実施（自国民への特別許可の発行：ICRW 8 条）に際しての許可発行国の
裁量を強調することで，義務違反認定につき高い立証ハードルを想定することに
あったと理解される。すなわち日本は，特別許可の発行に際して日本が不誠実
（bad faith）に行動したという豪州の請求を念頭に，豪州が当該請求を基礎づける
要件につき証明責任を負うという自らの反論を補強する文脈において[1011]，「不
誠実であるという根拠のない非難に対する賢明なセーフガード」として審査基準
論（評価の余地論）を位置付けている[1012]。その際，日本は，WTO 判例法理を
明示的に参照してはいるものの，これを必ずしも忠実には踏襲しなかったものと
見受けられる。すでに検討した通り，WTO における審査基準論のメカニズムで
は，第一義的な規律権者（加盟国）による意思決定に際しての理由付記が前提条
件であるところ，ICRW におけるそうした加盟国の理由付記義務の存否内容につ
き，日本の理解は必ずしも明確ではないためである。すなわち一方で，加盟国は
国際捕鯨委員会（IWC）の勧告を誠実に考慮し「求められた場合には自らの作為
不作為を説明する」義務を負うとの前提から，日本は IWC の会合の場において
自らの立場の理由を詳細に提示してきたとする[1013]。しかし他方で，問題とな
る特別許可の発行に関して日本は，「本条約は〔発行国〕政府に対し，許可に際
して理由を付記した決定を示すことを求めていない」としており[1014]，審査基

(1009) Written Observations of Japan on New Zealand's Written Observations (31
　　　May 2013), paras. 51-59.
(1010) Counter-Memorial of Japan (9 March 2012), para. 9.7.
(1011) *Ibid.*, para. 9.15.
(1012) *Ibid.*, para. 9.16.
(1013) *Ibid.*, paras. 8.63, 8.76.
(1014) CR 2013/15, p. 21, para. 34 [Mr. LOWE].

◇ 第 6 章 ◇　公法訴訟モデルに基づく証拠法論の展開

準論のメカニズムの前提条件である加盟国の理由付記を念頭に置いていないように見受けられる。

　この点，ICRW は捕鯨の一側面を規律する規則の束に過ぎず(1015)，本件は一国による特別許可発行が他国によって争われた二辺的紛争であるという日本の理解を前提とするならば(1016)，日本の訴答における審査基準論は，説明責任の確保を通じた条約遵守確保のメカニズムというよりは，むしろ紛争処理モデルの証明責任論を維持する論拠として援用されたものと分析しうる。すなわち日本は，国家が広範な裁量を享受する分野における国家の意思決定に国際裁判所が敬譲を示すという審査基準論の片面を強調した上で(1017)，権限行使の不合理性を主張する原告がその根拠を証明しなければならないという(1018)，紛争処理モデル（責任追及事案(1019)）の証明責任論を導出するわけである。実際，こうした証明責任論の維持は日本の防御の中核をなしており，例えば，IWC の勧告に従わない加盟国はその決定につき説明できなければならないという訴訟参加国ニュージーランドの ICRW 解釈(1020)について，日本はこれを証明責任の転換論と読み換えた上で(1021)，「証明責任は原告が負う (*onus probandi actori incumbit*)」の法格言を体現する国際判例を援用し，他国の条約違反を主張する国がその証明責任を負うとの原則論をもって反論している(1022)。

公益実現レジームとしての ICRW と説明義務

　しかし，日本の理解とは裏腹に，ニュージーランドの意見書は証明責任及びそれに類する表現を一切用いていない。ニュージーランドの理解によれば，ICRW は，鯨類保存管理という共通利益を実現するために，国家の単独の決定に基づく捕鯨に置き換わる集団的な取締 (collective regulation) の仕組みを導入したものであり(1023)，そうした集団的な取締のために IWC という集団的な意思決定のメカ

(1015)　Written Observations of Japan, *supra* note (1009), paras. 26-28.

(1016)　CR 2013/16, p. 36, para. 25 [Mr. BOYLE].

(1017)　Written Observations of Japan, *supra* note (1009), para. 54.

(1018)　*Dispute regarding Navigational and Related Rights* (*Costa Rica v. Nicaragua*), Judgment, 13 July 2009, *I.C.J. Reports 2009*, p. 253, para. 101.

(1019)　*I.C.J. Reports 2009*, p. 225, para. 14.

(1020)　Written Observations of New Zealand (4 April 2013), para. 106.

(1021)　Written Observations of Japan, *supra* note (1009), paras. 42-43.

(1022)　Written Observations of Japan, *supra* note (1009), para. 47.

◆ 第 3 部 ◆ 証拠法論の展開

ニズムを導入した(1024)。そこにおいて，条約 8 条に基づく特別許可の発行は，条約の規律から離れた国家の独立の権利ではなく，IWC がその任務を遂行するために必要な科学的知見を締約国が入手するためになされるものと性格規定される(1025)。その結果，集団的な取締の仕組みの枠内において，加盟国は IWC に協力する義務を負い(1026)，そうした協力関係を有意義たらしめるために，IWC の勧告に従わない決定については説明できなければならない（must be able to provide an explanation）という義務を負う(1027)。このように，鯨類保存管理という共通利益を実現するメカニズムの中に組み込まれた締約国は，IWC への協力義務の一環として，IWC の勧告に従わない意思決定を行う際にはその理由付記が求められるというのがニュージーランドの見解であり，裁判手続上の証明責任転換というよりは，取締の仕組みの内部手続上の義務の存在を想定するものと分析しうる。

ICRW 上の説明義務と審査基準論

　ニュージーランドは非当事国として訴訟参加（ICJ 規程63条）したこともあり，日本の特別許可発行に関する審査基準論には具体的に触れなかった(1028)。しかし裁判所は，ニュージーランドが想定したような説明義務の存在を審査基準論の前提として念頭に置いている。すなわち，ICRW 加盟国による特別許可の発行は，致死的方法の採用が科学調査目的であるとの「判断（determination）」を内包していることから，裁判所は，当該判断の客観的根拠についての許可発行国による説明を期待する（will look to）とする(1029)。その際に念頭に置かれているのが，加盟国の意思決定が「一貫した理由付けと傾聴すべき科学的証拠」によって根拠づけられているか否かを審査するという WTO 審査基準論の定式そのもの(1030)であり（本項1.を参照），ICJ は，日本による同判例の引用をもって(1031)，本件にお

(1023)　Written Observations of New Zealand, *supra* note（1020）, para. 15.

(1024)　Written Observations of New Zealand, *supra* note（1020）, para. 28.

(1025)　Written Observations of New Zealand, *supra* note（1020）, para. 43.

(1026)　Written Observations of New Zealand, *supra* note（1020）, para. 96.

(1027)　Written Observations of New Zealand, *supra* note（1020）, para. 106.

(1028)　Written Observations of Japan, *supra* note（1009）, para. 55.

(1029)　*I.C.J. Reports 2014,* para. 67.

(1030)　*I.C.J. Reports 2014,* para. 66.

◇ 第 6 章 ◇ 　公法訴訟モデルに基づく証拠法論の展開

ける判断枠組みとしたものと分析される。もっとも，先に検討した通り，日本に
よる WTO 審査基準論の引用趣旨はあくまで加盟国の裁量を強調する点にあり，
権限行使の裁量性と対をなす説明責任のメカニズムを自覚的に論じた形跡は見当
たらない。そこで，WTO 審査基準論と同様のメカニズムを本件において観念し
ようとするならば，ICJ としては，ICRW 加盟国，少なくとも日本が負う説明義
務の存在を別途論証する必要がある。

　この点裁判所はまず，ICRW の加盟国は IWC に協力する義務（duty to co-
operate）を負い，そして IWC の勧告を十分に顧慮する義務（obligation to give due
regard）を負うことを前提とする(1032)。そして裁判所は，「必要と思われる以上
には致死的方法を用いていない」という日本の陳述(1033)が，科学調査という目
的と致死的方法という手段の間の連関を分析する約束（undertaking）を含意して
いると判断し，過去20年にわたって非致死的方法が著しく技術発展してきたとい
う鑑定人陳述を踏まえた上で，日本の調査捕鯨計画（JARPA II）は，致死的抽出
の規模を縮小するための手段たる非致死的方法の実行可能性（feasibility）につい
て一定の分析を含むべきであった（should have included）という個別法規範を導
出する(1034)。これが，ICJ が前提とした日本の説明義務であり，本件における審
査基準論のメカニズムの前提条件である。裁判所は実際，より規模の小さい致死
的採取の実行可能性を日本が検討した証拠が無いこと，致死的方法と非致死的方
法の費用比較についての説明が無いこと，特定のサンプルサイズを選択するに際
しての理由付けの透明性が欠けていること，調査期間（6年間）の選択理由につ
いての説明が無いことなどから(1035)，JARPA II における目的手段の合理的連関
の欠如を結論付けている(1036)。JARPA II が説明していないこと，あるいは日本
が非致死的方法の実行可能性を検討したという証拠が無いことがその根拠であり，

(1031)　CR 2013/22, pp. 58, 60, paras. 12, 21 [Mr. LOWE]; Counter-Memorial of Japan,
　　　supra note（1010）, p. 412, footnote 1099.

(1032)　*I.C.J. Reports 2014,* paras. 83, 137, 144. 日本も，「検討する義務（duty to
　　　consider）」という表現で，IWC の勧告を誠実に検討してきたと主張している。
　　　Counter-Memorial of Japan, *supra* note（1010）, para. 9.21.

(1033)　Written Observations of Japan, *supra* note（1009）, para. 64.

(1034)　*I.C.J. Reports 2014,* para. 137.

(1035)　*I.C.J. Reports 2014,* paras. 141, 143, 188, 193, 195, 198.

(1036)　*I.C.J. Reports 2014,* para. 217.

◆ 第3部 ◆ 証拠法論の展開

日本が裁判手続上証明責任を負い，それを果たさなかったとの表現は用いられていない。

ICJ の公法訴訟的展開への展望

以上のように裁判所は，日本の説明義務を前提に，JARPAⅡにおける科学調査目的と致死的手段の間の合理的連関についての理由付けに審査の焦点を絞り，その欠如・不足を根拠として日本の義務違反を認定している。こうした論理構成は，WTO における審査基準論と同様の構造を備えるものであり，それによってICRW という多数国間条約の遵守状態の確保という公益目的の実現を帰結せしめた点で[1037]，本判決を ICJ における公法訴訟モデルの証拠法論の萌芽と位置付けることは十分可能と考えられる[1038]。

もっとも，ICRW を共通利益実現レジームと正面から性格規定したニュージーランドの意見書とは異なり，裁判所はそうした ICRW の公的性質を明示的に承認したわけではない。裁判所は，IWC の勧告を加盟国が「考慮する義務」を前提に，致死的方法という手段と科学調査目的の間の連関を分析する約束をしたと解される日本の裁判上の陳述と，非致死的方法に関する技術発展という具体的状況から日本の説明義務を導出しており，ICRW の性質から説明責任のメカニズムを論理演繹的に導いたわけではない。また，裁判所による審査の対象は，裁判以前の調査捕鯨計画の説明のみならず，本件裁判手続において日本が陳述した説明にも緩やかに及んでいる[1039]。これらの点で，ICJ が想定した審査基準論は，WTO の審査基準論とほぼ同様の構造を備えるものでありながら，その位置付けや具体的な審査の射程に関してなお曖昧な点を残すものと分析しうる。

しかし，こうした曖昧さを残す審査基準論は，判決内在的な欠陥というよりは，むしろ本件当事国の主張立証状況の帰結である。すなわち原告豪州は，本件訴訟

(1037) 裁判所が命じた救済は，JARPAⅡの停止，特別許可の取消し及び同様の許可発行の自制であり，かつそれにとどまる点で，WTO 紛争処理制度と同様，条約遵守状態の確保そのものを目的とした訴訟であったと位置付けられる。*I.C.J. Reports 2014,* para. 247(7).

(1038) 以上の分析は，本判決に「政策志向性」や「行政的」作用を見出す議論と軌を一にするものと位置付けられる。児矢野マリ「国際行政法の観点からみた捕鯨判決の意義」国際問題636号（2014年）48頁。

(1039) *I.C.J. Reports 2014,* paras. 187, 193.

288

◇ 第6章 ◇　公法訴訟モデルに基づく証拠法論の展開

を個別損害の回復ではなく共通利益の保全を目的とするものと位置付けた結果(1040)，JARPA II の停止と特別許可の取消し・再発行の自制という条約遵守状態の回復を意図した救済のみを求め(1041)，日本の国家責任発生を前提とした損害賠償は請求しなかった(1042)。そのため，請求の受理可能性（原告適格・訴えの利益）が問題となる余地があったところ，日本はこれを争う抗弁を提起しなかった(1043)。職権調査事項である管轄権の基礎とは異なり，請求の受理可能性は当事者による抗弁提起を待ってはじめて審理される事項であるため，日本の抗弁不提起は，ICRW の法的性質について確定的な判断を下さぬままに，裁判所をして，条約遵守状態の回復を目的とした豪州の請求を認容することを可能としたものと分析しうる。加えて，日本は自らの権限行使の裁量的性格を強調する狙いからWTO 審査基準論に依拠したものの，すでに検討した通り，審査基準論は本来的に条約遵守状態の維持回復を目的とした説明責任のメカニズムである。したがって裁判所は，日本による WTO 審査基準論の援用をいわば奇貨として，本件具体的な事情から導出される日本の説明義務を前提に，致死的方法の採用について日本に説明責任を求める本件限りのメカニズムを構築したものと分析できる。その意味で，本件における審査基準論の成立は，両当事国の主張立証状況の偶発的な結果によるところが大きく，その射程は実は相当に狭いものと考えられる。とはいえ，ICJ においてそうした公法訴訟モデルの証拠法論の萌芽が見られたこと自体は事実であり，今後の展開はさらに注視していく必要がある。

(1040)　CR 2013/18, pp. 33-34, paras. 18-20 [Mme BOISSON DE CHAZOURNES]. この点で本件は，同様の資源環境紛争でありながら，あくまで二辺的な責任追及事案であるパルプ工場事件とは区別される。CR 2013/19, p. 65, para. 23 [Mr. CRAWFORD].

(1041)　CR 2013/19, pp. 47-48, para. 3 [Mr. CAMPBELL].

(1042)　核実験事件（1974年判決）で豪州は，フランスによる大気圏内核実験の実施を国際法違反と主張する際に，全ての国がフランスの違反を追及しうるとの前提に立つと同時に，フランスの行為が自国の主権侵害をも構成する旨併せて主張していた。*I.C.J. Pleadings, Nuclear Tests*, p. 331, paras. 431-432. こうした前例を踏まえるならば，本件豪州は自らの個別利益の侵害を敢えて援用しなかったものと考えられる。

(1043)　管轄権についての抗弁認容を見込んでいた，あるいは迅速に本案審理に進んだ上で本案での勝訴を見込んでいた，といった推測は可能であるが，少なくとも訴答からは，日本の訴訟戦略の背景は定かではない。坂元茂樹「日本からみた南極捕鯨事件判決の射程」国際問題636号（2014年）12頁。

◆ 第 3 部 ◆　証拠法論の展開

◆ 第 3 節 ◆　推定構造論

　紛争処理モデルの証拠法論において，推定は，証明責任転換論と同様に，証拠の偏在状況に直面した原告側を限定的な範囲で手続的に救済することを目的とした例外的制度として位置付けられる。これに対し，公法訴訟モデルの証拠法論における推定は，やはり公法訴訟モデルの証明責任転換論と同様に，権利救済というよりは被申立国の行為の遵守確保を目的とした制度と捉えられる（第 1 項）。もっとも国際投資仲裁の場合，国際公序あるいは国際公共政策の観念を手がかりに，投資受入国ではなく投資家側の振る舞いを律することを目的とした新たな推定の運用形態を見て取ることもできる（第 2 項）。

◆ 第 1 項　協定遵守状態の回復を目的とした推定

　WTO 協定違反の認定から導かれる利益の無効化侵害の「推定」は，協定違反認定とそれに引き続く譲許停止の局面を，遵守確保という紛争処理制度の目的の観点から架橋する法的推定と位置付けられる（1.）。また，紛争処理モデルの国際裁判では極めて限定的な範囲で運用されていた否定的推論は，WTO 紛争処理制度においては，協定上の義務遵守を促す制度として確立した地位が与えられている（2.）。

◇ 1　遵守誘導のための無効化侵害の「推定」

　WTO 加盟国が紛争処理手続を利用するに際しての申立の論理構成は複数（理論上 6 通り）存在するが（GATT23.1条），実際には，他の加盟国が協定上の「義務の履行を怠った結果」として自国の「利益が無効にされ，若しくは侵害され」たことを根拠とする申立が大半である[1044]。この場合，申立国は本来，被申立国による義務違反のみならず，自国の利益の無効化侵害をも証明しなければならないはずであるところ，GATT 期のパネル慣行は，義務違反の立証をもって利益の無効化侵害が「推定」されることを確立した[1045]。それは，現実の貿易量の維持ではなく，合意された貿易条件とそれに対する加盟国の期待の維持を目的とする仕組みとして紛争処理制度が性格規定されることの帰結と理解される[1046]。

　(1044)　Michelle T. GRANDO, *supra* note (5), p. 46.

◇第6章◇　公法訴訟モデルに基づく証拠法論の展開

こうした慣行を成文化したのが DSU3.8 条であり，次のように規定している。

「対象協定に基づく義務に違反する措置がとられた場合，当該措置は，一応（*prima facie*）無効化又は侵害の事案を構成するものと認められる。このことは，対象協定に基づく義務についての違反は，当該対象協定の締約国である他の加盟国に悪影響を及ぼすとの推定（presumption）が通常存在することを意味する。この責に対して反証を挙げる責任は，申立を受けた加盟国の側にあるものとする」。

　しかし，協定遵守の確保が制度目的であるならば，そもそも義務違反に加えて利益の無効化侵害の概念を敢えて立てる理由は何かが問題となる。特に，義務違反から利益の無効化侵害を「推定」するという論理構成は，義務違反が認定されたにも関わらず利益の無効化侵害が存在しないという反証の余地を認め，それが成立する場合には請求棄却を帰結せしめる点で，むしろ貿易条件への期待の維持を阻害するようにも考えられるからである。こうした反証が成立した例はこれまでに存在しないものの[1047]，以上のような問題意識から，明示的に反証を認める DSU3.8 条の規定振りや上級委員会の立場に関わらず[1048]，反証は事実上ほぼ不可能であるとか[1049]，利益の無効化侵害の概念は不要と説かれている[1050]。

　この点，現行 WTO 紛争処理制度において同概念が意義を持つのは，義務違反認定の局面に引き続く譲許停止の局面である。すなわち，被申立国が DSB の勧告を妥当な期間内に実施しない場合，申立国は，一時的な手段として「代償及び譲許その他の義務の停止」に訴えることができるところ（DSU22.1 条），この譲許停止の発動を無効化侵害概念が規律しているわけである。第1に，申立国は原則

(1045)　John H. JACKSON, "Dispute Settlement and the WTO: Emerging Problems", *J.I.E.L.*, vol. 1, no. 3（1998），p. 334; *Report of the Panel on Uruguayan Recourse to Article XXIII*, adopted 16 November 1962（L/1923 - 11S/95），para. 15.

(1046)　伊藤一頼・前掲注（788）36頁。

(1047)　Michelle T. GRANDO, *supra* note（5），p. 99.

(1048)　Appellate Body Report, *EC—Export Subsidies on Sugar*, WT/DS265/AB/R, WT/DS266/AB/R, WT/DS283/AB/R, adopted 19 May 2005, para. 299.

(1049)　Hélène RUIZ FABRI, « La juridictionnalisation du règlement des litiges économiques entre États », *Revue de l'arbitrage*, n° 3（2003），p. 927.

(1050)　Frieder ROESSLER, "The Concept of Nullification and Impairment in the Legal System of the World Trade Organization", Ernst-Ulrich PETERSMANN (ed.), *International Trade Law and the GATT/WTO Dispute Settlement System*（Kluwer Law International, 1997），p. 142.

◆ 第3部 ◆ 証拠法論の展開

として「違反その他の無効化又は侵害があると認定された分野と同一の分野に関する譲許」の停止が求められる（DSU22.3条(a)）。ここにおいて無効化侵害概念は，譲許停止が可能な対象セクターに優先順位を設けることで，貿易摩擦のスピルオーバー効果を最小化する役割を担っている[1051]。ただし，同様の機能は「違反」概念も担いうることから，無効化侵害概念が固有の意義を持つのは次の同等性要件に関してである。すなわち第2に，申立国による譲許停止の規模は，無効化侵害の規模と同程度でなければならないとされ（DSU22.4条；DSU22.7条），無効化侵害概念が譲許停止の規模を規律する仕組みとなっている。この同等性要件は，可能な譲許停止の規模に上限を設定することを通じて他国の義務違反を奇貨とした不当な経済的利益の獲得（及びそうした外観を呈することで他国の反感を買うこと）を防止し，また国内の保護主義的勢力の圧力をかわす口実を設けることで[1052]，遵守誘導のための暫定的な制度という譲許停止の本旨に即した運用を求める制約と位置付けられる[1053]。こうした譲許停止の性格を踏まえるならば，義務違反から利益の無効化侵害を「推定」するDSU3.8条は，義務違反があれば通常は利益の無効化侵害があるという経験則に基づく事実推認というよりは，義務違反をもって直ちに譲許停止という協定遵守誘導手段を発動する契機を用意することで協定遵守の確保という紛争処理制度の目的を貫徹するための手段であると捉えることが可能である。

◇2　遵守誘導のための否定的推論

　紛争処理モデルの証拠法論では例外的な救済策にとどまっていた否定的推論は，公法訴訟モデルの証拠法論では，協定遵守メカニズムの一翼を担う手段として確たる地位が与えられている。

カナダ・民間航空機輸出措置事件

補助金協定は，その附属書Ⅴの第7項において，相殺可能補助金による損害

(1051)　WTO Secretariat, *A Handbook on the WTO Dispute Settlement System* (Cambridge University Press, 2004), p. 83; Sherzod SHADIKHODJAEV, *Retaliation in the WTO Dispute Settlement System* (Kluwer Law International, 2009), p. 65.

(1052)　Robert E. HUDEC, "Broadening the Scope of Remedies in WTO Dispute Settlement", Friedl WEISS (ed.), *Improving WTO Dispute Settlement Procedures* (Cameron May, 2000), pp. 389-390.

(1053)　伊藤一頼・前掲注（788）37頁。

◇第6章◇ 公法訴訟モデルに基づく証拠法論の展開

証明に関して「パネルは，情報収集過程における非協力的な当事者から否定的推論を導くべきである（should draw）」と規定し，否定的推論発動の契機を明示的に承認するものの，その発動要件の詳細は定めていない。しかし紛争当事国からすれば，自らに不利な証拠資料を提出するインセンティブは低いことから，いかなる場合に否定的推論が導かれるかという要件の詳細が問題となる。

この点，カナダ企業による旅客機輸出に対するカナダ政府の融資措置が補助金協定に違反するか否かが争われたカナダ・民間航空機輸出措置事件（1999年採択）において，被申立国カナダは，提供を求められた政府の融資条件等の詳細情報が内国企業のビジネス上の秘密に相当し，その公開が競争相手を大きく利する虞や，市中銀行が負う顧客情報保護義務を理由として特別な手続による審理を求めていた。しかし，特別手続の設計に関して申立国ブラジルと折り合いがつかなかったため(1054)，カナダは最終的に情報提供に応じなかった(1055)。そこでブラジルは，提出されなかった文書資料がカナダにとって不利な内容を備えている旨の否定的推論を導くよう，パネルに要請した(1056)。パネルは，一般論として否定的推論を導く可能性を肯定する一方(1057)，そのためには申立国による疎明が前提条件であるとした上で，ブラジルがそうした疎明を行っていないことを根拠として本件における発動を否定した(1058)。ブラジルは，パネル判断の一般論を前提とした上で，本件においてあくまで疎明は成立した（証拠提出責任を果たした）ことを根拠に，パネル判断の破棄を求めて上訴した(1059)。

(1054) 経緯について，Rambod BEHBOODI, "'Should' Means 'Shall': A Critical Analysis of the Obligation to Submit Information under Article 13.1 of the DSU in the Canada—Aircraft Case", *J.I.E.L.*, vol. 3（2000），pp. 566-569.

(1055) Panel Report, *Canada—Measures Affecting the Export of Civilian Aircraft,* WT/DS70/R, circulated 14 April 1999, para. 9.176.

(1056) *Ibid.*, para. 9.177.

(1057) *Ibid.*, para. 9.181.

(1058) 「特にブラジルは，輸出開発公社（EDC）の融資〔注記：本件で問題となる措置の1つ〕が市場価格以下でなされたことにつき，いかなる証明も試みようとしなかった。〔…〕仮にブラジルが試みていれば，パネルはそうした推論を行うことを要請され得た。〔…〕そうした疎明が無い以上，EDC の融資が補助金協定に違反するとのブラジルの請求を認容することはできない」*Ibid.*, paras. 9.181-9.182.

(1059) Appellate Body Report, *Canada—Measures Affecting the Export of Civilian Aircraft,* WT/DS70/AB/R, adopted 20 August 1999, paras. 46-59. ブラジルは，「疎明」と「証拠提出責任（burden of evidence）」の概念を互換的に用いている。

293

◆ 第3部 ◆　証拠法論の展開

パネルの一般的裁量としての否定的推論

　上級委員会の出発点は，先に掲げた補助金協定付属書Ⅴではなく，当事国に情報提供を求めるパネルの一般的裁量権限(1060)を定めるDSU13.1条であり，同条に基づくパネルの要請に加盟国は「速やかにかつ完全に応じるべきである (should respond promptly and fully)」とする規定である。通常，条約規定における「べき (should)」の助動詞は，当該規定の命題の実現を勧告 (exhortation) するにとどまると解釈されるところ，上級委員会は，パネルの情報提供要請権に対応する当事国の法的義務が無ければDSU13.1条は意味をなさず，ひいては事実認定が出来なくなりパネルは任務を果たせないとの目的論的観点から(1061)，同条における「べき」の助動詞は「責務ないし義務 (duty [or] obligation)」という規範的 (normative) な意味を持つものとして解釈する(1062)。このように上級委員会は，パネルの裁量的な要請権に対応する加盟国の義務を措定することで，疎明の成立とは無関係に(1063)，パネルはあらゆる情報につきいつでも加盟国にその提供を求めることができると解釈した(1064)。その上で，補助金協定付属書Ⅴ第7項の類推解釈に基づき，そうした情報提供要請の拒絶があった場合に「パネルは，提出された事実（パネルが求めた情報提供をカナダが拒絶したという事実を含む）から一定の推論を導く法的権限と裁量を備えていた」として(1065)，情報提供に応じない場合における否定的推論の契機を承認した。ただし，パネルによる権限行使の裁量的性格を踏まえ，それを導かなかったことが裁量権限の濫用に相当するとは言い難いとして，結論的にはブラジルの上訴を棄却した(1066)。

(1060)　Appellate Body Report, *Argentina—Footwear, supra* note（686），para. 84.

(1061)　Appellate Body Report, *Canada—Aircraft, supra* note（1059），para. 188.

(1062)　Appellate Body Report, *Canada—Aircraft, supra* note（1059），para. 187.

(1063)　Appellate Body Report, *Canada—Aircraft, supra* note（1059），para. 185.

(1064)　Appellate Body Report, *Canada—Aircraft, supra* note（1059），para. 192.

(1065)　補助金協定付属書Ⅴが否定的推論の契機を明示的に認めているのは相殺可能補助金についてのみであり，本件で問題となった禁止輸出補助金については直接の規定を置いていない。しかし上級委員会は，相殺可能補助金に関する否定的推論の契機が禁止輸出補助金にも「当然に (*a fortiori*)」妥当するとの簡潔な推論により，禁止輸出補助金措置の文脈における否定的推論の契機を承認した。Appellate Body Report, *Canada—Aircraft, supra* note（1059），paras. 202-203.

(1066)　Appellate Body Report, *Canada—Aircraft, supra* note（1059），para. 205.

◇第6章◇　公法訴訟モデルに基づく証拠法論の展開

遵守誘導のための否定的推論

　以上のように上級委員会は，結論としてはブラジルの上訴を棄却するものの，その理由付けにおいて，加盟国の情報提供義務を基礎づけ，その拒絶の場合における否定的推論の契機を広範に承認した。その推論の根幹は，上級委員会において通例である文言主義的な解釈手法とは異なり，加盟国が情報提供をすべき（should）とすることを義務的なもの（shall）と解釈した目的論的解釈である[1067]。また，補助金協定よりもDSU13条の解釈論として展開した結果，本判断の射程は補助金措置を超えて，セーフガード措置[1068]や農業協定に関する紛争[1069]にも及んでいる。

　本判断は，否定的推論の発動要件として申立国による疎明を要求しないことを明らかにすることで，証明責任転換論との守備範囲の相違を明らかにした一方[1070]，その発動は究極的にパネルの裁量であるとしたのみであり，要件の詳細や裁量権限行使に対する制約を一切明らかにしていない。そのため一見する限り，WTOパネルは比較的単純な目的論的解釈によって強力な職権主義的証拠調べの契機を導入するに至ったかのようにも思われる。実際，WTOパネルはあくまで当事国が提出した資料に基づいて判断を下す仲裁人（arbiters）であるとの理解を前提に，本判断はいわば検察（prosecutors）類似の強力な制度を構築するに至ったとの批判が寄せられている[1071]。

　こうした批判は，WTO紛争処理手続をあくまで二辺的紛争処理を目的とした制度として捉える限りは首尾一貫したものと言えるかもしれない。他方，協定遵守確保を通じた貿易条件の客観的維持を目的とした制度として紛争処理手続を捉える本書の観点からは，本判断は，先に検討した法的推定と同様，被申立国によ

(1067)　Rambod BEHBOODI, *supra* note（1054），p. 574; 松下満雄「WTO上級委員会案件審議の問題点」村瀬信也編『国際経済法講座Ⅰ通商・投資・競争』（法律文化社，2012年）192-193頁。

(1068)　Panel Report, *United States—Definitive Safeguard Measures on Imports of Wheat Gluten from the European Communities*, WT/DS166/R, circulated 31 July 2000, para. 8.7.

(1069)　Panel Report, *Turkey—Measures Affecting the Importation of Rice*, WT/DS334/R, circulated 21 September 2007, paras. 7.10-7.11.

(1070)　Appellate Body Report, *Canada—Aircraft, supra* note（1059），para. 198.

(1071)　Rambod BEHBOODI, *supra* note（1054），pp. 585, 589.

◆ 第3部 ◆ 証拠法論の展開

る協定遵守を間接的に誘導するメカニズムとして規範的に正当化することができる。上級委員会自身，加盟国による情報提供義務の遵守を誘導する（induce）ものとして否定的推論を位置付けると同時に[1072]，その発動は当事国の判断に左右されないという裁量的性格を強調しており[1073]，証拠の偏在に直面した申立国を手続的に救済する手段というよりは，証拠提出を間接強制する契機を肯定することを通じて協定遵守を促すメカニズムを補完する制度と捉えた方が整合的である。もっとも上級委員会は，否定的推論を証拠不提出に対する「懲罰（punishment）」や「刑罰（penalty）」ではなく，提出された事実からパネルが「論理的あるいは理性的に導きうる」という経験則に基づく事実推認に過ぎないとしており[1074]，本判断のみをもって強力な職権主義的証拠調べの契機が完成したと見ることはできない。むしろ，紛争処理モデルの証拠法論において申立人の手続的救済手段として経験則の範囲内で限定的に運用されていたのと同様，公法訴訟モデルの証拠法論においても否定的推論は，遵守確保メカニズムの一環としてやはり経験則の範囲内で限定的に運用されるものと考えられる[1075]。

◆ 第2項　国際公益を根拠とする投資家の活動の規律

　国際投資仲裁における推定は，WTOに見られたような義務遵守を誘導するメカニズムとしての運用例はこれまで見当たらず，基本的には紛争処理モデルの証拠法論を基調としているものと考えられる。他方，そもそも運用例自体が数少ない中で[1076]，国際公序あるいは国際公益を根拠に，収賄を通じて設立された投資の保護の否定や（1.），偽装申立を通じた仲裁手続の濫用防止といった（2.），

(1072)　Appellate Body Report, *Canada—Aircraft, supra* note (1059), para. 204.

(1073)　Appellate Body Report, *Canada—Aircraft, supra* note (1059), para. 192.

(1074)　Appellate Body Report, *Canada—Aircraft, supra* note (1059), para. 200.

(1075)　カナダ・民間航空機事件の定式を参照しつつ，実際には否定的推論を導かなかった例として，Panel Report, *US—Gluten, supra* note (1068), para. 8.12; Appellate Body Report, *US—Gluten, supra* note (780), paras. 171–176; Panel Report, *Canada—Export Credits and Loan Guarantees for Regional Aircraft,* WT/DS222/R, adopted 19 February 2002, para. 7.386; Panel Report, *Korea—Measures Affecting Trade in Commercial Vessels,* WT/DS273/R, adopted 11 April 2005, para. 7.163.

(1076)　管見の限り，これまでの投資仲裁事例の中で否定的推論の発動を明らかに読みとることができるのは，以下で検討する2例の他には，*Marvin Feldman v. Mexico, supra* note (636) を挙げることができることにとどまる。

◇ 第6章 ◇ 公法訴訟モデルに基づく証拠法論の展開

投資家側の悪意ある行動を規律するための手段としての否定的推論を活用すると
いう，新しい運用例が見られる。

◇1 国際公序に基づく否定的推論：腐敗対策

紛争処理モデルの証拠法論と腐敗対策

対外直接投資において，外国人投資家は，投資受入国公務員に賄賂を提供する
ことを通じて投資の成立を可能あるいは容易とし，また当該投資の存続を確保す
ることがある。こうした腐敗の事実が仲裁手続の俎上で扱われる態様としては通
常，次の2通りが想定される[1077]。第1に，投資受入国による賄賂の要求が投
資協定上の実体義務に違反するとして投資家側が申し立てる例である。この場合，
申立人たる投資家が証明責任を負うことが前提となり，例えば，公正衡平待遇義
務違反の要素として腐敗の事実を援用する場合，投資家側がその根拠となる事実
を証明しなければならない[1078]。第2に，「国内法に従って」投資が設立された
ことを投資協定が保護する「投資」の要件とする協定に基づく仲裁の場合，収賄
は基本的に投資受入国の国内法令違反であることから，投資受入国側が自ら収賄
の事実を援用して仲裁廷の管轄権を否定しようとする例である。この場合，収賄
の事実は仲裁管轄に対する抗弁を基礎づけることから，その証明責任は被申立国
が負う[1079]。いずれも，当事者間における自律的な紛争処理の延長線上に仲裁
手続上の主張立証活動を把握する紛争処理モデルの証拠法論に即した判例と捉え
ることができる。この場合，腐敗の事実はあくまで当事者の援用を要する抗弁事
項と捉えられ，職権的な事実調査はむしろ仲裁人の権限踰越を構成するとの考え

(1077)　Joe TIRADO, Matthew PAGE and Daniel MEAGHER, "Corruption Investigations
by Governmental Authorities and Investment Arbitration: An Uneasy Relationship",
ICSID Review - F.I.L.J., vol. 29, no. 2 (2014), p. 494.

(1078)　*Liman Caspian Oil BV and NCL Dutch Investment BV v. Republic of Ka-
zakhstan,* ICSID Case No. ARB/07/14, Award (22 June 2010), para. 422 [Karl-Heinz
BÖCKSTIEGEL, Kaj HOBÉR, James R. CRAWFORD]; *Jan Oostergetel v. Slovak
Republic, supra* note (451), para. 303.

(1079)　*Fraport AG Frankfurt Airport Services Worldwide v. Republic of the Philippines,*
ICSID Case No. ARB/11/12, Award (10 December 2014), para. 479 [Piero
BERNARDINI, Stanimir A. ALEXANDROV, Albert Jan VAN DEN BERG]; *Wena
Hotels Limited v. Arab Republic of Egypt,* ICSID Case No. ARB/98/4, Award (8
December 2000), paras. 77, 117 [Monroe LEIGH, Ibrahim FADLALLAH, Don
WALLACE, Jr.].

◆ 第 3 部 ◆　証拠法論の展開

方に帰着する(1080)。

腐敗対策の公的性質と否定的推論

他方，腐敗の疑いが浮上した場合に，仲裁人は職権的にその事実を調査すべきと主張されることもある。その根拠は，腐敗を通じて成立した契約や権利関係はその準拠法上の公序や強行規定に反することから，そうした法律関係の有効性を前提として下された仲裁判断は取り消され，また承認執行を拒絶される可能性が高いためという(1081)，国際私法上の公序（l'ordre public international）に基づく事後的規律を念頭に置いた議論である(1082)。この点，国際私法上の公序概念は本来，法廷地国法の基本的価値に反する法的帰結を例外的に排除する国家的公序を指すものの，場合によっては，常に適用されるものとして国際的に受け入れられた行為規範（l'ordre public transnational）をも含むものと解され(1083)，腐敗対策に向けた国際的気運の高まりを背景に，公務員汚職対策も後者に含まれるとする判断がある(1084)。こうした広い意味での国際公序は，「国内法に従って」設立された投資のみを保護対象とする投資協定の規定により体現され(1085)，仲裁管轄を否定

(1080)　K.S. GANS and D.M. BIGGE, "The Potential for Arbitrators to Refer Suspicions of Corruption to Domestic Authorities", *Transnational Dispute Management,* vol. 10, no. 3 (2013), p. 4.

(1081)　Vladimir PAVIC, "Bribery and International Commercial Arbitration: The Role of Mandatory Rules and Public Policy", *Victoria University of Wellington Law Review,* vol. 43 (2012), p. 670.

(1082)　*World Duty Free Company Limited v. Republic of Kenya,* ICSID Case No. ARB/00/7, Award (4 October 2006), paras. 138, 157 [Gilbert GUILLAUME, V.V. VEEDER, Andrew ROGERS].

(1083)　Pierre LALIVE, « Ordre public transnational (ou réellement international) et arbitrage international », *Revue de l'Arbitrage* (1986-3), p. 329; ILA Committee on International Commercial Arbitration, *Interim Report on Public Policy as a Bar to Enforcement of International Arbitral Awards* (2000), pp. 2-3; Mathias FORTEAU, « L'ordre public 'transnational' ou 'réellement international' : l'ordre public international face à l'enchevêtrement croissant du droit international privé et du droit international public », *Journal du droit international* (2011-1), p. 3.

(1084)　*World Duty Free v. Kenya, supra* note (1082), paras. 139-157.

(1085)　*Inceysa Vallisoletana S.L. v. Republic of El Salvador,* ICSID Case No. ARB/03/26, Award (2 August 2006), paras. 245-246 [Rodrigo OREAMUNO, Burton LANDY, Claus von WOBESER].

◇第6章◇　公法訴訟モデルに基づく証拠法論の展開

することにより投資仲裁制度の濫用を防止するメカニズムとして作用する[(1086)]。つまり，腐敗対策という国際公益が，拡張された国際私法上の公序概念を経由して，投資家と国家の法的関係に影響を及ぼすものと論理構成するわけである。

　腐敗対策についてのこうした捉え方は，具体的には，文書提出命令の不遵守に対する否定的推論の発動を基礎づける。例えば，Metal-Tech v. Uzbekistan の証人（投資家企業の経営責任者）尋問において，本件投資家の資本規模及び投資受入国の経済状況に照らすと非常に高額の資金が，不自然な契約内容と支払方法によって投資家から被申立国の高官やその親族へと支払われていた事実が明らかとなったため[(1087)]，仲裁廷は，同支払いがいかなる役務の提供に対してなされたものであるのかを明らかにするために，当該支払いの根拠となる契約書や支払明細などの文書の提出を申立人に求める手続命令第7（2012年）を発した[(1088)]。この手続命令第7は本書執筆時点において未公開であるものの，最終的に下された仲裁判断（2013年）は，上記証人尋問の過程で明らかとなった「一連の事実が腐敗の疑い（suspicions）を惹起したことから，仲裁廷は，それについての説明（explanations）を求めた」と述べており[(1089)]，腐敗の疑いの惹起それ自体を職権主義的な証拠収集を開始する根拠としていることが分かる。そして，申立人が提出した証拠資料はなお不十分であり，かつ提出命令不遵守についての説明も説得的ではないとの評価を前提に[(1090)]，仲裁廷は，「こうした証拠資料の欠如から，申立人の投資設立時点においていかなる役務も，少なくともいかなる正当な役務も提供されなかったがために，申立人はその証拠を提出できないという動かし難い推認が浮上する」と判断し[(1091)]，申立人による証拠不提出を申立人に不利に斟酌する事実認定を行った上で腐敗の事実を認定し，仲裁管轄を否定した[(1092)]。

(1086)　*Gustav F W Hamester GmbH & Co KG v. Republic of Ghana*, ICSID Case No. ARB/07/24, Award（18 June 2010), para. 123 [Brigitte STERN, Bernardo M. CREMADES, Toby LANDAU].

(1087)　*Metal-Tech Ltd. v. Republic of Uzbekistan*, ICSID Case No. ARB/10/3, Award（4 October 2013), paras. 197–227 [Gabrielle KAUFMANN-KOHLER, John M. TOWNSEND, Claus von WOBESER].

(1088)　*Ibid.*, paras. 246, 248.

(1089)　*Ibid.*, para. 239.

(1090)　*Ibid.*, para. 256.

(1091)　*Ibid.*, para. 265.

(1092)　*Ibid.*, para. 372.

◆ 第3部 ◆ 証拠法論の展開

以上のように本件仲裁廷は，腐敗の事実を明らかにするために文書提出命令を職権で発し(1093)，その不遵守から否定的推論を導いた点で，証拠調べに関する積極姿勢を見出すことができる(1094)。もちろん，仲裁廷が導いた否定的推論は投資家に対する制裁ではなく，本件の具体的な主張立証状況から合理的に推認しうる範囲でのものと考えられる。しかし，そもそも否定的推論が積極的に運用されてきたわけではない従前の仲裁実務と比較対照するならば，本件仲裁廷の職権主義的な運用には，腐敗対策の国際公序たる性格規定を前提(1095)とした公法訴訟モデルの証拠法論の萌芽を見出すことが可能である。

◇2　国際公益に基づく否定的推論：濫訴防止

こうした展開と軌を一にして，仲裁手続の濫用防止そのものに公益を見出し，否定的推論の運用を通じてそれを実現したと見られる仲裁判断が存在する。Europe Cement v. Turkey（2009年仲裁判断）は，申立人がトルコ共和国と締結した電力事業契約の終了に起因する紛争であるが(1096)，申立人は提訴の後に，本仲裁手続の管轄権の基礎となる書証（トルコに設立された会社の株券）を提出できないとの理由から，手続の中止ひいては申立の却下を求めた(1097)。しかし，被申立国トルコはこれを拒絶し，トルコとしては「申立人の手続濫用についての完全かつ透明な判断を伴う」仲裁判断の獲得に利益があり，そしてそれは「国際公益（international public interest）」に関する問題として仲裁廷が担うべき役割であると主張した(1098)。トルコの理解では，本件は偽造文書により主張された株式移転合意に基づく申立であり，申立人の行為は仲裁手続の濫用に相当する(1099)。

(1093)　Carolyn B. LAMM, Brody K. GREENWALD and Kristen M. YOUNG, "From World Duty Free to Metal-Tech: A Review of International Investment Treaty Arbitration Cases Involving Allegations of Corruption", *ICSID Review – F.I.L.J.,* vol. 29, no. 2 (2014), p. 340.

(1094)　Cecily ROSE, "Circumstantial Evidence, Adverse Influences, and Findings of Corruption: *Metal-Tech Ltd. v. The Republic of Uzbekistan*", *Journal of World Investment & Trade,* vol. 15 (2014), p. 754.

(1095)　*Metal-Tech v. Uzbekistan, supra* note (1087), para. 292.

(1096)　*Europe Cement Investment & Trade S.A. v. Republic of Turkey,* ICSID Case No. ARB(AF)/07/2, Award (13 August 2009), para. 2 [Donald M. McRAE, Laurent LÉVY, Julian D.M. LEW].

(1097)　*Ibid.,* paras. 57, 66.

(1098)　*Ibid.,* para. 116.

300

◇第6章◇　公法訴訟モデルに基づく証拠法論の展開

そこでトルコは，管轄権の否定に加えて，本請求が明白に根拠を欠くものであり，真正が認められない文書を用いたものであったとの宣言と，金銭賠償の裁定を求めた(1100)。

　この点仲裁廷は，被申立国の主張に即して事実を認定し，問題の株式移転合意は，実際には仲裁管轄成立基準時（上記契約が終了した2003年6月）以後の2005年に成立したものであり，本件仲裁管轄の成立を意図して2003年5月に遡って日付が改ざんされた可能性を認定した(1101)。その上で，仲裁廷の文書提出命令に応じてこうした推認に反証する機会が申立人にはあったことを強調し(1102)，にもかかわらずこれに応じなかった事実から否定的推論を導くことで，基準時において申立人が問題の株式を保有していなかった事実を認定した。すなわち，「申立人はこの推論を覆すことができた。移転合意の原本を提出できた。〔…〕しかし結局，何も提出しなかった。このことは，申立人が〔…〕当該文書の原本を所持していなかった，あるい鑑定に耐え難いものであったとの推認を補強する(1103)」と。仲裁廷はその際，被申立人が主張した「国際公益」の内容として信義誠実原則に基づく仲裁手続の濫用防止を念頭に置いていることから(1104)，本件における否定的推論の運用は，結果的にそうした公益実現に資することとなったものと分析しうる。もちろん，先に検討した Metal-Tech v. Uzbekistan と同様，本件における否定的推論の発動はあくまで本件の具体的な主張立証状況を踏まえたものであり，腐敗対策や濫訴防止といった公益的要素がその発動をどの程度後押ししたかを厳密に特定することは困難である。とはいえ，数少ない否定的推論運用例の中に見られる以上2つの仲裁判断は，投資家の権利救済にとどまらない公益実現の契機が投資仲裁実践の中に存在し，そのための手段として否定的推論が運用されうることを示唆している。

(1099)　*Ibid.*, para. 147.

(1100)　*Ibid.*, para. 123.

(1101)　*Ibid.*, para. 153.

(1102)　*Ibid.*, para. 163.

(1103)　*Ibid.*, para. 164.

(1104)　*Ibid.*, paras. 171-175.

◆ 第3部 ◆ 証拠法論の展開

◆ 第4節 ◆ 証明過程論

　紛争処理モデルの証拠法論において，証拠調べは基本的に当事者主義を基調として運用され，裁判所による職権的な介入の契機は限定的である。これに対し，国際裁判を通じた何らかの公益実現が想定される場合には，職権主義的な証拠調べの運用がむしろ正面から試みられることがある。そこには，裁判所の準公共財たる性質を踏まえた審理手続の効率化を目的とする運用にとどまらず（第1項），職権的な証拠調べを通じた公益実現の企図とも見られる例が散見される（第2項）。公法訴訟モデルの証拠法論の内容としてこうした展開を踏まえるならば，他の国際機関の事実認定に全面的に追従してしまったかのように評価される2000年代の国際司法裁判所の実行をいかに捉えるかについても触れる必要がある（第3項）。

◆ 第1項　証拠調べ手続の効率化

　当事者主義を基調として証拠調べを運用することから生じる弊害の1つは，当事国が望む証拠資料の提出を広範に承認する結果としての審理対象の肥大化である。そして，審理対象の肥大化がもたらす手続の遅延は，裁判所に係属する他の紛争の審理スケジュールを圧迫するという負の波及的効果をもたらす。そこで裁判所は，実務指針（Practice Direction）の策定を中心としたインフォーマルな方法により，そもそも当事国が訴答書面に添付する書証の厳選を要請し（1.），時機に遅れて提出された証拠資料の受理を例外的なものと位置付け（2.），口頭弁論段階で例外的に参照しうる未提出資料の範囲を限定し（3.），また文書の真正に疑いのある書証を手続の早期段階で排除するといった方策により効率的な証拠調べの実施を試みている（4.）。

◇1　提出する証拠資料の厳選

　国際司法裁判所における従来の証拠調べの特徴の1つに，そもそも当事者双方が訴答書面に膨大な数の書証を添付して裁判所を「爆撃」する傾向が挙げられる[(1105)]。そうした実務の背景としては次の2.で検討するように，書面手続終結後の書証の追加提出の可否は従来裁判所の裁量によるところが大きく予見可能性

(1105)　Anna RIDDELL and Brendan PLANT, *supra* note (6), p. 159.

◇第6章◇　公法訴訟モデルに基づく証拠法論の展開

に乏しかったことから，当事者としては可能な限りすべての関連文書をひとまず
あらかじめ提出しておくことに誘因があることが推測される(1106)。

　この点，紛争当事国は自ら望む証拠資料を提出する「権利」があるという紛争
処理モデルの証拠法論を前提とするならば，こうした実務は証拠調べにおける当
事者主導性の１つの論理的帰結に過ぎないとも考えられる。他方，そうして提出
される膨大な添付資料の中には必ずしも事案と関連性を持たないと思われる文書
が少なくない割合を占めており，それが審理を不必要に冗長なものとしてき
た(1107)。そこで裁判所は，実務指針III（2006年）として，「訴答書面付録の過度
な増大化・長大化傾向に鑑み，当事者は〔…〕その訴答に極めて厳選した文書の
みを添付することが推奨される」との見解を示し，紛争当事国自身による自主的
な制限を期待している。もちろん，法的拘束力を持たない実務指針がどこまで当
事国の立証活動に影響を与えるかはなお未知数であるものの，とりわけ証拠提出
の局面における当事者の自由が強調される紛争処理モデルの証拠法論との比較に
おいて，本実務指針からは，審理手続の効率化を目指した裁判所の統制の方向性
を明らかに読みとることができる。

◇2　時機に遅れた証拠の提出

　一般に，国際裁判の審理手続では，書面手続終結後は新たな書証を提出するこ
とはできない（ICJ規則56条１項など）。その趣旨は，未提出の証拠が口頭弁論の段
階ではじめて援用されることによる不意打ちの防止にあるため(1108)，他方当事
国が同意を与えれば提出可能である。しかし，他方当事国が異議を申し立てれば
自動的に却下されるわけではなく，裁判所が「当該文書を必要と認める」場合に
は提出が認められるという裁量の余地が想定される（同条２項）。そこで裁判所は
従来，時機に遅れて提出された証拠資料の内容に踏み込み，事案解明の必要性と
不意打ち防止要請とを勘案した上で，提出の可否を柔軟に決定してきた。例えば，
領土・島・海洋境界紛争事件（1992年判決）においてICJ特別裁判部は，エルサ
ルバドルが口頭弁論の終結後に提出した証拠の内容を吟味し，エルサルバドルの
立証趣旨に照らして必要な証拠資料はすでに提出されているとの判断を根拠とし

(1106)　Rosalyn HIGGINS, "Respecting…", *supra* note（831），pp. 1090-1091.

(1107)　Rosalyn HIGGINS, "Respecting…", *supra* note（831），p. 1090.

(1108)　Robert PIETROWSKI, *supra* note（279），p. 392.

◆ 第3部 ◆ 証拠法論の展開

て，その受理を否定した(1109)。

　しかし，こうした新書証の内容に踏み込む柔軟な運用は必ずしも肯定的に評価
されてきているわけではない(1110)。というのは，新書証の提出を認める場合には，
他方当事国が当該書証について意見を述べる機会を保障しなければならないこと
から（同条3項），これに比例した手続の遅延が懸念されるためである(1111)。そ
こで，少なくとも国際司法裁判所に関する限り，従来の実務からの転換が見られ
る。例えば，国境及び海洋境界の画定が争われたカメルーン＝ナイジェリア事件
（2002年判決）において，ナイジェリアは，カメルーンが時機に遅れて提出した書
証について，その重要性や提出が遅れた理由がカメルーンにより説明されていな
いことを根拠として異議を申し立てたところ，裁判所はこの異議申立を認容し，
カメルーンが申し出た新書証の大半を却下した(1112)。こうした運用と軌を一に
して（あるいは踏まえて）作成されたのが実務指針IXであり，書面手続終結後に
新証拠の提出を望む当事国は，その必要性と，早い段階で提出できなかった理由
を示さねばならないこと（第2項），そして裁判所が新書証の受理を認めるのは
「例外的事情」がある場合に限るとの方針が明示された（第3項）。このように，
新書証の受理はあくまで例外であり，かつその受理の判定基準として特に当事国
の説明に焦点を当てるというのが現在の実務であり，審理の効率的な運営を目的
とした裁判所による手続的統制の一環と位置付けることができる。

◇3　容易に入手可能な公刊物

　南西アフリカ事件の証人尋問において原告側弁護人は，書面手続終結時点で未
提出の書証を頻繁に引用するかたちで尋問を行った(1113)。しかし，こうした実
務は，未提出の証拠を「弁論記録に残すことで裏口から提出する(1114)」ことを
意味するのみならず，証拠資料と弁論の区別を相対化し審理を散漫にする点で問

(1109)　*I.C.J. Reports 1992*, p. 574, para. 360; *voir aussi*, C.P.J.I. série A/B, nº 46, pp. 155-157.

(1110)　Christian J. TAMS and Markus RAU, "Article 52", *I.C.J. Commentary 2006*, p. 1135.

(1111)　*E.g., Affaire Nottebohm, C.I.J. Mémoires*, tome II, p. 64 [The President].

(1112)　*C.I.J. Recueil 2002*, p. 315, para. 22.

(1113)　*South West Africa, I.C.J. Pleadings*, vol. X, pp. 460-461 [Mr. GROSS].

(1114)　Stefan TALMON, "Article 43", *I.C.J. Commentary 2006*, p. 1015.

◇第6章◇　公法訴訟モデルに基づく証拠法論の展開

題がある。そこで裁判所は，1972年の規則改正に際して，書面手続終結時までに提出されなかった書証には原則として口頭弁論で言及することができないことを明示的に規定した（規則56条4項）。

　ただし，同項は加えて，「容易に入手しうる刊行物」の場合には例外的に，当事国が口頭弁論にてその内容に言及しうる旨規定するに至った[1115]。1972年規則改正会議の議事録は非公開のため，その当初の狙いは定かではない[1116]。しかしこの点，インターネット技術の進歩により無数の報道および国家や国際機関の公文書が「容易に入手しうる」今日において，本例外は潜在的に膨大な数の文書を追加提出しうる契機を秘めている[1117]。実際，ジェノサイド条約適用事件の口頭弁論の終盤段階（2006年3月）で原告ボスニアは，規則56条4項を根拠として，弁論中に引用した大量の文書を電磁的記録の形式（CR-ROM）で提出しようと試みた[1118]。

　これに対して裁判所は，口頭弁論の終盤段階においてそうした膨大な書証に他方当事国が反論することは困難であるとの判断から，CD-ROMの撤回がむしろ「健全な司法運営（good administration of jusitce）」に資する旨書記局を通じてボスニアに通知したところ，ボスニアは最終的に，自発的にCD-ROMを撤回するに至った[1119]。その直後（2006年12月），裁判所はこの経緯を踏まえて新たに実務指針IXbisを作成し，56条4項の「容易に入手しうる」の意義を制限的に解釈する立場を明らかにした[1120]。まず，問題の文書はパブリックドメインにおいて入手可能でなければならず，裁判所のみならず他方当事国にもアクセス可能でなければならない。また，56条4項を援用する当事国は，その出典を明記しなければならない。ただし，国連文書や条約集，著名な国際法モノグラフ等の場合は不要とされる。裁判所はここでも，実務指針の制定を通じて審理対象の肥大化を抑制

(1115)　Geneviève GUYOMAR, *Commentaire du règlement de la Cour internationale de Justice adopté le 14 avril 1978 : interprétation et pratique* (Éditions A. Pedone, 1983), p. 362.

(1116)　*Cf.* Eduardo JIMÉNEZ DE ARÉCHAGA, "The Amendments to the Rules of Procedure of the International Court of Justice", *A.J.I.L.*, vol. 67 (1973), p. 8.

(1117)　Anna RIDDELL and Brendan PLANT, *supra* note (6), pp. 181-182.

(1118)　*I.C.J. Reports 2007 (I)*, p. 60, para. 54.

(1119)　*I.C.J. Reports 2007 (I)*, p. 60, para. 54.

(1120)　Anna RIDDELL and Brendan PLANT, *supra* note (6), p. 182.

◆第3部◆　証拠法論の展開

するメカニズムを導入したものと評価することができる。

◇4　証拠整理手続

国際裁判官が書証に記載された内容を証拠として取得するためには，当該文書がそもそも真正であること（authenticity）が前提となるため[1121]，文書の真正を先決的に争う訴訟戦術は国際裁判でも当然想定しうる。もっとも，書証の証拠能力は基本的に肯定した上でその証拠価値の次元で個別具体的に仕分けていくという従来の裁判実務を前提とするならば，こうした戦術が功を奏する見込みは薄い。他方，そもそも真正であることに疑義が挟み込まれる文書が大量に提出される場合には，それをひとまず受理した上でその証拠価値を逐一吟味するとなると，結果として徒労に帰する証拠調べが増大してしまう。そうした場合には，文書の真正を手続の早い段階で確定した上で，個別の吟味を要する証拠資料に審理を集中させることを通じた審理手続の効率化が工夫されてきている。

カタールとバーレーンの間で海洋境界画定が争われた事件（2001年判決）において，カタールは，主要争点であった２つの係争区域（Zubarah, Hawar Islands）に対する自らの領域権原の証拠として膨大な数の文書の写しを提出した。バーレーンは，そのうち81（その後82）の文書について，原本の提出をカタールに対して要請し，その検証を行う旨通知した。というのは，バーレーン側弁護団としては，旧植民地間の境界画定紛争において必須である公文書館での歴史的文書の調査は徹底的に実施済みであったため，未確認の膨大な数の書証がカタール側から提出されたことを不審に思ったわけである[1122]。カタールは，この要請に応じて76の原本を提出し（6は最終的に未提出），バーレーン側が歴史学者を交えて検証を行った。その結果，その全てについて偽造と判断したため[1123]，バーレーンは裁判所に対し，文書の真正を争う異議を申し立てた[1124]。その意義は，本案とは別個の先決問題として文書の真正を審理することで，本案に関する問題と

(1121)　*Voir,* Durward V. SANDIFER, *supra* note (17), pp. 269 *et seq.*

(1122)　Maurice MENDELSON, "The Curious Case of *Qatar* v. *Bahrain* in the International Court of Justice", *B. Y. I. L.,* vol. 72 (2001), p. 197; W. Michael REISMAN and Christina SKINNER, *supra* note (34), p. 179.

(1123)　W. Michael REISMAN and Christina SKINNER, *supra* note (34), pp. 179-185.

(1124)　*Maritime Delimitation and Territorial Questions between Qatar and Bahrain,* Order of 30 March 1998, *I. C. J. Reports 1998,* p. 244.

◇第6章◇　公法訴訟モデルに基づく証拠法論の展開

してその証拠価値を逐一争わねばならない煩を回避することにあった[1125]。他方のカタールは，従前の実務に即して，あくまで本案事項として審理すべきと主張した[1126]。

この点裁判所は，本案に関する手続は続行しつつ，その抗弁書において文書の真正に関する詳細かつ確定的な立場を記載した暫定報告書を含むよう，カタールに指示する命令を発した[1127]。この命令は，本案審理を中断することなく，それと同時並行で文書の真正の問題を扱おうとする点で，バーレーンが主張した先決的な証拠整理手続とは異なる。他方，書面手続の早い段階で懸案の文書の真正についての主張立証を尽くすことを当事国に求めたことには[1128]，インフォーマルな運用でありながら，証拠調べの効率化を目的とした裁判所の職権主義的統制の方向性を読みとることができる。

◆ 第2項　証拠調べと公益実現

当事者間の自律的な紛争処理過程の延長戦上に裁判手続を観念すると，当事者主導の証拠調べが帰結し，裁判所の役割は補助的後見的な位置付けにとどまる。これに対し，国際裁判を通じて何らかの公益実現が志向される場合には，証拠調

(1125)　*I.C.J. Reports 1998*, pp. 244-245.

(1126)　*I.C.J. Reports 1998*, p. 244.

(1127)　*I.C.J. Reports 1998*, p. 246.

(1128)　その後，カタールは暫定報告書を提出し，問題の文書を「考慮しない」旨決定したと通知した。この決定を踏まえ，本案審理で参照しない事実上の取り下げというかたちで決着がついた。*Délimitation maritime et questions territoriales entre Qatar et Bahrein*, ordonnance du 17 février 1999, *C.I.J. Recueil 1999*, pp. 3-7. そのため本案判決は，この応酬を手続経緯として叙述するのみである。他方，バーレーンが選任した特任裁判官フォルティエ（Yves Fortier）は，「裁判所はこの前代未聞の出来事を端的に無視すべきではな」く，「これらの文書はカタールの主張全体を『腐敗せしめ』『汚染した』」と強く非難している。Separate Opinion of Judge FORTIER, *C.I.J. Recueil 2001*, p. 452, para. 4. ただしカタールは，手続に支障が生じたことに遺憾の意を表明する一方，懸案の文書が偽造であったとの主張は否定している。*C.I.J. Recueil 1999*, p. 6. そのため，カタールの主張立証の真意は定かではない。カタールの取り下げにより，懸案の82の文書は現在入手可能な ICJ の訴答書面には添付されていない。ただし，その複写が M. Beth OLSEN (ed.), *The Forensics of a Forgery: Bahrain's Submissions to the International Court of Justice in Re: Quatar v. Bahrain* (Manama, Bahrain: Jabo Publishing Group, 2003) に所収とのことである。

307

◆ 第 3 部 ◆ 証拠法論の展開

べに対する裁判所の積極的な指揮や介入が基礎づけられる。そうした公法訴訟モデルの証拠法論は，裁判所自身による職権的な証拠収集への関わりとしてのみならず（1.），当事者が提出する特定の証拠資料を排除するかたちでも展開している（2.）。

◇1 文書開示を通じた公益実現

文書開示と「事件管理」

第 2 部（第 4 章第 4 節）で検討したように，裁判所規程や手続規則上は証拠調べに関する国際裁判所の様々な権限のカタログが用意されている一方，それら権限は必ずしも積極的には行使されていない。それは，当事者間の自律的な紛争処理過程の延長戦上に裁判手続を観念すると，証拠調べにおける裁判所による職権主義的な介入は，場合によっては一方当事者への肩入れとして捉えられかねず，手続的公平を毀損する危険を伴うからである。こうした状況は投資仲裁にもあてはまり，例えば，仲裁廷が「適切と考える場合[1129]」あるいは「必要と認める場合[1130]」に当事者に対して文書の提出を要請する裁量的権限が仲裁廷に認められているものの，仲裁廷はこれを積極的に利用しているわけではなく，申立人側の文書開示の必要性と被申立国側の開示の負担や秘匿特権を衡量した上で，一方当事者の負担が過度とならないよう調整するという[1131]，後見的な役割が自覚されている。

これに対し，公法訴訟モデルの証拠法論は，「投資協定仲裁の公的側面が，仲裁人に対し，私的紛争処理の場合よりも積極的なアプローチを要求しうる」ことを説く[1132]。ただし，実現されるべき公益の内容を具体的に特定してきているとは言い難く，投資仲裁における証拠調べの職権主義的な修正を推進する原理を提供するには至っていない[1133]。

例えば，Biwater v. Tanzania における証拠調べからは，仲裁廷による非常に積極的な訴訟指揮を見て取ることができるが，アプリオリに措定された運用原理

(1129) 1976年 UNCITRAL 仲裁手続規則24条 2 項。

(1130) ICSID 条約43条, ICSID 仲裁手続規則34条 2 項, ICSID 仲裁 AF 手続規則41条 2 項。

(1131) *E.g., ADF Group v. United States of America,* ICSID Case No. ARB（AF）/00/1, Procedural Order No. 3（21 October 2001）, paras. 3-4 [Florentino P. FELICIANO, Carolyn B. LAMM, Armand de MESTRAL].

(1132) Stephan W. SCHILL, "Crafting...", *supra* note（821）, p. 423.

◇第6章◇　公法訴訟モデルに基づく証拠法論の展開

の不明確さゆえに，本件の先例的価値や射程を特定することは困難である。本件は，水道事業を営んでいた申立人（英独投資ビークル）の現地運営会社をタンザニア政府が占拠し，会社資産を支配して経営陣を国外退去処分としたことに起因する賠償請求事案である[1134]。国外退去処分という経緯が示すように，本件は証拠アクセスの不均衡性が顕著な事例であり[1135]，申立人は仲裁廷に対し，被申立国が有する関連文書の保全に加え，その提出や文書目録の作成を目的とした仮保全措置の勧告を要請した[1136]。本要請の特殊性は，文書の保全にとどまらず，その目録作成及び提出という，実質的に文書開示と理解される内容を求めた点にある[1137]。そのため，被申立国は，文書の保全を超えた要請は仮保全措置の目的に該当しないと反論している[1138]。

　この点，仲裁廷（2006年手続命令第1）は，文書開示の必要性と開示の負担や秘匿特権との衡量という従来の枠組みではなく，「事件管理（case management）」なる概念を基軸として文書開示要請の認容範囲を切り分けた[1139]。第1に，文書保全とそれに付随的である文書目録の作成は「事件管理の問題として〔…〕来たるべき文書開示を軽減し短縮しうる」ことを根拠に肯定した[1140]。第2に，実際の文書提出は仮保全措置としては原則不要としつつ，紛争との潜在的関連性が

(1133)　仲裁手続における「武器対等」の実現を主張するヴェルデの主張は，職権的な修正を説きつつも，究極的には投資家保護に帰着するものであり，本書の観点からは紛争処理モデルの証拠法論に位置付けられる議論である。Thomas W. WÄLDE, "Asymmetries and Equality of Arms under the Shadow of the Dual Role of the State: Procedural Challenges of Arbitrating against States in Investment Disputes", Charles LEBEN (sous la direction de), *La procédure arbitrale relative aux investissements internationaux* (LGDJ, 2010), pp. 271-313; Thomas W. WÄLDE, "'Equality of Arms' in Investment Arbitration: Procedural Challenges", Katia YANNACA-SMALL (ed.), *Arbitration under International Investment Agreements: A Guide to the Key Issues* (Oxford University Press, 2010), pp. 180-187.

(1134)　*Biwater Gauff v. Tanzania*, ICSID Case No. ARB/05/22, Procedural Order No. 1 (31 March 2006), paras. 4-14 [Bernard HANOTIAU, Gary BORN, Toby LANDAU].

(1135)　手塚裕之・前掲注 (796) 272-273頁。

(1136)　*Biwater v. Tanzania, supra* note (1134), paras. 20, 26, 29, 82.

(1137)　*Biwater v. Tanzania, supra* note (1134), para. 77.

(1138)　*Biwater v. Tanzania, supra* note (1134), para. 56.

(1139)　*Biwater v. Tanzania, supra* note (1134), para. 81.

(1140)　*Biwater v. Tanzania, supra* note (1134), paras. 84, 93, 97.

◆ 第3部 ◆ 証拠法論の展開

明らかと判断された文書（現地子会社の銀行口座明細）については早い段階で提出を要請することに「事件管理上の利点」があると判断した[1141]。第3に，提出要請範囲が広範かつ紛争との関連性につき争いがある文書については「事件管理上の利点」が無いことを根拠に提出要請を退けた[1142]。

このように，仲裁廷が措定した「事件管理」概念は，仲裁廷による積極的な指揮管理を基礎づけており，証拠調べにおける職権主義の契機を見出すことが可能である。判断推論の文脈上，同概念は健全な司法運営や訴訟経済といった手続運営上の利益の実現を目的とするものと見る余地が無いわけではない。しかし，その沿革は定かではなく，本件の特殊性も相俟って[1143]，その意義や先例的価値を特定することは困難である。

国際人道法の適切な適用のための文書開示

これに対し，裁判を通じて実現されるべき公益を明確に措定した結果，やや異例のかたちで職権主義的な証拠収集が試みられた例がある。

エリトリア＝エチオピア請求委員会は，両国間の武力衝突（1998-2000年）に起因する補償賠償請求の処理にあたった国際仲裁であり，紛争に由来する損害についての請求に対する救済として適切な額の金銭賠償を決定することを任務とする機関である[1144]。戦争捕虜に関する請求の審理に際して，請求委員会は，両国の収容所を実際に訪問しその様子を記録したとされる赤十字国際委員会（ICRC）の未公開報告書が有用と考え，両当事国に対し，その訴答書面にICRCの報告書を含めて提出するよう要請した。これに対して両当事国は，自身は提出要請に応じる意思があるものの，同報告書に請求委員会がアクセスすることにつきICRC

(1141) *Biwater v. Tanzania, supra* note（1134），paras. 104-105.

(1142) *Biwater v. Tanzania, supra* note（1134），paras. 109, 111.

(1143) 本件では，投資受入国タンザニア政府と各種NGOの共謀による投資家へのネガティブキャンペーンが疑われていたため，仲裁廷は，不用意な文書開示によりかえって紛争が悪化する可能性を懸念していた。*Biwater Gauff v. Tanzania,* ICSID Case No. ARB/05/22, Procedural Order No. 3（29 September 2006），para. 136; Michael HWANG and Nicholas THIO, "A Proposed Model Procedural Order on Confidentiality in International Arbitration: A Comprehensive and Self-Governing Code", *Journal of International Arbitration,* vol. 29, no. 2（2012），p. 144.

(1144) Eritorea-Ethiopia Claims Commission, Decision no. 1 of August 2001, Decision no. 3 of August 2001, *R.I.A.A.,* vol. 26, pp. 3, 7.

◇第6章◇　公法訴訟モデルに基づく証拠法論の展開

が異議を唱えていることを根拠として，委員会の要請に応じなかった。そこで請求委員会は，委員長自らジュネーブに赴いて ICRC 幹部と面会し，同報告書に対する請求委員会のアクセスを求めて交渉を行った。しかし，ICRC は，自らの任務遂行には高度の機密性が要求されることを根拠に，請求委員会による未公開報告書の利用を拒絶した(1145)。そこで請求委員会は，その判断理由において，次のように ICRC の対応を批判した。

> 「武力紛争の両当事国が懸案の文書の提出に合意しているという特殊事情において，ICRC はその提出を禁ずるべきではなかった。請求委員会と ICRC は，国際人道法の適切かつ情報を得た上での適用（proper and informed application）という利益を共有している。それ故本委員会は，ICRC が当該資料へのアクセスを許さなかったことに対する失望（disappointment）を記録しなければならない(1146)」（傍点中島）。

このように，本請求委員会は，未公開の ICRC 報告書について，その有用性の見込みを根拠として職権的に両当事国に提出を求めるのみならず，同文書に対するアクセス許可を求めて委員会自らが ICRC との交渉に赴いた点で，極めて職権主義的な証拠調べに至ったものと分析しうる。その根拠として挙げられたのが「国際人道法の適切かつ情報を得た上での適用」という利益であり，個別具体的な補償賠償請求の処理の総体に国際人道法の実現という公的性質を見出した結果，以上のような職権主義的な対応を帰結せしめたものと考えられる。とりわけ，最終的に同報告書へのアクセスを許可しなかった ICRC の対応を明示的に批判するという異例の対応は，そうした公益実現が妨げられたことに対する請求委員会の不満が投影されたものと見ることができるかもしれない。

もっとも，請求委員会が掲げた「国際人道法の適切かつ情報を得た上での適用」という制度目的を委員会設立文書の中に見出すことはできず，その沿革は明らかではない。そのため本請求委員会の判断は，制度目的の公的性質が職権主義的な証拠調べを基礎づけるという本書の命題を例証する実行ではあるものの，措定された制度目的の特殊性故に，その先例としての意義は限定的と考えられ

(1145)　Eritorea-Ethiopia Claims Commission, *Prisoners of War*, Eritoria's Claim 17, Partial Award of 1 July 2003, *R.I.A.A.*, vol. 26, p. 42, paras. 50-52; Ethiopia's Claim 4, Partial Award of 1 July 2003, *R.I.A.A.*, vol. 26, p. 90, paras. 45-47 [Hans van HOUTTE, George H. ALDRICH, John R. CROOK, James C.N. PAUL, Lucy REED].

(1146)　*Ibid.*, Eritorea's Claim 17, p. 43, para. 53; Ethiopia's Claim 4, p. 90, paras. 48.

311

◆ 第 3 部 ◆　証拠法論の展開

る[1147]。

◇ 2　違法収集証拠排除を通じた公益実現

　第 2 部（第 4 章第 4 節）にて検討した通り，国際裁判では，特定の証拠資料の証拠能力を予め否定する例は稀であり，多くの場合，証拠能力は基本的に肯定した上で，証拠評価の段階で裁判所がその価値を吟味するのが通例である。その理由は，自律的な紛争処理過程の延長線上に裁判手続を観念する結果，紛争当事国は自ら望む証拠資料を裁判所に提出する「権利」があるとの考え方が措定されることに由来する。

　しかしこの点，違法に収集した証拠の証拠能力を認めると，一方当事者の単独の決定に基づく証拠収集活動を誘発し，国際紛争を悪化させかねないとの懸念がある[1148]。事実，アルバニア領海における英国軍艦の触雷事故に起因するコルフ海峡事件において，被害を被った英国は，事後にアルバニア領海における掃海活動を実施し，22の機雷を取得した事実を裁判所にて陳述した[1149]。国際司法裁判所は，この英国の掃海活動がアルバニアの主権侵害を構成すると結論付けたものの[1150]，違法な掃海活動の結果として収集された証拠資料の証拠能力の有無については，そもそもアルバニア側が異議を申し立てなかったこともあり，何らの見解も示さなかった[1151]。そのため，国際裁判における違法収集証拠の扱いについては従来，学説上の論争が先行し[1152]，判例の蓄積に乏しかった。これに対し，国際投資仲裁事例の中には実際に違法収集証拠の排除を結論した例が散見されるが，その理論的根拠は，証拠アクセスの不均衡性の是正や紛争の悪化

(1147)　エリトリア＝エチオピア請求委員会はこの他にも，4 年という短期間で任務の完了が求められていることを根拠として，個々の人道法違反ではなく，そうした違反が「頻繁あるいは広範な（frequent or pervasive）」態様でなされていることに主張立証の焦点を向けるという，他の国際判例では見られない特殊な定式を示している。*Ibid.*, Eritorea's Claim 17, p. 43, para. 56; Sean D. MURPHY, "The Experience of Eritorea-Ethiopia Claims Commission", *ASIL Proceedings,* vol. 106 (2012), pp. 238-239.

(1148)　W. Michael REISMAN and Eric E. FREEDMAN, *supra* note (343), pp. 737-753.

(1149)　*C.I.J. Recueil 1949,* p. 13.

(1150)　*C.I.J. Recueil 1949,* p. 36.

(1151)　Anna RIDDELL and Brendan PLANT, *supra* note (6), pp. 155-158.

◇第6章◇　公法訴訟モデルに基づく証拠法論の展開

防止といった二辺的利害調整とは異なる次元に据えられている。

手続的公正の制度的保障：申立人側違法収集証拠の排除

　Methanex v. USA において被申立国は，申立人が提出した書証の一部（'Vind Documents'）の証拠能力が否定されると主張した。その根拠は，申立人が同書証を他の私企業の廃棄書類の詮索あるいは無許可での私文書の複写を通じて違法に収集したものであり，信義則及び「公正の根本観念」に反するというものである(1153)。米国はその際，「公序（public order）に対して有害と考えられる態様で獲得された証拠資料」の証拠能力には疑義が呈されてきたというのが国際判例であるとの理解を示しており(1154)，収集行為が「公序」に反する場合に当該証拠は排除されるとの立場を前提としている。これに対して申立人は，収集過程における米国法令の遵守を主張すると同時に，仮に違法だったとしても，投資家と国家の非対称な関係における証拠アクセスの不均衡性を是正する必要性があることを根拠として，問題の文書の証拠能力を認めるべきと主張した(1155)。米国はこれに対し，自身は「違法な手段は依拠しえないとの前提で証拠収集を行ってきた」のだから，違法収集証拠を認容することこそが武器対等に反すると反論した(1156)。図式化すれば，具体的な証拠アクセスの結果の次元での武器対等を主張する申立人に対し，被申立国は抽象的な手続的権利の次元での武器対等を主張したものと理解される。

　仲裁廷（2005年仲裁判断）はこの点，「紛争当事者は双方ともに，相手方及び仲裁廷との関係において誠実に行動し，武器対等，『平等待遇』原則，手続的公正

(1152)　コルフ海峡事件判決に違法収集証拠排除法則を読み込むリースマンらの論考（*supra* note（343））に対する批判として，Hugh THIRLWAY, "Dilemma or Chimera? Admissibility of Illegally Obtained Evidence in International Adjudication", *A.J.I.L.*, vol. 78 (1984), pp. 622-641.

(1153)　Motion of Respondent United States of America to Exclude Certain of Methanex's Evidence (18 May 2004), pp. 1-3.

(1154)　*Ibid.*, p. 3. その際，違法収集証拠排除に関するリースマンらの論考（*supra* note（343））を引用してはいるものの，かつてのイェール学派における「世界公序（world public order）」の語法を意識的に踏まえたものであるのか，それとも法体系に内在する基本的価値という通常の「公序」の語法を念頭に置いているのかは特定し難い。

(1155)　*Methanex v. U.S.A.*, *supra* note（797），Part II, Chapter I, paras. 7, 43-44, 46.

(1156)　*Methanex v. U.S.A.*, *supra* note（797），Part II, Chapter I, para. 52.

313

◆第3部◆　証拠法論の展開

を尊重する一般的な法的責務を負う[1157]」ことを出発点として，米国の主張に近い推論を経て，問題の文書の証拠能力を否定した[1158]。すなわち，「仮に米国がその諜報機関を濫用してMethanex（及びその証人）を探偵すればそれは不当であるのと同様，Methanexが違法に入手した証拠資料を提出することもまた不当である[1159]」と。仲裁判断は，個別具体的な事情に照らして本件書証の排除が申立人の主張に影響を与えないことを付け加えて結論の妥当性を補強し[1160]，被申立国が主張した「公序」概念には触れなかった。もっとも，申立人が提起した具体的な証拠アクセスの次元での不均衡性の問題には触れず，抽象的意味での武器対等の維持という観点から証拠能力を否定した判断推論は，証拠調べにおける公平性の制度的保障に関心を向ける点で，個別具体的な手続的救済を超えた投資仲裁制度の客観的な手続保障を目的とする違法収集証拠排除の論理と捉えることができるかもしれない。

手続的公正の制度的保障：被申立国側違法収集証拠の排除

Libananco v. Turkeyにおいて申立人は，仲裁手続からの被申立国自身の退場（exclusion）を求めるという異例の請求を行った。申立人によれば，被申立国トルコは警察当局を通じて申立人側の証人を監視し，また弁護人との通信（2000通以上のEメール）を傍受する等により，仲裁手続を自らに有利に運ぼうとしたとされる。そのため申立人としては，被申立国が一時的に仲裁手続から退場することなくしては当事者間における武器対等は回復されないと考えたわけである[1161]。これは，自らの手続的権利の保護を目的とした広い意味での違法収集証拠の排除の主張と捉えることができる。これに対してトルコは，問題とされる一連の行為

(1157)　*Methanex v. U.S.A., supra* note（797），Part II, Chapter I, para. 54.

(1158)　*Methanex v. U.S.A., supra* note（797），Part II, Chapter I, para. 53.

(1159)　*Methanex v. U.S.A., supra* note（797），Part II, Chapter I, para. 54.

(1160)　仲裁廷は，証拠能力を否定したにもかかわらず，問題の文書の内容を注意深く検討した上で，それが申立人の主張立証にとって周辺的な意味しか持たず，「本件の結論に影響を与えることは無かった」ことを明言し，懸案の文書の証拠能力の否定が申立人の主張立証の機会を奪うものではないことを付け加えている。*Methanex v. U.S.A., supra* note（797），Part II, Chapter I, para. 56.

(1161)　*Libananco Holdings Co. Limited v. Republic of Turkey*, ICSID Case No. ARB/06/8, Decision on Preliminary Issues（23 June 2008），paras. 42-44, 48 [Michael HWANG, Henri C. ALVAREZ, Franklin BERMAN].

は本件投資紛争と関連する巨額詐欺事件についての国内での刑事捜査であり，国家主権に基づく正当な行為であると反論した[1162]。

仲裁廷（2008年先決問題決定）はこの点，国家による刑事捜査の権限行使とICSID仲裁における手続的公正や秘匿特権の保障という対立する利益を調和的に捉える判断枠組みを経て[1163]，トルコ司法機関の干渉により申立人が本仲裁手続に関して実際に侵害を被ったか否かが不明であることを踏まえ，被申立国自身の仲裁手続からの退場は求めなかった[1164]。しかし仲裁廷は同時に，「申立人側の代理人・弁護人・証人の将来における保護の権利は，それがこれまでに実際に侵害を受けたことの証明に条件づけられるわけではない」との前提から[1165]，秘匿特権が及ぶ書類通信が仲裁手続に提出された場合における証拠能力の否定を将来に向かって決定し，刑事捜査当局が収集した情報が本件仲裁手続の被申立国弁護人の手に渡らないことの確保を被申立国に求める命令を下した[1166]。

申立人の当初の請求は，被申立国自身の一時退場という内容を備える点で異例であったものの，本件における個別具体的な手続的不均衡性を回復することを意図した点で，紛争処理モデルの証拠法論を前提とした主張であったと捉えられる。これに対して仲裁廷は，過去における侵害の存否内容とは無関係に，将来における違法収集証拠の排除を明言し，また申立人側の秘匿特権が害されない措置を取るべく被申立国に命じた。その意味で，本件における違法収集証拠排除の射程は申立人の当初の請求よりも限定的ではあるものの，その理論的根拠は，本件申立人の具体的な手続的救済というよりは，投資仲裁の手続的公正を客観的・制度的に保障することに求められていると分析することができる。

◆ 第3項　事実認定の外部委託

ここまで検討してきた職権主義的な方向性と比較するならば，他の国際機関が行った事実認定にICJがほぼ全面的に依拠した2000年代の実行は，一見する限りこれと逆行するものであるかのようにも見える（1.）。もっとも，重大深刻な国

(1162)　*Ibid.*, paras. 45, 75.

(1163)　*Ibid.*, para. 79.

(1164)　*Ibid.*, paras. 80-81.

(1165)　*Ibid.*, para. 80.

(1166)　*Ibid.*, para. 82.

◆ 第3部 ◆ 証拠法論の展開

際紛争について複数の国際機関が同時並行的に対応することが珍しくない今日の状況を踏まえるならば，ICJ のそうした対応は，先行して活動する機関の判断に敬譲を示すことで，国際機関相互の判断の調和の維持を目指すという観点から正当化する余地がある（2.）。

◇1 国際司法裁判所による他の国際機関の事実認定の扱い

前史

ICJ が事実認定を行うに際して，先行して活動する他の国際機関の判断や報告書を参照する例は早い時期から散見される。例えば，コルフ海峡事件において裁判所は，アルバニア自身による機雷の敷設の事実ではなく，何者かによって敷設された機雷の存在をアルバニア政府が了知していたとの事実認定を根拠としてアルバニアの国際責任を結論したが[(1167)]，こうした争点構造は，ICJ での審理に先立つ国連安保理における討議においてすでに形成されていたものであり[(1168)]，ICJ の事実認定はその意味で，安保理における争点整理を忠実に踏襲するものであったと評価しうる。同様に，国連人権委員会（当時）の特別報告者が享受する民事裁判権免除に関する勧告的意見（1999年）において，ICJ は国連事務総長による事実調査を踏襲し[(1169)]，イスラエルがパレスチナを包囲する壁を建設したことの国際法上の評価に関する勧告的意見（2004年）においても，ICJ はやはり国連事務総長による報告書を主たる根拠として事実認定を行った[(1170)]。

こうした実務は，それ自体としては既存のリソースを効果的に利用するものとも理解しうる一方で，政治・行政機関の事実調査と司法裁判所の事実認定との性

(1167) *C.I.J. Recueil 1949*, pp. 15-22.

(1168) *Voir*, Memorial of the United Kingdom, *C.I.J. Mémoires*, vol. I, pp. 32-36, paras. 44-57.

(1169) *Difference Relating to Immunity from Legal Process of a Special Rapporteur of the Commission on Human Rights*, Advisory Opinion of 29 April 1999, *I.C.J. Reports 1999*, p. 86, paras. 55-56; Anna RIDDELL and Brendan PLANT, *supra* note (6), pp. 398-399.

(1170) *Conséquences juridiques de l'édification d'un mur dans le territoire palestinien occupé*, avis consultatif du 9 juillet 2004, *C.I.J. Recueil 2004*, pp. 168, paras. 79 *et seq*; *voir aussi*, Separate Opinion of Judge HIGGINS, *C.I.J. Recueil 2004*, p. 217, para. 40; Declaration of Judge BUERGENTHAL, *C.I.J. Recueil 2004*, pp. 240-241, paras. 3-4; "The International Court of Justice at 60: Performance and Prospects", *ASIL Proceedings*, vol. 100 (2006), p. 405 [Remarks by Bruno SIMMA].

◇第6章◇　公法訴訟モデルに基づく証拠法論の展開

質の相違を捨象するものであるとの批判を招いていた[1171]。こうした問題状況を背景に，国際司法裁判所は2000年代中頃に大規模武力紛争に関連する事案を相次いで裁判し，その過程で他の国際機関の事実認定に依拠するための基準を形成していく。

ポーター定式

その端緒が，コンゴ領軍事活動事件（2005年判決）であり，天然資源その他の複雑な利害関係から，周辺諸国（ウガンダ，ブルンジ，ルワンダ）がコンゴ民主共和国（DRC）領域内の反政府勢力を支援し，武力紛争に発展していた第1次・第2次コンゴ戦争（1996-2002年）の最中において，DRC がそれら諸国を相手取り，武力不行使原則や国際人道法の違反を訴えて ICJ に提訴した事件の1つである（対ウガンダ訴訟）。国家の正規軍に加えて大小様々な武装勢力が紛争に関与し[1172]，また両当事者から膨大な証拠資料が提出されたため[1173]，裁判所が行うべき証拠調べは必然的に複雑多岐にわたることとなった[1174]。

裁判所はまず，裁判所による事実認定は紛争の全容解明ではなく，国際法の適用を通じた当事国の請求の認容棄却の判断に必要な限りに限定されるという，裁判を通じた事実認定に関する通念的理解を示す。すなわち，「裁判所はまず事実の認定を自ら行い（make its own determination of the facts），その上で，存在したものと認定した事実に国際法の関連規則を適用する。DRC の広大な領域における全体的な事実状況についての認定を試みるわけではない」と[1175]。もっとも裁判所は，そうした裁判上の事実認定は自らが行う旨を強調する一方で，実際には，「ポーター委員会報告書」と呼ばれる書証に非常に高い証拠価値を見出し，結論的には多くの点でこれを踏襲する事実認定を行った。

> 「裁判所は，本訴訟以前にも第三者によってその内容の正確性につき疑問を呈されることのなかった証拠を重視する。裁判所はさらに，直接の関係者の尋問により得られた証拠で，〔…〕事後に裁判官による反対尋問を経た証拠が，特別注目に値す

(1171) *E.g.,* Dissenting Opinion of Judge KOROMA, *I.C.J. Reports 1999*, p. 115, paras. 13.

(1172) *I.C.J Reports 2005*, pp. 190-191, para. 27.

(1173) *I.C.J Reports 2005*, pp. 200, 201, paras. 58, 60.

(1174) Rosalyn HIGGINS, "Judicial Determination…", *supra* note (11), p. 1375.

(1175) *I.C.J. Reports 2005*, p. 200, para. 57.

317

◆第3部◆　証拠法論の展開

ることに留意する。したがって裁判所は，そうした態様において証拠を収集した
ポーター委員会報告書に相応しい考慮を払う(1176)」。

「ポーター委員会」とは，国連の専門家パネル（2001年報告書）によって指摘さ
れていたDRCにおける天然資源の違法搾取状況(1177)の調査を目的としてウガン
ダ政府によって設立された独立委員会の通称であり，座長を務めたポーター
(David Porter) 判事の名に由来する(1178)。座長の経歴や，「司法審査委員会
(Judicial Commission of Inquiry)」との名称が示唆するように(1179)，その事実認定
は裁判類似の手続を採用するものであり，証人尋問は公開の法廷で実施され，委
員による尋問が行われたとされる(1180)。ウガンダ政府によって設立された機関
であるものの，裁判所は，国連報告書と同様あるいはそれ以上に高い証拠価値を
同委員会の報告書に与えている。第1に，ポーター委員会報告書は，裁判所によ
る事実認定の基軸を構成しており，主題である天然資源の違法搾取を中心に(1181)，
様々な事実の存在を積極的に根拠づける証拠として参照されている(1182)。第2に，
同報告書は，他の証拠資料を補強する証拠としても機能しており，特に自衛権行
使や占領法・人道法違反申立の前提となる事実認定の文脈でも頻繁に参照されて
いる(1183)。第3に，同報告書は，そこに含まれた事実認定と両立しない事実主
張や他の証拠資料を排除する機能をも果たしている(1184)。

このように，本件においてポーター委員会報告書は，裁判所による事実認定を

(1176)　*I.C.J. Reports 2005*, p. 201, para. 61.

(1177)　*Report of the Panel of Experts on the Illegal Exploitation of Natural Resources and Other Forms of Wealth of the Democratic Republic of the Congo,* UN Doc. S/2001/357 (April 2001).

(1178)　Rejoinder submitted by Uganda, vol. I (6 December 2002), p. 42, para. 91 (note 28).

(1179)　*I.C.J. Reports 2005*, p. 179, para. 18. 正式名称は，Judicial Commission of Inquiry into Allegations of Illegal Exploitation of Natural Resources and Other Forms of Wealth in the Democratic Republic of the Congo.

(1180)　Rejoinder submitted by Uganda, vol. I (6 December 2002), p. 42, para. 91 (note 28).

(1181)　*I.C.J. Reports 2005*, p. 249, para. 237.

(1182)　*I.C.J. Reports 2005*, pp. 207-208, paras. 81-82; p. 225, para. 155.

(1183)　*I.C.J. Reports 2005*, p. 216, para. 116; p. 218, para. 128; p. 230, para. 175.

(1184)　*I.C.J. Reports 2005*, p. 206, para. 78; p. 208, para. 83; p. 209, para. 89.

◇ 第 6 章 ◇　公法訴訟モデルに基づく証拠法論の展開

積極・消極の両面から基礎づけることとなった。先に掲げた通り，裁判所は，同報告書が司法的な手続を経て人証を取得したことを根拠に高い証拠価値を承認しており，そこで示された基準は事後に「ポーター・テスト」あるいは「ポーター定式」と呼ばれるに至る⁽¹¹⁸⁵⁾。他方，天然資源の搾取や武力紛争の状況といった具体的な係争事実との関係では，ポーター委員会報告書は，一次資料である各種の証言を整理した二次資料にとどまる。そのため，同報告書に深く根差した裁判所の事実認定は，「事実の認定を自ら行」うという，裁判所自身が強調していた証拠調べにおける直接審理主義の建前との整合性が問題となる。というのは，すでに整理された二次資料に依拠するのであれば，それは事実認定の他の機関への「移譲（delegation）」にも見えるからである⁽¹¹⁸⁶⁾。

ポーター定式の踏襲：ICTY 判例の参照

しかし裁判所は，ジェノサイド条約適用事件でもこの「ポーター定式」を踏襲し，旧ユーゴスラビア国際刑事裁判所（ICTY）の判決や決定を重視する判断枠組みを示した⁽¹¹⁸⁷⁾。ICTY は周知の通り，ボスニア紛争（1992-1995年）の戦犯を裁く国際刑事法廷であり，本件 ICJ の口頭弁論終結時点（2006年 5 月）ですでに多数の判決・決定を下していた。

ICJ はまず，関連する事実の認定は自ら行うとの建前に再び言及すると同時に，原告ボスニアの申立の多くはすでに ICTY において扱われてきているという本件の特殊事情に留意する⁽¹¹⁸⁸⁾。その上で，ICTY の事実認定方法が「ポーター定式」を充足することを確認した上で⁽¹¹⁸⁹⁾，ICTY 関連文書の価値を次のように場合分けした。第 1 に，ICTY 検察官が起訴状にジェノサイドの罪名を含めたこと自体は重視しない一方，ジェノサイド罪を含めなかった，あるいは事後に取り下げた決定は重視する⁽¹¹⁹⁰⁾。第 2 に，逮捕状の発行は ICTY 裁判官による「疎明」

(1185)　Rosalyn HIGGINS, "Judicial Determination...", *supra* note (11), p. 1375.

(1186)　Simone HALINK, "All Things Considered: How the International Court of Justice Delegated its Fact-Assessment to the United Nations in the *Armed Activities* Case", *NYU Journal of International Law and Politics,* vol. 40 (2008), pp. 13–52.

(1187)　Daniel JOYCE, "Fact-Finding and Evidence at the International Court of Justice: Systemic Crisis, Change or More of the Same?" *Finnish Yearbook of International Law,* vol. 18 (2007), p. 300.

(1188)　*I.C.J. Reports 2007 (I)*, p. 130, para. 212.

(1189)　*I.C.J. Reports 2007 (I)*, p. 131, para. 214.

◆第3部◆　証拠法論の展開

を前提とするものであること(1191)，第3に，それは被疑者が当該犯罪を犯したと信じるにつき「合理的根拠」が存在することを確認する(1192)。第4に，弁護側による無罪判決の申立については，ICTY裁判官がこれに確定判決を下すわけではないことから重視しない(1193)。第5に，第一審裁判部の判決における事実認定は「合理的疑いを超えた証明」に基づくものであることから，上訴裁判部によって覆されない限り，高度に説得的な事実認定と認められる(1194)。第6に，有罪答弁を経た量刑判決であっても，第一審裁判部は十分な事実認定を行い，また被告人答弁の自発性を確認する以上は，一定の重みが認められる(1195)。

　判決の全体像を踏まえると，裁判所の事実認定において最も重要な役割を果たしているのは場合分けの第5である。すなわちICJは，スレブレニツァにおけるジェノサイドの成立を認定した2つのICTY判決を根拠に(1196)，「第一審裁判部の認定から逸脱する理由が無」く，また「上訴審裁判部の認定に異議を唱える理由が無い」として，同地域におけるジェノサイドの発生を認定した(1197)。と同時に，この場合分けの第5は，スレブレニツァ以外の地域におけるジェノサイドの立証不十分という結論を支える決定的根拠としてもICTY判決を位置付ける機能を担っている。すなわちICJは，関連するICTY判決においてジェノサイドの成立要件である「特別の意図(*dulus specialis*)」が証明されていないことを根拠に，スレブレニツァ以外の地域におけるジェノサイドの成立を否定した(1198)。結局，ICJはICTYと同様に，スレブレニツァについてのみジェノサイドの成立を認定したことから，より広範囲でのジェノサイドの立証を目指した原告ボスニアにとって，ICTY判例はいわば諸刃の剣であったと評される(1199)。いずれにせ

(1190)　*I.C.J. Reports 2007 (I)*, p. 132, para. 217.

(1191)　*I.C.J. Reports 2007 (I)*, p. 132, para. 218.

(1192)　*I.C.J. Reports 2007 (I)*, p. 133, para. 218.

(1193)　*I.C.J. Reports 2007 (I)*, p. 133, para. 219.

(1194)　*I.C.J. Reports 2007 (I)*, pp. 133-134, paras. 220-223.

(1195)　*I.C.J. Reports 2007 (I)*, p. 134, para. 224.

(1196)　*Prosecutor v. Radislav Krstic*, IT-98-33-T, Trial Chamber, Judgment of 2 August 2001; *Prosecutor v. Radislav Krstic*, IT-98-33-A, Appeal Chamber, Judgment of 19 April 2004; *Prosecutor v. Vidoje Blagojevic*, IT-02-60-T, Trial Chamber, Judgment of 17 January 2005.

(1197)　*I.C.J. Reports 2007 (I)*, p. 166, paras. 295, 296.

(1198)　*E.g., I.C.J. Reports 2007 (I)*, p. 155, paras. 277.

◇第6章◇　公法訴訟モデルに基づく証拠法論の展開

よ，ポーター委員会報告書と同様，ICTY 判例それ自体は，ボスニア系住民への虐殺行為という具体的事実との関係ではあくまで二次資料であることから，ICJ は，本来であれば自ら行うべき事実認定を ICTY に「外部委託（outsourcing）」してしまったとの揶揄を招いている[1200]。

◇2　並行して活動する国際機関に対する敬譲

直接審理主義との整合性

この点，証拠価値が比較的高いと判断される証拠資料から一定の「動かし難い事実」を読みとることができるのであれば，それ以外の証拠資料については，前者との論理的整合性を基準の1つとして証拠価値を評価することが可能となり，全体的として整合的な事案解明を推し進めることができる。こうした手法は珍しいものではなく，例えば，後に南北スーダンの国境となる境界線の一部を画定したアビエイ事件（2009年仲裁判断）において仲裁廷は，文化人類学者の研究著作および鑑定証言を「仲裁判断の核（central）となる証拠」と位置付けた上で[1201]，その他の証拠資料については，同学者による資料を補強するものであるかという観点からその証拠価値を吟味し，古い境界線の位置を確認している[1202]。こうした実務に鑑みるならば，ICJ による「ポーター定式」もまた，膨大な数の証拠資料の中から信頼性の高い証拠資料を選び出し，それを基軸として事実認定を行うことで，大規模かつ複雑な武力紛争につき，全体として整合的な事案解明を推し進めることを可能とする手法であったと分析できる。

問題は，基軸となる証拠として選び出されたものが係争事実に関する一次資料ではなく，他の機関による意思決定を経て整理された二次資料である場合には，裁判所が「事実の認定を自ら行」うとの建前に抵触するのではないかという点である。直接審理主義という訴訟法上の理念的要請の貫徹を主張するこうした批判

(1199)　Vodin DIMITRIJEVIC and Marko MILANOVIC, "The Strange Story of the Bosnian Genocide Case", *Leiden J.I.L.*, vol. 21 (2008), p. 89.

(1200)　Daniel JOYCE, *supra* note (1187), p. 294 *et seq.*

(1201)　*Abyei Arbitration (Government of Sudan / Sudan People's Liberation Movement/Army)*, Final Award of 22 July 2009, *R.I.A.A.*, vol. 30, p. 396, para. 719 [Pierre-Marie DUPUY, Awn AL-KHASAWNEH, Gerhard HAFNER, W. Michael REISMAN, Stephen M. SCHWEBEL].

(1202)　*R.I.A.A.*, vol. 30, pp. 396-406, paras. 720-747.

◆ 第 3 部 ◆ 証拠法論の展開

は，事案の性質に応じて国際裁判所はより積極的に証拠調べに関与すべきという政策提言に向かうことから[1203]，武力紛争等の事案解明に何らかの公益を見出すことで職権主義的な証拠調べの運用を基礎づける議論[1204]と結論の点で軌を一にする。

事実認定の「断片化」

こうした批判を見越した ICJ の応答は，判決推論上は見当たらない。しかし，個々の裁判官が個別意見や裁判外で示した見解を紡ぎ合わせると，「ポーター定式」の背景には，同一の紛争について同時並行的に任務を遂行する他の国際機関との整合性を確保しようとする狙いを読み解くことが可能と考えられる。それは，ジェノサイド判決に関して言えば，「より大きな物語の中に本件と ICTY 判例とを位置付け」る試みの一環であり[1205]，個別意見においてトムカ（Peter Tomka）判事は次のように述べている。

> 「本裁判所と ICTY は，任務は異なるが共通の目的を共有している。〔…〕両者はともに国連の司法機関であり，国際司法裁判所はその主要な司法機関である。両者の活動は，各々の領域において〔…〕国際正義の実現という共通目的に貢献するものである[1206]」（傍点中島）。

以上のような ICJ と ICTY の相互補完的な関係性の想定は，2000年代に活発に論じられた国際裁判所間の判断抵触あるいは国際法の「断片化」への危惧を事実認定について伸長する議論[1207]の遠景に位置付けることができる。時の裁判所長ヒギンズは，ジェノサイド事件の口頭弁論と同時期に行った講演（2006年3月）の中で，法解釈のみならず，異なる国際裁判所が示す事実認定の相互関係に

(1203) José E. ALVAREZ, "Burden of Proof", *ASIL Newsletter: Notes from the President*, vol. 23, issue 2 (2007), disponible sur : <http://www.asil.org/newsletter/president/pres070625.html>; Simone HALINK, *supra* note (1186), pp. 29, 36.

(1204) Markus BENZING, "Community Interests…", *supra* note (770), pp. 384–386.

(1205) Anna RIDDELL, "Report…", *supra* note (661), p. 430.

(1206) Separate Opinion of Judge TOMKA, *I.C.J. Reports 2007* (I), p. 351, para. 73.

(1207) Daniel JOYCE, *supra* note (1187), p. 303; Andrea GATTINI, "Evidentiary Issues in the ICJ's *Genocide* Judgment", *Journal of International Criminal Justice*, vol. 5 (2007), p. 904; Katherine DEL MAR, *Proof in Cases Involving Harm before the International Court of Justice* (Geneva: Graduate Institute of International and Development Studies, thèse, 2013), p. 324.

◇第6章◇　公法訴訟モデルに基づく証拠法論の展開

ついても関心を寄せ，裁判所間における判断や任務の相互尊重・参照を通じた整合性の確保を処方箋として提示していた[1208]。こうした問題意識をICJの同僚[1209]に加えてICTYの裁判官[1210]もが共有した背景には，先に検討した2つのICJ判決に加えて，国際刑事裁判所（ICC）がICJのDRC対ウガンダ判決を証拠の1つとしてDRCの事態に関する事実認定（ウガンダ軍による占領状態認定）を行ったという逆向きの参照例[1211]を挙げることもできる[1212]。このように2000年代中盤，国際法解釈の「断片化」問題の周縁においてではあるものの，国際裁判所間の事実認定の相互関係あるいは抵触という問題が問われる状況にあったわけである。

　もっとも，ジェノサイドに関する指導者個人の刑事責任と国家の国際責任とは別個独立に観念しうるとの立場が成り立つ以上[1213]，そもそも両者に関する事実認定の整合性をなぜ確保する必要があるのかを突き詰める必要がある。換言すれば，両者の補完的協働関係によって実現されるものと措定される，トムカ判事の言葉でいう「国際正義」という抽象目的が，具体的に何を指していると考えられるかである。

移行期正義における一貫した「公式の叙述」形成

　この点，とりわけ国際刑事法の観点から想定しうるのが移行期正義における真実和解である。すなわち，紛争後の地域社会では，相矛盾する事実認識や歴史修正主義の台頭が住民和解を妨げることから，偏りの無い歴史叙述の作成が求めら

(1208)　Rosalyn HIGGINS, "A Babel...", *supra* note (834), pp. 1256, 1261, 1268; *voir aussi*, Rosalyn HIGGINS, "A Just World under Law", Rosalyn HIGGINS, *Themes and Theories: Selected Essays, Speeches, and Writngs in International Law*, vol. 2 (Oxford University Press, 2009), p. 1293.

(1209)　Declaration of Judge SKOTNIKOV, *I.C.J. Reports 2007* (I), p. 375; Separate Opinion of Judge *ad hoc* KRECA, *Croatie c. Serbie, C.I.J. Recueil 2015*, paras. 85–89.

(1210)　Christine Van den WYNGAERT, "International Criminal Courts as Fact (and Truth) Finders in Post-Conflict Societies: Can Disparities with Ordinary International Court be Avoided?" *ASIL Proceedings*, vol. 100 (2006), p. 68.

(1211)　*Le Procureur c. Thomas Lubanga Dyilo*, décision sur la confirmation des charges du 29 janvier 2007, paras. 211–220.

(1212)　Rosalyn HIGGINS, "A Babel...", *supra* note (834), p. 1256.

(1213)　José E. ALVAREZ, "Burden of Proof", *supra* note (1203).

◆第3部◆ 証拠法論の展開

れる[1214]。しかし，紛争終結直後の国内裁判所がこうした任務を担うことは多くの場合困難であることから，国際刑事法廷が代わって刑事手続の枠内において「公式の叙述」をしたためることが期待される[1215]。とはいえ，裁判を通じた歴史叙述への信頼性の根拠が事実認定手法の厳格性に求められるならば[1216]，その任務を担いうるのは必ずしも国際刑事法廷に限られない。そこで，ジェノサイド事件における両当事国は，提訴ひいては武力紛争終結から10年以上が経過していたICJの口頭弁論において，法的請求の成否よりもボスニア紛争をめぐるそれぞれの捉え方（story）を陳述することで，共通の歴史叙述を各々の立場に近づけることに関心の所在を移行していたとの見方がある[1217]。本件紛争のこうした側面を踏まえるならば，ICJとICTYの事実認定の不整合性は，真実和解のための「公式の叙述」の形成という移行期正義の要請を阻害しかねないものであったと見ることができる[1218]。そこでICJは，先行して活動するICTYの判決・決定に敬譲を示す判断枠組みを構築することを通じて，ICTYを中心とする一貫した「公式の叙述」の形成を通じた移行期正義の実現を消極的に見守る途を選んだとの見方も可能である。こうした解釈を判決推論から直接読みとることができるわけではないものの，ジェノサイド事件判決における「ポーター定式」及びそれに基づく証拠調べを読み解くと，場合によってはやや不自然な形でICTYの意思決定を踏襲するスキームが施されており，少なくとも，ICTY判例との整合性確保がICJにとっての懸案事項であったことを傍証している。

第1に，ICJは，ICTY検察官がジェノサイドを罪状に含めた決定は重視しない一方，起訴状にジェノサイドの罪名を含めなかったこと，および事後にジェノサイド罪の公訴を取り消したという意思決定を重視する枠組みを示した（場合分

(1214) Address by Mr. Antonio CASSESE, President of the ICTY, UN Doc. A/52/PV.44 (7 November 1997), pp. 1-2.

(1215) Christine Van den WYNGAERT, *supra* note (1210), p. 64. ICTY 第1審裁判部は，自らの任務は被告人の刑事責任を判断することであり，「ボスニア・ヘルツェゴヴィナにおける今日の人間的恐怖についての歴史的記録を構築することを主たる任務とするわけではない」と述べており，付随的には，歴史記録も任務と位置付けうることを承認している。*Prosecutor v. Kupreškić et al., "Lašva Valley",* IT-95-16, Trial Judgment of 14 January 2000, para. 756.

(1216) Christine Van den WYNGAERT, *supra* note (1210), p. 64.

(1217) Vodin DIMITRIJEVIC and Marko MILANOVIC, *supra* note (1199), p. 66.

(1218) Katherine DEL MAR, *Proof…, supra* note (1207), p. 325.

◇第6章◇　公法訴訟モデルに基づく証拠法論の展開

けの第1）。検察官が起訴しても裁判部が無罪判決を下す可能性がある以上，公訴決定に高い証拠価値を見出すとなるとICTYとの判断抵触の可能性が高まる方向性に左右する。他方，不起訴であれば有罪判決が下される可能性は無い以上，不起訴決定の証拠価値の重視はICTYの実行との整合性を確保する方向に作用する。その結果，場合分けの第1は，不起訴の決定のみを重視することでICTYの実行との整合性を確保する方向で機能する仕組みとなっている。しかし，こうした片面的な判断枠組みには国際刑事法の観点から批判が強い。というのは，ICTY検察官は司法資源の有限性に鑑みて糾弾する犯罪類型を限定し，あらゆる可能性ある罪状につき全て起訴するわけではないからである。また，より軽度の犯罪類型につき有罪答弁がなされた場合には，審理の長期化を避ける狙いからジェノサイド罪を起訴状に含めないという司法政策が採られることもあり，そもそも起訴状への不記載は必ずしもその証拠の不十分さを意味しない(1219)。その意味で，それ自体としてはやや問題性を抱えている場合分けの第1は，結論的にICTYの判断との整合性を確保する方向で機能する点ではICJの関心の所在を傍証している。

　第2に，原告ボスニアは，前提とすべき証明度について，本件は刑事訴追ではなく国家責任の追及であることを理由として比較的緩やかな「蓋然性の優越」基準の採用を主張したのに対し，ICJは，主権国家を強く非難する請求は高次の証明度を要求するという先例（コルフ海峡事件判決）を根拠に，ジェノサイド行為自体の証明及びそれら行為のセルビアへの帰属に関して「明白な証明」を要求した上で(1220)，結論として帰属の論理構成に基づく請求を全て棄却した。他方，セルビア自身が負うジェノサイド防止義務の違反申立については，特段理由を敷衍することなく「高い確実性（a high level of certainty）」という，微妙に異なる証明度の定式を前提とした上で(1221)，結論としてセルビアの防止義務違反を認定した。刑事法廷であるICTYが最上級に厳格な「合理的疑いを超えた証明」基準を前提としていることに鑑みれば，同様に厳格な証明度を前提とすることで，ICJはICTYの実行との整合性を確保することができる(1222)。他方，セルビア自身の防

(1219)　Richard J. GOLDSTONE and Rebecca J. HAMILTON, *supra* note（666），pp. 106-107.

(1220)　*I.C.J. Reports 2007*（*I*），pp. 129-130, paras. 208, 209.

(1221)　*I.C.J. Reports 2007*（*I*），p. 130, para. 210.

325

◆ 第3部 ◆ 証拠法論の展開

止義務違反の認定は，ICTY も認定したスレブレニツァでのジェノサイドの事実のみを所与として，ICTY は認定していないセルビア自身の国際義務違反を問うものであることから，ICTY の実行との整合性は問題とはならない。その意味で，一見して説明が不十分なままに設定された2つの異なる証明度も，ICTY 判断との整合性確保という ICJ の関心を傍証している。

以上のように[1223]，「ポーター定式」は，同時並行的に任務を遂行する他の国際機関との関係における ICJ の役割の部分性を踏まえ，当該機関の判断に敬譲を示すことでむしろ国際正義（移行期正義における一貫した「公式の叙述」形成）の実現を側面的に支援する手段と捉えることが可能である。以上の分析が正しいとすれば，それは公益実現を目的とする場合に国際裁判所が敢えて抑制的な証拠調べの在り方を選択した例として理解しうることから，職権主義的な証拠調べの運用を基本的な方向性とする公法訴訟モデルの証拠法論に微妙なニュアンスを要求するものと捉えられる。とはいえ，そこに通底するのは，個別具体的な裁判の場面でいかなる目的が追求されているかを特定し，その実現のためにいかなる証拠調べの在り方が適切かを問う裁判目的実現手段説である。本書が掲げた2つの証拠法論モデルは，あくまでこれを理論的基礎として構築した理念型であり，国際判例の展開に即して様々なニュアンスを内面化していく契機を承認するものとして位置付けられる。

(1222)　*Cf.* Dermot GROOME, *supra* note（658），pp. 933-934.

(1223)　こうした観点からは，第3に，スルプスカ共和国軍に対するセルビア政府の支配関係の事実を解明する文脈で，ボスニアが求めたセルビア最高評議会議事録の提出要請に ICJ が応じなかった経緯（本書第4章第3節参照）も，ICTY における審理に予断を与えないという ICJ の配慮と位置付けることができるかもしれない。

結　論

結　論

　本書では，国際裁判における事実認定の「正しさ」を問い直すという問題
関心から，従来の「客観的真実発見説」から「裁判目的実現手段説」への転
換と，その具体的内容として「紛争処理モデルの証拠法論」と「公法訴訟モ
デルの証拠法論」という2つの理念型に基づく証拠法論の再構成を試みてき
た。以下では，検討の結果を整理し本書の意義を明らかにした上で（第1節），
今後の検討の道筋をつけることとする（第2節）。

結　論

◆ 第1節 ◆ 検 討 結 果

第1部の検討結果

　国際裁判において認定される事実は裁判外に存在するはずの真実と合致しているからこそ正しく，したがって証拠法規則はその発見を目指して運用されるべきとする見解（客観的真実発見説）は，サンディファーやヴィテンベルクによる先駆的業績によって形成され，今日でも少なからぬ論者によって前提とされている。しかし，一見する限りは素朴な裁判観念の吐露にとどまるかに見える同説は，とりわけヴィテンベルクにおいて，戦間期国際法学における「司法による平和」構想への援護射撃として，証拠調べにおける国際裁判官の権限拡充の契機を基礎づけようとする野心的な議論であった。そのため同説は，本来的に理論的な綻びを抱えていたに加え，戦間期の国際秩序構想と不可分の関係性をもって生成したという歴史性をも備えた議論であり，そうした背景構想の挫折とともに歴史の濁流の中に飲み込まれてしまった。

第2部の検討結果

　事実認定の正しさを問い直す本書の試みの意義は，こうした従前の議論状況との対比において理解される。すなわち，従来の客観的真実発見説に代わるパラダイムとして本書が提示した「裁判目的実現手段説」は，個々の国際裁判制度の目的と証拠法の具体的運用との整合性に事実認定の正しさの根拠を求めるものであるが，それは窮極的には，法制度の趣旨目的に照らして具体的な法規則の解釈を基礎づける方法論を国際裁判の証拠法論に関して敷衍したものであり，法解釈方法論というメタ分析の次元から見れば，特段新奇性は見当たらない。したがって本書の検討の意義は，あくまで国際裁判の証拠法論の文脈において，従来の見解が内包していた問題性を明らかにした上で，それに代わる理論枠組みとして裁判目的実現手段説を提示した点に求められる。その理念型の1つである「紛争処理モデルの証拠法論」の具体的内容は，さらに後述する。

第3部の検討結果

　この裁判目的実現手段説を前提とすると，国際裁判の制度目的と証拠法運用の在り方とが連結される。したがって，二辺的紛争処理に還元しきれない国際公益

329

結　論

の実現もが国際裁判制度の目的として据えられると，これに応じて証拠法運用の在り方も変容する。この命題もそれ自体としては，法解釈が備える合目的的な性質を国際裁判の文脈で具体的に換言したに過ぎない。しかし，国際裁判制度の増大現象を所与としつつも，証拠調べを含めたその手続面に関してはむしろ国際裁判所に横断的な「共通法」の出現を説く同時代的な議論状況を踏まえるならば，本書の検討はこれに対する対抗言説として位置付けることができる。すなわち，国際裁判制度の目的の拡張を踏まえると，「紛争処理モデルの証拠法論」に重畳的なかたちで「公法訴訟モデルの証拠法論」を第2の理念型として措定し，証拠法論の多様な展開の契機を把握する必要があるというのが本書の主張である。

*　　　　　*　　　　　*

　こうした枠組みを具体的な証拠法解釈運用に引きつけるならば，大まかには，紛争処理モデルの証拠法論が当事者主義的な運用を帰結するのに対し，公法訴訟モデルの証拠法論は裁判所による証拠調べに対する職権的な介入を基礎づけるという図式で整理できる。以下では，検討の便宜上区別した証明対象論，証明責任論，推定構造論，証明過程論のそれぞれについて，2つのモデルにおいてどのように異なる証拠法の解釈運用が導かれていたかについて図式的に比較整理する(1224)。

証明対象論

　紛争処理モデルの証拠法論においては，条約解釈や慣習法の認定といった「法」の存否内容についても一方当事者が証明しなければならないとされることが多い。これは，当事国間の自律的な紛争処理プロセスの延長線上に国際裁判手続を観念する結果，適用法規たる準則の立証についても裁判を利用し便益を享受する当事国に応分の負担を求めるという当事者主義的運用として説明される。また，裁判所の視点から見れば，それは「法」についての証明責任を一方当事者に分配することによって適用法規認定プロセスの説得性を強化する手段として位置付けられる。したがって，*jura novit curia* の法格言に従い，国際裁判において証明を要するのは基本的に「事実」のみであり「法」は証明を要しないという従

(1224)　検討結果の全体像を簡潔に示すための図式化であり，そこに伴う様々なニュアンスについては本論を参照されたい。

来の理解は，本書の検討の結果からは修正を要するものと結論される。

これに対し，公法訴訟モデルの証拠法論は，*jura novit curia* の法格言を持ち出した上で，「法」については当事者に証明責任が観念されないことを強調することがある。これは，当事者の主張立証状況に依存した適用法規認定の契機を排斥することで裁定機関による積極的な法解釈を促し，法解釈の統一性の確保や明確性の向上の機会を確保しようとする議論であり，国際裁判制度に対して，二辺的紛争処理にとどまらない法創造という公益実現を期待する立場を前提とするものと位置付けられる。

証明責任論

当事者間における自律的な紛争処理の延長線上に観念される国際裁判では，当事者の権利救済という，二辺的紛争関係において完結する価値が追求される。ここから，紛争処理モデルの証拠法論における証明責任分配の理論的根拠は，裁判手続において権利救済の実現を求める主体が応分の負担を負うべきという受益者負担の観念に求められることが帰結する。その結果，加害国の違法行為や損害発生，両者の因果関係を基礎づける事実など多くの点で，救済を求める当事者が証明責任を負い，責任を追及される側が証明責任を負うのは反訴を提起する場合や，正当化事由を援用する場合に限られる。この点，証拠の偏在などにより係争事実の証明が困難な場合に権利救済という目的を貫徹するために，相手方への証明責任の転換が主張されることが頻繁にあるが，国際判例においてこうした主張が認められた例は非常に限られている。それは，紛争当事者間の対等な関係性を前提とすると，一方当事者を手続的に救済すべき必要性と同時に，他方当事者へと証明責任の転換することの許容性の基礎づけが必要であるところ，この後者の理論的根拠が見出しにくい点に由来するものと分析される。

これに対し，公法訴訟モデルの証拠法論は，被申立国側への証明責任の転換を正面から承認する。これは，申立国側の救済よりも被申立国の行為や措置の法遵守状態の維持確保といった客観的価値の実現を裁判目的として措定する結果，権利救済を求める側が応分の主張立証負担を負うべきとする観念から，違反状態が疑われる行為や措置を維持する側がその正当性につき説明責任を果たすべきという観念へと証明責任論の根拠が変容した結果と分析しうる。同様に，論理構成を異にはするものの，係争措置の正当性について被申立国が与える説明に裁判上の

結　　論

審査対象を限定する審査基準論は，そうした説明の精査を通じて被申立国の行為
の法遵守状態の維持確保を目的とするメカニズムである点で，公法訴訟モデルの
証拠法論における証明責任転換論と軌を一にする。

推定構造論

証拠調べにおける国際裁判官の権限拡大を企図したヴィテンベルクにおいて，
間接強制の機能を担いうる推定（否定的推論）はその理論枠組みの中核を構成し
ていた。しかし，紛争処理モデルの証拠法論において推定の役割は，実定法に明
示の定めがある場合のほかは非常に限定的である。それは，対等な当事者間にお
ける自律的な紛争処理過程の延長線上に裁判手続を観念すると，事案解明に有意
義と考えられる資料の提出を一方当事者が拒むからといって，当該当事者に「懲
罰」を課すような扱いをする根拠が見出し難いためである。そのため，否定的推
論は，裁判官の自由心証の枠内で論理法則に従って可能な限りにおいてのみ限定
的に運用されてきている。

これに対し，公法訴訟モデルの証拠法論においては，被申立国による法遵守の
維持確保を裁判制度の目的として措定する結果，否定的推論は，証拠提出を間接
強制する契機を承認することを通じて，被申立国による法遵守を間接的に誘導す
るメカニズムと位置付けられる。そこにおいて，否定的推論の運用は裁定機関の
裁量として観念され，少なくとも理論上は，広範に発動する契機が承認されるこ
とが帰結する。

証明過程論

紛争処理モデルの証拠法論においては，当事者間の直接的な紛争処理の実現に
向けた補助的側面的支援こそが国際裁判の在り方として措定される結果，証拠調
べは当事者主義を基調として運用すべきことが帰結する。これは，紛争処理とい
う裁判目的を実現するためには，当事国間の協力関係を醸成する契機となりうる
当事者主義的な運用が適切であるとの規範的評価に基づくものと分析しうる。し
たがって，そうした目的と手段の規範的連関性を欠いた当事者主義的運用は，被
造物たる国際裁判所の主権者たる紛争当事国に対する単なる従属性の発露であり，
場合によっては不適切との規範的評価が導かれる。

これに対し，公法訴訟モデルの証拠法論においては，国際裁判所が自らの準公
共財たる性質を踏まえて職権的に審理手続の効率化を図る運用を行い，また職権

結　論

的な証拠調べを通じた公益実現が企図される例がある。こうした観点からは，先行して任務を遂行する他の国際機関の事実認定を踏襲する「ポーター定式」の枠組みは，本論で検討した職権主義的な証拠調べの傾向からは一見して逸脱するものの，敢えて謙抑的な証拠調べを行うことで公益実現に側面的な支援を施そうとするスキームと分析しうる点では，実現すべき裁判目的と証拠法運用との規範的連関性を説く裁判目的実現手段説の基本命題を例証するものと位置付けられる。

◆ 第2節 ◆ 今後の検討課題

「ある者にとっては，世界が変わるから国際法が変わる（変わらねばならない）のであり，ある者にとっては，世界が変わるために国際法が変わる（変わらねばならない）のである[1225]」。

　現代国際法は，国家間の二辺的な利害調整を目的とする共存の国際法と，国際社会の共通利益や公益の促進を目的とする協力の国際法とが重層的に織りなす構造において把握される[1226]。二辺的紛争処理を超えた国際裁判制度の機能拡充は，こうした国際法の性質変化あるいは規律領域の拡大を背景とするものと理解され[1227]，それは裁判手続の在り方の変容をも招いている[1228]。だとすれば，「紛争処理モデルの証拠法論」と「公法訴訟モデルの証拠法論」という2つの理念型によって描かれる証拠法論は，こうした国際裁判制度ひいては国際法秩序の性格変容を反映するものと位置付けることができよう。

　もっともそれは，単に現象を観察分析するためのリトマス試験紙というよりは，在るべき制度構想をめぐって複数のパラダイムが衝突する闘争の場として捉えるべきである[1229]。すなわち，「公法訴訟モデルの証拠法論」は，WTO紛争処理制度を中心としてある程度受容されてきた一方で，国際投資仲裁制度に関してはこれまでのところ，既存の「紛争処理モデルの証拠法論」と衝突する中で部分的に受容されつつも，全体としてみれば，新たなパラダイムとしての地位を占める

(1225)　Prospter WEIL, *supra* note（92），p. 27.

(1226)　Wolfgang FRIEDMANN, *The Changing Structure of International Law* (Stevens & Sons, 1964), pp. 60-71; Bruno SIMMA, "From Bilateralism to Community Interest in International Law", *R.C.A.D.I.*, tome 250 (1994), pp. 229-255.

(1227)　Karen J. ALTER, *supra* note（423）.

(1228)　Markus BENZING, "Community Interests…", *supra* note（770），pp. 377-408.

結　論

には至ったとは言い難い。こうした状況は，商事仲裁の延長線上に投資仲裁制度を捉える理解に対して公法訴訟の類推で同制度を捉える理解が挑戦しているという，国際投資法のパラダイムをめぐる論争の現状を反映するものである(1230)。ここにおいて，証拠法論という小さな闘争の場における議論状況やその勝敗は，やがて仲裁制度それ自体についての妥当なパラダイムを問う規範的なディスコースへと帰納的に還流していくという論理構造を備えているわけである。

＊　　　　＊　　　　＊

　以上に完了した証拠法論の再構成がどこまで的を射たものであるかは，もちろん読者の評価を待つほかない。その一方で，本論では触れることのできなかった課題も残されている。そこで，以下では今後の検討の見通しに触れることで，本書の結びとする。

　国際裁判は，紛争当事者が提起した請求に判決を下すことで紛争を処理するメカニズムである。そこにおいて証拠法論は，提起された請求や抗弁を基礎づける事実の存否内容についての証拠調べを規律し，判決理由における事実認定の法的正当化を司る。したがって，証拠法論に関する本書の検討結果は，請求規律および判決効論との関係において定位する必要がある。その上で，証拠法論内在的に残された課題についても触れる。

請求規律との関係

　管轄権の同意原則により，審判対象たる「請求」の定式化は，第一義的には紛争当事国の権限に属する。その一方で，訴訟手続の最中に裁判所が当該請求を再定式化する場合がある。こうした再定式化については，請求が物理的実在ではなく法的に定式化された抽象命題であることを前提に，およそ法解釈適用には一定の創造的要素が伴うというメタ理論分析に加え(1231)，「裁判所は法を知る (*jura*

（1229）　こうした比喩については，以下の論考を参考としている。Anthea ROBERTS, "The Next Battleground: Standards of Review in Investment Treaty Arbitration", Albert Jan VAN DEN BERG (ed.), *50 Years of the New York Convention* (Wolters Kluwer Law & Business, 2011), pp. 170-180; Anthea ROBERTS, "Clash of Paradigms: Actors and Analogies Shaping the Investment Treaty System", *A.J.I.L.*, vol. 107, no. 1 (2013), pp. 45-94.

（1230）　中島啓「国際投資仲裁」・前掲注 (550) 72-104頁。

結　論

novit curia)」の法格言を根拠とした補完であると説明されている[(1232)]。この点，本論において明らかとなった同格言の意義は，国際裁判所が判決形成に際して「当事者の弁論（pleadings）に拘束されない」ということであった。この結論は，同格言についての従来の理解からは離れる一方で，請求規律に関する以上の説明とむしろ整合的に位置付けることができる。そこで，残された課題として，同格言が法的立論構成たる弁論から離れる自由のみならず，当事者の請求そのものに一定の修正補完を加える権限を裁判所に付与するものであるかを突き詰める必要がある。

判決効論との関係

こうした請求に裁判所が判決を下すことで，紛争は法的に処理される。この判決の確定性は「既判事項は真実とみなされる（*res judicata pro veritate habetur*）」の法格言によって支えられるが[(1233)]，国際裁判制度上，この既判力原則に対する例外が用意されており，証拠法論との関係では，仲裁判断取消制度と判決再審制度を通じた事実認定の扱いが問題となる。

第1に，投資仲裁制度では，仲裁廷による事実認定の誤謬や証拠法規則の違背を根拠とした仲裁判断取消の契機が想定されることから[(1234)]，取消手続において原審による事実認定の「正しさ」がどのように評価されるかが問題となる。この点，ICSID 特別委員会の場合には，事実認定の誤りは通常，「手続の基本原則からの重大な離反」（ICSID 条約52条1項(d)）の取消事由を経由して申し立てられる。つまり，証拠法規則の違背をもって直ちに仲裁判断が取り消されるわけではなく，証拠規則の中でも「基本原則」に相当する当為命題からの「重大な離反」が認められる運用があった場合に限定されており，原審における事実認定の「正しさ」とは異なる基準をもって仲裁判断の事後統制が図られると考えられる[(1235)]。したがって，本書の結論は維持しつつ，事後に取り消されうる事実認定の誤謬の具体的内容と範囲を，特別委員会の性質を踏まえつつ明らかにしていくことが課題となる。

(1231)　Robert KOLB, "General Principles of Procedural Law", *I.C.J. Commentary 2006*, p. 815.

(1232)　李禎之・前掲注（421）2, 68-70頁。

(1233)　玉田大『判決効論』・前掲注（442）28-29頁。

(1234)　*Caratube v. Kazakhstan, supra* note（450），para. 97.

結　論

　第2に，国際司法裁判所においては，事実認定の誤謬を理由とした判決再審の契機が想定されることから，再審手続において原審による事実認定の「正しさ」がどのように評価されるかが問題となる。すなわち，再審請求は，事後的に発見された「新事実」が「決定的影響を与える性質を持つ」場合に受理されるところ（ICJ規程61条1項・2項），ここでいう「新事実」とは，原判決時点ですでに存在していた事実が事後に発見されたことを意味する[1236]。そのため再審制度においては，本書の結論とは異なり，原審による事実認定の「正しさ」としてむしろ客観的真実との合致が想定されているのではないかが問題となるわけである。この点，発見された新事実が原判決の判決理由に「決定的影響」を与える場合に再審の契機を限定する制度設計に鑑みれば，客観的真実との不一致をもって直ちに原判決の事実認定が修正されるのではなく，その「決定的影響」の有無という規範的評価こそが再審請求の可否を分かつものと考えられる[1237]。したがって，こうした観点から，本書の結論と再審制度の運用の整合性を検証することが課題となる。

証拠法論内在的な課題

　本書の問題関心は証拠法論の理論的再構成にあったため，本書が扱っていない重要判例も少なからず存在している。本書の理論枠組みの耐用性は，そうした国際判例や新たな展開との関係で不断に検証し続けていく必要がある。

　例えば，外交的保護権行使の前提条件である国内的救済完了に関する証明責任分配について，国連国際法委員会は法典化を見送ったものの[1238]，おおよそ次のような判例法理が成立している。すなわち，国際請求の受理可能性要件であることに鑑み，利用されていない国内救済手段の存在につき，抗弁を提起する被告

[1235]　異なる命題を基準とするものの，WTO紛争処理制度においても同様に，パネルによる事実認定の誤謬が直ちに上級委員会によるパネル判断の破棄を導くわけではなく，それが「問題の客観的評価」（DSU11条）というパネルの任務を逸脱するものと評価される場合に限定されている。

[1236]　Lucius CAFLISCH, « Cent ans de règlement pacifique des différends interétatiques », *R.C.A.D.I.,* tome 288（2001），p. 416.

[1237]　玉田大『判決効論』・前掲注（442）87-89, 94-98, 100-102頁は，この点を支持するものと思われる。

[1238]　*Third Report on Diplomatic Protection, by Mr. John Dugard, Special Rapporteur*（A/CN.4/523 and Add.1, 2002），paras. 117-118.

結　論

側が証明責任を負うのが原則である[1239]。ただし，問題となる手段が実効的な救済を提供しない場合には，当該救済手段の完了は要求されない[1240]。この場合，救済を求める原告側がむしろその非実効性について証明責任を負うと解され[1241]，国際判例も支持する[1242]。その根拠としては，救済可能性についての国内裁判所自身の判断の尊重や[1243]，私人救済の問題を安易に国際紛争に転化しないという国際関係の安定性要請に基づく説明が与えられてきた[1244]。しかし，ディアロ事件（2007年先決的抗弁判決）において国際司法裁判所は，こうした従来の立場を前提とする被告DRCの主張[1245]を退け，依拠しうる国内救済手段（les voies de recours internes disponibles）を尽くしたことについて原告ギニアが証明責任を負うと同時に，依拠しうる実効的な救済手段（de voies de recours disponibles et efficaces）が存在したことについて被告DRCが証明責任を負うとの立場を示した[1246]。この2つの当為命題を両立するものとして整合的に解しうるかは疑問が無いわけではないものの[1247]，結論的にDRCによる立証不十分を根拠として

(1239)　*Ambatielos Claim*（*Greece v. United Kingdom*），Arbitration Commission, 6 March 1956, *R.I.A.A.*, vol. 12, p. 119［ALFARO, BAGGE, BOURQUIN, SPIROPOULOS, THESIGER］.

(1240)　2006年外交的保護条文15条。

(1241)　Separate Opinion of Judge Sir Hersch LAUTERPACHT, *C.I.J. Recueil 1957*, p. 39; J.E.S. FAWCETT, *supra* note（140），p. 458; Castor H.P. LAW, *supra* note（140），p. 56; *Report of the I.L.C.*, 58th Session, G.A.O.R. 61st Session Supplement No. 10, A/61/10（2006），p. 78; 太寿堂鼎「国内的救済原則の適用の限界」法学論叢76巻1・2号（1964年）95頁 ; *voir aussi, La Guaira Electric Light and Power Co. Case*, undated, Mixed Claims Commission America-Venezuela of 1903, *R.I.A.A.*, vol. 9, p. 243［BAINBRIDGE, for the Commission］.

(1242)　*Chevron Corporation and Texaco Petroleum v. Republic of Ecuador*, PCA No. 34877, Partial Award on the Merits（30 March 2010），para. 329［Karl-Heinz BÖCKSTIEGEL, Charles N. BROWER, Albert Jan VAN DEN BERG］.

(1243)　*Chemin de fer Panevezys-Saldutiskis*, C.P.J.I. série A/B, n° 76, arrêt du 28 février 1939, p. 19; Ole SPIERMANN, *International Legal Argument...*, *supra* note（107），pp. 379–380.

(1244)　酒井啓亘ほか『国際法』（有斐閣，2011年）64頁〔酒井啓亘〕。

(1245)　CR 2006/50, p. 58, para. 6.［M. KALALA］; *voir auusi*, Observations de la République de Guinée, le 7 juillet 2003, para. 3.13.

(1246)　*Ahmadou Sadio Diallo*, exceptions préliminaires, arrêt du 24 mai 2007, *C.I.J. Recueil 2007*（*II*），p. 600, para. 44.

結　論

抗弁を棄却していることに鑑みれば[1248]，判決理由（*ratio decidendi*）を構成しているのは後者と考えられる。したがって，救済手段の実効性に疑義を挟み込む原告側が非実効性の証明責任を負うとする従来の立場に，未完了の救済手段の実効性についても被告側が証明責任を負うとの新たな立場[1249]が対峙している状況にある。

　こうしたディアロ判決の根拠について，国際司法裁判所は一切説明を与えていないため[1250]，その意義を確定するためにはさらなる判例の蓄積を待つ必要がある。しかし，ディアロ判決を念頭に説かれる国家中心から人権志向の外交的保護制度へのパラダイム転換論を踏まえるならば[1251]，本件における証明責任分配は，人権侵害の被害者救済という公益実現を目的とした原告側の主張立証負担の軽減と捉えることができるかもしれないという将来展望を導くことは可能である。

　このように，紛争処理モデルの証拠法論から公法訴訟モデルの証拠法論への拡張的展開という本書の理論枠組みは，これまでの国際判例の展開を大筋において記述し，また解釈論的基盤を提供し，それに基づく将来展望を可能とする。もちろん，そうした展望の妥当性は，将来登場する国際判例の分析を通じて検証されることとなるが，それは同時に，本書が掲げた理論枠組みの耐用性そのものの検証を意味する。かくして，先験的な制度構想からの演繹と具体的経験に基づく帰納とが交差する地点において，国際裁判の証拠法論は，自らの在るべき姿を不断に再定位し続けるわけである。

(1247)　玉田大「判批」岡山大学法学会雑誌58巻3号（2009年）414頁。

(1248)　*C.I.J. Recueil 2007（II）*, p. 601, para. 48.

(1249)　*Voir aussi, Apotex v. U.S.A., supra* note（875）, para. 9.58.

(1250)　判決推論上は ELSI 事件判決（1989年）が参照されているものの，参照記号 'cf.' による連結があるのみであり，ディアロ判決がいかなる意味で ELSI 判決に先例性を見出しているのかは定かではない。*C.I.J. Recueil 2007（II）*, p. 600, para. 44; *Elettronica Sicula S.p.A.（ELSI）（U.S.A. v. Italy）*, Judgment of 20 July 1989, *I.C.J. Reports 1989*, p. 46-47, paras. 59, 62. 例えば，国連国際法委員会は，ELSI 判決をむしろ従来の立場に引きつけて理解しているものと思われる。*Third Report on Diplomatic Protection, supra* note（1238）, para. 110.

(1251)　Annemarieke VERMEER-KÜNZLI, "*Diallo* and the Draft Articles: The Application of the Draft Articles on Diplomatic Protection in the *Ahamadou Sadio Diallo* Case", *Leiden J.I.L.*, vol. 20（2007）, p. 941; Annemarieke VERMEER-KÜNZLI, "Diallo: Between Diplomatic Protection and Human Rights", *Journal of International Dispute Settlement*, vol. 4, no. 3（2013）, pp. 498-499.

主要参考文献一覧

◆ I. 一次資料（引用した未公刊資料のみ）

Fred Kenelm Nielsen Papers

Fred Kenelm Nielsen, "Memorandum", Box no. 23, Misc. Mexican Claims Papers 1921-31.

〔Reference: MSS24769, Manuscript Division, Library of Congress, Washington D.C.〕

John Bassett Moore Papers

Comment of Mr. Moore on M. Altamira's Proposal concerning Advisory Opinions, undated, Box no. 172.

Memorandum by Mr. Moore on the Eastern Carelian Question, Distr. 361, F.c. VII, dated le 14 juillet 1923, Box no. 180.

Moore to Mr. Balch, 24 Septemeber 1921, Box no. 217.

Moore to Mr. de Wolf, 23 December 1930, Box no. 172.

Moore to Mr. Brierly, 15 February 1932, Box no. 178.

〔Reference: MSS33332, Manuscript Division, Library of Congress, Washington D.C.〕

Lillie S. Kling Docket

Brief of the United States 〔C.L. Bouvé, J. Everett Will〕, *Docket* #3114, Box no. 90.

Sitting no. 23 before the General Claims Commission United States and Mexico, 2 April 1929 〔Argument of Mr. McDonald〕, *Docket* #3114, Box no. 90.

〔Reference: RG76 A1 219, NND 853558, National Archives at College Park, Maryland〕

Walter H. Faulkner Docket

Reply Brief of Mexican Agent in Walter H. Faulkner v. United Mexican States, 15 October 1926, *Docket* #47, Box no. 10.

〔Reference: RG76 A1 219, NND 853558, National Archives at College Park, Maryland〕

William A. Parker Docket

Annex 1, Affidavit by Tom N. Parker, 13 January 1925, Box: 21, p. 2.

主要参考文献一覧

Answer to Memorial, 26 June 1925 (received date), Box: 21, pp. 2-3.
Brief for the Claimant, undated (printed in 1926), Box: 21, pp. 4, 8.
Memorial of Claim on behalf of William A. Parker, 6 April 1925, Box: 21, p. 1.
Memorial of the United States, 6 April 1925, Box: 20, pp. 2-4.
Mexican Brief (translation), undated, Box: 21, p. 8.
No Title, Box: 20, p. 19. [1926年3月31日判断に対する解説文書]
Rejoinder of the Mexican Agent (translation), 12 March 1926, Box: 21, p. 3.
Reply of the United States, 30 July 1925, Box: 21, p. 2.
Opinion rendered 26 October 1926, Box: 21, pp. 4-5.
[Reference: RG76 A1 219, NND 853558, National Archives at College Park, Maryland]

◆ II. 欧文文献（アルファベット順）

1. Books and Thesis

Alexy, Robert (translated by Ruth Adler and Neil MacCormick), *A Theory of Legal Argumentation* (Clarendon Press, 1989).

Alexy, Robert, *Theorie des juristischen Argumentation : Die Theorie des rationalen Diskurses als Theorie der juristischen Begründung* (Suhrkamp Verlag, 1978).

Alter, Karen J., *The New Terrain of International Law: Courts, Politics, Rights* (Princeton University Press, 2014).

Alvarez, José E., *International Organizations as Law-Makers* (Oxford University Press, 2005).

Amerasinghe, Chittharanjan F., *Evidence in International Litigation* (Martinus Nijhoff Publishers, 2005).

Amerasinghe, Chittharanjan F., *Local Remedies in International Law* (2nd ed., Cambridge University Press, 2004).

Anzilotti, Dionisio (traduit par Gilbert Gidel), *Cours de droit international* (Sirey, 1929).

Ashford, Peter, *The IBA Rules on the Taking of Evidence in International Arbitration: A Guide* (Cambridge University Press, 2013).

Bensalah, Tabrizi, *L'ênquete internationale dans le règlement des conflits : règles juridiques applicables* (LGDJ, 1976).

Benzing, Markus, *Das Beweisrecht vor internationalen Gerichten und Schiedsgerichten in zwischenstaatlichen Streitigkeiten* (Springer, 2010).

Borchard, Edwin M., *The Diplomatic Protection of the Citizens Abroad or the Law of International Claims* (The Banks Law Publishing Co., 1919).

主要参考文献一覧

Broun, Kenneth S. *et al.*, *McCormick on Evidence* (6th ed., Thomson West, 2006).

Brown, Chester, *A Common Law of International Adjudication* (Oxford University Press, 2007).

Cadiet, Loïc et Emmanuel Jeuland, *Droit judiciaire privé* (6e éd., Litec, 2009).

Cappelletti, Mauro and Joseph M. Perillo, *Civil Procedure in Italy* (Martinus Nijhoff Publishers, 1965).

Carlston, Kenneth S., *The Process of International Arbitration* (Columbia University Press, 1946).

Carr, E.H., *The Twenty Year's Crisis: 1919-1939* (Perennial, 1939, reprint: 2001).

Chapez, Jean, *La règle de l'épuisement des voies de recours internes* (Éditions A. Pedone, 1972).

Cheng, Bin, *General Principles of Law as Applied by International Courts and Tribunals* (Stevens & Sons Ltd., 1953).

Combacau, Jean and Serge Sur, *Droit international public* (7e éd., Montchrestien, 2006).

Cornu, Gérard (sous la direction de), *Vocabulaire juridique* (8e éd., PUF, 2007).

Corten, Olivier, *La méthodologie du droit international public* (Éditions de l'université de Bruxelles, 2009).

Crawford, James, *The International Law Commission's Articles on State Responsibility: Introduction, Text and Commentaries* (Cambridge University Press, 2002).

Delbez, Louis, *Les principes généraux du contentieux international* (LGDJ, 1962).

Del Mar, Katherine, *Proof in Cases Involving Harm before the International Court of Justice* (Geneva: Graduate Institute of International and Development Studies, thèse, 2013).

De Visscher, Charles, *Problèmes d'interprétation judiciaire en droit international public* (Éditions A. Pedone, 1963).

Dolzer, Rudolf and Christoph Schreuer, *Principles of International Investment Law* (2nd ed., Oxford University Press, 2012).

Dubisson, Michel, *La Cour internationale de Justice* (LGDJ, 1964).

Dupuy, Pierre-Marie, *Droit international public* (6e éd., Dalloz, 2002).

Eijsvoogel, Peter V. (ed.), *Evidence in International Arbitration Proceedings* (Graham & Trotman/Martinus Nijhoff, AIJA Law Library, 1994).

El Boudouhi, Saïda, *L'élément factuel dans le contentieux international* (Bruylant, 2013).

Feller, A.H., *The Mexican Claims Commissions 1923-1934: A Study in the Law and Procedure of International Tribunals* (The Macmillan Company,

341

主要参考文献一覧

1935).

Fitzmaurice, Gerald, *The Law and Procedure of the International Court of Justice*. vol. I, II (Grotius Publication Limited, 1986).

Foster, Caroline E., *Science and the Precautionary Principle in International Courts and Tribunals: Expert Evidence, Burden of Proof and Finality* (Cambridge University Press, 2011).

Friedmann, Wolfgang, *The Changing Structure of International Law* (Stevens & Sons, 1964).

Gardiner, Richard, *Treaty Interpretation* (Oxford University Press, 2008).

Grando, Michelle T., *Evidence, Proof, and Fact-Finding in WTO Dispute Settlement* (Oxford University Press, 2009).

Green, James, *The International Court of Justice and Self-Defence in International Law* (Hart Publishing, 2009).

Grossen, Jacques-Michel, *Les présomptions en droit international public* (Delachaux & Niestlé S.A., 1954).

Gruszczynski, Lukasz and Wouter Werner (eds.), *Deference in International Courts and Tribunals: Standard of Review and Margin of Appreciation* (Oxford University Press 2014).

Guggenheim, Paul, *Traité de droit international public avec mention de la pratique internationale et suisse*. tome 2 (Genève : Georg & Cie S.A., 1954).

Guyomar, Geneviève, *Commentaire du règlement de la Cour internationale de Justice adopté le 14 avril 1978 : interprétation et pratique* (Éditions A. Pedone, 1983).

Hall, W.E., *Treatise on International Law* (3rd ed., Clarendon Press, 1890).

Hamamoto, Shotaro, *Éléments pour une théorie de la nullité en droit international public* (Atelier national de reproduction des thèses, 2007).

Hart, H.L.A., *The Concept of Law* (2nd ed., Oxford University Press, 1997).

Héron, Jacques et Thierry Le Bars, *Droit judiciaire privé* (4e éd., Montchrestien, 2010).

Hudson, Manley O., *The Permanent Court of International Justice 1920-1943: A Treatise* (The Macmillan Company, 1943).

IBA Working Party and Review Subcommittee, *Commentary on the Revised Text of the 2010 IBA Rules on the Taking of Evidence in International Arbitration* (2010).

IBA Working Party, *Commentary on the New IBA Rules of Evidence in International Commercial Arbitration* (2000).

International Law Commission, *Commentary on the Draft Convention on Arbitral Procedure adopted by the International Law Commission at its Fifth Session* (United Nations Publication, 1955).

342

主要参考文献一覧

Kantor, Mark, *Valuation for Arbitration: Compensation Standards, Valuation Methods and Expert Evidence* (Kluwer Law International, 2008).

Kazazi, Mojtaba, *Burden of Proof and Related Issues: A Study on Evidence before International Tribunals* (Kluwer Law International, 1996).

Kohen, Marcelo G., *Possession contestée et souveraineté territoriale* (PUF, 1997).

Kokott, Juliane, *The Burden of Proof in Comparative and International Human Rights Law: Civil and Common Law Approaches with Special Reference to the American and German Legal Systems* (Kluwer Law International, 1998).

Kolb, Robert, *Interprétation et création du droit international : Esquisse d'une herméneutique juridique moderne pour le droit international public* (Bruylant, Éditions de l'Université de Bruxelles, 2006).

Koskenniemi, Martti, *The Gentle Civilizer of Nations: The Rise and Fall of International Law 1870-1960* (Cambridge University Press, 2001).

La Fontaine, Henri, *Pasicrisie internationale 1794-1900 : Histoire documentaire des arbitrages internationaux* (Martinus Nijhoff Publishers, 1902).

Lauterpacht, Sir Hersch, *The Development of International Law by the International Court* (Stevens & Sons Limited, 1958).

Lauterpacht, Hersch, *The Function of the Law in the International Community* (Oxford: Clarendon Press, 1933).

Lauterpacht, Hersch, *Private Law Sources and Analogies of International Law: With Special Reference to International Arbitration* (Longmans, Green and Co. Ltd., 1927).

Law, C.H.P., *The Local Remedies Rules in International Law* (Libraire E. Droz, 1961).

Leach, Philip *et al.*, *International Human Rights & Fact-Finding* (London Metropolitan University, 2009).

MacArthur Maguire, John, *Evidence: Common Sense and Common Law* (Chigago: The Foundation Press, Inc., 1947).

Maguire, John M. *et al.* (eds.), *Cases and Materials on Evidence* (6th ed., Foundation Press, 1973),

Mani, V.S., *International Adjudication: Procedural Aspects* (Martinus Nijhoff Publishers, 1980).

Mérignhac, Alexandre, *Traité théorique et pratique de l'arbitrage international* (L. Larose, 1895).

Metou, Brusil Miranda, *Le rôle du juge dans le contentieux international* (Bruylant, 2012).

Montesquieu, Charles-Louis de, *De l'esprit des lois* (1748).

Moore, John Basset, *History and Digest of the International Arbitrations to*

主要参考文献一覧

Which the United States Has Been a Party (Washington: Government Printing Office, 1898).

Ngambi, Joseph, *La preuve devant le règlement des différends de l'OMC* (Bruylant, 2010).

Nguyen Quoc, Dinh, Patrick Daillier et Alain Pellet, *Droit international public* (6ᵉ éd., LGDJ, 1999).

Nielsen, Fred Kenelm, *International Law Applied to Reclamations: Mainly in Case between the United States and Mexico* (John Byrne & Co., 1933).

Niyungeko, Gérard, *La preuve devant les juridictions internationales* (Bruylant, 2005).

Oesch, Matthias, *Standards of Review in WTO Dispute Resolution* (Oxford University Press, 2003).

O'Malley, Nathan D., *Rules of Evidence in International Arbitration: An Annotated Guide* (Informa, 2012).

Park, Roger C. *et al.*, *Evidence Law* (3ʳᵈ ed., Thomson Reuters, 2011).

Perelman, Chaïm, *La preuve en droit* (Bruylant, 1981).

Perelman, Chaïm, *Logique juridique : nouvelle rhétorique* (2ᵉ éd., Dalloz, 1979).

Perelman, Chaïm, *Les présomptions et les fictions en droit* (Bruylant, 1974).

Perelman, Chaïm et L. Olbrechts-Tyteca, *Traité de l'argumentation* (2ᵉ éd., Éditions de l'Institut de Sociologie, Université Libre de Bruxelles, 1970).

Politis, Nicolas, *La justice internationale* (Deuxième édition, Librairie Hachette, 1924).

Ralston, Jackson H., *The Law and Procedure of International Tribunals* (Revised ed., Stanford University Press, 1926).

Reisman, W. Michael and Christina Skinner, *Fraudulent Evidence before Public International Tribunals: The Dirty Stories of International Law* (Cambridge University Press, 2014).

Riddell, Anna and Brendan Plant, *Evidence before the International Court of Justice* (British Institute of International and Comparative Law, 2009).

Rosenberg, Leo, *Die Beweislast auf der Grundlage des Bürgerlichen Gesetzbuchs und der Zivilprozessordnung* (5 aufl., C.H. Beck, 1965).

Rosenne, Shabtai, *The Law and Practice of the International Court, 1920-2005, vol. III, Procedure* (4ᵗʰ ed., Martinus Nijhoff Publishers, 2006).

Rosenne, Shabtai, *The Law and Practice of the International Court 1920-1996, vol. III, Procedure* (3ʳᵈ ed., Martinus Nijhoff Publishers, 1997).

Rosenne, Shabtai, *The World Court: What It Is and How It Works* (5ᵗʰ ed., Martinus Nijhoff Publishers, 1995).

Rosenne, Shabtai, *The Law and Practice of the International Court* (2ⁿᵈ revised edition, Martinus Nijhoff Publishers, 1985).

主要参考文献一覧

Rosenne, Shabtai, *The Law and Practice of the International Court, vol. II* (A.W. Sijthoff, 1965).

Rosenne, Shabtai, *The International Court of Justice: An Essay in Political and Legal Theory* (A.W. Sijthoff, 1957).

Rousseau, Charles, *Droit international public*, tome V, Les rapports conflictuels (Sirey, 1983).

Ruiz Fabri, Hélène et Jean-Marc Sorel (sous la direction de), *La preuve devant les juridictions internationales* (Éditions A. Pedone, 2007).

Salmon, Jean (sous la direction de), *Dictionnaire de droit international public* (Bruylant, 2001).

Sandifer, Durward V., *Evidence before International Tribunals* (Revised Edition, University Press of Virginia, 1975).

Sandifer, Durward V., *Evidence before International Tribunals* (The Foundation Press, 1939).

Sandonato de León, Pablo José, *Les présomptions judiciaires en droit international public* (Genève : Institut de hautes études internationales et du développement, thèse, 2013).

Santulli, Carlo, *Droit du contentieux international* (Montchrestien, 2005).

Schachter, Oscar, *International Law in Theory and Practice* (Martinus Nijhoff Publishers, 1991).

Schenk von Stauffenberg, Berthold, *Statut et règlement de la Cour permanente de Justice internationale : Eléments d'interprétation* (Carl Heymanns Verlag, 1934).

Schwarzenberger, Georg, *International Law as Applied by International Courts and Tribunals. vol. IV, International Judicial Law* (Stevens & Sons Limited, 1986).

Schill, Stephan W., *The Multilateralization of International Investment Law* (Cambridge University Press, 2009).

Schramm, Bérénice Kafui, *La fiction juridique et le juge : contribution à une autre herméneutique de la Cour internationale de Justice* (Genève : Institut de hautes études internationales et du développement, thèse, 2015).

Scott, James Brown (under the supervision of), *The Proceedings of The Hague Peace Conferences. Translation of the Official Texts. The Conference of 1907,* vol. II (Oxford University Press, 1921).

Scott, James Brown (dir.), *Rapports faits aux Conférences de La Haye de 1899 et 1907* (Oxford : Imprimerie de l'université, 1920).

Scott, James Brown (under the supervision of), *The Proceedings of The Hague Peace Conferences. Translation of Official Texts: The Conference of 1899* (Oxford University Press, 1920).

345

主要参考文献一覧

Sereni, Angelo Piero, *Principi generali di diritto e processo internazionale* (Dott. A. Giuffle, 1955).

Shadikhodjaev, Sherzod, *Retaliation in the WTO Dispute Settlement System* (Kluwer Law International, 2009).

Shore, William I., *Fact-Finding in the Maintenance of International Peace* (Oceana Publications, Inc., 1970).

Simpson, J.L. and Hezel Fox, *International Arbitration: Law and Practice* (Stevens & Sons Limited, 1959).

Société française pour le droit international (sous la direction de), *La juridictionnalisation du droit international : Colloque de Lille* (Éditions A. Pedone, 2003).

Sørensen, Max, *Les sources du droit international* (Ejnar Munksgaard, 1946).

Spiermann, Ole, *International Legal Argument in the Permanent Court of International Justice: The Rise of International Judiciary* (Cambridge University Press, 2005).

Tudor, Ioana, *The Fair and Equitable Treatment Standard in the International Law of Foreign Investment* (Oxford University Press, 2007).

UNCTAD, *World Investment Report 2015: Reforming International Investment Governance* (United Nations, 2015).

Urrutia-Aparicio, Carlos, *Diplomatic Asylum in Latin America* (Ph.D. Thesis submitted to the American University, University Microfilms International, 1959).

Van Harten, Gus, *Investment Treaty Arbitration and Public Law* (Oxford University Press, 2007).

Vattel, Emer de, *Le droit des gens ou prinipes de la loi naturelle* (1758).

Venzke, Ingo, *How Interpretation Makes International Law: On Semantic Change and Normative Twists* (Oxford University Press, 2012).

Viñuales, Jorge E., *Foreign Investment and the Environment in International Law* (Cambridge University Press, 2012).

Virally, Michel, *Le droit international en devenir : essais écrits au fils des ans* (PUF, 1990).

Virally, Michel, *La pensée juridique* (LGDJ, 1960).

Vité, Sylvain, *Les procédures internationales d'etablissement des faits dans la mise en œuvre du droit international humanitaire* (Bruylant, 1999).

Vollenhoeven, Cornelis van, *Du droit de paix : de iure pacis* (Martinus Nijhoff, 1932).

Waibel, Michael *et al.* (eds.), *The Backlash against Investment Arbitration: Perceptions and Reality* (Kluwer Law International, 2010).

Waincymer, Jeffrey, *Procedure and Evidence in International Arbitration* (Wolt-

346

主要参考文献一覧

ers Kluwer Law & Business, 2012).

White, Gillan M., *The Use of Experts by International Tribunals* (Syracuse University Press, 1965).

Wigmore, John Henri, *A Treatise on the Anglo-American System of Evidence in Trials at Common Law* (Little, Brown and Company, 1940).

Witenberg, J.-C. (en collaboration avec Jacques Desrioux), *L'organisation judiciaire. La procédure et la sentence internationales : traité pratique* (Éditions A. Pedone, 1937).

WTO Secretariat, *A Handbook on the WTO Dispute Settlement System* (Cambridge University Press, 2004).

Zimmermann, Andreas, Christian Tomuschat and Karin Oellers-Frahm (eds.), *The Statute of the International Court of Justice: A Commentary* (Oxford University Press, 2006).

Zimmermann, Andreas, Christian Tomuschat, Karin Oellers-Frahm and Christian J. Tams (eds.), *The Statute of the International Court of Justice: A Commentary* (2nd ed., Oxford University Press, 2012).

Zuberbühler, Tobias, Dieter Hofmann, Christian Oetiker and Thomas Rohner, *IBA Rules of Evidence: Commnetary on the IBA Rules on the Taking of Evidence in International Arbitration* (Schulthess, 2012).

2. Book Chapters

Abi-Saab, Georges, « Commentaire », Hélène Ruiz Fabri et Jean-Marc Sorel (sous la direction de), *La preuve devant les juridictions internationales* (Éditions A. Pedone, 2007), pp. 97-103.

Aguilar Mawdsley, Andrés, "Evidence before the International Court of Justice", Ronald St. John Macdonald (ed.), *Essays in honour of Wang Tieya* (Martinus Nijhoff Publishers, 1993), pp. 533-550.

Aldrich, George H., "Evidentiary Issues", George H. Aldrich (ed.), *The Jurisprudence of the Iran-United States Claims Tribunal* (Clarendon Press, 1996), pp. 332-359.

Alford, Roger, "Evidentiary Practices before the Iran-U.S. Claims Tribunal", Christopher R. Drahozal and Christopher S. Gibson (eds.), *The Iran-U.S. Claims Tribunals at 25: The Cases Everyone Needs to Know for Investor-State & International Arbitration* (Oxford University Press, 2007), pp. 165-173.

Allison, Richard C. and Howard M. Holtzman, "The Tribunal's Use of Experts", David D. Caron and John R. Crook (eds.), *The Iran-United States Claims Tribunal and the Process of International Claims Resolution* (Transna-

347

主要参考文献一覧

tional Publishers, Inc., 2000), pp. 269–282.

Amerasinghe, Chittharanjan F., "Problems of Evidence before International Administrative Tribunals", Richard B. Lillich (ed.), *Fact-Finding before International Tribunals* (Transnational Publishers, 1992), pp. 205–233.

Anderson, David, "Scientific Evidence in Cases under Part XV of the LOSC", Myron H. Nordquist, Ronán Long, Tomas H. Heidar and John Norton Moore (eds.), *Law, Science & Ocean Management* (Martinus Nijhoff Publishers, 2007), pp. 505–518.

Anderson, Scott, "Administration of Evidence in WTO Dispute Settlement Proceedings", Rufus Yerxa and Bruce Wilson (eds.), *Key Issues in the WTO Dispute Settlement: The First Ten Years* (Cambridge University Press, 2005), pp. 177–189.

Bohanes, Jan and Nicholas Lockhart, "Standard of Review in WTO Law", Daniel Bethlehem, Donald McRae, Rodney Neufeld and Isabelle Van Damme (eds.), *The Oxford Handbook of International Trade Law* (Oxford University Press, 2009), pp. 378–436.

Bedjaoui, Mohammed, « La 'descente sur les lieux' dans la pratique de la CIJ et de sa devanciere », *Liber Amicorum Professor Ignaz Seidl-Hohenveldern* (Kluwer Law International, 1998), pp. 1–23.

Benzing, Markus, "Evidentiary Issues", Andreas Zimmermann, Christian Tomuschat, Karin Oellers-Frahm and Christian J. Tams (eds.), *The Statute of International Court of Justice: A Commentary* (2nd ed., Oxford University Press, 2012), pp. 1234–1275.

Bilder, Richard, "The Fact/Law Distinction in International Adjudication", Richard B. Lillich (ed.), *Fact-Finding before International Tribunals* (Transnational Publishers, 1992), pp. 95–98.

Bishop, Doak R., James Crawford and W. Michael Reisman (eds.), "Chapter 12: Procedure and Proof: Developing the Case", *Foreign Investment Disputes: Cases, Materials and Commentary* (Kluwer Law International, 2005), pp. 1391–1514.

Bolla, Plinio, « Quelques considerations sur les commissions de conciliation prévues par article 83 du traité de paix avec l'Italie », *Symbolae Verzijl : Présentées au professeur J.H.W. Verzijl à l'occasion de son LXX-ième anniversaire* (Martinus Nijhoff Publishers, 1958), p. 76.

Bothe, Michael, "Fact-Finding as a Means of Ensuring Respect fot International Humaniterian Law", Wolff Heintschel von Heinegg and Volker Epping (eds.), *International Humanitarian Law Facing New Challenges: Symposium in honour of Knut Ipsen* (Springer, 2007), pp. 249–267.

Brower, Charles N., "The Anatomy of Fact-Finding before the International

348

主要参考文献一覧

Tribunals: Evaluation of Evidence", Richard B. Lillich (ed.), *Fact-Finding before International Tribunals* (Transnational Publishers, 1992), pp. 147‒151.

Bundy, Rodman R., "Evidence before International Tribunals in Maritime Delimitation Disputes", Clive Schofield, David Newman, Alasdair Drysdale and Janet Allison Brown (eds.), *The Razor's Edge: International Boundaries and Political Geography* (Kluwer Law International, 2002), pp. 173‒183.

Burgenthal, Thomas, "Judicial Fact-Finding: Inter-American Human Rights Court", Richard B. Lillich (ed.), *Fact-Finding before International Tribunals* (Transnational Publishers, 1992), pp. 261‒274.

Burke-White, William and Andreas von Staden, "The Need for Public Law Standards of Review in Investor-State Arbitrations", Stephan W. Schill (ed.), *International Investment Law and Comparative Public Law* (Oxford University Press, 2010), pp. 689‒720.

Carbonneau, Thomas E., "Darkness and Light in the Shadows of International Arbitral Adjudication", Richard B. Lillich (ed.), *Fact-Finding before International Tribunals* (Transnational Publishers, 1992), pp. 153‒176.

Corten, Olivier, « Jean Salmon et l'héritage de l' « école de Bruxelles » », *Droit du pouvoir, pouvoir du droit : mélanges offert à Jean Salmon* (Bruylant, 2007), pp. 3‒18.

Cossy, Mireille, "Panel's Consultations with Scientific Experts: Article 13 of the DSU", Rufus Yerxa and Bruce Wilson (eds.), *Key Issues in the WTO Dispute Settlement: The First Ten Years* (Cambridge University Press, 2005), pp. 204‒220.

Croley, Steven P. and John H. Jackson, "WTO Dispute Panel Deference to National Government Decisions: The Misplaced Analogy to the US Chevron Standard of Review Doctrine", Ernst-Ulrich Petersmann (ed.), *International Trade Law and the GATT/WTO Dispute Settlement System* (Kluwer Law International, 1997), pp. 185‒210.

Crook, John R., "Fact-Finding in the Fog: Determining the Facts of Upheavals and Wars in Inter-State Disputes", Catherine A. Rogers and Roger P. Alford (eds.), *The Future of Investment Arbitration* (Oxford University Press, 2009), pp. 313‒337.

Daly, Brooks W. and Piona Poon, "Technical and Legal Experts in International Investment Disputes", Chiara Giorgetti (ed.), *Litigating International Investllent Disputes: A Practitioner's Guide* (Brill | Nijhoff, 2014), pp. 323‒374.

Del Mar, Katherine, "The International Court of Justice and Standards of

主要参考文献一覧

Proof", Karine Bannelier, Theodore Christakis and Sarah Heathcote (eds.), *The ICJ and the Evolution of International Law: The Enduring Impact of the Corfu Channel Case* (Routledge, 2012), pp. 98–123.

Dupuy, Pierre-Marie, "Fact-Finding in the Case concerning the Frontier Dispute (Burkina Faso/Mali)", Richard B. Lillich (ed.), *Fact-Finding before International Tribunals* (Transnational Publishers, 1992), pp. 81–93.

Faurès, André, "Improving Procedures fot Expert Testimony", Albert Jan Van Den Berg (ed.), *Planning Efficient Arbitration Proceedings: ICCA Congress Series No. 13* (Kluwer Law International, 1996), pp. 154–160.

Franck, Thomas M., "Fact-Finding in the I.C.J.", Richard B. Lillich (ed.), *Fact-Finding before International Tribunals* (Transnational Publishers, 1992), pp. 21–32.

Franck, Thomas M., "The Court as Finder of Fact", Thomas M. Franck, *Judging the World Court* (Prioriry Press Publications, 1986), pp. 43–47.

Fumagalli, Luigi, "Evidence before the International Court of Justice: Issues of Fact and Questions of Law in the Determination of International Custom", Nerina Boschiero, Tullio Scovazzi, Cesare Pitea and Chiara Ragni (eds.), *International Courts and the Development of International Law: Essays in Honour of Tullio Treves* (T.M.C. Asser Press, 2013), pp. 137–148.

Garapon, Antoine, « Commentaire général », Hélène Ruiz Fabri et Jean-Marc Sorel (sous la direction de), *La preuve devant les juridictions internationales* (Éditions A. Pedone, 2007), pp. 235–238.

Ghérari, Habib, « La preuve devant le mécanisme de règlement des différends de l'OMC », Hélène Ruiz Fabri et Jean-Marc Sorel (sous la direction de), *La preuve devant les juridictions internationales* (Éditions A. Pedone, 2007), pp. 69–95.

Grossen, Jacques-Michel, « À propos du degré de la preuve dans la pratique de la Cour internationale de Justice », Marcelo G. Kohen, Robert Kolb and Djacoba Liva Tehindrazanarivelo (eds.), *Perspectives du droit international au 21e siècle : Liber amicorum Professor Christian Dominicé in Honour of his 80th Birthday* (Martinus Nijhoff Publishers, 2012), pp. 257–268.

Gruszcznski, Lukasz and Wouter Werner, "Introduction", Lukasz Gruszcznski and Wouter Werner (eds.), *Deference in International Courts and Tribunals: Standard of Review and Margin of Appreciation* (Oxford University Press, 2014), pp. 1–15.

Guillaume, Gilbert, « Preuves et mesures d'instruction devant les juridictions internationales », Gibert Guillaume, *La Cour internationale de Justice à*

350

主要参考文献一覧

l'aube du XXIème siecle. Le regard d'un juge (Éditions A. Pedone, 2003), pp. 85-110.

Guillaume, Gilbert, « Preuves et mesures d'instruction », Société française pour le droit international, *La juridiction international permanente : Colloque de Lyon* (Éditions A. Pedone, 1987), pp. 191-218.

Hammarskjöld, Åke, « Les résultats de la troisième session de la Cour permanente de Justice internationale », *Juridiction internationale* (A.W. Sjthoff, 1938), pp. 444-445.

Higgins, Rosalyn, "A Just World under Law", Rosalyn Higgins, *Themes and Theories: Selected Essays, Speeches, and Writngs in International Law*, vol. 2 (Oxford University Press, 2009), pp. 1286-1297.

Higgins, Rosalyn, "The Judicial Determination of Relevant Facts, Speech to the Sixth Committee of the General Assembly, 2 November 2007", Rosalyn Higgins, *Theme and Theories: Selected Essays, Speeches, and Writings in International Law*. vol. 2 (Oxford University Press, 2009), pp. 1369-1377.

Higgins, Rosalyn, "A Babel of Judicial Voice? Ruminations from the Bench", Rosalyn Higgins, *Themes and Theories: Selected Essays, Speeches, and Writngs in International Law*, vol. 2 (Oxford University Press, 2009), pp. 1256-1268 [Keynote Address at the 18th Annual Meeting of the International Law Association (British Branch), London, 4 March 2006].

Higgins, Rosalyn, "Respecting Sovereign States and Running a Tight Courtroom", Rosalyn Higgins, *Theme and Theories: Selected Essays: Speeches, and Writing in International Law*, vol. 2 (Oxford University Press, 2009), pp. 1081-1093; *I.C.L.Q.*, vol. 50 (2001), pp. 121-132.

Highet, Keith, "Evidence, the Chamber and the ELSI Case", Richard B. Lillich (ed.), *Fact-Finding before International Tribunals* (Transnational Publishers, 1992), pp. 33-79.

Highet, Keith, "Evidence and Proof of Facts", Lori F. Damrosch (ed.), *The International Court of Justice at a Crossroads* (Transnational Publishers, 1987), pp. 355-375.

Holtzman, Howard M., "Fact-Finding by the Iran-United States Claims Tribunal", Richard B. Lillich (ed.), *Fact-Finding before International Tribunals* (Transnational Publishers, 1992), pp. 101-133.

Horn, Henrik and Joseph H.H. Weiler, "European Communities - Trade Description of Sardines: Textualism and its Discontent", Henrik Horn and Petros C. Mavroidis (eds.), *The WTO Case Law of 2002* (Cambridge University Press, 2005) pp. 248-275.

Hudec, Robert E., "Broadening the Scope of Remedies in WTO Dispute Settlement", Friedl Weiss (ed.), *Improving WTO Dispute Settlement Proce-*

351

主要参考文献一覧

dures（Cameron May, 2000), pp. 345-376.

Jessup, Philip C. "Foreword", in Durward V. Sandifer, *Evidence before International Tribunals* (Revised ed., University Press of Virginia, 1975), pp. vii-xii.

Jouannet, Emmanuelle, « La preuve comme reflet des évolutions majeures de la société internationale », Hélène Ruiz Fabri et Jean-Marc Sorel (sous la direction de), *La preuve devant les juridictions internationales* (Éditions A. Pedone, 2007), pp. 239-253.

Karagiannis, Syméon, « La multiplication des juridictions internationales : un system anarchique? » Société française pour le droit international, *La juridictionnalisation du droit international : Colloque de Lille* (Éditions A. Pedone, 2003), pp. 7-161.

Keith, Kenneth J., "'Naval Secrets', Public Interest Immunity and Open Justice", Karine Bannelier, Theodore Christakis and Sarah Heathcote (eds.), *The ICJ and the Evolution of International Law: The Enduring Impact of the Corfu Channel Case* (Routledge, 2012), pp. 124-146.

Kimmelman, Louis B. and Suyash Paliwal, "How to Make a Project Come Alive for a Tribunal: the Use of Demonstrative Evidence in International Construction Arbitration", Arthur W. Rovine (ed.), *Contemporary Issues in International Arbitration and Mediation: The Fordham Papers* (Martinus Nijhoff Publishers, 2013), pp. 188-208.

Kolb, Robert, "General Principles of Procedural Law", Andreas Zimmermann, Christian Tomuschat and Karin Ollers-Frahm (eds.), *The Statute of the International Court of Justice: A Commentary* (Oxford University Press, 2006), pp. 793-835.

Lachs, Manfred, "Evidence in the Procedure of the International Court of Justice: Role of the Court", Emmanuel G. Bello and Bola A. Ajibola (eds.), *Essays in Honour of Judge Taslim Olawale Elias, vol. I: Contemporary International Law and Human Rights* (Martinus Nijhoff Publishers, 1992), pp. 265-276.

Lauterpacht, Sir Hersch, "Some Observations on the Prohibition of 'Non Liquet' and the Completeness of the Law", *Symbolae Verzijl: Présentées au professeur J.H.W. Verzijl à l'occasion de son LXX-ième anniversaire* (Martinus Nijhoff Publishers, 1958), pp. 196-221.

Lew, Julian D.M., "Iura Novit Curia and Due Process", Laurent Lévy and Yves Derains (eds.), *Liber Amicorum en l'honneur de Serge Lazareff* (Éditions A. Pedone, 2011), pp. 397-417.

Lillich, Richard. B., "Preface", Richard B. Lillich (ed.), *Fact-Finding before International Tribunals* (Transnational Publishers, 1992), pp. vii-xiii.

主要参考文献一覧

Lörcher, Gino, "Improving Procedures for Oral and Written Witness Testimony", Albert Jan Van Den Berg (ed.), *Planning Efficient Arbitration Proceedings: ICCA Congress Series No. 13* (Kluwer Law International, 1996), pp. 145-153.

Mehren, R. B. von, "Burden of Proof in International Arbitration", Albert Jan Van Den Berg (ed.), *Planning Efficient Arbitration Proceedings: ICCA Congress Series No. 13* (Kluwer Law International, 1996), pp. 123-130.

Moloo, Rahim, "Evidentiary Issues Arising in an Investment Arbitration", Chiara Giorgetti (ed.), *Litigating International Investment Disputes: A Practitioner's Guide* (Brill | Nijhoff, 2014), pp. 287-322.

Motulsky, Henri, « Preuve », Ph. Francescakis (sous la direction de), *Répertoire de droit international.* tome II (Dalloz, 1969), pp. 625-631.

Paulsson, Jan, "Overview of Methods of Presenting Evidence in Different Legal Systems", Albert Jan Van Den Berg (ed.), *Planning Efficient Arbitration Proceedings: ICCA Congress series No. 13* (Kluwer Law International, 1996), pp. 112-122.

Perrin, Georges, « Observations sur le régime de la preuve en droit international public », *Revue juridique et politique indépendence et coopération, XVIIème congrès de l'I.D.E.L.F.* (1984), pp. 774-783.

Philip, Christian et Jean-Yves De Cara, « Nature et évolution de la juridiction internationale », Société française pour le droit international, *La juridiction internationale permanente : Colloque de Lyon* (Éditions A. Pedone, 1987), pp. 3-43.

Prost, Olivier, "Confidentiality Issues under the DSU: Fact-Finding Process versus Confidentiality", Rufus Yerxa and Bruce Wilson (eds.), *Key Issues in the WTO Dispute Settlement: The First Ten Years* (Cambridge University Press, 2005), pp. 190-203.

Punzhin, Sergey, "Proof of Facts in the DRC v. Uganda Case before the ICJ", Maurice Kamga et Makane Moïse Mbengue (sous la direction de), *L'Afrique et le droit international : Liber Amicorum Raymond Ranjeva* (Éditions A. Pedone, 2013), pp. 297-312.

Reichler, Paul S., "Problems of Evidence before International Tribunals", John Norton Moore (ed.), *International Arbitration: Contemporary Issues and Innovations* (Martinus Nijhoff Publishers, 2013), pp. 47-52.

Riddell, Anna, "Evidence, Fact-finding and Experts", Cesare P.R. Romano, Karen J. Alter and Yuval Shany (eds.), *The Oxford Handbook of International Adjudication* (Oxford University Press, 2014), pp. 848-870.

Rivier, Raphaële, « La preuve devant les juridictions interétatiques : à vocation universelle (CIJ et TIDM) », Hélène Ruiz Fabri et Jean-Marc Sorel (sous

353

la direction de), *La preuve devant les juridictions internationales* (Éditions A. Pedone, 2007), pp. 9–66.

Rivkin, David W., "The Revised IBA Rules on the Taking of Evidence", Arhtur W. Rovine (ed.), *Contemporary Issues in International Arbitration and Mediation: the Fordham Papers 2010* (Brill | Nijhoff, 2012), pp. 212–219.

Roberts, Anthea, "The Next Battleground: Standards of Review in Investment Treaty Arbitration", Albert Jan Van Den Berg (ed.), *50 Years of the New York Convention* (Wolters Kluwer Law & Business, 2011), pp. 170–180.

Roessler, Frieder, "The Concept of Nullification and Impairment in the Legal System of the World Trade Organization", Ernst-Ulrich Petersmann (ed.), *International Trade Law and the GATT/WTO Dispute Settlement System* (Kluwer Law International, 1997), pp. 125–142.

Rogers, Andrew, "Improving Procedures for Discovery and Document Evidence", Albert Jan Van Den Berg (ed.), *Planning Efficient Arbitration Proceedings: ICCA Congress Series No. 13* (Kluwer Law International, 1996), pp. 131–144.

Romano, Cesare P.R., "The Role of Experts in International Adjudication", Société française pour le droit international, *Le droit international face aux enjeux environnementaux : Colloques d'Aix-en-Provence* (Éditions A. Pedone, 2010), pp. 181–187.

Rosenne, Shabtai, "Fact-Finding before the International Court of Justice", Wybo P. Heere (ed.), *International Law and The Hague's 750th Anniversary* (T.M.C. Asser Press, 1999), pp. 45–59.

Rosenne, Shabtai, "Visit to the Site by the International Court", *Liber Amicorum Judge Mohammed Bedjaoui* (Kluwer Law International, 1999), pp. 461–473.

Sands, Philippe, "Science and International Litigation", Denis Alland, Vincent Chetail, Olivier de Frouville and Jorge E. Viñuales (sous la direction de), *Unité et diversité du droit international : Ecrits en l'honneur du Professeur Pierre-Marie Dupuy* (Martinus Nijhoff Publishers, 2014), pp. 891–907.

Schill, Stephan W., "International Investment Law and Comparative Public Law - an Introduction", Stephan W. Schill (ed.), *International Investment Law and Comparative Public Law* (Oxford University Press, 2010), pp. 3–37.

Schwebel, Stephen M., "Introduction: Three Cases of Fact-Finding by the ICJ", Richard B. Lillich (ed.), *Fact-Finding before International Tribunals* (Transnational Publishers, 1992), pp. 1–17.

Seidl-Hohenveldern, Ignaz, "Conciliation Commissions Established Pursuant to

主要参考文献一覧

Art. 83 of Peace Treaty with Italy of 1947", Rudolf Bernhardt (ed.), *Encyclopedia of Public International Law*, vol. I (Elsevier, 1992), p. 726.

Seifi, Jamal, "Procedural and Evidentiary Innovations in the Judgment of the International Court of Justice in the "Oil Platforms Case" (November 2003)", Jin-Hyun Paik, Seok-Woo Lee and Kevin Y.L. Tan (eds.), *Asian Approaches to International Law and the Legacy of Colonialism* (Routledge, 2013), pp. 9–24.

Selby, Jamison M., "Fact-Finding before the Iran-United States Claims Tribunal: A View from the Trenches", Richard B. Lillich (ed.), *Fact-Finding before International Tribunals* (Transnational Publishers, 1992), pp. 135–145.

Shahabuddeen, M., "Municipal Law Reasoning in International Law", Vaughan Lowe and Malgosia Fitzmaurice (eds.), *Fifty Years of the International Court of Justice: Essay in honour of Sir Robert Jennings* (Cambridge University Press, 1996), p. 90–103.

Shelton, Dinah, "*Jura novit curia* in International Human Rights Tribunals", Nerina Boschiero, Tullio Scovazzi, Cesare Pitea and Chiara Ragni (eds.), *International Courts and the Development of International Law: Essays in Honour of Tullio Treves* (T.M.C. Asser Press, 2013), pp. 189–211.

Smit, Hans, "Roles of the Arbitral Tribunal with respect to Presentation of Evidence", Albert Jan Van Den Berg (ed.), *Planning Efficient Arbitration Proceedings: ICCA Congress Seris No. 13* (Kluwer Law International, 1996), pp. 161–172.

Spiermann, Ole, "Historical Introduction", Andreas Zimmermann, Christian Tomuschat and Karin Ollers-Frahm (eds.), *The Statute of the International Court of Justice: A Commentary* (Oxford University Press, 2006), pp. 39–62.

Talmon, Stefan, "Article 43", Andreas Zimmermann, Christian Tomuschat and Karin Ollers-Frahm (eds.), *The Statute of the International Court of Justice: A Commentary* (Oxford University Press, 2006), pp. 977–1038.

Tams, Christian J., "Article 49", "Article 50", Andreas Zimmermann, Christian Tomuschat, Karin Oellers-Frahm and Christian J. Tams (eds.), *The Statute of International Court of Justice: A Commentary* (2nd ed., Oxford University Press, 2012), pp. 1276–1286, 1287–1299.

Tams, Christian J., "Article 49", "Article 51", Andreas Zimmermann, Christian Tomuschat and Karin Ollers-Frahm (eds.), *The Statute of the International Court of Justice: A Commentary* (Oxford University Press, 2006), pp. 1099–1108, 1119–1128.

Tams, Christian J. and Markus Rau, "Article 52", Andreas Zimmermann, Christian Tomuschat and Karin Ollers-Frahm (eds.), *The Statute of the Inter-*

355

主要参考文献一覧

national Court of Justice: A Commentary (Oxford University Press, 2006), pp. 1129–1139.

Taniguchi, Yasuhei, "Understanding the Concept of *Prima Facie* Proof in WTO Dispute Settlement", Merit E. Janow, Victoria Donaldson and Alan Yanovich (eds.), *The WTO: Governance, Dispute Settlement & Developing Countries* (Juris Publishing, 2008), pp. 553–572.

Thirlway, Hugh, "Evidence before International Courts and Tribunals", Rudolf Bernhardt (ed.), *Encyclopedia of Public International Law*. vol. II (Elsevier, 1995), pp. 302–304.

Tomuschat, Christian, "International Courts and Tribunals with Regionally Restricted and/or Specialized Jurisdiction", Hermann Mosler and Rudolf Bernhardt (eds.), *Judicial Settlement of International Disputes: International Court of Justice, Other Courts and Tribunals, Arbitration and Conciliation: An International Symposium* (Springer Verlag, 1974), pp. 285–416.

Unterhalter, David, "The Burden of Proof in WTO Dispute Settlement", Merit E. Janow, Victoria Donaldson and Alan Yanovich (eds.), *The WTO: Governance, Dispute Settlement & Developing Countries* (Juris Publishing, 2008), pp. 543–552.

Vasani, Baiju S. and Timothy L. Foden, "Burden of Proof Regarding Jurisdiction", Katia Yannica-Small (ed.), *Arbitration under International Investment Agreements: A Guide to the Key Issues* (Oxford University Press, 2010), pp. 271–286.

Verhoeven, Joe, « Jura novit curia et le juge international », Pierre-Marie Dupuy, Bardo Fassbender, Malcolm N. Shaw and Karl-Peter Sommermann (eds.), *Völkerrecht als Wertordnung : Festschrift für Christian Tomuschat* (N.P. Engel Verlag, 2006), pp. 635–653.

Von Mangoldt, Hans and Andreas Zimmermann, "Article 53", Andreas Zimmermann, Christian Tomuschat and Karin Ollers-Frahm (eds.), *The Statute of the International Court of Justice: A Commentary* (Oxford University Press, 2006), pp. 1141–1170.

Wälde, Thomas W., "Asymmetries and Equality of Arms under the Shadow of the Dual Role of the State: Procedural Challenges of Arbitrating against States in Investment Disputes", Charles Leben (sous la direction de), *La procédure arbitrale relative aux investissements internationaux* (LGDJ, 2010), pp. 271–313.

Wälde, Thomas W., "'Equality of Arms' in Investment Arbitration: Procedural Challenges", Katia Yannica-Small (ed.), *Arbitration under International Investment Agreements: A Guide to the Key Issues* (Oxford University

356

主要参考文献一覧

Press, 2010), pp. 161-188.

Watts, Sir Arthur, "Burden of Proof, and Evidence before the ICJ", Friedl Weiss (ed.), *Improving the WTO Dispute Settlement Procedures: Issues and Lessons from the Practice of other International Courts and Tribunals* (Cameron May, 2000), pp. 289-301.

White, Gillan M., "The Use of Experts by the International Court", Vaughan Lowe and Malgosia Fitzmaurice (eds.), *Fifty Years of the International Court of Justice* (Cambridge University Press, 1996), pp. 528-540.

Wolfrum, Rüdiger, "Taking and Assessing Evidence in International Adjudication", Tafsir Malick Ndiaye and Rüdiger Wolfrum (eds.), *Law of the Sea, Environmental Law and Settlement of Disputes: Liber Amicorum Judge Thomas A. Mensah* (Martinus Nijhoff Publishers, 2007), pp. 341-356.

Wolfrum, Rüdiger, "International Courts and Tribunals, Evidence", *Max Planck Encyclopedia of Public International Law* (last updated: March 2006).

Zehetner, Franz, "Beweislastprobleme im Völkerrechtlichen Nachbarrecht des Grenzüberschreitenden Umweltschutzes", Herbert Miehsler, Erhard Mock, Bruno Simma and Ilmar Tammelo (eds.), *Ius Humanitatis: Festschrift zum 90. Geburtstag von Alfred Verdross* (Duncker & Humbolt, 1980), pp. 701-717.

3. Articles and Courses

Afilalo, Ari, "Towards a Common Law of International Investment: How NAFTA Chapter 11 Panels Should Solve Their Legitimacy Crisis", *Georgetown International Environmental Law Review,* vol. 17 (2004), pp. 51-96.

Aghahosseini, M., "Evidence before the Iran-United Claims Tribunals", *International Law FORUM du droit international,* vol. 1 (1999), pp. 208-214.

Akweenda, Sakeus, "The Legal Significance of Maps in Boundary Questions: Particular Emphasis on Namibia", *B.Y.I.L.,* vol. 60 (1989), pp. 205-255.

Alavarez, José E., "Burden of Proof", *Michigan J.I.L.,* vol. 14 (1992), pp. 399-427.

Alford, Neill H., "Fact Finding by the World Court", *Villanova Law Review,* vol. 4. (1958), pp. 37-91.

Alvarez, José E., "Are International Judges Afraid of Science? A Comment on Mbengue", *NYU Public Law & Legal Theory Research Paper Series, Working Paper,* no. 12-36 (2012).

Alvarez, José E., "Burden of Proof", *ASIL Newsletter,* vol. 23, no. 2 (2007), disponible sur : <http://www.asil.org/newsletter/president/pres070625.html>.

357

主要参考文献一覧

Amerasinghe, C.F., "The Bosnia Genocide Case", *Leiden J.I.L.*, vol. 21 (2008), pp. 411-428.

Amerasinghe, C.F., "Presumptions and Inferences in Evidence in International Litigation", *L.P.I.C.T.*, vol. 3 (2004), pp. 395-410.

Amerasinghe, C.F., « Principes en matière de preuve dans le procès international », *A.I.D.I.*, tome 70 (2002-2003), pp. 139-398.

American Society of International Law, "Fact-finding in Interstate Disputes", *ASIL Proceedings,* vol. 106 (2012), pp. 229-242.

American Society of International Law, "Question of Fact and Evidence and the Laws of Force", *ASIL Proceedings,* vol. 100 (2006), pp. 39-54.

American Society of International Law, "The International Court of Justice at 60: Performance and Prospects", *ASIL Proceedings,* vol. 100 (2006), pp. 397-405.

American Society of International Law, "Fact Finding by the ICJ with Particular Regard to 'Fluid' Situations", *ASIL Proceedings,* vol. 81 (1987), pp. 484-500.

Anderson, C.P., "Production of Evidence by Subpoena before International Tribunals", *A.J.I.L.*, vol. 27 (1933), pp. 498-501.

Anderson, C.P., "American and British Claims Arbitration Tribunal", *A.J.I.L.*, vol. 15 (1921), pp. 266-268.

Barceló III, John J., "Burden of Proof, Prima Facie Case and Presumption in WTO Dispute Settlement", *Cornell International Law Journal,* vol. 42, no. 2 (2009), pp. 23-43.

Beharry, Christina L., "Objections to Requests for Documents in International Arbitration: Emerging Practices from NAFTA Chapter 11", *ICSID Review - F.I.L.J.,* vol. 27, no. 1 (2012), pp. 33-64.

Behboodi, Rambod, "'Should' Means 'Shall': A Critical Analysis of the Obligation to Submit Information under Article 13.1 of the DSU in the Canada – Aircraft Case", *J.I.E.L.*, vol. 3 (2000), pp. 563-592.

Benzing, Markus, "Community Interests in the Procedure of International Courts and Tribunals", *L.P.I.C.T.*, vol. 5 (2006), pp. 369-408.

Berger, Klaus P., "Evidentiary Previleges: Best Practice Standards versus/and Arbitral Discretion", *Arbitration International,* vol. 22, no. 4 (2006), pp. 501-520.

Böckstiegel, Karl-Heinz, "Presenting Evidence in International Arbitration", *ICSID Review - F.I.L.J.,* vol. 16, no. 1 (2001), pp. 1-9.

Borchard, Edwin M., "In Memoriam: Judge Edwin B. Parker", *A.J.I.L.*, vol. 24 (1930), pp. 139-142.

Born, Gary, "New Generation of International Adjudication", *Duke Law Journal,* vol. 61, no. 4 (2012), pp. 775-879.

Brealey, Mark, "The Burden of Proof before the European Court", *European Law Review,* vol. 20 (1985), pp. 250-262.

Briggs, Herbert W., "The Colombian-Peruvian Asylum Case and Proof of Customary International Law", *A.J.I.L.,* vol. 45 (1951), pp. 728-731.

Brower, Charles H., "Arbitration", *Max Planck Encyclopedia of Public International Law* (last updated: February 2007).

Brower, Charles H., "Structure, Legitimacy, and NAFTA's Investment Chapter", *Vanderbilt Journal of Transnational Law,* vol. 36 (2003), pp. 37-94.

Brower, Charles N. and Stephen W. Schill, "Is Arbitration a Threat or a Boon to the Legitimacy of International Investment Law?" *Chicago J.I.L.,* vol. 9 (2008), pp. 471-498.

Brower, Charles N., "Evidence before the International Tribunals: The Need for Some Standard Rules", *International Lawyer,* vol. 28 (1994), pp. 47-58.

Burdeau, Geneviève, « Nouvelles perspectives pour l'arbitrage dans le contentieux économique interéssant les états », *Revue de l'arbitrage* (1995 - n°1), pp. 3-37.

Burke-White, William and Andreas Von Staden, "Private Litigation in a Public Law Sphere: The Standard of Review in Investor-State Arbitrations", *Yale J.I.L.,* vol. 35 (2010), pp. 283-346.

Burke-White, William & Andreas Von Staden, "Investment Protection in Extraordinary Times: The Interpretation and Application of Non-Precluded Measures Provisions in Bilateral Investment Treaties", *Virginia J.I.L.,* vol. 48 (2008), pp. 307-410.

Caflisch, Lucius, « Cent ans de règlement pacifique des différends interétatiques », *R.C.A.D.I.,* tome 288 (2001), pp. 245-467.

Carty, Anthony, "The Corfu Channel Case - and the Missing Admiralty Orders", *L.P.I.C.T.,* vol. 3 (2004), pp. 1-35.

Cazala, Julien, « Adaptation des règles et principes probatoires au nom d'une bonne administration de la justice internationale », *L'Observateur des Nations Unies,* tome 27 (2009-2), pp. 55-73.

Chang, Yi-ting, "Legal Presumptions and Admissibility of Evidence in International Adjudication", *Annals of the Chinese Society of International Law,* vol. 3 (1966), pp. 1-17.

Chayes, Abram, "The Role of the Judge in Public Law Litigation", *Harvard Law Review,* vol. 89 (1975), pp. 1281-1316.

Cheng, Bin, "Burden of Proof before the I.C.J.", *I.C.L.Q.,* vol. 2 (1953), pp. 595-596.

Collins, David, "Institutionalized Fact-Finding at the WTO", *University of Penn-*

sylvania Journal of International Economic Law, vol. 27, no. 2 (2006), pp. 367-387.

Condon, Bradly J., "Treaty Structure and Public Interest Regulation in International Economic Law", *J.I.E.L.,* vol. 17 (2014), pp. 333-353.

Corsi, Alexandre, « Projet de règlement pour les arbitages internationaux », *R.G.D.I.P.,* tome 3 (1896), pp. 460-469.

Croley, Steven and John H. Jackson, "WTO Dispute Procedures, Standard of Review, and Deference to National Governments", *A.J.I.L.,* vol. 90 (1996), pp. 193-213.

D'Aspremont, Jean and Makane Moïse Mbengue, "Strategies of Engagement with Scientific Fact-Finding in International Adjudication", *Journal of International Dispute Settlement,* vol. 5, no. 2 (2014), pp. 240-272.

De Lapradelle, A. et D. Néglesco, « Rapport sur la nature juridique des avis consultatifs de la Cour permanente de Justice internationale, leur valeur et leur portée positive en droit international », *A.I.D.I.,* tome 34 (1928), pp. 409-466.

Del Mar, Katherine, "Weight of Evidence Generated through Intra-Institutional Fact-finding before the International Court of Justice", *Journal of International Dispute Settlement,* vol. 2, no. 2 (2011), pp. 393-415.

Di Rosa, Paola, "The Recent Wave of Arbitrations against Argentina under Bilateral Investment Treaties: Background and Principal Legal Issues", *University of Miami Inter-American Law Review,* vol. 36 (2004), pp. 41-74.

Dieryck, Christian, « Procédure et moyens de preuve dans l'arbitrage commercial international », *Revue d'arbitrage* (1988-2), pp. 267-282.

DiMascio, Nicholas and Joost Pauwelyn, "Nondiscrimination in Trade and Investment Treaties: Worlds Apart or Two Sides of the Same Coin?" *A.J.I.L.,* vol. 102 (2008), pp. 48-89.

Dimitrijevic, Vodin and Marko Milanovic, "The Strange Story of the Bosnian Genocide Case", *Leiden J.I.L.,* vol. 21 (2008), pp. 65-94.

Dobry, George, "The Use of Circumstantial Evidence to Establish International Responsibility", *Transactions of the Grotius Society,* vol. 44 (1958), pp. 63-76.

Douglas, Zachary, "The Hybrid Foundations of Investment Treaty Arbitration", *B.Y.I.L.,* vol. 74 (2003), pp. 151-289.

Egbert, Lawrence Deems, "Principles of Evidence Applied by International Tribunals", *Arbitration Journal,* vol. 3 (1939), pp. 155-161.

Ehle, Bernd, "Practical Aspects of Using Expert Evidence in International Arbitration", *Yearbook on International Arbitration,* vol. 2 (2011), pp. 75-84.

主要参考文献一覧

Ehlermann, Claus-Dieter and Nicolas Lockhart, "Standard of Review in WTO Law", *J.I.E.L.*, vol. 7, no. 3 (2004), pp. 491−521.

Ekelöf, Per Olof, "Free Evaluation of Evidence", *Scandinavian Studies in Law*, vol. 8 (1964), pp. 45−66.

Eliason, Antonia, "Science versus Law in WTO Jurisprudence: The (Mis)Interpretation of the Scientific Process and the (In)Sufficiency of Scientific Evidence in EC-Biotech", *NYU Journal of International Law & Politics*, vol. 41 (2008), pp. 341−406.

Eveleigh, Sir Edward, "General Standards of Proof in Litigation and Arbitration Generally", *Arbitration International*, vol. 10, no. 3 (1994), pp. 354−356.

Evensen, Jens, "Evidence before International Courts", *Nordisk Tidsskrift International Ret*, vol. 25 (1955), pp. 44−62.

Fawcett, J.E.S., "The Exhaustion of Local Remedies: Substance or Procedure?" *B.Y.I.L.*, vol. 31 (1954), pp. 452−458.

Favoreu, Louis, « Récusation et administration de la preuve devant la Cour internationale de Justice : À propos des affaires du Sud-ouest africain (fond) », *Annuaire francais de droit international*, tome 11 (1965), pp. 233−277.

Fitzmaurice, Sir Gerald, "The Problem of 'Non-Appearing' Defendant Government", *B.Y.I.L.*, vol. 51 (1980), pp. 89−122.

Forteau, Mathias, « L'ordre public 'transnational' ou 'réellement international' : l'ordre public international face à l'enchevêtrement croissant du droit international privé et du droit international public », *Journal du droit international* (2011−1), pp. 3−49.

Foster, Caroline E., "New Clothes for the Emperor? Consultation of Experts by the International Court of Justice", *Journal of International Dispute Settlement*, vol. 5, no. 1 (2014), pp. 139−173.

Foster, Caroline E., "International Adjudication: Standard of Review and Burden of Proof: Australia-Apples and Whaling in the Antarctic", *Review of European Communities and International Environmental Law*, vol. 21, no. 2 (2012), 17 pp., disponible sur : http://ssrn.com/abstract=2047596.

Foster, Caroline E., "Burden of Proof in International Courts and Tribunals", *Australian YearBook of International Law*, vol. 29 (2010), pp. 27−86.

Foster, Caroline E., "Precaution and Scientific Uncertainty under WTO Agreement on SPS Measures", *Review of EC and International Environmental Law*, vol. 18 (2009), pp. 50−58.

Foster, Caroline E., "The Consultation of Independent Experts by International Courts and Tribunals in Health and Environment Cases", *Finnish Y.I.L.*, vol. 20 (2009), pp. 391−417.

主要参考文献一覧

Foster, W.F., "Fact Finding and the World Court", *Canadian Yearbook of International Law*, vol. 7 (1969), pp. 150-191.

Franck, Susan D., "The Legitimacy Crisis in Investment Treaty Arbitration: Privatizing Public International Law through Inconsistent Decisions", *Fordham Law Review*, vol. 73 (2005), pp. 1521-1625.

Franck, Thomas M. and Peter Prows, "The Role of Presumptions in International Tribunals", *L.P.I.C.T.*, vol. 4 (2005), pp. 197-245.

Fukunaga, Yuka, "Standard of Review and 'Scientific Truths' in the WTO Dispute Settlement System and Investment Arbitration", *Journal of International Dispute Settlement*, vol. 3, no. 3 (2012), pp. 559-576.

Fung Fen Chung, C., "Research on Evidence in Arbitral Proceedings", *International Law FORUM du droit international*, vol. 1 (1999), pp. 237-239.

Gadelshina, Elvira R., "Burden of Proof under the 'Denial-of-Benefits' Clause of the ECT: Actori Incumbit Onus Probandi?" *Journal of International Arbitration*, vol. 29, no. 3 (2012), pp. 269-284.

Gans, K.S. and D.M. Bigge, "The Potential for Arbitrators to Refer Suspicions of Corruption to Domestic Authorities", *Transnational Dispute Management*, vol. 10, no. 3 (2013), 20pp.

Gattini, Andrea, "Evidentiary Issues in the ICJ's Genocide Judgment", *Journal of International Criminal Justice*, vol. 5 (2007), pp. 889-904.

Goldschmidt, Levin, « Observations supplémentaires relatives au règlement pour tribunaux internationaux », *R.D.I.L.C.*, tome 7 (1875), pp. 423-426.

Goldschmidt, Levin, « Projet de règlement pour tribunaux arbitraux internationaux, présenté à l'Institut de droit international (Session de Genève, 1874) », *R.D.I.L.C.*, tome 6 (1874), pp. 421-452.

Goldstone, Richard J. and R.J. Hamilton, "*Bosnia* v. *Servia*: Lessons from the Encounter of the International Court of Justice with the International Criminal Tribunal for the Former Yugoslavia", *Leiden J.I.L.*, vol. 21 (2008), pp. 95-112.

Grando, Michelle T., "Allocating the Burden of Proof in the WTO Disputes: A Critical Analysis", *J.I.E.L.*, vol. 9, no. 3 (2006), pp. 615-656.

Green, James, "Fluctuating Evidentiary Standards for Self-Defence in the ICJ", *I.C.L.Q.*, vol. 58 (2009), pp. 163-179.

Groome, Dermot, "Adjudicating Genocide: Is the International Court of Justice Capable of Judging State Criminal Responsibility?" *Fordham International Law Journal*, vol. 31 (2008), pp. 911-989.

Guillaume, Gilbert, "Advantages and Risks of Proliferation: A Blueprint for Action", *Journal of International Criminal Justice*, vol. 2 (2004), pp. 300-303.

Guillaume, Gilbert, "The Future of International Judicial Institutions", *I.C.L.Q.*, vol. 44, no. 4 (1995), pp. 848-862.

Halink, Simone, "All Things Considered: How the International Court of Justice Delegated its Fact-Assessment to the United Nations in the *Armed Activities* Case", *NYU Journal of International Law and Politics*, vol. 40 (2008), pp. 13-52.

Hanotiau, Bernard, "Satisfying the Burden of Proof - Viewpoint of a Civil Lawyer", Arbitration International, vol. 10, no. 3 (1994), pp. 341-353.

Hariharan, Srikanth, "Standard of Review and Burden of Proof in WTO Jurisprudence", *Journal of World Investment & Trade,* vol. 13, no. 5 (2012), pp. 795-811.

Hart, H.L.A., "Positivism and the Separation of Law and Morals", *Harvard Law Review,* vol. 71 (1958), pp. 593-629.

Henckels, Caroline, "Balancing Investment Protection and the Public Interest: The Role of the Standard of Review and the Importance of Deference in Investor-State Arbitration", *Journal of International Dispute Settlement,* vol. 4, no. 1 (2013), pp. 197-215.

Higgins, Rosalyn, "Concluding Remarks on Fact-Finding in Interstate Disputes", *ASIL Proceedings,* vol. 106 (2012), pp. 241-242.

Higgins, Rosalyn, "Respecting Sovereign States and Running a Tight Courtroom", *I.C.L.Q.,* vol. 50, (2001), pp. 121-132.

Highet, Keith, "Evidence, the Court, and the Nicaragua Case", *A.J.I.L.,* vol. 81 (1987), pp. 1-56.

Hill, Richard D., "The New Reality of Electronic Document Production in International Arbitration", *Arbitration International,* vol. 25, no. 1 (2009), pp. 87-102.

Hof, Haersolte-van, "Issues of Evidence in the Practice of the Claims Resolution Tribunal for Dormant Accounts", *International Law FORUM du droit international,* vol. 1 (1999), pp. 215-218.

Horn, Norbert and Petros Mavroidis, "Burden of Proof in Evironmental Disputes in the WTO: Legal Aspects", *European Energy and Environmental Law Review,* vol. 18, no. 2 (2009), pp. 112-140.

Houtte, Hans von, "Evidence before the Commission for Real Property Claims in Bosnia and Herzegovina", *International Law FORUM du droit international,* vol. 1 (1999), pp. 225-227.

Hwang, Michael and Nicholas Thio, "A Proposed Model Procedural Order on Confidentiality in International Arbitration: A Comprehensive and Self-Governing Code", *Journal of International Arbitration,* vol. 29, no. 2 (2012), pp. 137-169.

Hyde, Charles Cheney, "Maps as Evidence in International Boundary Disputes",

A.J.I.L., vol. 27, no. 2 (1933), pp. 311-316.

Iida, Keisuke, "Why Does the World Trade Organization Appear Neoliberal? The Puzzle of the High Incidence of Guilty Verdicts in WTO Adjudication", *Journal of Public Policy*, vol. 23, no. 1 (2003), pp. 1-21.

Ireton, Jessica O., "The Admissibility of Evidence in ICSID Arbitration: Considering the Validity of WikiLeaks Cables as Evidence", *ICSID Review - F.I.L.J.*, vol. 30, no. 1 (2015), pp. 231-242.

Isunza, Gustavo Carvajal and Fernando González Rojas, "Evidentiary Issues in NAFTA Chapter 11 Arbitration", *Asper Review of International Business and Trade Law*, vol. 3 (2003), pp. 121-150.

Iynedjian, Marc, "The Case for Incorporating Scientists and Technicians into WTO Panels", *Journal of World Trade*, vol. 42, no. 2 (2008), pp. 279-297.

Jackson, John H., "Dispute Settlement and the WTO: Emerging Problems", *J.I.E.L.*, vol. 1, no. 3 (1998), p. 329-351.

Jacob, Saju, "Fact-Finding in Inter-state Adjudication", *Modern Law Review*, vol. 59 (1996), pp. 207-224.

Jacobs, Dov and Catherine Harwood, "International Criminal Law Outside the Courtroom: The Impact of Focusing on International Crimes for the Quality of Fact-Finding by International Commissions of Inquiry", *Grotius Centre Working Paper*, no. 2013/007-ICL (2013), 25 pp.

Jennings, Robert Y., "The Role of the International Court of Justice", *B.Y.I.L.*, vol. 68 (1998), pp. 1-63.

Jessup, Philip C., "National Sanction for International Tribunals", *A.B.A. Journal*, vol. 20 (1934), pp. 55-57.

Jiménez de Aréchaga, Eduardo, "The Amendments to the Rules of Procedure of the International Court of Justice", *A.J.I.L.*, vol. 67 (1973), pp. 1-22.

Jones, Doug, "Party Appointed Expert Witnesses in International Arbitration: A Protocol at Last", *Arbitration International*, vol. 24, no. 1 (2008), pp. 137-155.

Joyce, Daniel, "Fact-Finding and Evidence at the International Court of Justice: Systemic Crisis, Change or More of the Same?" *Finnish Y.I.L.*, vol. 18 (2007), pp. 283-306.

Kabumba, Yves Hamuli, « Incidence de la jurisprudence de la Cour internationale de Justice sur les règles d'interprétation du statut de Rome, sur la qualification des faits et sur la preuve devant la Cour pénale internationale », *R.G.D.I.P.*, tome 114 (2010), pp. 779-809.

Kamto, Maurice, « Les moyens de preuve devant la Cour internationale de Justice à la lumière de quelques affaires récentes portées devant elle », *German Y.I.L.*, vol. 49 (2006), pp. 259-292.

主要参考文献一覧

Katz, Stephen R., "Issues Arising in the Icelandic Fisheries Case", *I.C.L.Q.*, vol. 22 (1973), p. 83-108.

Kazazi, Mojtaba, "An Overview of Evidence before the United Nations Compensation Commission", *International Law FORUM du droit international*, vol. 1 (1999), pp. 219-224.

Kazazi, Mojtaba and Bette E. Shifman, "Evidence before International Tribunals - Introduction", *International Law FORUM du droit international*, vol. 1 (1999), pp. 193-196.

Kelsen, Hans, "The Principle of Sovereign Equality of States as a Basis for International Organization", *Yale Law Journal*, vol. 53 (1944), pp. 207-220.

Kelsen, Hans, "Recognition in International Law: Theoretical Observations", *A.J.I.L.*, vol. 35 (1941), pp. 605-617.

Kennedy, David, "When Renewal Repeats: Thinking against the Box", *NYU Journal of International Law & Politics*, vol. 32 (2000), pp. 335-500.

Kingsbury, Benedict, Nico Krisch and Richard B. Stewart, "The Emergence of Global Administrative Law", *Law and Contemporary Problems*, vol. 68, no. 3/4 (2005), pp. 15-61.

Knuts, Gisela, "*Jura Novit Curia* and the Right to be Heard - An Analysis of Recent Case Law", *Arbitration Interantional*, vol. 28, no. 4 (2012), pp. 669-688.

Koh, Harold H., "Transnational Public Law Litigation", *Yale Law Journal*, vol. 100 (1991), pp. 2347-2402.

Kolb, Robert, « Comptes rendus d'ouvrages », *Journal du droit international* (*Clunet*) (2-2006), pp. 753-754.

Koskenniemi, Martti, "Lauterpacht: The Victorian Tradition in International Law", *E.J.I.L.*, vol. 8, no. 2 (1997), pp. 215-263.

Kubalczyk, Anna Magdalena, "Evidentiary Rules in International Arbitration: A Comparative Analysis of Approaches and the Need for Regulation", *Groningen Journal of International Law*, vol. 3, no. 1 (2015), pp. 85-109.

Kulick, Andreas, "Book Review of Stephan W. Schill (ed.). International Investment Law and Comparative Public Law", *E.J.I.L.*, vol. 22 (2011), pp. 917-925.

Lalive, Jean-Flavien, « Quelques remarques sur la preuve devant la Cour permenante de Justice internationale et la Cour internationale de Justice », *Annuaire suisse de droit international*, tome 7 (1950), pp. 77-103.

Lalive, Pierre, « Ordre public transnational (ou réellement international) et arbitrage international », *Revue de l'Arbitrage* (1986-3), p. 329.

Lamm, Carolyn B., Brody K. Greenwald and Kristen M. Young, "From World Duty Free to Metal-Tech: A Review of International Investment Treaty

主要参考文献一覧

Arbitration Cases Involving Allegations of Corruption", *ICSID Review - F.I.L.J.*, vol. 29, no. 2 (2014), pp. 328-349.

Landis, Elizabeth S., "The South West Africa Cases: Remand to the United Nations", *Cornell Law Quarterly*, vol. 52, no. 5 (1967), pp. 641-647.

Landolt, Phillip, "Arbitrators' Initiatives to Obtain Factual and Legal Evidence", *Arbitration Interantional*, vol. 28, no. 2 (2012), pp. 173-223.

Lauterpacht, Hersch, "The So-Called Anglo-American and Continental Schools of Thought in International Law", *B.Y.I.L.*, vol. 12 (1931), pp. 31-62.

Leach, Philip, C. Paraskeva and G. Uzelac, "Human Rights Fact-Finding: The ECHR at a Crossroads", *Netherlands Quarterly of Human Rights*, vol. 28, no. 1 (2010), pp. 41-77.

Lee, Hyung K., "Mapping the Law of Legalizing Maps: Emerging Rules on Map Evidence in International Law", *Pacific Rim Law & Policy Journal*, vol. 14 (2005), pp. 159-188.

Lester, Simon, "The Development of Standards of Appellate Review for Factual, Legal and Law Application Questions in WTO Dispute Settlement", *Trade, Law and Development*, vol. 4, no. 1 (2012), pp. 125-149.

Lévesque, Céline, "Science in the Hands of International Investment Tribunals: A Case for 'Scientific due Process'", *Finnish Y.I.L.*, vol. 20 (2009), pp. 259-290.

Lima, Lucas Carlos, "Weighting the Evidential Value of Expert Opinion: The Whaling Case", *Questions of International Law*, vol. 14 (2015), pp. 31-38.

Lotbinière-McDougall, Andrew de and Nicolas Bouchadie, « L'arbitrage internationale et la preuve documentaire », *Revue de droit des affaires internationales* (2008-4), pp. 509-522.

Lotfi, Courtney, "Documentary Evidence and Document Production in International Arbitration", *Transnational Dispute Management*, (2014-4), 12 pp.

Lowe, Vaughan, "The Function of Litigation in International Society", *I.C.L.Q.*, vol. 61, no. 1 (2012), pp. 209-222.

Maddlon, Philippe, « Les faits economiques dans les rapports de l'OMC », *R.G.D.I.P.*, tome 113 (2009), pp. 305-331.

Marceau, Gabrielle and Jennifer K. Hawkins, "Experts in WTO Dispute Settlement", *Journal of International Dispute Settlement*, vol. 3, no. 3 (2012), pp. 493-507.

Marossi, Ali Z., "Shifting the Burden of Proof in the Practice of the Iran-United States Claims Tribunal", *Journal of International Arbitration*, vol. 28, no. 5 (2011), pp. 427-443.

Marossi, Ali Z., "The Necessity for Discovery of Evidence in International Tribunals", *Journal of International Arbitration*, vol. 26, no. 4 (2009), pp. 511

-531.

Marriott, Arthur, "Evidence in International Arbitration", *Arbitration International*, vol. 5, no. 3 (1989), pp. 280-290.

Marston, Geofferey, "Falsification of Documentary Evidence before International Tribunals: An Aspect of the Behring Sea Arbitration 1892-3", *B.Y.I.L.*, vol. 71 (2001), pp. 357-373.

Martha, R.S.J., "Presumptions and Burden of Proof in World Trade Law", *Journal of International Arbitration*, vol. 14 (1997), pp. 67-98.

Martin-Bidou, Pascale, « Le principe de précaution en droit international de l'environnement », *R.G.D.I.P.*, tome 103 (1999), pp. 631-666.

Martinez-Fraga, Pedro, "Good Faith, Bad Faith, But Not Losing Faith: a Commentary on the 2010 IBA Rules on the Taking of Evidence in International Arbitration", *Georgetown J.I.L.*, vol. 43, no. 2 (2012), pp. 387-431.

Maton, John and Carolyn Maton, "Independence under Fire: Extra-legal Pressures and Coalition Building in WTO Dispute Settlement", *J.I.E.L.*, vol. 10, no. 2 (2007), pp. 317-334.

May, Richard, "Evidence before the ICTY: An Overview", *International Law FORUM du droit international*, vol. 1 (1999), pp. 197-201.

Mbengue, Makane Moïse, "Scientific Fact-finding by International Courts and Tribunals", *Journal of International Dispute Settlement*, vol. 3, no. 3 (2012), pp. 509-524.

Mbengue, Makane Moïse, "International Courts and Tribunals as Fact-Finders: The Case of Scientific Fact-Finding in International Adjudication", *Loyola of Los Angeles International and Comparative Law Review*, vol. 34, no. 1 (2011), pp. 53-80.

McCabe, Monica P., "Arbitral Discovery and the Iran-United States Claims Tribunal Experience", *International Lawyer*, vol. 20, no. 2 (1984), pp. 499-534.

Mendelson, Maurice, "The Curious Case of Qatar v. Bahrain in the International Court of Jusitce", *B.Y.I.L.*, vol. 72 (2001), pp. 183-211.

Menzies, Ian W., "Satisfying the Burden of Proof - A Layman's Approach", *Arbitration International*, vol. 10, no. 3 (1994), pp. 357-360.

Moloo, Rahim, "Electronic Evidence in International Arbitration: Current Issues and Tips to Consider", *Transnational Dispute Management*, vol. 6, no. 1 (2009), 8 pp.

Moore, John Bassett, "Fifty Years of International Law", *Harvard Law Review*, vol. 50 (1936), pp. 395-448.

Mosk, Richard M., "The Role of Facts in International Dispute Resolution", *R.C.A.D.I.*, tome 304 (2003), pp. 1-179.

主要参考文献一覧

Mosk, Richard M. and Tom Ginsburg, "Evidentiary Privileges in International Arbitration", *I.C.L.Q.*, vol. 50 (2001), pp. 345-385.

Murphy, Sean D., "The Experience of the Eritrea-Ethiopia Claims Commission", *ASIL Proceedings*, vol. 106 (2012), pp. 237-241.

Nelson, Timothy G., "The Explosion and the Testimony: the WWI Sabotage Claims and an International Arbitral Tribunal's Power to Revise its Own Awards", *American Review of International Arbitration*, vol. 23, no. 2 (2012), pp. 197-230.

Niyungeko, Gérard, « Les faits notoires dans le contentieux international et la bonne administration de la justice », *L'observateur des Nations Unies*, tome 27 (2009-2), pp. 75-83.

OECD, "Fair and Equitable Treatment Standard in International Investment Law", *OECD Working Papers on International Investment*, no. 2004/3 (2004), 40 pp.

Oesch, Matthias, "Standards of Review in WTO Dispute Resolution", *J.I.E.L.*, vol. 6, no. 3 (2003), pp. 635-659.

O'Malley, Nathan D., "The Procedural Rules Governing the Production of Documentary Evidence in International Arbitration: As Applied in Practice", *L.P.I.C.T.*, vol. 8 (2009), pp. 27-90.

O'Malley, Nathan D. and Luke N. Eaton, "U.S. Discovery in Aid of International Arbitration: Where Things Presently Stand", *Journal of International Arbitration*, vol. 31, no. 1 (2014), pp. 111-120.

Paulsson, Jan, "Arbitration without Privity", *ICSID Review – F.I.L.J.*, vol. 10 (1995), pp. 232-257.

Pauwelyn, Joost, "Appeal without Remand: A Design Flaw in WTO Dispute Settlement and How to Fix It", website of International Centre for Trade and Sustainable Development (1 May 2007), disponibe sur : <http://www.ictsd.org/themes/research/appeal-without-remand-a-design-flaw-in-wto-dispute-settlement-and-how-to-fix-it>.

Pauwelyn, Joost, "The Use of Experts in WTO Dispute Settlement", *I.C.L.Q.*, vol. 51 (2002), pp. 325-364.

Pauwelyn, Joost, "Evidence, Proof and Persuasion in the WTO Dispute Settlement: Who Bears the Burden?" *J.I.E.L.*, vol. 1, no. 2 (1998), pp. 227-258.

Pavic, Vladimir, "Bribery and International Commercial Arbitration: The Role of Mandatory Rules and Public Policy", *Victoria University of Wellington Law Review*, vol. 43 (2012), pp. 661-686.

Payne, Cymie, "Mastering the Evidence: Improving Fact Finding by International Courts", *Environmental Law*, vol. 41 (2011), pp. 1191-1220.

Peat, Daniel, "The Use of Court-Appointed Experts by the International Court

主要参考文献一覧

of Justice", *B.Y.I.L.*, vol. 84 (2014), pp. 271-303.

Pfitzer, J.H. and S. Sabune, "Burden of Proof in WTO Dispute Settlement: Cntemplating Preponderance Evidence", *ICTSD Issue Paper*, vol. 9 (2009), 43 pp.

Pfitzer, J.H. and S. Sabune, "Burden-Shifting in WTO Dispute Settlement: The *Prima Facie* Doctrine", *ICTSD Bridges*, no. 2 (2008), 18 pp.

Philip, Allan, "Description in the Award of the Standard of Proof Sought and Satisfied", *Arbitration International*, vol. 10, no. 3 (1994), pp. 361-363.

Pietrowski, Robert, "Evidence in International Arbitration", *Arbitration International*, vol. 22, no. 3 (2006), pp. 373-410.

Raeschke-Kessler, Hilmar, "The Production of Documents in International Arbitration - Article 3 of IBA Rules", *Arbitration International*, vol. 18, no. 1 (2002), pp. 411-430.

Rashkow, Bruce, "Fact Finding by the World Court", *World Affairs*, vol. 148 (1985), pp. 47-52.

Redfern, Alan, "Distinction between the Burden of Proof and the Taking of Evidence - English Perspective", *Arbitration International*, vol. 10, no. 3 (1994), pp. 317-322.

Reed, Lucy, "Confronting Complexities in Fact-finding and the Nature of Investor-State Arbitration", *ASIL Proceedings*, vol. 106 (2012), pp. 233-237.

Reichler, Paul S., "Paul Reichler's Rejoinder", *A.J.I.L.*, vol. 106, no. 3 (2012), pp. 583-584.

Reichler, Paul S., "The Nicaragua Case: A Response to Judge Schwebel", *A.J.I.L.*, vol. 106, no. 2 (2012), pp. 316-321.

Reichler, Paul S., "The Impact of the Nicaragua Case on Matters of Evidence and Fact-Finding", *Leiden J.I.L.*, vol. 25, no. 1 (2012), pp. 149-156.

Reichler, Paul S., "Holding America to Its Own Best Standards: Abe Chayes and Nicaragua in the World Court", *Harvard International Law Journal*, vol. 42 (2001), pp. 15-46.

Reiner, Andreas, "Burden and General Standard of Proof", *Arbitration International*, vol. 10, no. 3 (1994), pp. 328-340.

Reisman, W. Michael and Eric E. Freedman, "The Plaintiff's Dilemma: Illegally Obtained Evidence and Admissibility in International Adjudication", *A.J.I.L.*, vol. 76 (1982), pp. 737-753.

Reymond, Claude, "Distinction between the Burden of Proof and the Taking of Evidence - Further Perspective", *Arbitration International*, vol. 10, no. 3 (1994), pp. 323-327.

Ricart, Luciana T., "Due Process of Law in the Fact-Finding Work of the Security Council'l Panels of Experts: An Analysis in Terms of Global Admin-

主要参考文献一覧

istrative Law", *Institute for International Law and Justice Emerging Scholars Paper,* no. 8 (2008), 27 pp.

Riddell, Anna, "Scientific Evidence in the International Court of Justice - Problems and Possibilities", *Finnish Y.I.L.,* vol. 20 (2009), pp. 229–258.

Riddell, Anna, "Report on the Oral Proceedings in the Application of the Convention on the Prevention and Punishment of the Crime of Genocide (Bosnia and Herzegovina v. Serbia and Montenegro): Selected Procedural Aspects", *Leiden J.I.L.,* vol. 20 (2007), pp. 405–440.

Ripert, Georges, « Les règles de droit civil applicables aux rapports internationaux », *R.C.A.D.I.,* tome 44 (1933–II), pp. 569–664.

Roberts, Anthea, "Clash of Paradigms: Actors and Analogies Shaping the Investment Treaty System", *A.J.I.L.,* vol. 107, no. 1 (2013), pp. 45–94.

Robertson, Bernard, "Exhaustion of Local Remedies in International Human Rights Litigation - Burden of Proof Reconsidered", *I.C.L.Q.,* vol. 39, no. 1 (1990), pp. 191–196.

Rodoríguez, Jacobo Ríos, « Expertise scientifique, normes techniques et bonne administration de la justice », *L'observateur des Nations Unies,* tome 27 (2009–2), pp. 85–103.

Romano, Cesare P.R., "The Proliferation of International Judicial Bodies: The Pieces of the Puzzle", *NYU Journal of International Law and Politics,* vol. 31, (1999), pp. 709–751.

Roscini, Marco, "Evidentiary Issues in International Disputes Related to State Responsibility for Cyber Operations", *Texas International Law Journal,* vol. 50, no. 2 (2015), pp. 233–273.

Rose, Cecily, "Circumstantial Evidence, Adverse Influences, and Findings of Corruption: Metal-Tech Ltd. v. The Republic of Uzbekistan", *Journal of World Investment & Trade,* vol. 15 (2014), pp. 747–756.

Rosenne, Shabtai "The Perplexities of Modern International Law", *R.C.A.D.I.,* tome 291 (2001), pp. 9–471.

Rosell, José and Harvey Prager, "Illicit Commissions and International Arbitration: The Question of Proof", *Arbitration International,* vol. 15, no. 4 (1999), pp. 329–348.

Ruiz Fabri, Hélène, « La juridictionnalisation du règlement des litiges économiques entre États », *Revue de l'arbitrage,* n° 3 (2003), pp. 881–947.

Ruthworth, Dennis, "Mapping in Support of Frontier Arbitration: Maps as Evidence", *IBRU Boudary and Security Bulletin,* vol. 5, no. 4 (1997–98), pp. 51–55.

Ruthworth, Dennis, "Mapping in Support of Frontier Arbitration (1)", *IBRU*

370

主要参考文献一覧

Boudary and Security Bulletin, vol. 4, no. 1 (1996), pp. 60−61.

Ruthworth, Dennis, "Mapping in Support of Frontier Arbitration (2)", *IBRU Boudary and Security Bulletin,* vol. 4, no. 2 (1996), pp. 57−60.

Ryan, Margaret Clare, "*Glamis Gold, Ltd. v. The United States* and the Fair and Equitable Treatment Standard", *McGill Law Journal,* vol. 56 (2011), pp. 919−958.

Saleh, Samir A., "Admissibility of Evidence: Interrelation between Domestic Law and International Arbitration", *Arbitration International,* vol. 15, no. 2 (1999), pp. 141−160.

Salmon, Jean, « La construction juridique du fait en droit international », *Archives de philosophie du droit,* tome 32 (1987), pp. 135−151.

Salmon, Jean, « Le fait dans l'application du droit international », *R.C.A.D.I.,* tome 175 (1982−II), pp. 257−414.

Salvioli, Gabriele, « La compétence de la Cour permanente de Justice internationale dans les controverses de fait », *Revue de droit international et législation comparée,* tome 13 (1932), pp. 71−88.

Sandoval Coustasse, Juan Guillermo and Emily Sweeney-Samuelson, "Adjudicating Conflicts over Resources: The ICJ's Treatment of Technical Evidence in the Pulp Mills Case", *Goettingen J.I.L.,* vol. 3, no. 1 (2011), pp. 447−471.

Savadogo, Louis, « Le recours des juridictions internationales à des experts », *Annuaire français de droit international,* tome 50 (2004), pp. 231−258.

Scharf, Michael P. and Margaux Day, "The International Court of Justice's Treatment of Circumstantial Evidence and Adverse Inferences", *Chicago J.I.L.,* vol. 13, no. 1 (2012), pp. 123−151.

Schill, Stephan W., "Deference in Investment Treaty Arbitration: Re-Conceptualizing the Standard of Review", *Journal of International Dispute Settlement,* vol. 3, no. 3 (2012), pp. 577−607.

Schill, Stephan W., "Crafting the International Economic Order: The Public Function of Investment Treaty Arbitration and Its Significance for the Role of the Arbitrator", *Leiden J.I.L.,* vol. 23 (2010), pp. 401−430.

Schill, Stephan W., "Glamis Gold Ltd v. United States", *A.J.I.L.,* vol. 104 (2010), pp. 253−259.

Schill, Stephan W., "International Investment Law and the Host State's Power to Handle Economic Crisis: Comment on the ICSID Decision in LG&E v. Argentina", *Journal of International Arbitration,* vol. 24 (2007), pp. 265−286.

Schwarzenberger, Georg, "The Inductive Approach to International Law", *Harvard Law Review,* vol. 60 (1946), pp. 539−570.

主要参考文献一覧

Schwebel, Stephen, "The Nicaragua Case: A Reply to Paul Reichler", *A.J.I.L.*, vol. 106, no. 3 (2012), pp. 582–583.

Schwebel, Stephen, "Celebrating a Fraud on the Court", *A.J.I.L.*, vol. 106, no. 1 (2012), pp. 102–105.

Seidl-Hohenveldern, Ignaz, "General Principles of Law as Applied by the Conciliation Commission Established under the Peace Treaty with Italy of 1947", *A.J.I.L.*, vol. 53 (1959), pp. 853–872.

Shah, Nasim Hasan, "Discovery by Intervention: The Right of a State to Seize Evidence Located within the Territory of the Respondent State", *A.J.I.L.*, vol. 53 (1959), pp. 595–612.

Sharpe, Jeremy, "Drawing Adverse Inferences from the Non-production of Evidence", *Arbitration International*, vol. 22, no. 4 (2006), pp. 549–571.

Shelton, Dinah, "Form, Function, and the Powers of International Courts", *Chicago Journal of International Law*, vol. 9, no. 2 (2009), pp. 537–571.

Shelton, D.W., "An Introduction to the IBA Rules of Evidence", *Arbitration International*, vol. 1, no. 2 (1985), pp. 118–128.

Simma, Bruno, "The International Court of Justice and Scientific Expertise", *ASIL Proceedings*, vol. 106 (2012), pp. 230–233.

Simma, Bruno, "From Bilateralism to Community Interest in International Law", *R.C.A.D.I.*, tome 250 (1994), pp. 217–384.

Simma, Bruno and Andreas L. Paulus, "The Responsibility of Individuals for Human Rights Abuses in Internal Conflicts: A Positivist View", *A.J.I.L.*, vol. 93 (1999), pp. 302–316.

Sinclair, Sir Ian, "Some Procedural Aspects of Recent International Litigation", *I.C.L.Q.*, vol. 30 (1980), pp. 338–357.

Simons, Marlise, "Genocide Court Ruled for Serbia without Seeing Full War Archive", *The New York Times* (Late Edition, 9 April 2007).

Smit, Robert and Tyler Robinson, "E-Disclosure in International Arbitration", *Arbitration International*, vol. 24, no. 1 (2008), pp. 105–135.

Smith, Carsten, "The Relation between Proceedings and Premises: A Study in International Law", *Nordisk Tidsskrift International Ret*, vol. 32 (1962), pp. 3–138.

Strong, S.I., "Discovery under 28 USC § 1782: Distinguishing International Commercial Arbitration and International Investment Arbitration", *Stanford Journal of Complex Litigation*, vol. 1, no. 2 (2013), pp. 295–372.

Strong, S.I. and James J. Dries, "Witness Statements under the IBA Rules of Evidence: What to Do about Hearsay?" *Arbitration International*, vol. 21, no. 3 (2005), pp. 301–321.

Teitelbaum, Ruth, "Recent Fact-Finding Developments at the International

372

Court of Justice", *L.P.I.C.T.*, vol. 6 (2007), pp. 119-158.

Thomas, Christopher "Litigation Process under the GATT Dispute Settlement System: Lessons for the World Trade Organization?" *Journal of World Trade,* vol. 30 (1996), pp. 53-81.

Thirlway, Hugh, "Dilemma or Chimera? Admissibility of Illegally Obtained Evidence in International Adjudication", *A.J.I.L.,* vol. 78 (1984), pp. 622-641.

Tirado, Joe, Matthew Page and Daniel Meagher, "Corruption Investigations by Governmental Authorities and Investment Arbitration: An Uneasy Relationship", *ICSID Review - F.I.L.J.,* vol. 29, no. 2 (2014), pp. 493-513.

Tsatsos, Aristidis, "Burden of Proof in Investment Treaty Arbitration: Shifting?" *Humbolt Forum Research,* vol. 6 (2009), pp. 91-104.

Ubay, Romulo R., "Evidence in International Adjudication: Map Evidence in Territorial Sovereignty Dispute Cases", *Aegean Review of the Law of the Sea and Maritime Law,* vol. 1, no. 2 (2011), pp. 287-300.

Unterhalter, David, "Allocating the Burden of Proof in WTO Dispute Settlement Proceedings", *Cornell International Law Journal,* vol. 42, no. 2 (2009), pp. 209-221.

Vadi, Valentina and Lukasz Gruszczynski, "Standards of Review in International Investment Law and Arbitration: Multilevel Governance and the Commonweal", *J.I.E.L.,* vol. 16, no. 3 (2014), pp. 613-633.

Valencia-Ospina, Eduardo, "Evidence before the International Court of Justice", *International Law FORUM du droit international,* vol. 1 (1999), pp. 202-207.

Van Den Wyngaert, Christine, "ICCs as Fact (and Truth) Finders in Post-Conflict Societies: Can Disparities with Ordinary International Courts be Avoided?" *ASIL Proceedings,* vol. 100 (2006), pp. 64-68.

Van Harten, Gus, "A Case for an International Investment Court", *Society of International Economic Law Inaugural Conference Working Paper,* no. 22/08 (2008), disponible sur : <http://ssrn.com/abstract=153724>.

Van Harten, Gus and Martin Loughlin, "Investment Treaty Arbitration as a Species of Global Administrative Law", *E.J.I.L.,* vol. 17, no. 1 (2006), pp. 121-150.

Van Houtte, Hans, "Cousel-Witness Relations and Professional Misconduct in Civil Law System", *Arbitration International,* vol. 19, no. 4 (2003), pp. 457-463.

Vecchione, Elisa, "Is It Possible to Provide Evidence of Insufficient Evidence? The Precautionary Principle at the WTO", *Chicago J.I.L.,* vol. 13, no. 1 (2012), pp. 153-178.

Veeder, V.V., "Evidence: The Practitioner in International Commercial Arbitration", *International Law FORUM du droit international*, vol. 1 (1999), pp. 228–231.

Vermeer-Künzli, Annemarieke, "*Diallo* and the Draft Articles: The Application of the Draft Articles on Diplomatic Protection in the *Ahamadou Sadio Diallo* Case", *Leiden J.I.L.*, vol. 20 (2007), pp. 941–954.

Vermeer-Künzli, Annemarieke, "Diallo: Between Diplomatic Protection and Human Rights", *Journal of International Dispute Settlement,* vol. 4, no. 3 (2013), pp. 487–500.

Vinuesa, Raúl Emilio, "National Treatment, Principle", *Max Planck Encyclopedia of Public International Law* (last updated, April 2011).

Vollenhoeven, C. van, « La jurisprudence de la commission générale de réclamations entre les États-Unis d'Ameriques et le Mexique, en 1926 », *Bulletin de l'institut intermédiaire international,* tome 16 (1927), pp. 237–245.

Von Bogdandy, Armin and Ingo Venzke, "On the Functions of International Courts: An Appraisal in Light of Their Burgeoning Public Authority", *Leiden J.I.L.,* vol. 26, no. 1 (2013), pp. 49–72.

Wagner, Markus, "Law Talk v. Science Talk: The Languages of Law and Science in WTO Proceedings", *Fordham International Law Journal*, vol. 35, no. 1 (2011), pp. 151.

Wälde, Thomas, "Alternatives for Obtaining Greater Consistency in Investment Arbitration: An Appellate Institution after the WTO, Authoritative Treaty Arbitration or Mandatory Consolidation?" *Transnational Dispute Management,* vol. 2, no. 2 (2005).

Walker, Vern R., "Keeping the WTO from Becoming 'World Trans-Science Organization': Scientific Uncertainty", *Cornell International Law Journal*, vol. 31 (1998), pp. 251–320.

Webster, Thomas, "Obtaining Evidence from Third Parties in International Arbitration", *Arbitration International*, vol. 17, no. 2 (2001), pp. 143–162.

Weil, Prosper, « Le droit international en quête de son identité », *R.C.A.D.I.*, tome 237 (1992–IV), pp. 9–370.

Weissberg, Guenter, "Maps as Evidence in International Boundary Disputes: A Reappraisal", *A.J.I.L.*, vol. 57, no. 4 (1963), pp. 781–803.

Witenberg, J.-C., « Onus Probandi devant les juridictions arbitrales », *R.G.D.I.P.*, tome 55 (1951), pp. 321–342.

Witenberg, J.-C., « La théorie des preuves devant les juridictions internationales », *R.C.A.D.I.,* tome 56 (1936–II), pp. 5–105.

Witenberg, J.-C., « La recevabilité des réclamations devant les juridictions internationales », *R.C.A.D.I.,* tome 41 (1932–III), pp. 1–136.

Wolfrum, Rüdiger, "International Courts and Tribunals, Evidence", *Max Planck*

主要参考文献一覧

Encyclopedia of Public International Law（last updated: March 2006）.

◆ III. 邦文文献（50音順）

1．書籍・学位論文

石川博康『「契約の本性」の法理論』（有斐閣，2010年）。
太田勝造『裁判における証明論の基礎』（弘文堂，1982年）。
大沼保昭『在日韓国・朝鮮人の国籍と人権』（東信堂，2004年）。
倉田卓次訳『ローゼンベルク証明責任論 全訂版』（判例タイムズ社，1987年）。
小寺彰『WTO 体制の法構造』（東京大学出版会，2000年）。
酒井啓亘ほか『国際法』（有斐閣，2011年）。
佐藤義明『国際裁判研究の機能的再構築：国際抗争解決動学としての国際裁判研
　　究』（東京大学提出博士論文，2006年）。
新堂幸司『新民事訴訟法 第5版』（弘文堂，2011年）。
杉原高嶺『国際司法裁判制度』（有斐閣，1996年）。
玉田大『国際裁判の判決効論』（有斐閣，2012年）。
デュルケム，宮島喬訳『社会学的方法の基準』（岩波文庫，1978年，原著1895年）。
広中俊雄『法と裁判』（東京大学出版会，1971年）。
許淑娟『領域権原論』（東京大学出版会，2012年）。
山口俊夫編『フランス法辞典』（東京大学出版会，2002年）。
横田喜三郎『国際判例研究 I』（有斐閣，1933年）。
李禎之『国際裁判の動態』（信山社，2007年）。

2．論　文

荒木一郎「北米自由貿易協定の投資章に基づく手続において公正衡平義務違反を
　　認定しなかった例」JCA ジャーナル57巻11号（2010年）29−35頁。
荒木一郎「WTO 紛争処理パネルにおける挙証責任論」時の法令1596号（1999年）
　　67−74頁。
荒木教夫「領土・国境紛争における地図の機能」早稲田法学74巻3号（1999年）
　　1−25頁。
石川義道「WTO 紛争解決手続における立証責任概念の検討：農業協定第10条3
　　項の分析を通じて」横浜国際社会科学研究12巻4号（2008年）115−132頁。
伊藤一頼「WTO における紛争処理の意義と限界」国際問題597号（2010年）34
　　−43頁。
内ヶ崎善英「ICJ の事実認定と第三者機関」法学新報116巻3・4号（2009年）77
　　−97頁。

主要参考文献一覧

内ヶ崎善英「国際司法裁判所における証明責任の法理」法学新報113巻9・10号
　　（2007年）51-73頁。

奥脇直也「武力紛争と国際裁判：暫定措置の法理と機能」村瀬信也・真山全編
　　『武力紛争の国際法』（東信堂，2004年）784-827頁。

奥脇直也「現代国際法と国際裁判の法機能：国際社会の法制度化と国際法の断片
　　化」法学教室281号（2004年）29-36頁。

奥脇(河西)直也「現代国際法における合意基盤の二層性：国連システムにおける
　　規範形成と秩序形成」立教法学33号（1989年）98-138頁。

奥脇(河西)直也「国際法における『合法性』の観念（1）」国際法外交雑誌80巻
　　1号（1981年）1-45頁。

奥脇(河西)直也「国際紛争の平和的解決と国際法：国際法『適用』論への覚え書
　　き」寺沢一他編『国際法学の再構築（下）』（東京大学出版会，1978年）51
　　-105頁。

奥脇(河西)直也「勧告的意見に於る『同意原則』と国際裁判所の司法政策」国際
　　法政研究15号（1972年）29-51頁。

小畑清剛「レトリックと法・正義：Ch. ペレルマンの法哲学研究（1）（2）
　　（3・完)」法学論叢112巻6号，113巻4号，113巻6号（1983年）。

児矢野マリ「国際行政法の観点からみた捕鯨判決の意義」国際問題636号（2014
　　年）43-58頁。

坂元茂樹「日本からみた南極捕鯨事件判決の射程」国際問題636号（2014年）6-
　　19頁。

佐藤哲夫「捕鯨事件にみる国際組織の創造的展開」柳井俊二・村瀬信也編『国際
　　法の実践：小松一郎大使追悼』（信山社，2015年）149-180頁。

杉原高嶺「国際司法裁判所における *jura novit curia* 原則：近年の裁判例を顧み
　　て」国際法外交雑誌109巻3号（2010年）1-28頁。

杉原高嶺「国際司法裁判の地位と機能」広部和也・田中忠編『国際法と国内法：
　　山本草二先生還暦記念』（勁草書房，1991年）505-533頁。

杉原高嶺「勧告的意見の機能的展開」同『国際裁判の研究』（有斐閣，1985年）
　　259-332頁。

瀬川信久「Ch. ペレルマン『議論の研究』：実用法学の視点からの検討」日仏法
　　学13号（1984年）1-52頁。

太寿堂鼎「国内的救済原則の適用の限界」法学論叢76巻1・2号（1964年）67-
　　101頁。

高島忠義「WTOにおける立証責任の分配」国際法外交雑誌105巻1号（2006年）
　　99-124頁。

玉田大「投資仲裁における上訴メカニズム」『投資協定仲裁研究会報告書：平成
　　21年度』（公正貿易センター，2010年）71-91頁。

玉田大「判例研究　アマドゥ・サディオ・ディアロ事件　先決的抗弁判決2007年5
　　月24日」岡山大学法学会雑誌58巻3号（2009年）407-426頁。

玉田大「国際裁判における判決再審手続」岡山大学法学会雑誌55巻3・4号（2006年）643-701頁。

手塚裕之「新IBA国際仲裁証拠調べ規則について」JCAジャーナル643号（2011年）6-10頁。

手塚裕之「立証関係：投資協定仲裁における証拠法ルールと運用実務」小寺彰編『国際投資協定：仲裁による法的保護』（三省堂，2010年）260-282頁。

手塚裕之「投資協定仲裁における証拠法ルールと運用実務」JCAジャーナル625号（2009年）2-13頁。

中島啓「国際投資仲裁における証拠法論：公法訴訟類推論の見地から」国際法研究2号（信山社，2014年）69-105頁。

中島啓「国際裁判における推定の法構造：事実認定の性格理解の観点から」国際法外交雑誌108巻3号（2009年）61-90頁。

中島啓「学界展望〈国際法〉Gérard Niyungeko, *La preuve devant les juridictions internationales*」国家学会雑誌122巻5・6号（2009年）837-847頁。

中島啓「国際裁判における事実認定の法構造：証明責任論を素材として」国家学会雑誌121巻7・8号（2008年）749-814頁。

中谷和弘「国際裁判における事実認定と証拠法理」松田幹夫編『流動する国際関係の法：寺澤一先生古稀記念』（国際書院，1997年）219-255頁。

西平等「戦争観念の転換とは何か」国際法外交雑誌104巻4号（2006年）63-90頁。

蓮生郁代「アカウンタビリティーと責任の概念の関係」（阪大）国際公共政策研究15巻2号（2011年）1-17頁。

濱本正太郎「適用すべき法の不適用と権限踰越による仲裁判断の取消」JCAジャーナル57巻10号（2010年）25-32頁。

深坂まり子「国際司法裁判における証明責任（1）（2・完）」上智法学論集52巻4号，53巻1号（2009年）168-206，91-125頁。

松下満雄「WTO上級委員会案件審議の問題点」村瀬信也編『国際経済法講座I 通商・投資・競争』（法律文化社，2012年）179-195頁。

三輪正「哲学とレトリック：ペレルマンのレトリック論を中心に」理想（1982年12月）。

森下丈二「南極海鯨類捕獲調査と国際司法裁判所判決（ICJ）について」日本水産学会誌81巻1号（2015年）147-152頁。

Jean-Philippe Lévy，上口裕・訳「中世学識法における証明の序列（5・完）」南山法学13巻2・3号（1988年）195-235頁。

あ と が き

　およそすべての学術的著作がそうであるように，本書の完成は多くの方々の助力の上に成り立っている。本書が国際裁判の証拠法論に関する先行研究の「肩の上に立つ」ものであることは必然に属する一方で，筆者個人が非常に恵まれた研究環境で本研究を遂行することができ，本書の成立に数多くの影響を残していることは幸運な偶然というべきである。この点，先行研究と本書の通時的関係性についてはすでに本論の中で明らかにした通りであり，その論証の評価については読者のご批判を乞う次第である。そこで以下では，筆者を取り巻く幸運な偶然が本書の成り立ちにどのような影響を及ぼしているかについて，謝辞のかたちで触れることを通じて，国際法学における本書の共時的な位置付けを明らかにすることとする。もちろん，この「あとがき」も含め，本書に残る記述の誤りは全て筆者のみの責に帰する。

＊　　　　　＊　　　　　＊

　まず，筆者が修士課程入学時に国際裁判の証拠法論という主題を選択したのはまったくの個人的な知的好奇心に由来するものであったが，指導教員として国際法学の世界に入る門戸を開いて下さった中谷和弘先生には，その当初から本書の公刊に至るまで，自由気ままに研究を進めることを容認して頂いた。東大在籍時に好奇心の赴くままに膨大な数の国際判例や法律学的方法論に関する論考を読み漁ることができたこと，また，証拠法論という主題自体は一貫しつつ，問題設定の仕方や理論枠組みを度々変遷させる筆者に先生が寛容をもってご指導下さったことで，本書の骨格が形成されたものと考えている。

　本書の主題の性質上，国際判例が検討素材の大半を占める。この点筆者は，学部生のころから背伸びをして国際判例を読んできたつもりでいたものの，本格的な「読み方」の習得は小寺彰先生によるところが大きい。すなわち，論点や目新しい説示に飛びつくより，まずは這うようにテキストに忠実に判例を分析することではじめて，時に針に糸を通すようなICJ判決の推論構造と，個別・反対意見を想定した再反論の仕掛けを読み取ることができると学んだのは，小寺先生との

379

あとがき

判例研究の機会に他ならない。先生の訃報に接したのは筆者が留学中のことであったため，そうした機会がもう無いことの実感は未だに湧かないのが正直なところではあるものの，先生に学んだ判例分析の方法は，自分なりに本書の中で絶えず実践してきたつもりである。

判決が当事者の法的立論に対する回答である以上，判決推論は紛争当事者の訴答（pleadings）を踏まえることではじめて正確に理解できる。しかし，古い国際仲裁事例の訴答は時に入手困難であり，筆者は本主題のリーディングケースの分析に際して，米国公文書館にて未公刊資料の収集を行う必要に迫られた。この点，森肇志先生には本来，副査として学位請求論文およびその草稿を読んで頂いたことにまずは感謝を申し上げるべきではあるが，振返ってみれば，慣れない海外資料調査に向けて筆者が準備している最中に，そっとガイドブックをお貸し下さったことがむしろ印象に残っている。先生の著作に比べれば本書が依拠した未公刊資料は多くはないものの，限られた研究資源の中で必要な資料を効率的に入手できたことで，リーディングケースについての（意義を減殺する方向に行き着いたが）筆者なりの新たな読み方を提示することができたと考えている。

事実認定・証拠法論は，実務的な重要性故に新判例や手続規則のフォローアップに終始しがちであるところ，本書は，証拠法論の展開と裁判目的論・国際法秩序の変容との連関を見出す理論枠組みを提示するに至った。「国際法の魂が細部（証拠法論）に宿る」と換言できるかもしれないそうした本書の命題は，あくまで検討の結果であり，その論証を当初から企図したわけではない。とはいえ，大局的見地から物事を見据えることの重要性を奥脇直也先生および大沼保昭先生の演習を通じて学んだ経験が，遠からず本書の着想の下地となっている。また，博士論文執筆の初期段階で中川淳司先生よりコメントを頂く機会を得たことも，本書の問題意識がその後良い方向に展開するきっかけとなった。

博論提出以降，本書の脱稿に至るまでの作業はジュネーブ留学中に断続的に行った。ジュネーブでは投資金融法に関心を拡大し，心機一転全く異なる研究課題を遂行したため，本主題に関してジュネーブの同僚や先生方と議論を交わす機会は多くはなかった。とはいえ，実務と研究の垣根が非常に低い世界で当然のように二足の草鞋を履く彼らの議論の仕方に接した経験は，本書の論じ方にも少なくない影響を与えている。なお，岩沢雄司先生には，筆者の東大在籍時に日本学術振興会特別研究員 PD の受入教員となって頂いたに加え，留学中にジュネーブ

あとがき

を中心に海外でご指導頂く機会が多かった。

　博士論文提出の翌年からジュネーブ留学を開始したため，公刊に向けた作業は滞りがちとなってしまったものの，そのためにさらに多くの方々との議論の成果を取り入れることができた点はむしろ幸いであった。とりわけ，国際裁判論の学兄である玉田大先生は，脱稿直前の草稿にコメントを付して下さったのみならず，南極海捕鯨事件判決から「ブリュッセル学派」に至るまで，ジュネーブやキャンベラで長時間にわたり議論する機会を下さった。加えて，神戸大学という素晴らしい研究環境にお招き頂き，本書を仕上げる作業を遂行することができた。

　このほか，コスケニエミやコルブの文字通り重厚な著作を同世代の同僚と（最少決行人数は2人の時もあったが）開催した読書会で輪読したことも，思いのほか本書のベースとなっている。同じく国際法研究者である妻・田中佐代子は，変遷する草稿の複数のヴァージョンに幾度となく目を通してくれた。おかげで，やや肩肘張っていた初期の草稿のカドが，幾分取れたように思われる。また，信山社の今井守氏には編集作業の過程で大変お世話になった。

＊　　　　＊　　　　＊

　お名前を挙げることができなかった方も含め，すべての方々に厚く御礼申し上げる。

＊　　　　＊　　　　＊

　最後に，故郷を離れて東京，ジュネーブ，そして神戸と，好奇心の赴くままに自由に生きる途を行くことを容認してくれている両親に，この場を借りて感謝の言葉を捧げたい。

2015年11月

中島　啓

判例索引

■ I. 国際仲裁

Abyei Arbitration（*Government of Sudan ／ Sudan People's Liberation Movement／Army*）, Final Award of 22 July 2009, *R.I.A.A.*, vol. 30, p. 145〔Pierre-Marie DUPUY, Awn AL-KHA-SAWNEH, Gerhard HAFNER, W. Michael REISMAN, Stephen M. SCHWEBEL〕.········ *321*

Administrative Decision No. II, United States／Germany Mixed Claims Commission, 1 November 1923, R.I.A.A., vol. 7, p. 23. ·· *96*

Administrative Decision No. III, United States／Germany Mixed Claims Commission, 11 December 1923, *R.I.A.A.*, vol. 7, p. 64. ·· *96*

Administrative Decision No. V, United States／Germany Mixed Claims Commission, 31 October 1924, *R.I.A.A.*, vol. 7, p. 119. ·· *96*

Alsop Claims（*Chile／U.S.A.*）, Award of 5 July 1911, *R.I.A.A.*, vol. 11, p. 374〔George V, King of Great Britain〕. ·· *180*

Alsop et Cie（*2e demande*）, le 27 novembre 1863, *R.A.I.*, tome 2, p. 266 ; *Moore*, vol. 2, p. 1627. ··· *164*

Ambatielos Claim（*Greece v. United Kingdom*）, Arbitration Commission, 6 March 1956, *I.L.R.*, vol. 23, p. 306〔ALFARO, BAGGE, BOURQUIN, SPIROPOULOS, THESIGER〕. ············ *337*

Arbitrage dans le différend entre l'Autriche et le Hongrie au sujet de la frontière près du « l'Œil de la mer » au titra, sentence arbitrale du 13 septembre 1902, *R.D.I.L.C.*, tome 8（1906）, p. 162〔WINKLER, TCHORZNICKI, LEHOZCKY〕. ··· *163*

Banque d'Orient c. Gouvernement turc, la sentence du 9 février 1928, *R.D.T.A.M.*, tome 7, p. 967〔M. le Baron de NORDENSKJŒLD, Ahmed RÉCHID, H. KYRIACOPOULOS〕. ············ *163*

« Barque Sphinx », Décision n° 7 du 20 novembre 1948, *R.S.A.*, tome 13, p. 59. ·············· *174*

Batchelder Claim（*The Kirinkuoiska and the Thele*）, 26 July 1954, *I.L.R.*, vol. 22, p. 864〔SORRENTINO, MATTURRI〕. ··· *175*

Bembelista Case, *R.I.A.A.*, vol. 10, p. 717〔Umpire Frank PLUMLEY〕. ························ *183*

Ben Tillett（*la Belgique／la Grande-Bretagne*）, le 26 décembre 1898, *Pasicrisie*, p. 583. ·· *65*

Biens britanniques au Maroc espagnol（*Espagne c. Royaume-Uni*）, réclamation 28, Tanger, Chevaux, Haj Mohamed Harrej, sentence du 1er mai 1925, *R.S.A.*, tome 2, p. 699〔arbitre: Max HUBER〕. ··· *184*

Brewer, Moller & Co. Case, *R.I.A.A.*, vol. 10, p. 423〔Umpire: DUFFIELD〕. ················ *184*

« Cargaisons déroutées », sentence arbitrale rendue le 10 juin 1955, *R.S.A.*, tome 12, p. 53〔René CASSIN〕. ··· *166*

Chemin de fer d'Antioquia, sentence arbitrale prononcée à Berne, le 17 octobre 1899, *Pasicrisie*, p. 544. ·· *70, 167*

Chevreau（*France c. Royaume-Uni*）, sentence du 9 juin 1931, *R.S.A.*, tome 2, p. 1113〔F.V.N. BEICHMANN〕. ·· *164*

Christern & Co. et al. Cases, *R.I.A.A.*, vol. 10, p. 435〔Umpire DUFFIELD〕. ·················· *183*

Commission mixte de Carcas（*la Grande-Bretagne／le Vénézuéla*）, le 15 novembre 1869, *R.A.I.*, tome 2, p. 524. ··· *65*

Compagnie pour la construction du chemin de fer d'Ogulin à la frontière, S.A. c. Etat serbe-croate-slovène, le 12 juillet 1926, *R.D.T.A.M.*, tome 6, p. 505〔G. van SLOOTEN, B. de ZOLTAN, D. ARANDJELOVITCH〕. ··· *187*

383

判例索引

Compañia de Navigación Nacional (Panama) v. United States, 29 June 1933, *R.I.A.A.*, vol. 6, p. 382 [Daniel Wigbold van HEECKEREN, Elihu ROOT, Jr., Horacio F. ALFARO]. ········· *143*

Délimitation de la frontière maritime entre la Guinée-Bissau et le Sénégal, sentence du 31 juillet 1989, *R.S.A.*, tome 20, p. 119 [BARBERIS, GROS, BEDJAOUI]. ······························ *143*

Délimitation du plateau continental entre Royaume-Uni de Grande-Bretagne et d'Irlande du Nord et République française, décision du 14 mars 1978, *R.S.A.*, tome 18, p. 3. ···················· *39*

Dispute over Inter-entity Boundary in Brcko Area, Award of 14 February 1997, *I.L.M.* vol. 36, p. 399 [Presiding Arbitrator: Robert B. OWEN]. ··· *166*

Dundonald (Brésil/Grande-Bretagne), la sentence du 6 octobre 1873, *R.A.I.*, tome 3, p. 441 [le baron CAVALCHINI, M. PARTRIDGE]. ·· *163*

Eritrea Ethiopia Claims Commission [Hans van HOUTTE, George H. ALDRICH, John R. CROOK, James C.N. PAUL, Lucy REED]

Decision no. 1 of August 2001, *R.I.A.A.*, vol. 26, p. 3. ································· *310*

Decision no. 3 of August 2001, *R.I.A.A.*, vol. 26, p. 7. ································· *310*

Prisoners of War: Eretria's Claim 17, Partial Award of 1 July 2003, *R.I.A.A.*, vol. 26, p. 27.
·· *311*

Prisoners of War: Ethiopia's Claim 4, Partial Award of 1 July 2003, *R.I.A.A.*, vol. 26, p. 75.
·· *143-144, 311*

Firme Ruinart Père et Fils c. Franzmann, Tribunal arbitrale mixte franco-allemand, la sentence du 27 mai 1927, *R.D.T.A.M.*, tome 7, p. 599 [C. BOTELLA, de VALLES, R. HŒNE]. ··· *163*

Fixation de la frontière de l'Alpe de Cravairola (l'Italie/la Suisse), le 23 septembre 1874, *R.A.I.*, tome 3, p. 464. ··· *64*

French State Railway Claim, 10 March 1953, *I.L.R.*, vol. 20, p. 481 [BOLLA, PERIER DE FERRAL, SORRENTINO]. ·· *173-174*

Frierdich and Company Case, 31 July 1905, *R.I.A.A.*, vol. 10, p. 45 [Umpire Frank PLUMLEY].
·· *184*

Frontière de l'est (l'État libre d'Orange/Sud-Africaine), le 19 février 1870, *R.A.I.*, tome 2, p. 574.
·· *64*

Gage Case, *R.I.A.A.*, vol. 9, p. 226. ·· *162*

Graniero Claim, Decision no. 186 of 20 January 1959, *I.L.R.*, vol. 30, p. 451 [SORRENTINO, MATTURRI]. ··· *175*

Grant-Smith Case (the Gin and Angostura), Decision no. 2 of 4 March 1952, *R.I.A.A.*, vol. 14, p. 13; *I.L.R.*, vol. 22, p. 966 [HANNAFORD, SORRENTINO, BOLLA]. ························· *175*

Greiner Claim, Decision no. 189 of 12 February 1959, *I.L.R.*, vol. 30, p. 454 [SORRENTINO, MATTURRI]. ··· *174*

Guerrieri Case, *R.I.A.A.*, vol. 10, p. 583 [Umpire: Jackson H. RALSTON]. ···················· *184-185*

Heim et Chamant c. État allemand, Tribunal arbitral mixte franco-allemand, le 25 septembre 1922, *R.D.T.A.M.*, tome 3, p. 50 [M. MERCIER]. ··· *25, 134-135*

Heirs of Jean Maninat, Judgment of 31 July 1905, *R.I.A.A.*, vol. 10, p. 55. ····················· *164, 177*

Heirs of Jules Brun Case, 31 July 1905, *R.I.A.A.*, vol. 10, p. 24 [Umpire Frank PLUMLEY]. ····· *183*

Identité de la rivière de Saint-Croix, Traité du 19 novembre 1794, Art. 5, *R.A.I.*, tome 1, p. 5. ···· *64*

Indemnité russe (Russie/Turquie), sentence du 11 novembre 1912, *R.S.A.*, tome 11, p. 421 [LARDY, DE TAUBE, MANDELSTAM, ABRO BAY, RECHILD BAY]. ············· *141-142*

Indo-Pakistan Western Boundary (Rann of Kutch) between India and Pakistan, Award of 19 February 1968, *R.I.A.A.*, vol. 17, p. 1. ··· *151*

Instruction for the Haytian Commissioners, Given at Port-au-Prince, 12 February 1885, *Pasicrisie*, p. 291. ··· *76*

Iron Rhine ("Ijzeren Rijn") Railway between the Kingdom of Belgium and the Kingdom of the

384

判例索引

Netherlands, Award of 24 May 2005, *R.I.A.A.*, vol. 27, p. 35 [Rosalyn HIGGINS, Guy SCHRANS, Bruno SIMMA, Alfred H.A. SOONS, Peter TOMKA]. ························ *201*

Janin c. Etat allemand, le 4 février 1922, *R.D.T.A.M.*, tome 1, p. 774 [ASSER, BONDI, MAURICE GANDOLPHE, SIMON, SIREY]. ······························· *187*

La Guaira Electric Light and Power Co. Case, *R.I.A.A.*, vol. 9, p. 240 [BAINBRIDGE, for the Commission]. ······················· *337*

Land Reclamation by Singapore in and around the Straits of Johor (*Malaysia v. Singapore*), Award on Agreed Terms, 1 September 2005, *R.I.A.A.*, vol. 27, p. 133 [M.C.W. PINTO, Kamal HOSSAIN, Bernard H. OXMAN, Ivan SHEARER, Arthur WATTS]. ············ *200*

Lasry Case, *R.I.A.A.*, vol. 9, p. 147 [Commissioner: BAINBRIDGE]. ······················· *115*

Lehigh Valley Railroad Co., et al. (*United States*) *v. Germany*, Decision of 29 July 1935, *R.I.A.A.*, vol. 8, p. 211 [Robert J. OWEN]. ······························· *163*

Megalidis c. Etat turc, le 7 juin 1928 et le 26 juillet 1928, *R.D.T.A.M.*, tome 8, p. 386. ········· *189*

Montano Case, United States-Peru Mixed Claims Commission of 1863, *Moore*, vol. 2, p. 1630. ···· *185*

Motte c. Etat hongrois, sentence du 22 juin 1927, *R.D.T.A.M.*, tome 7, p. 822 [R. GUEX, A. ROLIN, B. DE ZOLTAN, J. STEVENS]. ····························· *175*

North Atlantic Coast Fisheries Case (*Great Britain/United States*), Award of 7 September 1910, *R.I.A.A.*, vol. 11, p. 167 [H. LAMMASH, A. F. de SAVORNIN LOHMAN, G. GRAY, Luis M. DRAGO, Charles FITZPATRICK]. ····························· *144-145*

Pêcheries réservées (*les États-Unis/la Grande-Bretagne*), le 13 février 1866, *R.A.I.*, tome 2, p. 441. ································· *64*

Propriétés religieuses (*France, Royaume-Uni, Espagne c. Portugal*), sentence du 4 septembre 1920, *R.S.A.*, tome 1, p. 7 [Elihu ROOT, A. F. de SAVOMIN LOHMAN, C. H. LARDY]; ········ *164*

Queen (*Brésil/Suède-Norvège*), la sentence du 26 mars 1872, *R.A.I.*, tome 2, p. 706 [Mathias de CARVALHO E VASCONCELLOS]. ····························· *163*

Règlement des prestations effectuées dans la Ruhr (*Allemagne c. France*), sentence du 21 septembre 1927, *R.S.A.*, tome 2, p. 797 [J.A.N. PATIJN]. ····························· *164*

Responsabilité de l'Allemagne en raison des actes commis postérieurement au 31 juillet 1914 et avant que le Portugal ne participât à la guerre (*Affaire « Cysne »*), sentence arbitrale définitive du 30 juin 1930, *R.S.A.*, tome 2, p. 1035 [Alois de MEURON, Robert GUEZ, Robert FAZY]. ······················· *165-166, 170*

Revesno, Bignoso, et al., *R.I.A.A.*, vol. 10, p. 582 [Umpire: Jackson H. RALSTON]. ········ *185*

Sambiaggio Case, *R.I.A.A.*, vol. 10, p. 499 [Umpire: Jackson H. RALSTON]. ················ *184-185*

Stratton & Black, 26 May 1876, *Moore*, vol. 3, p. 3138 [Umpire THORNTON]. ·············· *183*

Valentiner Case, *R.I.A.A.*, vol. 10, p. 403 [Umpire DUFFIELD]. ····························· *183*

Wanderer (*Great Britain*) *v. United States*, 9 December 1921, *R.I.A.A.*, vol. 6, p. 68 [Henri FROMAGEOT, Charles FITZPATRICK and Chandler P. ANDERSON]. ························ *145*

Waterman A. Taft et al. (*U.S.A.*) *v. Germany*, Decision of 31 August 1926, *R.I.A.A.*, vol. 8, p. 3 [Umpire: Edwin B. PARKER]. ····························· *164*

■ II. メキシコ請求委員会

Cameron (*Great Britain*) *v. United Mexican States*, 8 November 1929, *R.I.A.A.*, vol. 5, p. 27. ·················· *102-103*

Chattin (*U.S.A.*) *v. United Mexican States*, 23 July 1927, *R.I.A.A.*, vol. 4, p. 282. ·················· *98*

Costello et al. (*U.S.A.*) *v. United Mexican States*, 30 April 1929, *R.I.A.A.*, vol. 4, p. 496. ········ *101*

Faulkner (*U.S.A.*) *v. United Mexican States*, 2 November 1926, *R.I.A.A.*, vol. 4, p. 67. ·········· *98*

Hatton (*U.S.A.*) *v. United Mexican States*, 26 September 1928, *R.I.A.A.*, vol. 4, p. 329. ·········· *99*

判 例 索 引

Kalklosch（U.S.A.）v. United Mexican States, 18 October 1928, *R.I.A.A.*, vol. 4, p. 412. ············ *99*

Kling（U.S.A.）v. United Mexican States, 8 October 1930, *R.I.A.A.*, vol. 4, p. 575. ········· *99-100*

Lynch（Great Britain）v. United Mexican States, 8 November 1929, *R.I.A.A.*, vol. 5, p. 17. ····· *187*

McCurdy（U.S.A.）v. United Mexican States, 21 March 1929, *R.I.A.A.*, vol. 4, p. 418. ············ *100*

Melczer Mining Company（U.S.A.）v. United Mexican States, 30 April 1929, *R.I.A.A.*, vol. 4, p. 481. ················· *101*

Nâjera（France）v. United Mexican States, Decision No 30-A, 19 October 1928, *R.S.A.*, tome 5, p. 466. ················· *177*

Nason and Williams（U.S.A.）v. United Mexican States, 2 November 1926, *R.I.A.A.*, vol. 4, p. 81. ················· *98*

Neer（U.S.A.）v. United Mexican States, 15 October 1926, *R.I.A.A.*, vol. 6, p. 60. ············· *98, 242*

Odell（Great Britain）v. United Mexican States, 13 May 1931, *R.I.A.A.*, vol. 5, p. 153. ········· *122*

Parker（U.S.A.）v. United Mexican States, Interlocutory Decision, 31 March 1926, *R.I.A.A.*, vol. 4, p. 35. ········· *60, 76-77, 84, 90-102, 104-105, 194-195*

Pinson（France）v. United Mexican States, 19 October 1928, *R.S.A.*, tome 5, p. 327. ········ *97, 104*

Pomeloy's El Paso Transfer Company（U.S.A.）v. United Mexican States, 8 October 1930, *R.I.A.A.*, vol. 4, p. 551. ················· *101*

Putnam（U.S.A.）v. United Mexican States, 15 April 1927, *R.I.A.A.*, vol. 4, p. 151. ············· *98*

Sewell（U.S.A.）v. United Mexican States, 24 October 1930, *R.I.A.A.*, vol. 4, p. 626. ············· *102*

Stephens（U.S.A.）v. United Mexican States, 15 July 1927, *R.I.A.A.*, vol. 4, p. 265. ············· *98*

Venable（U.S.A.）v. United Mexican States, 8 July 1927, *R.I.A.A.*, vol. 4, p. 219. ················· *98*

West（U.S.A.）v. United Mexican States, 21 July 1927, *R.I.A.A.*, vol. 4, p. 270. ················· *98*

■ III. 常設国際司法裁判所

Certains intérêts allemands en Haute-Silesie polonaise, fond, arrêt du 25 mai 1926, C.P.J.I. série A, no 7, p. 19. ················· *133, 184, 196*

Chemin de fer Panevezys-Saldutiskis, arrêt du 28 février 1939, A/B, n° 76, p. 4. ················· *337*

Concessions Mavrommatis à Jérusalem, arrêt du 26 mars 1925, C.P.J.I. série A, n° 5, p. 6. · *113-115*

Décrets de nationalité en Tunisie et au Maroc, avis consultatif du 7 février 1923, C.P.J.I. série B, n° 4, p. 5. ················· *118*

Interprétation des arrêt nᵒˢ 7 et 8（Usine de Chorzów）, arrêt du 16 décembre 1927, C.P.J.I. série A, n° 13, p. 4. ················· *137*

La compétence de la Commission internationale de I'Oder（preuves）, ordonnance du 15 août 1929, C.P.J.I., série A, n° 23, p. 4. ················· *164*

Oscar Chinn, arrêt du 12 décembre 1934, C.P.J.I. série A/B. n° 63, p. 131. ················· *33-35, 137*

S.S. « Lotus », arrêt du 7 septembre 1927, C.P.J.I. série A, n° 10, p. 4. ················· *41-42, 138*

Status of Eastern Carelia, Advisory Opinion of 23 July 1923, P.C.I.J. Series B, no. 5, p. 7. ···· *117-119*

Statut juridique du Groënland oriental, arrêt du 5 avril 1933, C.P.J.I. série A, n° 53, p. 22. ··· *147-148*

Usine de Chorzów（demande en indemnité）, fond, arrêt du 13 septembre 1928, C.P.J.I. série A, n° 17, p. 4. ················· *166, 203*

Zones franches de la Haute-Savoie et du Pays de Gex

Ordonnance du 19 août 1929, C.P.J.I. série A, n° 22, p. 5. ················· *130*

Ordonnance du 6 décembre 1930, C.P.J.I. série A, n° 24, p. 3. ················· *184*

Arrêt du 7 juin 1932, C.P.J.I. série A/B, n° 46, p. 96. ················· *304*

判例索引

■ IV. 国際司法裁判所

Actions armées frontalières et transfrontalières (*Nicaragua c. Honduras*), compétence et recevabilité, arrêt du 20 décembre 1988, *C.I.J. Recueil 1988*, p. 69. ·· *39*

Aegean Sea Continental Shelf Case (*Greece v. Turkey*), Interim Measures of Protection, Order of 11 September 1976, *I.C.J. Reports 1976*, p. 3. ·· *184*

Affaire des pêcheries (*Royaume-Uni c. Norvège*), arrêt du 18 décembre 1951, *C.I.J. Recueil 1951*, p. 116. ·· *39–41*

Ahmadou Sadio Diallo (*République de Guinée c. République démocratique du Congo*)
Exceptions préliminaires, arrêt du 24 mai 2007, *C.I.J. Recueil 2007* (*II*), p. 582. ···· *337–338*
Fond, arrêt du 30 novembre 2010, *C.I.J. Recueil 2010*, p. 639. ·················· *165, 179–180*
Indeminisation, arrêt du 19 juin 2012, *C.I.J. Recueil 2012*, p. 324. ·················· *179*

Application de la Convention de 1902 pour régler la tutelle des mineurs (*Pay-Bas c. Suède*), arrêt du 28 novembre 1958, *C.I.J. Recueil 1958*, p. 55. ·· *137*

Application de la Convention pour la prévention et la répression du crime de génocide (*Croatie c. Serbie*), fond, arrêt du 3 février 2015, *C.I.J. Recueil 2015* [not yet reported].
·· *156, 167–168, 194–195*

Application of the Convention on the Prevention and Punishment of the Crime of Genocide (*Bosnia and Herzegovina v. Serbia and Montenegro*), Judgment of 26 February 2007, *I.C.J. Reports 2007*, p. 43. ········ *5, 192–194, 235–236, 305, 319–320, 322–323, 325*

Application of the Interim Accord of 13 September 1995 (*Former Yugoslav Republic of Macedonia v. Greece*), Judgment of 5 December 2011, *I.C.J. Reports 2011*, p. 644. ········ *153–155*

Armed Activities on the Territory of the Congo (*Democratic Republic of the Congo v. Uganda*), Judgment of 19 December 2005, *I.C.J. Reports 2005*, p. 168. ·················· *5, 169, 317–318*

Avena and other Mexican Nationals (*Mexico v. U.S.A.*), Judgment of 31 March 2004, *I.C.J. Reports 2004*, p. 12. ·· *178*

Barcelona Traction, Light and Power Company Limited (*nouvelle requête: 1962*) (*Belgium v. Spain*), deuxième phase, arrêt du 5 février 1970, *C.I.J. Recueil 1970*, p. 3. ·················· *188*

Certains emprunts norvégiens, arrêt du 6 juillet 1957, *C.I.J. Recueil 1957*, p. 9. ·············· *43, 337*

Conséquences juridiques de l'édification d'un mur dans le territoire palestinien occupé, avis consultatif du 9 juillet 2004, *C.I.J. Recueil 2004*, p. 136. ·· *316*

Délimitation de la frontière maritime dans la région du golfe du Maine (*Canada/Etats-Unis d'Amérique*), nomination d'expert, ordonnance du 30 mars 1984, *C.I.J. Recueil 1984*, p. 165.
·· *199, 202–203*

Délimitation maritime en mer Noire (*Roumanie c. Ukraine*), arrêt du 3 février 2009, *C.I.J. Recueil 2009*, p. 61. ·· *155–156*

Demande d'examen de la situation au titre du paragraphe 63 de l'arrêt rendu par la Cour le 20 décembre 1974 dans l'affaire des Essais nucléaires (Nouvelle-Zélande c. France), ordonnance du 22 septembre 1995, *C.I. J. Recueil 1995*, p. 288. ·· *181*

Demande d'interprétation de l'arrêt du 20 novembre 1950 en l'affaire du droit d'asile (*Colombie c. Pérou*), arrêt du 27 novembre 1950, *C.I.J. Recueil 1950*, p. 395. ·················· *130*

Détroit de Corfou (*Royaume-Uni/Albanie*)
Order of 12 December 1948, *I.C.J. Reports 1948*, p. 124. ·················· *199*
Fond, arrêt du 9 avril 1949, *C.I.J. Recueil 1949*, p. 4. ·················· *6, 122–123, 177,*
190–191, 312–313, 316
Order of 19 November 1949, *I.C.J. Reports 1949*, p. 237. ·················· *199*
Fixation du montant des réparations dues, arrêt du 15 décembre 1949, *C.I.J. Recueil 1949*,

387

判 例 索 引

p. 244. ··· *199*

Difference Relating to Immunity from Legal Process of a Special Rapporteur of the Commission
    on Human Rights, Advisory Opinion of 29 April 1999, *I.C.J. Reports 1999,* p. 62. ········· *316*

Différend frontalier（Burkina Faso/République du Mali）
    Arrêt du 22 décembre 1986, *C.I.J. Recueil 1986,* p. 554. ···································· *160, 204-205*
    Désignation d'experts, ordonnance du 9 avril 1987, *C.I.J. Recueil 1987,* p. 7. ·············· *200*

Dispute regarding Navigational and Related Rights（Costa Rica v. Nicaragua）, Judgment of 13
    July 2009, *I.C.J. Reports 2009,* p. 213. ··· *285*

Droit d'asile（Colombie/Pérou）, arrêt du 20 novembre 1950, *C.I.J. Recueil 1950,* p. 266. ····· *150-*
    152, 165, 168-169

Elettronica Sicula S.p.A.（ELSI）（U.S.A. v. Italy）, Judgment of 20 July 1989, *I.C.J. Reports*
    1989, p. 15. ··· *338*

Fisheries Jurisdiction（Federal Republic of Germany v. Iceland）, Merits, Judgment of 25 July
    1974, *I.C.J. Reports 1974,* p. 175. ··· *138-139*

Fisheries Jurisdiction（Spain v. Canada）, Jurisdiction of the Court, Judgment of 4 December 1998,
    I.C.J. Reports 1998, p. 432. ··· *156*

Fisheries Jurisdiction（United Kingdom v. Iceland）, Merits, Judgment of 25 July 1974, *I.C.J. Re-*
    ports 1974, p. 3. ·· *138-139*

Frontière terrestre et maritime entre le Cameroun et le Nigéria
    Exceptions préliminaires, arrêt du 11 juin 1998, *C.I.J. Recueil 1998,* p. 275. ··················· *160*
    Arrêt du 10 octobre 2002, *C.I.J. Recueil 2002,* p. 303. ··· *304*

LaGrand（Germany v. U.S.A.）, Request for the Indication of Provisional Measures, Order of 3
    March 1999, *I.C.J. Reports 1999,* p. 9. ·· *130*

Land, Island and Maritime Frontier Dispute（El Salvador/Honduras: Nicaragua intevening）, Judg-
    ment of 11 September 1992, *I.C.J. Reports 1992,* p. 351. ···· *148-149, 188, 198, 203, 303-304*

Maritime Delimitation and Territorial Questions between Qatar and Bahrain
    Jurisdiction and Admissibility, Judgment of 1 July 1994, *I.C.J. Reports 1994,* p. 112. ······ *203*
    Order of 30 March 1998, *I.C.J. Reports 1998,* p. 243. ··· *306-307*
    Ordonnance du 17 février 1999, *C.I.J. Recueil 1999,* p. 3. ··· *307*

Military and Paramilitary Activities in and against Nicaragua（Nicaragua v. U.S.A.）
    Jurisdiction and Admissibility, Judgment of 26 November 1984, *I.C.J. Reports 1984,* p. 392.
    ··· *160*
    Merits, Judgment of 27 June 1986, *I.C.J. Reports 1986,* pp. 14. ···· *10-15, 136, 138, 196, 198*

Minquiers and Ecrehos（France/United Kingdom）, Judgment of 17 November 1953, *I.C.J. Re-*
    ports 1953, p. 47. ··· *171*

Nuclear Tests（Australia v. France）, Judgment of 20 December 1974, *I.C.J. Reports 1974,* p. 253.
    ·· *130, 289*

Obligation de poursuivre ou d'extrader（Belgique c. Sénégal）, arrêt du 20 juillet 2012, *C.I.J. Re-*
    cueil 2012, p. 422. ··· *233-234*

Oil Platforms（Islamic Republic of Iran v. U.S.A.）, Judgment of 6 November 2003, *I.C.J. Reports*
    2003, p. 161. ··· *5, 15, 235*

Right of Passage over Indian Territory（Portugal/India）, Merits, Judgment of 12 April 1960, *I.C.J.*
    Reports 1960, p. 6. ··· *132*

Rights of Nationals of the United States of America in Morocco（France/U.S.A.）, Judgment of 27
    August 1952, *I.C.J. Reports 1952,* p. 176. ····································· *151, 164-165*

Sahara occidental, avis consultatif du 16 octobre 1975, *C.I.J. Recueil 1975,* p. 12. ··············· *148*

South West Africa（Ethiopia v. South Africa; Liberia v. South Africa） ··············· *205-213, 304*
    Order of 29 November 1965, *I.C.J. Reports 1965,* p. 9. ··· *208*

判 例 索 引

Territorial and Maritime Dispute between Nicaragua and Honduras in the Caribbean Sea, Judgment of 8 October 2007, *I.C.J. Reports 2007*（*II*）, p. 659. ··· *157*

Usines de pâte à papier sur le fleuve Uruguay（*Argentine c. Uruguay*）, arrêt du 20 avril 2010, *C.I.J. Recueil 2010*, p. 14. ··· *4-5, 161, 181, 194, 197-198, 289*

Whaling in Antarctic（*Australia v. Japan: New Zealand intevening*）, Judgment of 31 March 2014, *I.C.J. Reports 2014*, p. 226. ·· *5, 283-289*

■ V. WTO 紛争処理パネル・上級委員会

1．上級委員会報告書

Argentina—Measures Affecting Imports of Footwear, Textiles, Apparel and other Items, WT/DS56/AB/R, adopted 22 April 1998. ·· *198, 294*

Brazil—Measures Affecting Imports of Retreaded Tyres, WT/DS332/AB/R, adopted 17 December 2007. ·· *262*

Canada—Continued Suspension of Obligations in the EC—Hormones Dispute, WT/DS321/AB/R, adopted 14 November 2008. ·· *281*

Canada—Measures Affecting the Export of Civilian Aircraft, WT/DS70/AB/R, adopted 20 August 1999. ·· *293-296*

Canada—Measures Affecting the Importation of Milk and the Exportation of Dairy Products, Second Recourse to Article 21.5 of the DSU, WT/DS103/AB/RW2, WT/DS113/AB/RW2, adopted 17 January 2003. ·· *250, 260-261*

EC—Conditions for the Granting of Tariff Preferences to Developing Countries, WT/DS246/AB/R, adopted 20 April 2004. ··· *241, 264*

EC—Export Subsidies on Sugar, WT/DS265/AB/R, WT/DS266/AB/R, WT/DS283/AB/R, adopted 19 May 2005. ··· *291*

EC—Measures Affecting Asbestos and Products Containing Asbestos, WT/DS135/AB/R, adopted 5 April 2001. ··· *281*

EC—Measures Affecting Trade in Large Civil Aircraft, WT/DS316/AB/R, adopted 1 June 2011.

EC—Measures Concerning Meat and Meat Products（*Hormones*）, WT/DS26/AB/R, WT/DS48/AB/R, adopted 13 February 1998. ··· *220, 223, 250, 259*

EC—Regime for the Importation, Sale and Distribution of Bananas, WT/DS27/AB/R, adopted 25 September 1997. ·· *258*

EC—Trade Description of Sardines, WT/DS231/AB/R, 23 October 2002. ···················· *261*

EC and Certain Member States—Measures Affecting Trade in Large Civil Aircraft, WT/DS316/AB/R, adopted 1 June 2011. ··· *221*

India—Patent Protection for Pharmaceutical and Agricultural Chemical Products, WT/DS50/AB/R, adopted 23 July 1998. ·· *133, 255*

Japan—Measures Affecting Agricultural Products, WT/DS76/AB/R, adopted 19 March 1999. ··· *198*

Japan—Measures Affecting the Importation of Apples, WT/DS245/AB/R, adopted 10 December 2003. ·· *196, 257*

Japan—Taxes on Alcoholic Beverages, WT/DS8/AB/R, WT/DS10/AB/R, WT/DS11/AB/R, adopted 1 November 1996. ·· *222, 241, 267*

Korea—Definitive Safeguard Measure on Imports of Certain Dairy Products, WT/DS98/AB/R, adopted 12 January 2000. ··· *252*

Thailand—Anti-Dumping Duties on Angles, Shapes and Sections of Iron or Non-Alloy Steel and H-Beams from Poland, WT/DS122/AB/R, adopted 5 April 2001. ······················ *252*

US—Continued Suspension of Obligations in the EC—Hormones Dispute, WT/DS320/AB/R, adopted

389

判 例 索 引

opted 14 November 2008. ·· *281*

US—*Countervailing Duty Investigation on Dynamic Random Access Memory Semiconductors (DRAMS) from Korea*, WT/DS296/AB/R, adopted 20 July 2005. ····························· *279*

US—*Definitive Safeguard Measures on Imports of Wheat Gluten from the European Communities*, WT/DS166/AB/R, adopted 19 January 2001. ·· *220, 296*

US—*Final Anti-dumping Measures on Stainless Steel from Mexico*, WT/DS344/AB/R, adopted 20 May 2008. ·· *241*

US—*Investigation of the International Trade Commission in Softwood Lumber from Canada, Recourse to Article 21.5 of the DSU by Canada*, WT/DS277/AB/RW, adopted 9 May 2006. ·· *279*

US—*Measures Affecting the Cross-Border Supply of Gambling and Betting Services*, WT/DS285/AB/R, adopted 20 April 2005. ··· *262-263*

US—*Measure Affecting Imports of Woven Wool Shirts and Blouses from India*, WT/DS33/AB/R, adopted 23 May 1997. ·· *249, 251, 256*

US—*Safeguard Measure on Imports of Fresh, Chilled or Frozen Lamb from New Zealand and Australia*, WT/DS177/AB/R, WT/DS178/AB/R, adopted 16 May 2001. ·················· *280*

US—*Subsidies on Upland Cotton*, WT/DS267/AB/R, adopted 21 March 2005. ···················· *260*

US—*Transitional Safeguard Measure on Combed Cotton Yarn from Pakistan*, WT/DS192/AB/R, adopted 5 November 2001. ··· *279*

2. パネル報告書

Argentina—Measures Affecting the Export of Bovine Hides and the Import of Finished Leather, WT/DS155/R, adopted 16 February 2001. ··· *252*

Canada—Export Credits and Loan Guarantees for Regional Aircraft, WT/DS222/R, adopted 19 February 2002. ·· *296*

Canada—Measures Affecting the Export of Civilian Aircraft, WT/DS70/R, circulated 14 April 1999. ··· *293*

Canada—Measures Affecting the Importation of Milk and the Exportation of Dairy Products, WT/DS103/R, WT/DS113/R, circulated 17 May 1999. ··· *260*

EC—Measures Affecting Asbestos and Asbestos-Containing Products, WT/DS135/R, circulated 18 September 2000. ·· *262*

India—Patent Protection for Pharmaceutical and Agricultural Chemical Products, WT/DS50/R, circulated 5 September 1997. ··· *254*

Japan—Taxes on Alcoholic Beverages, WT/DS8/R, WT/DS10/R, WT/DS11/R, circulated 11 July 1996. ··· *250*

Korea—Definitive Safeguard Measure on Imports of Certain Dairy Products, WT/DS98/R, circulated 21 June 1999. ··· *253*

Korea—Measures Affecting Trade in Commercial Vessels, WT/DS273/R, adopted 11 April 2005. ·· *296*

Turkey—Measures Affecting the Importation of Rice, WT/DS334/R, circulated 21 September 2007. ·· *295*

US—Definitive Safeguard Measures on Imports of Wheat Gluten from the European Communities, WT/DS166/R, circulated 31 July 2000. ··· *295-296*

US—Restrictions on Imports of Cotton and Man-Made Fibre Underwear, WT/DS24/R, circulated 8 November 1996. ··· *251*

US—Section 211 Omnibus Appropriations Act of 1998, WT/DS176/R, circulated 6 August 2001. ·· *252*

判例索引

US—Tax Treatment for "Foreign Sales Corporation", WT/DS108/R, circulated 8 October 1999.
.... *260*

■ VI. 投資仲裁

ADF Group v. United States of America, ICSID Case No. ARB(AF)/00/1 [Florentino P. FELICI-
ANO, Armand DE MESTRAL, Carolyn B. LAMM]
　Procedural Order No. 3, 21 October 2001. .... *308*
　Award of 9 January 2003. .... *266*
Alpha Projektholding GmBH v. Ukraine, ICSID Case No. ARB/07/16, Award of 8 November
　2010 [Davis R. ROBINSON, Stanimir A. ALEXANDROV, Yoram TURBOWICZ]. *265*
Apotex Holdings Inc. and Apotex Inc. v. United States of America, ICSID Case No. ARB(AF)/12/1,
　Award of 25 August 2014 [V.V. VEEDER, J. William ROWLEY, John R. CROOK]. *245-247*
Archer Daniels Midland v. Mexico, ICSID Case No. ARB(AF)/04/5, Decision on the Requests for
　Supplementary Decision, Interpretation and Correction of the Award, 10 July 2008 [Bernar-
　do M. CREMADES, Arthur W. ROVINE, Eduardo SIQUEIROS T.]. *166,266*
Asian Agricultural Products Ltd.（AAPL）v. Republic of Sri Lanka, ICSID Case No. ARB/87/3,
　Final Award of 27 June 1990 [Ahmed Sadek EL-KOSHERI, Berthold GOLDMAN, Samuel
　K.B. ASANTE]. *166,226,265-266*
Azurix Corp. v. Argentina, ICSID Case No. ARB/01/12, Decision on Annulment, 1 September
　2009 [Gavan GRIFFITH, Bola AJIBOLA, Michael HWANG]. *274*
Bayindir Insaat Turizm Ticaret Ve Sanayi A.S. v. Islamic Republic of Pakistan, ICSID Case No.
　ARB/03/29, Award of 27 August 2009 [Gabrielle KAUFMANN-KOHLER, Franklin BER-
　MAN, Karl-Heinz BÖCKSTIEGEL]. *270*
Biwater Gauff（Tanzania）Ltd., v. United Republic of Tanzania, ICSID Case No. ARB/05/22
　[Bernard HANOTIAU, Gary BORN, Toby LANDAU]
　Procedural Order no. 1, 31 March 2006. .... *309-310*
　Procedural Order no. 3, 29 September 2006. .... *310*
Bosh International, Inc and B&P Ltd Foreign Investments Enterprise v. Ukraine, ICSID Case No.
　ARB/08/11, Award of 25 October 2012 [Gavan GRIFFITH, Philippe SANDS, Donald
　McRAE]. *136*
Canadian Cattlemen for Fair Trade v. United States of America, Procedural Order No. 1, 20 Octo-
　ber 2006 [Karl-Heinz BÖCKSTIEGEL, James BACCHUS, Lucinda A. LOW]. *225*
Caratube International Oil Company LLP v. The Republic of Kazakhstan, ICSID Case No.
　ARB/08/12, Decision on the Annulment, 21 February 2014 [Juan FERNÁNDEZ-ARMES-
　TO, Tan Sri Dato Cecil W.M. ABRAHAM, Hans DANELIUS]. *136,335*
Cargill, Incorporated v. Mexico, ICSID Case No. ARB(AF)/05/2, Award of 18 September 2009
　[Michael C. PRYLES, David D. CARON, Donald M. McRAE]. *246-247*
Chemtura Corporation v. Canada, Award of 2 August 2010, [Gabrielle KAUFMANN-KOHLER,
　Charles N. BROWER, James R. CRAWFORD]. *246*
Chevron Corporation and Texaco Petroleum Company v. The Republic of Ecuador, PCA Case
　No. 34877 [Karl-Heinz BÖCKSTIEGEL, Charles N. BROWER, Albert Jan VAN DEN
　BERG].
　Interim Award, 1 December 2008. .... *176,265*
　Partial Award on the Merits, 30 March 2010. .... *337*
Churchill Mining and Planet Mining v. Indonesia, ICSID Case No. ARB/12/14 and 12/40, Proce-
　dural Order No. 5, 19 March 2013 [Gabrielle KAUFMANN-KOHLER, Michael HWANG, Al-
　bert Jan VAN DEN BERG]. *225*

391

判例索引

CMS Gas Transmission Company v. Argentine Republic, ICSID Case No. ARB/01/08, Award of 12
May 2005 [Francisco ORREGO VICUÑA, Marc LALONDE, Francisco REZEK]. ···· *271-274*

Corn Products International, Inc. v. United Mexican States, ICSID Case No. ARB（AF)/04/1, De-
cision on Responsibility, 15 January 2008 [Christopher J. GREENWOOD, Andreas F.
LOWENFELD, J. SERRANO DE LA VEGA]. ················· *271*

Daimler Financial Services AG v. Argentine Republic, ICSID Case No. ARB/05/1, Decision on
Annulment, 7 January 2015 [Eduardo ZULETA, Florentino FELICIANO, Makhdoom Ali
KHAN]. ············· *247*

EDF, SAUR and León Participaciones v. Argentina, ICSID Case No. ARB/03/23, Award of 11
June 2012 [William W. PARK, Gabrielle KAUFMANN-KOHLER, Jesús REMÓN]. ········ *277*

El Paso Energy International Company v. Argentine Republic, ICSID Case No. ARB/03/15, Award
of 31 October 2011 [Lucius CAFLISCH, Piero BERNARDINI, Brigitte STERN]. ···· *275, 277*

Europe Cement Investment & Trade S.A. v. Republic of Turkey, ICSID Case No. ARB(AF)/07/2,
Award of 13 August 2009 [Donald M. McRAE, Laurent LÉVY, Julian D.M. LEW]. ········· *300*

Fraport AG Frankfurt Airport Services Worldwide v. Republic of the Philippines, ICSID Case No.
ARB/11/12, Award of 10 December 2014 [Piero BERNARDINI, Stanimir A. ALEXAN-
DROV, Albert Jan VAN DEN BERG]. ················· *297*

Glamis Gold Ltd. v. United States of America, Award of 8 June 2009 [Michel K. YOUNG, David
D. CARON, Kenneth D. HUBBARD]. ················· *130, 242-245*

Grand River Enterprises Six Nations, Ltd., et al. v. United States of America, Award of 12 Janu-
ary 2011 [Fali S. NARIMAN, James ANAYA, John R. CROOK]. ················· *225, 246*

Gustav F W Hamester GmbH & Co KG v. Republic of Ghana, ICSID Case No. ARB/07/24, Award
of 18 June 2010 [Brigitte STERN, Bernardo M. CREMADES, Toby LANDAU]. ············· *299*

Impregilo S.p.A. v. Argentina, ICSID Case No. ARB/07/17, Award of 21 June 2011 [Hans
DANELIUS, Charles N. BROWER, Brigitte STERN]. ················· *277*

Inceysa Vallisoletana S.L. v. Republic of El Salvador, ICSID Case No. ARB/03/26, Award of 2
August 2006 [Rodrigo OREAMUNO, Burton LANDY, Claus von WOBESER]. ············· *298*

International Thunderbird Gaming Corporation v. United Mexican States, Award of 26 January
2006 [Albert Jan VAN DEN BERG, Agustin Portal ARIOSA, Thomas W. WÄLDE].
················· *227, 265, 268, 270*

Iurii Bogdanov v. Mordova, Award of 22 September 2005 [Sole arbitrator: Giuditta Cordero
MOSS]. ················· *135*

Jan Oostergetel and Theodora Laurentius v. The Slovak Republic, Final Award of 23 April 2012 [Ga-
brielle KAUFMANN-KOHLER, Mikhail WLADIMIROFF, Vojtech TRAPL]. ···· *136, 265, 297*

LG&E Energy Corp. et al. v. Argentina, ICSID Case No. ARB/02/1, Decision on Liability of 3 Oc-
tober 2006 [Tatiana B. de MAEKELT, Francisco REZEK, Albert Jan VAN DEN BERG].
················· *272-273*

Libananco Holdings Co. Limited v. Republic of Turkey, ICSID Case No. ARB/06/8, Decision on
Preliminary Issues, 23 June 2008 [Michael HWANG, Henri C. ALVAREZ, Franklin BER-
MAN]. ················· *314*

Liman Caspian Oil BV and NCL Dutch Investment BV v. Republic of Kazakhstan, ICSID Case
No. ARB/07/14, Award of 22 June 2010 [Karl-Heinz BÖCKSTIEGEL, Kaj HOBÉR, James R.
CRAWFORD]. ················· *297*

Marvin Feldman v. Mexico, ICSID Case No. ARB(AF)/99/1, Award of 12 December 2002 [Konstan-
tinos D. KERAMEUS, Jorge COVARRUBIAS BRAVO, David A. GANTZ]. ······· *188, 268, 296*

Merrill & Ring Forestry v. Canada, Award of 31 March 2010 [Francisco ORREGO VICUÑA,
Kenneth W. DAM, J. William ROWLEY]. ················· *245*

Metal-Tech Ltd. v. Republic of Uzbekistan, ICSID Case No. ARB/10/3, Award of 4 October 2013

392

判例索引

[Gabrielle KAUFMANN-KOHLER, John M. TOWNSEND, Claus von WOBESER]. ‥ *299–301*

Methanex Corporation v. United States of America, Final Award of 3 August 2005 [V.V. VEED-ER, J. William F. ROWLEY, W. Michael REISMAN]. ································ *225, 269, 313–314*

Middle East Cement Shipping and Handling Co. S.A. v. Egypt, ICSID Case No. ARB/99/6, Award of 12 April 2002 [Karl-Heinz BÖCKSTIEGEL, Piero BERNARDINI, Don WAL-LACE]. ······················ *265*

National Grid plc v. Argentina Republic, Award of 3 November 2008 [Andrés Rigo SUREDA, Alejandro Miguel GARRO, Judd L. KESSLER]. ···························· *277*

Noble Ventures, Inc. v. Romania, ICSID Case No. ARB/01/11, Procedrual Order No. 1 of 3 June 2003 [Karl-Heinz BÖCKSTIEGEL, Jeremy LEVER, Pierre-Marie DUPUY]. ················ *225*

Occidental Exploration and Production Company v. Republic of Ecuador, LCIA Case No. UN3467, Final Award, 1 July 2004 [Francisco ORREGO VICUÑA, Charles N. BROWER, Patrick Bar-rera SWEENEY]. ······························ *270*

Pac Rim Cayman v. El Salvador, ICSID Case No. ARB/09/12, Decision on the Respondent's Ju-risdictional Objections, 1 June 2012 [V.V. VEEDER, Guido Santiago TAWIL, Brigitte STERN]. ···························· *265*

Patrick Mitchell v. Democratic Republic of the Congo, ICSID Case No. ARB/99/7, Decision on the Application for the Annulment of the Award, 9 November 2006 [Antonias C. DIMOLITSA, Robert S.M. DOSSOU, Andrea GIARDINA]. ······························ *136*

Pope & Talbot Inc v. Canada, Award on the Merit of Phase Two, 10 April 2001 [Lord DER-VAIRD, Benjamin J. GREENBERG, Munay J. BELMAN]. ···················· *242, 267–268*

Poštová banka, a.s. and Istrokapital SE v. Hellenic Republic, ICSID Case No. ARB/13/8, Award of 9 April 2015 [Eduardo ZULETA, Brigitte STERN, John M. TOWNSEND]. ·············· *147*

Saipem S.p.A. v. Bangladesh, ICSID Case No. ARB/05/7, Decision on Jurisdiction and Recom-mendation on Provisional Measures, 21 March 2007 [Gabrielle KAUFMANN-KOHLER, Christoph H. SCHREUER, Philip OTTON]. ···························· *240*

Salini Costruttori S.p.A. and Italstrade S.p.A. v. Jordan, ICSID Case No. ARB/02/13, Award of 31 January 2006 [Gilbert GUILLAUME, Bernardo CREMADES, Sir Ian SINCLAIR]. ···· *163*

S.D. Myers, Inc. v. Government of Canada, First Partial Award of 13 November 2000 [J. Martin HUNTER, Bryan P. SCHWARTZ, Edward C. CHIASSON]. ···························· *166, 266*

Sempra Energy International v. Argentina, ICSID Case No. ARB/02/16

　　Award of 28 September 2007 [Francisco ORREGO VICUÑA, Marc LALONDE, Sandra Mo-relli RICO]. ···························· *274*

　　Decision on Annulment, 29 June 2010 [Christer SÖDERLUND, David A.O. EDWARD, An-dreas J. JACOVIDES]. ···························· *273*

SGS Société Générale de Surveillance S.A. v. Islamic Republic of Pakistan, ICSID Case No. ARB/01/13, Decision on Objections to Jurisdiction, 6 August 2003 [Florentino P. FELICIA-NO, André J.E. FAURÈS, J. Christopher THOMAS]. ···························· *144*

Tokios Tokelès v. Ukraine, ICSID Case No. ARB/02/18, Award of 26 July 2007 [Lord MUSTILL, Piero BERNARDINI, Daniel M. PRICE]. ···························· *265*

Total S.A. v. Argentine Republic, ICSID Case No. ARB/04/01, Decision on Liability, 27 December 2010 [Giorgio SACERDOTI, Henri C. ALVAREZ, Luis Herrera MARCANO]. ·············· *277*

Tradex Hellas S.A. v. Republic of Albania, ICSID Case No. ARB/94/2, Award of 29 April 1999 [Karl-Heinz BÖCKSTIEGEL, Fred F. FIELDING, Andrea GIARDINA]. ···················· *265*

United Parcel Service of America Inc. v. Canada, Award on Merits of 24 May 2007 [Kenneth KEITH, Ronald A. CASS, L. Yves FORTIER]. ···························· *266*

Waste Management, Inc. v. United Mexican States, ICSID Case No. ARB (AF)/00/3, Procedural Order concerning Disclosure of Documents, 1 October 2002 [President: James CRAW-

393

判 例 索 引

FORD]. *186*

Wena Hotels Limited v. Arab Republic of Egypt, ICSID Case No. ARB/98/4, Award of 8 December 2000 [Monroe LEIGH, Ibrahim FADLALLAH, Don WALLACE, Jr.]. *297*

William Ralph Clayton, William Richard Clayton, Douglas Clayton, Daniel Clayton and Bilcon of Delaware Inc. v. Government of Canada, PCA Case No. 2009-04, Award on Jurisdiction and Liability, 17 March 2015 [Bruno SIMMA, Donald McRAE, Bryan SCHWARTZ]. *268*

World Duty Free Company Limited v. Republic of Kenya, ICSID Case No. ARB/00/7, Award of 4 October 2006 [Gilbert GUILLAUME, V.V. VEEDER, Andrew ROGERS]. *298*

■ VII. その他国際・国内判例

Cal-Maine Foods, Inc. v. Republic of Iran and Sherkat Seamourgh Company, Inc., Case no. 340, signed 31 May 1984, *Iran-United Claims Tribunal Reports*, vol. 6, p. 52. .... *232*

Chevron U.S.A., Inc. v. Natural Resources Defense Council, Inc., 467 U.S. 837. .... *278*

"Grand Prince" Case (Belize v. France), ITLOS Case No. 8, Prompt Release, Judgment of 20 April 2001. .... *177*

Handyside v. United Kingdom, Application no. 5493/72, Judgment of 7 December 1976. .... *281*

International Schools Services, Inc. v. The Islamic Republic of Iran, National Defense Industries Organization, Award No. 2901231, 29 January 1987, *Iran-United States Claims Tribunal Reports*, vol. 14, p. 65. .... *203*

Land Reclamation by Singapore in and around the Straits of Johor (Malaysia v. Singapore), ITLOS Case No. 12, Provisional Measures, Order of 8 October 2003. .... *200*

Pepsico, Inc. v. The Government of the Islamic Republic of Iran, Award No. 260181, 11 October 1986, *Iran-United States Claims Tribunal Reports*, vol. 13, p. 3. .... *203*

Procureur c. Thomas Lubanga Dyilo, décision sur la confirmation des charges du 29 janvier 2007. .... *323*

Prosecutor v. Kupreškić et al., "Lašva Valley", IT-95-16, Trial Chamber, Judgment of 14 January 2000. .... *324*

Prosecutor v. Radislav Krstic, IT-98-33-T, Trial Chamber, Judgment of 2 August 2001. .... *320*

Prosecutor v. Radislav Krstic, IT-98-33-A, Appeal Chamber, Judgment of 19 April 2004. .... *320*

Prosecutor v. Vidoje Blagojevic, IT-02-60-T, Trial Chamber, Judgment of 17 January 2005. .... *320*

Report of the Panel on Uruguayan Recourse to Article XXIII, adopted 16 November 1962 (L/1923 - 11S/95). *291*

事項・人名索引

◆ 欧 文 ◆

AD 協定 ·· *278*
　17.5(ii)条 ··· *279*
　17.6条 ·· *224*
　17.6(i)条前段 ·································· *279*
　17.6(i)条後段 ·································· *279*
　25条2項(b) ····································· *272*
ATC　→繊維協定
DSU
　3.2条 ·· *222*
　3.3条 ·· *222*
　3.7条 ·· *130*
　3.8条 ·· *291, 292*
　11条 ·· *279, 336*
　13.1条 ·· *294*
　13条 ·· *198, 295*
　17.6条 ·· *220*
　22.1条 ·· *291*
　22.3条(a) ··· *292*
　22.4条 ·· *292*
　22.7条 ·· *292*
EC・ホルモン定式 ···· *250-257, 259, 260, 282*
GATS ·· *262*
　14条 ·· *262*
GATT
　前文 ·· *222*
　1条 ·· *264*
　3条 ·· *250*
　11.2(c)(i)条 ····································· *251*
　20条 ·· *262, 269*
　20条(b) ······································· *262, 281*
　23.1条 ·· *290*
IBA 規則　→国際仲裁における証拠調べに関
　する規則
ICJ　→国際司法裁判所
ICJ 規程
　36条2項 ··· *233*
　44条2項 ··· *110*
　48条 ·· *110*
　49条 ·· *72, 110, 190*
　50条 ·· *197*
　53条 ·· *139*
　61条 ·· *336*

63条 ·· *286*
ICJ 規則
　56条1項 ··· *303*
　57条 ·· *197*
　63条 ·· *197*
　64条 ·· *197, 209*
　68条 ·· *201*
ICRC　→赤十字国際委員会
ICRW ··· *283, 285-288*
　8条 ·· *284, 286*
ICSID 条約
　43条 ·· *308*
　52条1項 ··· *335*
ICSID 仲裁手続規則
　34条2項 ··· *308*
　34条3項 ··· *72*
ICSID 仲裁 AF 手続規則41条2項 ····· *308*
ICTY ·············· *192, 193, 319-321, 324-326*
ITLOS 規則77条1項 ························· *190*
jura novit curia（原則）　→裁判所(官)は法を
　知る
MFN　→最恵国待遇
NAFTA ····························· *188, 244, 245, 271*
　1102条 ······························· *266-268, 270, 271*
　1102条3項 ······································ *269*
　1105条 ······························· *241-243, 245, 247*
　1110条 ·· *247*
onus probandi actori incumbit　→証明責任は
　原告が負う
PCIJ　→常設国際司法裁判所
PCIJ 規程 ·································· *81, 109, 112*
SPS 協定 ······································· *3, 259*
　5.1条 ·· *280, 281*
TBT 協定　→貿易の技術的障害に関する協定
TRIPS 協定 ··· *254*
UNCITRAL 仲裁規則 ······················ *21, 265*
　（1976年）24条1項 ····················· *265, 270*
　（1976年）24条2項 ······················· *308*
　（2010年）27条 ······························· *265*
WTO 協定 ······································· *3, 222*
WTO 紛争処理制度 ·············· *4, 21, 23, 26, 130*

◆ あ 行 ◆

アイジンガ（Jonkheer van Eysinga）··· *33-35*

事項・人名索引

悪魔の証明（probatio diabolica）……… *187*
アビ＝サーブ（Georges Abi-Saab）…… *7, 222*
アメラシンゲ（Chittharanjan F.
 Amerasinghe）……………………… *47*
争いの無い事実 ………………………… *38*
 ──に基づく事実認定 ………… *37, 39*
 ──の束（"cluster of undisputed facts"）
 …………………………………………… *219*
アルヴァレス（José E. Alvarez）…… *272–275*
アルファロ（Horacio F. Alfaro）………… *101*
アンチダンピング協定　→ AD 協定
アンチロッチ（Dionisio Anzilotti）…… *34*
移行期正義 ………………… *323, 324, 326*
意思主義 ……… *17, 40–42, 54, 55, 147, 239*
移譲　→事実認定の外部委託
違法収集証拠 ………………… *202, 313*
 ──の排除 ………………… *312–315*
ヴァン・ハルテン（Gus Van Harten）… *228, 230*
ヴィッテンベルク（J.-C. Witenberg）…… *29,*
 44–48, 50–61, 66, 68–70, 75, 76, 81–83,
 94, 102–106, 182, 186, 194, 237, 329, 332
ヴェルデ（Thomas Wälde）
 ………………………… *227–229, 270, 309*
疑わしきは罰せず（in dubio pro reo）…… *162*
ウッド（Michael Wood）………… *156, 157*
運用決定（adminisitrative decisions）… *96, 97*
英国法 ……………………………………… *139*
衛生検疫措置に関する協定（SPS 協定）… *220*
英米法 ……… *32, 34, 46, 79, 85, 115, 201, 251*
エドウィン・パーカー（Edwin B. Parker）
 …………………………………………… *96–98*
エリトリア＝エチオピア請求委員会 … *310, 312*
エルブドイ（Saïda El Boudouhi）………… *21*
欧州人権裁判所 ………………… *276, 281*
小和田恆 ………………………………… *283*

◆ か 行 ◆

外交機密 ………………………………… *115*
外交交渉記録 …………………… *202, 203*
外交的庇護 ……………… *150, 152, 153, 168*
外交的保護（権）
 …… *35, 43, 80, 177, 182, 183, 185, 336*
外交的保護条文（2006年）
 15条 ………………………………… *337*
外国人損害賠償請求（事案）
 …… *47, 65, 78, 80, 84, 184, 212*
蓋然性 …………………………………… *48*
 ──の優越 ………………………… *325*

科学的証拠 ………………… *3, 281, 286*
科学的不確実性 ………………………… *180*
カザージ（Mojtaba Kazazi）……………… *46*
カルボノ（Thomas E. Carbonneau）……… *10*
勧告的仲裁（l'arbitrage consultatif）… *117, 118*
（国際）慣習法 ………… *147, 242, 243, 245*
 ──の証明（責任）…… *139, 141, 142, 246*
 ──の認定 …… *131, 133, 141, 239, 330*
 ──の変化の証明責任 ……… *241–243, 247*
 ──の粒度（level of granularity）
 …………………………………………… *246, 247*
間主観的真実 …………………………… *7*
間接強制 ………… *47–50, 185, 296, 332*
鑑定証人（témoins-experts）………… *209–212*
鑑定人 ………… *50, 63, 64, 70, 71, 110,*
 111, 196–201, 207, 209, 210
偽　証 ………………… *12, 14, 15, 86*
既存法適用説 …………………………… *17*
既判力 …………………………………… *335*
既判事項は真実とみなされる（res judicata pro
 veritate habetur）………………… *335*
機密文書 ………………………………… *116*
客観的真実
 …… *13, 14, 16, 20, 32, 33, 36, 39, 336*
客観的真実発見（説）……… *6–8, 10, 16, 19,*
 22, 25, 28, 30, 34, 36, 38–40, 44,
 60, 61, 68, 77, 93, 94, 102, 103, 105,
 106, 108, 127, 128, 160, 213, 328, 329
旧ユーゴ国際刑事裁判所　→ ICTY
共通法（a common law）…… *23, 127, 216, 330*
協力義務（devoir de coopérer）
 …………………… *46, 47, 194, 195*
緊急避難（state of necessity）
 …………………… *266, 271–275, 277*
グランド（Michelle T. Grando）…… *254–256*
クルック（John R. Crook）…………… *235*
グロス（Ernest A. Gross）…… *207, 209–211*
グローバルガバナンス ………… *232, 240, 269*
グローバル行政法論 ……………… *228, 231*
クロフォード（James Crawford）
 …………………………… *156, 157, 169*
軍事機密 ………………………… *192, 193*
経験則 …………… *48, 122, 123, 187, 296*
敬譲（deference）… *201, 223, 224, 236, 237,*
 278, 279, 285, 316, 321, 324, 326
欠　席 ………… *15, 137, 138, 140, 141*
ケルゼン（Hans Kelsen）………………… *8*
権限踰越 ………………………………… *52*

事項・人名索引

権限列挙型 ……………… 61, 63, 65-68, 70
現実（la réalité）………………… 9, 10
現実主義 ………………… 51, 53, 56
健全な司法運営（good administration of
　jusitce）……………… 305, 310
現地調査 ……… 50, 63, 64, 71, 110, 196, 208
権利濫用 ……………………………… 176
コイマンス（Pieter Kooijmans）……… 169
公正衡平待遇 …………………… 241, 245
公平性 …………………………………… 36
抗　弁 ……………………………… 265
――の証明責任 ……………… 274, 275
公法訴訟モデル ……… 126, 217, 218,
　　　　223, 239, 244, 245, 265
――の証拠法論 ……… 26, 108, 127, 128,
　216, 218, 219, 227, 231-233, 238-240,
　248, 261, 277, 282, 288-290, 292, 296,
　300, 302, 308, 326, 328, 330-333, 338
公法訴訟類推論 …… 227-232, 240, 241, 244,
　　　　247, 266, 273, 275-277
合理的な疑い（reasonable doubts）…… 254, 255
――を超えた証明 ……… 253, 320, 325
国際公益 ………………… 296, 300, 301
国際公序 ……………………………… 296
国際裁判所の増大多様化 ……… 106, 213, 236
国際司法裁判所 … 4, 14, 21, 26, 41, 122, 130,
　134, 136, 141, 152, 160, 165, 186,
　190-193, 195, 198, 233, 234, 236, 238, 283
国際私法上の公序 …………… 298, 299
国際仲裁における証拠調べに関する規則
　……………………… 186, 187, 225
国際紛争平和的処理条約　→ハーグ条約
国際法協会（International Law Association）
　………………………………… 68
国際法曹協会（International Bar
　Association）……………… 185, 225
国際法の形成発展 ……… 42, 43, 125,
　　　　127, 131, 152, 155
国際捕鯨取締条約　→ ICRW
国際連盟規約 ………………………… 118
国　籍 ……… 85-92, 95, 96, 98-100,
　102, 104, 134, 177, 178, 182, 183
――の継続 ……………………… 187
――の継続性推定 …………… 182
国内的救済完了 ………… 43, 336, 337
国内法 …………………………… 131, 133
国連憲章51条 ………………………… 11
国連国際法委員会

………………… 58, 97, 147, 148, 336, 338
コステロ定式 ……………………… 101
国家機密 …………………… 80, 82, 83
国家行為の合法性推定（omnia rite acta
　præsmuntur）………… 42, 183-185
国家主権　→主権
国家責任条文 ……………………… 274
　25条 …………………… 271, 273, 277
コルシ（Alexandre Corsi）…………… 68
コルテン（Olivier Corten）…………… 10
ゴールドシュミット（Levin Goldschmidt）
　…………………………………… 67
コルブ（Robert Kolb）……………… 149
コロンビア＝英国仲裁条約
　……… 56, 68, 69, 70, 72, 75, 124, 167
混合仲裁廷 ……………… 21, 22, 29, 34, 52, 71

◆　さ　行　◆

最恵国待遇 ……………… 232, 247, 263
再審 ……………… 134, 135, 335, 336
裁判化（la juridictionnalisation）………… 3, 125
裁判官の中立性 ……………………… 50
裁判拒否 ……………………………… 100
裁判上の真実（la vérité judiciaire）………… 8
裁判所による事実調査 ………………… 35
裁判所（官）は法を知る（jura novit curia）
　………………… 131-141, 149, 155, 156,
　158, 241, 244, 245, 330, 331, 334
裁判制度の効率的運営 …………… 233-238
裁判不能 ……………… 52, 53, 159
裁判目的実現手段説 …… 9, 10, 16, 25, 26, 108,
　119, 121, 160, 326, 328, 329, 333
サービス貿易協定　→ GATS
サルモン（Jean Salmon）……………… 19-21
三者権限枠組論 ……………… 29, 45-47,
　　　　49-51, 53, 57, 58
三段論法　→法的三段論法
サンディファー（Durward V. Sandifer）
　……… 6, 29, 30, 32-34, 36-40,
　42, 44, 45, 50, 60, 95, 329
自衛権 ……………… 14, 235, 318
ジェイ条約（1794年）……………… 64
シェイス（Abraham Chayes）… 217, 218, 245
時機に遅れた証拠 ……… 55, 74, 110
――の提出 ……… 136, 202, 302, 303
事件管理（case management）……… 309, 310
自己判断留保 ……………………… 43
事実誤認 ……… 32, 34, 35, 134, 172, 176

397

事項・人名索引

事実集約型（"fact-intensive"）事案 ………… 4
事実審査制度 ……………………… 82, 83, 111
事実認定
　──の外部委託（outsourcing）
　　………………………………… 315, 319, 321
　──の誤謬 ……………………………… 336
　──の「正しさ」…………… 2, 3, 5, 6, 8-11,
　　　　　　　　　　　13-16, 328, 335, 336
　──の「断片化」……………………… 322
　──の抵触 ……………………………… 323
事実の客観的評価 ……………………… 279
事実不明瞭 ………………………… 176, 178
実証主義 ………………………… 44, 54, 56, 57
実務指針（Practice Direction）……… 237, 302
　──III ………………………………… 303
　──IX ………………………………… 304
　──IXbis ……………………………… 305
自　白 ………………………… 15, 50, 69, 115
司法審査 ………………………… 227, 228, 231
「司法による平和」構想 … 26, 28, 29, 51-53,
　　　　　　　　56, 57, 59, 60, 104-106, 329
釈明権 …………………………………… 211
シュヴァルツェンベルガー（Georg
　Schwarzenberger）……………………… 152
シュヴェーベル（Stephen M. Schwebel）
　………………………………………… 11-16
自由心証（主義）……… 88-91, 187, 196, 332
集団的自衛権 ………………………… 11, 12
受益者負担 ………………………… 162, 331
主　権 ………………… 40, 41, 145, 276
　──の表示 ………………………… 147, 148
主権国家 ………… 47, 95, 96, 103, 105, 201
授権条項（enabling clause）…… 241, 263, 264
主張立証 ………………………………… 254
　──の負担 …… 160, 172, 248, 252, 253, 263
受動的規定型 ………………… 61, 63, 65-67, 70
準公共財 ………………… 233, 237, 238, 302, 332
状況証拠 ………………………………… 123
譲許停止 ……………………………… 291, 292
証　言 …………………………………… 209
証言録取書（depositions）………………… 208
証拠開示（ディスカバリ）……………… 79, 94
証拠価値 ………… 49, 50, 85-90, 95, 148,
　　　192, 195, 210, 211, 306, 307, 317-319, 321
証拠裁判主義 ……………………… 15, 121
証拠資料
　… 65, 122, 123, 156, 188, 306, 308, 321
　──の収集提出 ‥ 22, 33, 195, 196, 299, 310

　──の偏在 … 47, 48, 80, 94, 128, 172, 177,
　　　　185, 187, 189, 192, 231, 290, 296, 331
　──へのアクセス ……………… 172, 176-181,
　　　　193, 231, 260, 274, 309, 312-314
証拠制限契約 …………………………… 203
証拠整理手続 ………………………… 306, 307
証拠提出義務 ………………………… 83, 99
証拠提出責任（burden of evidence）
　………………………………… 178, 251, 252, 293
証拠提出要請 ……………… 72, 110, 190
証拠としての権原（title-preuve）…… 170-172
証拠能力 ………… 62, 85-89, 91, 92, 102,
　　　　113-116, 136, 195, 196,
　　　201, 202, 209, 210, 306, 312, 314
証拠の優劣 ………………… 253, 255, 256
証拠評価 …………………… 88-91, 211
証拠不提出 ………………………… 74, 296
証拠方法 ………………… 24, 85, 89, 202
常設国際司法裁判所 ……………… 21, 33, 34,
　　　　　　　　52, 117, 119, 121
証　人 ……………… 63, 64, 69, 110, 208-210
証人尋問 ……………… 112, 207, 208, 318
証明協力義務 ………… 45, 49, 50, 60, 76-78,
　　　　81, 83, 84, 89-97, 100, 102,
　　　104, 105, 128, 186, 190, 194, 195
証明責任 … 14, 40-44, 47, 49, 57, 60, 92-94,
　　　104, 105, 128, 131, 136, 139, 144, 146,
　　　148, 151-154, 157, 159, 160, 162, 163,
　　　165-167, 169-172, 176, 178, 180, 181,
　　　185, 194, 234, 235, 239, 241, 244-249,
　　252, 253, 256, 257, 259, 260, 262, 264, 265,
　　268, 271-276, 282, 283, 285, 288, 337, 338
　──の転換 ………… 49, 158, 168, 173-176,
　　　　179-181, 221, 248, 249,
　　　　250, 255, 259, 260, 262, 276,
　　　　277, 282, 283, 286, 290, 331, 332
　──の分配 …… 14, 47, 101, 141, 145, 147,
　　　149, 154, 155, 160, 162, 164, 166, 167,
　　　171, 172, 176, 179, 185, 194, 228, 241,
　　244, 255, 261, 267, 274, 276, 331, 336
　──は原告が負う（onus probandi actori
　　incumbit）………… 45, 46, 48, 50, 158,
　　　　160, 164, 250, 265, 285
　違法行為の── ……………………… 331
　違法性阻却事由の── ……………… 272, 274
　因果関係の── ………………… 175, 331
　管轄権成否の── ……………………… 156
　国家責任追及事案の── …………… 165, 169

事項・人名索引

請求・抗弁の—— ·············· *256, 257, 259*
正当化事由の—— ·············· *169, 331*
損害発生の—— ································ *331*
反訴請求の—— ·············· *168, 169, 331*
例外の—— ··· *142-145, 149, 151, 170, 247*
証明度（standard of proof）
　　　 ······· *157, 171, 235, 253, 256, 325, 326*
条約解釈 ········ *131, 133, 141, 239, 330*
——の証明 ······························ *144*
条約法条約
　31条1項 ································ *149*
　31条3項(c) ·························· *277*
　31条4項 ································ *147*
書　証 ·················· *24, 85, 88, 302*
職権主義 ··············· *7, 30, 33-37, 44, 45, 47,*
　　　 49-51, 53, 55-57, 60-62,
　　　 65-67, 74, 75, 77, 103-106, 126,
　　　 127, 129-132, 191, 195, 201, 213, 231,
　　　 237, 238, 245, 295, 296, 299, 300, 302,
　　　 307, 308, 310, 311, 315, 322, 326, 330, 333
シル（Stephan W. Schill）········ *229, 244, 245*
真偽不明 ·················· *159, 160, 162*
審査基準論（standard of review）··· *223, 234,*
　　　 248, 249, 277, 278, 281-289, 332
新事実 ······························ *134, 336*
真実（la vérité）············ *6, 7, 9, 10, 12, 20,*
　　　 32, 45, 83, 93, 124, 329
真実探求義務 ············· *45, 49, 50, 60, 61,*
　　　 65, 75, 76, 105, 128, 190
真実発見 ·············· *19, 35, 50, 60,*
　　　 74, 92, 103, 106, 124
ジンドバル（Kristian Sindballe）······· *98, 101*
真の請求者（the real claimant）
　　　 ···················· *164, 165, 168, 170*
進歩主義 ············· *26, 28, 60, 97, 104*
尋　問 ···································· *210*
審理手続の効率化 ············· *302, 303, 332*
推定（la présomption; inference）······ *20, 41,*
　　　 43, 123, 174, 175, 182, 267, 290-292
数量制限の禁止 ···························· *262*
スペンダー（Percy Spender）·········· *210, 211*
スローター（Anne-Marie Slaughter）
　　　 ···································· *273, 275*
請求規律 ······························ *334, 335*
制　裁 ······· *49, 55, 60, 61, 68, 186, 189*
正当性の危機 ·························· *226-229*
政府高官の証言 ······························ *15*
赤十字国際委員会（ICRC）·········· *310, 311*

説明義務 ·························· *285-289*
説明責任（accountability）····· *224, 232, 233,*
　　　 248, 257-259, 261-264, 266, 268,
　　　 271, 276-278, 280, 282, 285, 287-289, 331
セル（Georges Scelle）············ *58, 59, 150*
繊維協定（ATC）···························· *251*
戦間期 ············· *26, 28, 29, 44, 45, 51, 52,*
　　　 56, 57, 60, 96, 103, 105, 329
——のリーガリズム ················· *51, 58*
宣誓供述書（affidavit）
　　　 ············· *12, 85, 86-92, 95, 102, 175*
選択条項受諾宣言 ························ *43*
相対的真実 ································ *8*
訴訟経済 ······························ *209, 310*
訴訟参加 ···································· *286*
疎明(prima facie case/evidence)··· *46, 49, 93,*
　　　 89, 94, 99-101, 155, 185, 186, 221, 249-255,
　　　 257-260, 262, 263, 268, 275, 293-295, 319

◆　た　行　◆

対イタリア平和条約（1947年）········· *173, 174*
対外関係法第2リステイトメント ··· *246, 247*
対審構造 ······················· *39, 46, 258*
対ハンガリー平和条約（トリアノン条約）
　　　 ···································· *175*
大陸法 ······················· *85, 112, 253*
高い確実性（a high level of certainty）···· *325*
地域的慣習 ··········· *139, 150-152, 164*
——の証明 ····························· *150*
仲裁判断取消制度 ························ *335*
直接強制 ···································· *50*
直接主義 ···································· *234*
直接審理主義 ·························· *319, 321*
直線基線 ···································· *41*
追加の証拠提出 ··· *63, 65, 68, 71, 74, 124*
デ・カストロ（Federico de Castro）········ *139*
ディスカバリ　→証拠開示手続
デカン（Chevalier Descamps）·················· *74*
手続規則制定権限 ························ *55*
手続的公平 ································ *35*
伝聞証拠排除法則 ················· *88, 210*
当事者主義 ···· *30, 33, 62, 68, 126, 129, 130, 162,*
　　　 195, 196, 201-203, 205, 206, 208-213,
　　　 235, 238, 239, 244, 302, 307, 330, 332
同種の産品（like products）·············· *267*
同種の状況（like circumstances）
　　　 ···················· *266, 267, 269, 270*
東部カレリア定式 ················· *119, 120*

399

事項・人名索引

「特定する（identify）」責任 ····· 262-264, 275
特別の意味 ···································· 147-149
トムカ（Peter Tomka）················· 322, 323

◆ な 行 ◆

内国民待遇 ······· 188, 250, 262, 266, 267, 270
二重国籍 ···································· 177, 178
ニールセン（Fred K. Nielsen）··· 98-100, 101
ニュンゲコ（Gérard Niyungeko）··· 36, 47, 66
人　証 ······························· 24, 85, 319
農業協定10.3条 ····························· 259-261

◆ は 行 ◆

陪審制 ·· 32
パウェリン（Joost Pauwelyn）·············· 219
パーカー定式 ··········· 60, 94, 96-102, 104
ハーグ条約 ··· 61, 70-72, 74, 75, 81, 109-112
　1899年条約
　　12条 ···································· 82
　　42条 ···································· 74
　　43条 ···································· 72
　　44条 ························· 72, 74, 109, 190
　　47条 ································· 74, 112
　　49条 ···································· 111
　1907年条約
　　9条 ···································· 83
　　23条 ···································· 82
　　25条 ···································· 111
　　37条 ···································· 83
　　67条 ···································· 74
　　68条 ···································· 72
　　69条 ··················· 72, 74, 109, 190
　　72条 ································· 74, 112
　　74条 ··························· 75, 76, 111
　　75条 ················· 78, 81-83, 94, 109
ハーグ平和会議 ································ 74
バークホワイト（William Burke-White）
································· 273, 275
バージ（C.A.H. Berge）·················· 162
ハースト（Sir Cecil Hurst）·············· 112
判決効 ································· 334, 335
判決再審　→再審
万国国際法学会 ····················· 46, 66, 67
反　証 ········ 43, 46, 49, 92, 93, 101, 185,
　　　186, 249, 250, 254, 255, 291, 301
──不提出 ························· 95, 100
反対尋問 ·················· 85, 92, 209, 211
比較公法アプローチ（comparative public law

approach）···························· 229, 230
ヒギンズ（Rosalyn Higgins）
································· 235-237, 322
否定的推論（la présomption défavorable;
　adverse inference）··············· 46-50, 55,
　　56, 68, 69, 74, 75, 81, 89, 92, 94, 95, 102,
　　129, 182, 185-196, 221, 290, 292-301, 332
秘匿特権 ······················· 308, 309, 315
評価の余地 ···················· 276, 281, 284
不意打ち ···································· 212
──の防止 ······················· 124, 303
フィッツモリス（Gerald Fitzmaurice）···· 206
フィンレイ（Viscount Finlay）·············· 116
フェルゼイル（J.H.W. Verzijl）·········· 104, 105
フォルティエ（Yves Fortier）·············· 307
フォレンホーフェン（C. van Vollenhoeven）
································· 87, 97, 98, 105
武器対等 ················· 231, 309, 313, 314
ブスタマンテ（A.S. de Bustamante）
································· 115, 116
仏独混合仲裁廷 ··························· 134
仏墨請求委員会 ··························· 104
フーバー（Max Huber）·················· 116
腐敗対策 ···························· 297-301
ブラウン（Chester Brown）·············· 23
フランク（Thomas M. Franck）·············· 13
フランス法 ································ 45
ブリュッセル学派（l'école de Bruxelles）
································· 19, 20
武力攻撃 ·························· 11-13
ブルジョワ（Leon Bourgeois）·············· 73, 74
フロマジョ（Henri Fromageot）·············· 83
文　書
──開示 ················· 189, 308, 309
──提出 ········· 77, 79, 114, 192, 308
──提出命令 ···················· 299-301
──提出要請 ·············· 73, 77, 191
──の真正 ··············· 302, 306, 307
──の保全 ························· 309
──秘匿 ························· 191
紛争解決了解3.7条 ······················ 130
紛争処理モデル ············· 126, 239, 247, 265
──の証拠法論 ··· 26, 108, 127, 128, 130,
　　158, 216, 218, 231-234, 237, 241, 244, 248,
　　256-258, 263, 271, 274, 276, 284, 285, 290,
　　292, 296, 302, 303, 309, 315, 328-333, 338
米＝亜 BIT11条 ··············· 271, 273, 275-277
米国＝新グレナダ仲裁条約（1857年）········ 77

400

事項・人名索引

米国＝ハイチ混合請求委員会 ……………… 75
米独請求委員会 ……………………………… 96
米墨一般請求委員会 … 60, 76, 83–86, 90, 96,
　　　　　　　　　　　97, 101, 102, 105, 190
米墨戦争（1846—48年）……………………… 62
ベネズエラ混合請求委員会（1902—1905年）
　……………………………… 65, 115, 184
ペレルマン（Chaïm Perelman）……… 19, 20
貿易救済 …………………………………… 278, 280
貿易の技術的障害に関する協定（TBT協定）
　……………………………………………… 219
貿易法方式（trade-law method）
　………………………………… 266, 268–271
法創造 ………… 17, 18, 232, 239–241, 331
法定証拠主義 …………………………… 196
法的三段論法 … 3, 9, 17, 19, 20, 90, 122
法的推定 ……………………… 182, 184, 185
法の一般原則 ……………………………… 42, 52
法律家諮問委員会（Comité consultatif de
　juristes）……………………… 110, 112
補充的解釈論 ……………………… 146, 147
補助金協定 ………………… 183, 292–295
ポーター（David Porter）……………… 318
ポーター定式 ………………… 317, 319, 321,
　　　　　　　　　　322, 324, 326, 333
ホッグ（Douglas Hogg）……………… 114
ポリティス（Nicolas Politis）……………… 114
ホルジョウ定式 ………………… 203, 204
本　証 ……………… 92, 93, 254, 255

◆ ま 行 ◆

マクレガー（G.F. MacGregor）……… 101, 102

マルテンス（Friedrich Martens）……… 73, 75
ムーア（John Bassett Moore）……… 120, 121
無責任原則 ……………………… 184, 185
明白かつ説得的な証明（clear and convincing
　proof）……………………… 175, 253
明白な証明 …………………………… 325
申し開き（account）…………… 248, 262
問題の客観的評価（DSU11条）……………… 336

◆ や 行 ◆

有用性原理 …………………………… 52
容易に入手可能な公刊物 ………… 304, 305
予防原則 ……………………… 180, 181

◆ ら 行 ◆

ライクラー（Paul S. Reichler）…… 11, 14–16
ラウターパクト（Hersch Lauterpacht）
　………… 30, 36, 37, 40–44, 51–53, 59
ラリーブ（Jean-Flavien Lalive）……………… 8
ラルストン（Jackson H. Ralston）………… 185
濫訴防止 ……………………… 300, 301
リヴィエ（Raphaële Rivier）……………… 9, 10
利益の無効化侵害 ……………… 290–292
リースマン（W. Michael Reisman）… 102, 313
理想主義 ……………… 51, 53, 57, 102
領域紛争 ……………………… 170–172
例外的状況に置かれた被告は原告となる（reus
　in excipiendo fit actor）……………… 168
ロゼンヌ（Shabtai Rosenne）… 30, 36–40, 44

◆ わ 行 ◆

ワインクメル（Jeffrey Waincymer）……… 187

〈著者紹介〉

中 島 　啓（なかじま けい）

　1983年　茨城県生まれ
　2006年　早稲田大学法学部卒業
　2008年　東京大学大学院法学政治学研究科 修士課程修了
　2013年　東京大学大学院法学政治学研究科 博士（法学）の学位取得
　　　　　日本学術振興会特別研究員（DC1）（PD）を経て
　2013年　ジュネーブ国際開発高等研究所 PhD Candidate（現在に至る）
　2015年　神戸大学大学院法学研究科 学術研究員（現在に至る）

〈主要論文〉

「国際投資仲裁における証拠法論：公法訴訟類推論の見地から」国際法研究
　2号（信山社，2014年3月）69-105頁
「国際裁判における推定の法構造：事実認定の性格理解の観点から」国際法外
　交雑誌108巻3号（2009年11月）61-90頁
「国際裁判における事実認定の法構造：証明責任論を素材として」国家学会雑
　誌121巻7・8号（2008年8月）749-814頁

国際裁判の証拠法論

2016（平成28）年5月10日　第1版第1刷発行

著　者　　中 島 　　啓
発行者　　今井貴 稲葉文子
発行所　　株式会社 信 山 社
〒113-0033　東京都文京区本郷6-2-9-102
Tel 03-3818-1019　Fax 03-3818-0344
info@shinzansha.co.jp
笠間才木支店　〒309-1611 茨城県笠間市笠間515-3
笠間来栖支店　〒309-1625 茨城県笠間市来栖2345-1
出版契約 2016-6827-0-01010 Printed in Japan

© 中島啓，2016　印刷・製本／亜細亜印刷・牧製本
ISBN978-4-7972-6827-0 C3332　分類329. 100-a006 国際法
P420　￥8800E-329.100-a016 012-040-005

JCOPY 〈（社）出版者著作権管理機構 委託出版物〉
本書の無断複写は著作権法上での例外を除き禁じられています。複写される場合は，
そのつど事前に，（社）出版者著作権管理機構（電話 03-3513-6969，FAX03-3513-6979，
e-mail:info@jcopy.or.jp）の許諾を得てください。

◆ 学術世界の未来を拓く研究雑誌 ◆

憲法研究　　樋口陽一 責任編集 （近刊）

行政法研究　　宇賀克也 責任編集

民法研究　　広中俊雄 責任編集　　第2集 大村敦志 責任編集 （近刊）

環境法研究　　大塚 直 責任編集

社会保障法研究　　岩村正彦・菊池馨実 責任編集

国際法研究　　岩沢雄司・中谷和弘 責任編集

ジェンダー法研究　　浅倉むつ子 責任編集

消費者法研究　　河上正二 責任編集 （近刊）

医事法研究　　甲斐克則 責任編集 （近刊）

法と哲学　　井上達夫 責任編集

法と社会研究　　太田勝造・佐藤岩夫 責任編集

ＥＵ法研究　　中西優美子 責任編集

信山社

◆ 国際法研究 ◆

岩沢雄司・中谷和弘 責任編集

◆ 創刊第 1 号
刊行にあたって／岩沢雄司・中谷和弘

― ― ―

外交的庇護をめぐる国際法と外交〔中谷和弘〕
19 世紀の「人道のための干渉の理論」の再検討〔中井愛子〕
枠組条約の規範発展の機能 ― その意義と限界〔坂本尚繁〕
国際司法裁判所「国家の裁判権免除」事件判決の射程と意義〔坂巻静佳〕
通過通航制度と海峡沿岸国の航行規制〔石井由梨佳〕

◆ 第 2 号
〈藤田久一先生のご業績を振り返る〉
藤田さんと「国際法の構造転換」論〔松井芳郎〕
戦争法から人道法へ ― 藤田久一先生の「国際人道法」観〔新井京〕
「戦争法」から「国際人道法」へ ― 藤田久一教授の解釈論的実践が目指した一元的構想〔西平等〕

国際投資仲裁における証拠法論 ― 公法訴訟類推論の見地から〔中島啓〕
国際刑事裁判所と戦争犯罪 ― ルバンガ事件判決の評価を中心に〔石井由梨佳〕
環境犯罪としての武力紛争時における環境損害 ― 国際刑事裁判所規程第 8 条 2 項 (b)(iv)
　の適用における実効性〔権南希〕
海上での薬物規制国内法の適用と執行〔鶴田順〕

◆ 第 3 号
白鳥の最後の歌 ― 20 世紀初期の中国学者の眼中における古代中国国際法〔易平〕
国内法そのものの国際経済協定違反と救済 ― WTO 紛争処理制度及び投資仲裁制度の分析〔福永有夏〕
サイバー攻撃と国際法〔中谷和弘〕
条約の「発展的解釈」論〔岡田淳〕

◆ 第 4 号
国際法における主権的裁量の意義変化 ― 捕鯨判決の規範的位相〔奥脇直也〕
貿易と安全保障 ― 実務家から見た法の支配〔風木淳〕
岐路に立つ国連 PKO ― 強制性をめぐる実行と課題〔今西靖治〕
途上国と国連安保理制裁決議の正当性・実効性 ― カディ事件を素材として〔石垣友明〕
国連安全保障理事会を通じた文民保護の実現
　― 2010 年代の非国際的武力紛争の事例に着目して〔阿部達也〕
国際法の歴史化 ― 世界遺産制度および世界記憶遺産事業の政治性と政治化〔佐藤義明〕
政府職員等の刑事管轄権からの免除に関する諸問題〔坂巻静佳〕
〔書評〕Frans von der Dunk (ed.), Handbook of Space Law〔橋本靖明〕

― 信山社 ―

◆国際法先例資料集 1・2 －不戦条約
【日本立法資料全集】
柳原正治 編著

◆プラクティス国際法講義（第2版）
柳原正治・森川幸一・兼原敦子 編

◆《演習》プラクティス国際法
柳原正治・森川幸一・兼原敦子 編

◆ロースクール国際法読本
中谷和弘 著

◆実践国際法（第2版）
小松一郎 著

◆小松一郎大使追悼 国際法の実践
柳井俊二・村瀬信也 編

◆国際法実践論集
小松一郎 著

◆安全保障関連法
― 変わる安保体制 ―
読売新聞政治部 編著

信山社